スタンダードテキスト

監査論

第7版

蟹江　章　井上善弘　栗濱竜一郎【編著】

異島須賀子　中里拓哉　橋本宜幸
南　成人　吉田康英　吉見　宏

Auditing

中央経済社

□執筆者一覧

第1章	蟹江　　章（青山学院大学大学院）
第2章	栗濱竜一郎（愛知大学）
第3章	吉見　　宏（元北海道大学）
第4章	巽島須賀子（久留米大学）
第5章	井上　善弘（香川大学）
第6章	中里　拓哉（公認会計士）
第7章	南　　成人（仰星監査法人）
第8章	橋本　宜幸（公認会計士）
第9章	井上　善弘（前　掲）
第10章	蟹江　　章（前　掲）
第11章	井上　善弘（前　掲）
第12章	吉田　康英（中京大学）
第13章	井上　善弘（前　掲）

第 7 版 序　文

　わが国における監査の基準は，2020（令和2）年11月の「監査基準」の改訂および2022（令和4）年から2023（令和5）年にかけて行われた「監査基準報告書」の改訂によって，最新のグローバルな監査の基準に対応するものとなった。本書では，すでに第6版においてこれらが反映されている。

　しかし，わが国では，2022年の初めに，四半期報告制度を廃止して決算短信に統合するという政府の方針が打ち出され，2023年11月の金融商品取引法の改正によって，四半期報告制度の廃止が決定された。これにともなって，四半期レビュー制度も廃止され，新たに期中レビューという実務が導入されることになった。

　また，2022年5月に公認会計士法および金融商品取引法の一部が改正され，それまで日本公認会計士協会が自主規制として実施してきた，上場会社監査事務所名簿および準登録事務所名簿への登録が廃止され，これに代わって新たに公認会計士法上の制度として「上場会社等監査人登録制度」が創設された。そして，今後，上場会社等が金融商品取引法の規定に基づいて提出する財務諸表の監査証明は，新たな制度の下で登録された監査人によって行われなければならないこととされた。

　さらに，2023年4月には，「財務報告に係る内部統制の評価及び監査の基準」および「財務報告に係る内部統制の評価及び監査に関する実施基準」が一部改訂され，内部統制のグローバルスタンダードであるCOSOフレームワークの改訂を考慮して，内部統制の基本的枠組みなどに若干の変更が加えられた。

　本書では，これらの法令の改正や基準の改訂などを反映させ，また，公認会計士試験の出題範囲に対応するために，第7版へと版を改めることとした。旧版同様，監査制度およびその基礎となる法令および基準について幅広くかつ詳細に解説し，監査制度について深く理解してもらえるように配慮している。

この度の改訂にあたっても，株式会社中央経済社取締役編集長の田邉一正氏に大変お世話になった。ここに記して感謝の意を表する次第である。

2024年6月

編著者を代表して
蟹　江　　章

本書は，2024年5月31日現在の法令および監査基準，監査基準報告書等に準拠している。

目　　次

第1章　監査の基礎概念と公認会計士法

Ⅰ　**金融商品市場における財務情報開示と財務諸表監査** ──── 2
　1　株式会社の資金調達・2
　2　株式会社と金融商品市場・3
　　(1)　発行市場・4
　　(2)　流通市場・4
　3　わが国の金融商品市場と会社の資金調達・6
　　(1)　戦後わが国の証券市場の展開・6
　　(2)　わが国の会社の資金調達・6
　　(3)　間接金融から直接金融へ・7
　　(4)　国内市場からグローバル市場へ・7
　4　会計情報（財務諸表）の信頼性の確保・8
　5　投資者の意思決定と財務諸表監査・10
Ⅱ　**経営者の責任と監査人の責任──二重責任の原則** ──── 13
　1　財務諸表の作成と開示・13
　2　財務諸表の監査・14
　3　二重責任の原則の意義・15
　4　二重責任の原則とリスク・アプローチ・18
Ⅲ　**経営者の役割と内部統制** ──── 19
　1　経営者の役割・19
　2　内部統制の基本的枠組み・21
　　(1)　内部統制の意義と目的・21
　　(2)　内部統制の基本的要素・23

　　　　　(3)　内部統制の限界・26
　　　　　(4)　財務諸表監査との関係・27
Ⅳ　**監査人の役割と意見表明** ─────────────── 29
　　1　監査の保証機能における監査人の役割・29
　　　　　(1)　監査手続と監査意見・29
　　　　　(2)　監査意見と監査人の判断・30
　　　　　(3)　監査意見と投資者保護・31
　　　　　(4)　監査人による助言・勧告・33
　　2　監査プロセスの透明性確保・34
　　3　監査の情報提供機能における監査人の役割・35
Ⅴ　**公認会計士法と公認会計士制度** ───────────── 36
　　1　公認会計士法の制定と変遷・36
　　2　公認会計士の使命と職責・37
　　3　公認会計士の業務・39
　　4　公認会計士等の独立性・40
　　　　　(1)　特定の事項についての業務の制限・40
　　　　　(2)　非監査証明業務と監査証明業務の同時提供の禁止・45
　　　　　(3)　ローテーション制度・46
　　　　　(4)　単独監査の禁止・47
　　　　　(5)　就職制限・47
　　5　公認会計士試験制度・48
　　6　監査法人制度・49
　　7　公認会計士・監査審査会・50
　　8　日本公認会計士協会・52
Ⅵ　**公認会計士および監査法人の処分** ──────────── 52
　　1　公認会計士の責任・52
　　2　監査法人の責任・53
　　3　公認会計士の刑事責任・54
Ⅶ　**公認会計士の職業倫理** ─────────────────── 54

第2章　金融商品取引法監査制度

Ⅰ　金融商品取引法監査制度の意義 ———————————— 58
Ⅱ　ディスクロージャー制度，財務諸表，財務諸表監査制度 ——— 60
　1　ディスクロージャー制度と財務諸表・60
　2　財務諸表監査制度・64
　　(1)　監査人（公認会計士または監査法人）・65
　　(2)　財務諸表監査の対象範囲・65
　　(3)　監査証明の手続・66
Ⅲ　有価証券届出書の開示と財務諸表監査制度 ———————— 67
Ⅳ　流通市場における継続開示制度と監査・レビュー制度 ——— 71
　1　有価証券報告書と財務諸表監査制度・72
　2　半期報告書と期中レビュー・73
　3　内部統制報告書と内部統制監査制度・76
　4　EDINET（エディネット）と情報開示・77
Ⅴ　金商法の下での監査人の権限と法的責任 ————————— 78
　1　二重責任の原則・78
　2　監査人の責任・79
Ⅵ　監査証明府令に基づく監査報告書と監査概要書 ——————— 81
　1　監査報告書・81
　2　監査概要書・89

第3章　会社法監査制度

Ⅰ　会社法監査制度の意義・目的・史的変遷と理論モデル ——— 94
　1　会社法監査制度略史・94

2　監査制度と監査役監査・94
　　　　(1)　会社法における会社の分類・95
　　　　(2)　会社法と監査役・99
　　　　(3)　監査役監査の実施と適法性監査・101
　　　　(4)　会計参与・102
　　3　大会社の監査役会制度・102
　　　　(1)　監査役会制度・102
　　　　(2)　内部監査との関係・103
　　　　(3)　内部統制システムの構築と監査役(会)監査・104
　　4　監査委員会制度・104
　　　　(1)　指名委員会等設置会社・104
　　　　(2)　監査委員会の権限・105
　　　　(3)　監査委員会の独立性・106
　　　　(4)　監査委員会と内部監査・107
　　5　監査等委員会制度・108
　　　　(1)　監査等委員会設置会社・108
　　　　(2)　監査等委員会の権限・109
　　　　(3)　監査等委員会の独立性とガバナンス・109
　　6　会計監査人制度・111
Ⅱ　**会計監査人の権限と責任** ———————————————— 112
　　1　選任，解任と任期・112
　　2　会計監査人の職務権限と義務・114
　　3　会計監査人監査の監査手法・115
　　4　会計監査人監査の問題点・115
Ⅲ　**監査役および監査役会の監査報告書と**
　　監査等委員会の監査報告書 ———————————————— 116
　　1　監査役の監査報告書・116
　　　　(1)　計算関係書類についての監査報告・116
　　　　(2)　事業報告等についての監査報告・116

　　　　(3)　会計監査人設置会社の場合の監査報告・119
　　2　監査役会の監査報告書・119
　　3　監査等委員会および監査委員会の監査報告書・122
Ⅳ　**会計監査人の監査報告書** ───────────────── 125
Ⅴ　**連結計算書類の開示と監査** ──────────────── 130
　　1　連結計算書類の開示・130
　　2　連結計算書類の監査・131
Ⅵ　**会社法の下での会計監査人の法的責任** ───────────── 131
　　　　(1)　損害賠償責任・132
　　　　(2)　責任の免除と限定──2つの軽過失免責・132
　　　　(3)　責任限定契約・133
　　　　(4)　代表訴訟・133

第4章　監査基準

Ⅰ　**監査基準の意義** ─────────────────────── 136
Ⅱ　**監査基準の設定** ─────────────────────── 137
Ⅲ　**監査基準の変遷** ─────────────────────── 139
　　1　2002（平成14）年『監査基準』全面改訂以前・139
　　2　2002（平成14）年『監査基準』の全面改訂・141
　　　　(1)　背景・141
　　　　(2)　主な改訂点・142
　　3　2005（平成17）年の改訂・145
　　　　(1)　背景・145
　　　　(2)　主な改訂点・145
　　　　(3)　『品質管理基準』の設定・147
　　4　2009（平成21）年の改訂・147

            (1) 背景・*147*

            (2) 主な改訂点・*147*

        5 2010（平成22）年の改訂・*148*

            (1) 背景・*148*

            (2) 主な改訂点・*148*

        6 2013（平成25）年の改訂・*149*

            (1) 背景・*150*

            (2) 主な改訂点・*150*

            (3) 『不正リスク対応基準』の設定・*151*

        7 2014（平成26）年の改訂・*151*

            (1) 背景・*151*

            (2) 主な改訂点・*153*

        8 2018（平成30）年の改訂・*153*

            (1) 背景・*153*

            (2) 主な改訂点・*154*

        9 2019（令和元）年の改訂・*155*

            (1) 背景・*155*

            (2) 主な改訂点・*156*

        10 2020（令和2）年の改訂・*157*

            (1) 背景・*157*

            (2) 主な改訂点・*158*

        11 2002（平成14）年改訂以降の『監査基準』の改訂・*159*

Ⅳ 『監査基準』と「監査の基準」 ──────────── 160

    1 『監査基準』の構成・*160*

    2 「監査の基準」の構成・*161*

Ⅴ 監査の目的 ─────────────────────── 162

Ⅵ 一般基準 ──────────────────────── 164

    1 一般基準の概要・*164*

    2 専門能力の向上と知識の蓄積・*165*

3　独立性の確保・166
　　　(1)　精神的独立性・167
　　　(2)　外観的独立性・167
　　4　正当な注意と職業的懐疑心・168
　　　(1)　職業専門家としての正当な注意・168
　　　(2)　職業的専門家としての懐疑心・169
　　5　重要な虚偽の表示の考慮と違法行為への留意・170
　　　(1)　重要な虚偽の表示の考慮・171
　　　(2)　違法行為への留意・172
　　6　監査調書の作成と保存・173
　　7　監査の品質管理・174
　　8　守秘義務・176
　　　(1)　守秘義務の必要性・176
　　　(2)　守秘義務の解除・178

第5章　不正・違法行為の監査

I　財務諸表監査における不正への対応 ── 182

　　1　不正の定義と分類・182
　　2　不正による重要な虚偽表示を発見する監査人の責任・184
　　3　不正による重要な虚偽表示に対する職業的専門家としての懐疑心・185
　　4　不正への対応に関する監査チーム内の討議・185
　　5　不正に対応した監査計画の策定と実施・186
　　　(1)　不正による重要な虚偽表示リスクを識別するための情報の入手・186
　　　(2)　不正による重要な虚偽表示リスクの識別と評価・188
　　　(3)　評価した不正による重要な虚偽表示リスクへの対応・189

        (4) 経営者による内部統制の無効化に関係した
            リスク対応手続・*191*
    6 『監査における不正リスク対応基準』・*191*
        (1) 『不正リスク対応基準』の基本的な考え方・*192*
        (2) 『不正リスク対応基準』の適用範囲・*192*
        (3) 『不正リスク対応基準』の位置づけ・*193*
        (4) 『不正リスク対応基準』の構成と主な内容・*193*

II **財務諸表監査における違法行為への対応** ———————— 207
    1 適用される法令とその遵守状況に関する理解・*207*
    2 識別された違法行為またはその疑いがある場合の
      監査手続・*208*
    3 識別された違法行為またはその疑いについての
      コミュニケーションおよび報告・*209*

第6章 実施基準とリスク・アプローチ

I **実施基準とリスク・アプローチの基本** ———————— 212
    1 実施基準の構成とリスク・アプローチ・*212*
    2 監査リスクと合理的な保証との関係・*213*
    3 リスク・アプローチの基本的な考え方・*214*
    4 監査リスクの構成要素・*216*
        (1) 監査リスク・*216*
        (2) 固有リスク・*217*
        (3) 統制リスク・*217*
        (4) 重要な虚偽表示リスク・*218*
        (5) 発見リスク・*218*
    5 重要な虚偽表示リスクの評価と発見リスクの水準の決定・*219*
    6 リスク・アプローチのイメージ図・*220*

    7 リスク・アプローチの基本に係る総括・224
 II リスク・アプローチと重要性 ─────────── 226
    1 監査上の重要性と監査リスクとの関係・226
    2 監査上の重要性と重要性の基準値・228
      (1) 監査上の重要性・228
      (2) 重要性の基準値・229
      (3) 金額的影響および質的影響・230
    3 重要性の基準値と手続実施上の重要性・231
      (1) 手続実施上の重要性・231
      (2) 特定の取引種類，勘定残高または注記事項に対する
          重要性・232
 III 事業上のリスク等を重視したリスク・アプローチ ─── 233
    1 リスク評価とリスク対応手続の基本的な考え方・233
      (1) リスク評価手続とリスク対応手続の意味・233
      (2) 財務諸表全体と財務諸表項目の2つのレベル・235
      (3) リスク評価手続とリスク対応手続との関係・236
      (4) リスク評価手続とリスク対応手続の全体像・238
    2 リスク評価手続・239
      (1) リスク評価手続において実施する監査手続・239
      (2) リスク評価手続において理解すべき事項・240
      (3) 主に固有リスクに関連する要因・241
      (4) 統制リスクの暫定的評価に関連する要因・245
    3 評価したリスクへの対応・248
      (1) 財務諸表全体レベルの重要な虚偽表示リスクへの対応・248
      (2) アサーション・レベルの重要な虚偽表示リスクへの対応・249
      (3) 内部統制の有効性の評価と実証手続との関係・251
      (4) 二重目的テスト・251
    4 特別な検討を必要とするリスク・252
      (1) 特別な検討を必要とするリスクに係るリスク評価手続に
          おける注意点・252

　　　　(2) 特別な検討を必要とするリスクに係る内部統制の理解・253
　　　　(3) 特別な検討を必要とするリスクに係るリスク対応手続における
　　　　　　注意点・254
　　5 実証手続のみでは十分かつ適切な監査証拠を入手できない
　　　リスク・256
Ⅳ　リスク・アプローチに係る意見形成と監査証拠 ──────── 257
　　1 適正性命題と監査要点・257
　　2 監査要点・260
　　　　(1) 監査基準上の監査要点・260
　　　　(2) アサーションの利用・261
　　　　(3) 監査要点間の関係・262
　　3 監査証拠・264
　　　　(1) 監査証拠・264
　　　　(2) 十分かつ適切な監査証拠・265
　　　　(3) 適合性と信頼性・266
　　　　(4) リスク・アプローチの下での十分かつ適切な
　　　　　　監査証拠の入手の例示・268
　　4 監査手続・272
　　　　(1) 監査手続の区分方法について・272
　　　　(2) 図表6-47の各監査手続の意味・内容・273
Ⅴ　リスク・アプローチに基づく監査計画と
　　実施結果の見直し ────────────────────── 278
　　1 監査計画・278
　　　　(1) 監査計画の必要性・278
　　　　(2) 監査計画の定義と効果・279
　　　　(3) 「計画活動」と監査計画の構成・279
　　2 監査計画の実施結果・283
　　3 監査計画の見直し・284
　　　　(1) 監査計画の修正・284
　　　　(2) 全般的な対応の見直し・285

(3)　重要な虚偽表示リスクの暫定的評価の見直し・285
　4　監査上の重要性に係る監査計画の修正・286
　　　(1)　重要性の基準値の改訂と監査計画の修正・286
　　　(2)　虚偽表示の識別による監査計画の修正・287

第7章　実施基準と試査

I　**十分かつ適切な監査証拠の入手方法** ──────── 291
　1　項目の抽出を伴う方法・291
　　　(1)　精査・293
　　　(2)　試査・294
　2　項目の抽出を伴わない方法・299

II　**原則として採用される試査** ──────────── 301

III　**試査による母集団に対する結論の形成** ─────── 302
　1　監査サンプリングによる試査における結論の形成・302
　2　特定項目抽出による試査における結論の形成・303

IV　**試査における監査判断を誤るリスク** ──────── 305
　1　監査サンプリングによる試査に
　　おいて監査判断を誤るリスク・305
　　　(1)　サンプリングリスク・305
　　　(2)　ノンサンプリングリスク・306
　2　特定項目抽出による試査において監査判断を誤るリスク・306

V　**リスク対応手続における
　監査サンプリングによる試査の利用** ────────── 308
　1　ステップ1──監査サンプリングの立案・310
　2　ステップ2──サンプルの抽出と監査手続の実施・318
　3　ステップ3──内部統制の逸脱率と虚偽表示額の推定・319

4 ステップ4——サンプリング結果の評価・323

第8章　実施基準と監査基準報告書

I　グループ監査 ──────────────────── 328
　　1　総論・328
　　2　グループ監査の実施体制・329
　　3　グループ監査の基本的な方針および詳細な監査計画・332
　　4　グループおよびグループ環境，適用される財務報告の枠組み並びにグループ内部統制システムの理解・333
　　5　重要な虚偽表示リスクの識別と評価・334
　　6　重要性・334
　　7　評価した重要な虚偽表示リスクへの対応・335
　　　　(1)　連結プロセス・336
　　　　(2)　構成単位の監査人が関与する場合の考慮事項・336
　　8　構成単位の監査人とのコミュニケーションおよびその作業の妥当性の評価・337
　　9　後発事象・338
　　10　入手した監査証拠の十分性および適切性の評価・339
　　11　グループ経営者およびグループ・ガバナンスに責任を有する者とのコミュニケーション・339
　　　　(1)　グループ経営者とのコミュニケーション・339
　　　　(2)　グループ・ガバナンスに責任を有する者とのコミュニケーション・340
　　　　(3)　識別された内部統制の不備に関するコミュニケーション・340

II　専門家の業務の利用 ──────────────── 341
　　1　専門家の業務の利用の意義・341
　　2　専門家の業務を利用する場合の監査人の責任・342

3　専門家の業務を利用するための監査手続・343
　　　4　専門家の適性，能力および客観性の評価・343
　　　5　専門家の専門分野の理解・344
　　　6　専門家との合意・344
　　　7　専門家の業務の適切性に係る評価・345
Ⅲ　**内部監査人の作業の利用** ───────────── 345
　　　1　内部監査機能および内部監査人・345
　　　2　内部監査の目的と監査人の目的（財務諸表監査）
　　　　 との適合性の評価・346
　　　3　内部監査人の作業の利用と監査人の責任・348
Ⅳ　**会計上の見積りの監査** ───────────── 348
　　　1　会計上の見積りの性質・348
　　　2　リスク評価手続とこれに関連する活動・351
　　　　(1)　会計上の見積りに関するリスク評価手続・351
　　　　(2)　会計上の見積りに関する企業および企業環境の理解・352
　　　　(3)　会計上の見積りに関する企業の内部統制の理解・353
　　　3　重要な虚偽表示リスクの識別と評価・355
　　　4　評価した重要な虚偽表示リスクへの対応・356
　　　　(1)　監査報告書日までに発生した事象からの監査証拠の入手・356
　　　　(2)　経営者がどのように会計上の見積りを行ったかの検討・357
　　　　(3)　監査人の見積額または許容範囲の設定・359
　　　　(4)　監査証拠に関するその他の検討事項・360
　　　5　会計上の見積りに関する注記事項・360
　　　6　経営者の偏向が存在する兆候・360
　　　7　実施した監査手続に基づく総括的評価・362
　　　8　経営者確認書・362
　　　9　監査役等，経営者または他の関係する者との
　　　　 コミュニケーション・363
　　　10　監査調書・363

V 情報技術（IT）が監査に及ぼす影響の検討 ——— 363
1 総論・363
2 企業および企業環境の理解と企業のITの活用状況・364
3 被監査会社が利用するITの統制リスクへの影響の評価・365
4 ITを利用した内部統制の特徴・365
5 統制活動の理解における業務処理統制と全般統制の評価・367
6 ITを利用した実証手続・368

VI 監査役等とのコミュニケーション ——— 369
1 監査役等とのコミュニケーションの役割・369
2 コミュニケーションを行うことが要求される事項・371
　(1) 財務諸表監査に関連する監査人の責任・372
　(2) 計画した監査の範囲とその実施時期・372
　(3) 監査上の重要な発見事項・372
　(4) 監査人の独立性・373
　(5) 品質管理システムの整備・運用状況・374
3 コミュニケーションの方法・374
4 内部統制の不備に関するコミュニケーション・375

VII 分析的手続 ——— 376
1 分析的手続総論・376
2 リスク評価としての分析的手続・377
3 分析的実証手続・379
　(1) 分析的実証手続の適切性の評価・380
　(2) 推定に使用するデータの信頼性の評価・381
　(3) 推定値の精度の評価・381
　(4) 推定値との許容可能な差異の決定・381
4 全般的な結論を形成するための分析的手続・383

VIII 経営者確認書 ——— 383
1 経営者確認書とは・383

2　経営者確認書入手の目的と性質・385
　　　3　経営者確認書における確認事項・385
　　　4　経営者確認書の信頼性に疑義がある場合の監査人の対応・387
　　　5　確認が得られない場合の監査人の対応・388
Ⅸ　監査調書 ──────────────────────── 388
　　　1　監査業務における監査調書の意義・388
　　　2　監査調書の目的・389
　　　3　監査調書に記載すべき事項・390
　　　4　監査報告書日後の取扱い・390
　　　5　監査事務所としての監査調書の管理・391
　　　6　個々の監査業務における監査調書の管理・392
Ⅹ　意見表明に関する審査 ──────────────────── 392
　　　1　審査の意義・392
　　　2　審査担当者の役割および適格性・395
　　　3　監査責任者と審査担当者の判断が相違する場合の対応・396
　　　4　審査の簡素化・397

第9章　継続企業の前提の監査

Ⅰ　制度化の背景 ──────────────────────── 400
Ⅱ　継続企業の前提に係る開示 ──────────────────── 401
　　　1　経営者の責任・401
　　　2　継続企業の前提に重要な疑義を生じさせるような
　　　　　事象・状況の識別・402
　　　3　対応策の検討・404
　　　4　継続企業の前提の適切性に係る判断・404
　　　5　継続企業の前提に関する注記開示・405

Ⅲ 継続企業の前提の監査 ―――――――――――――――― 406
   1 監査人の責任・406
   2 リスク評価手続における要求事項・407
   3 経営者の評価の検討・408
   4 継続企業の前提に重要な疑義を生じさせるような事象または状況を識別した場合の監査人の対応・408
   5 監査人の結論と監査報告書への影響・410
     (1) 監査人の結論・410
     (2) 監査報告書への影響・410

第10章　報告基準

Ⅰ 監査意見の本質 ――――――――――――――――――― 416
Ⅱ 監査意見の形成 ――――――――――――――――――― 418
Ⅲ 監査報告書の機能と構成要素 ――――――――――――― 420
   1 監査報告書の機能・420
   2 監査報告書の構成要素・421
   3 監査報告書の様式と記載事項・424
     (1) 監査報告書の様式・424
     (2) 監査報告書の記載事項・425
Ⅳ 除外事項付意見と監査報告書 ――――――――――――― 433
   1 除外事項付意見の原因と類型・433
   2 除外事項付意見の類型とその意味・435
     (1) 限定意見・435
     (2) 否定的意見・436
     (3) 意見不表明・436
   3 除外事項付意見の表明・437
     (1) 限定意見・437

(2) 否定的意見・440
　　　(3) 意見不表明・441
Ⅴ　監査上の主要な検討事項 ―――――――――――――――― 443
　1　監査上の主要な検討事項の意義・443
　2　監査上の主要な検討事項の決定プロセス・444
　　　(1) 特に注意を払った事項の決定・445
　　　(2) 監査上の主要な検討事項の決定・446
　3　監査上の主要な検討事項の監査報告書への記載・447
　　　(1) 「監査上の主要な検討事項」区分・447
　　　(2) 監査上の主要な検討事項を記載しない場合・448
　　　(3) 監査上の主要な検討事項の記載内容・448
Ⅵ　準拠性に関する意見 ―――――――――――――――――― 449
Ⅶ　個別の財務表または財務諸表項目等に対する監査報告 ――― 452
Ⅷ　追記情報 ――――――――――――――――――――――― 453
　1　「強調事項」区分・453
　2　「その他の事項」区分・455
　3　特別目的の財務諸表に対する監査の場合の追記情報・455
Ⅸ　過年度の比較情報の監査報告 ―――――――――――――― 456
　1　過年度遡及修正・456
　2　比較情報に対する監査意見・457
　　　(1) 対応数値方式・458
　　　(2) 比較財務諸表方式・459
Ⅹ　その他の記載内容 ――――――――――――――――――― 460
　1　「その他の記載内容」の入手と通読および検討・460
　2　重要な相違または誤りがあると思われる場合の対応・461
　3　「その他の記載内容」に重要な誤りがあると判断した場合の
　　　対応・461
　4　「その他の記載内容」にかかわる報告・462

第11章　内部統制の監査

- I　内部統制監査の意義 ―― 464
- II　内部統制監査の実施 ―― 467
  - 1　監査計画の策定・469
  - 2　評価範囲の妥当性の検討・470
  - 3　全社的な内部統制の評価の妥当性の検討・472
  - 4　業務プロセスに係る内部統制の評価の妥当性の検討・473
    - (1)　業務プロセスに係る内部統制の整備状況の検討・474
    - (2)　業務プロセスに係る内部統制の運用状況の検討・475
    - (3)　業務プロセスに係る内部統制の不備の検討・477
  - 5　内部統制の開示すべき重要な不備の報告と是正・479
    - (1)　開示すべき重要な不備等の報告・479
    - (2)　開示すべき重要な不備の是正状況の検討・480
- III　内部統制監査の報告 ―― 481
  - 1　意見の表明と内部統制監査報告書の記載事項・481
  - 2　意見に関する除外・485
  - 3　監査範囲の制約・485
  - 4　追記情報・486

第12章　期中レビューと中間監査

- I　基礎的諸概念 ―― 490
  - 1　金融商品取引法等に基づく期中業績の開示制度の概要・490
  - 2　金融商品取引法等に基づく期中業績の信頼性の保証制度の概要・492

3　期中レビューの対象となる期中財務諸表の利用目的と結論の
　　　　性質・493
　　4　『期中レビュー基準』の概要・495
Ⅱ　期中レビューの目的 ──────────────────── 496
Ⅲ　実施基準の内容 ───────────────────── 497
　　1　レビューリスク・497
　　2　レビューにおける重要性・498
　　3　レビュー手続・499
　　　(1)　質問および分析的手続の実施・499
　　　(2)　適切な追加的手続の実施・500
　　　(3)　継続企業の前提についての検討・501
　　　(4)　その他の検討事項・503
Ⅳ　報告基準の内容 ───────────────────── 504
　　1　期中レビューにおける結論の表明・504
　　2　期中レビュー報告書の標準的書式と記載事項・505
　　　(1)　監査人の結論区分・508
　　　(2)　結論の根拠区分・509
　　　(3)　経営者および監査役等の責任区分・509
　　　(4)　監査人の責任区分・510
　　3　期中レビューにおける各結論の要件・512
　　　(1)　無限定の結論・512
　　　(2)　除外事項を付した限定付結論・513
　　　(3)　否定的結論・514
　　　(4)　結論の不表明・514
　　4　継続企業の前提と結論の表明・515
　　5　期中レビューに係る追記情報・517
　　　(1)　会計方針の変更・517
　　　(2)　重要な偶発事象・517
　　　(3)　重要な後発事象・518

(4) 監査人が結論を表明した期中財務諸表を含む開示書類における当該期中財務諸表の表示とその他の記載事項との重要な相違・518

V 中間監査 ———————————————————————— 519
 1 中間財務諸表の性質・519
 2 中間監査の内容・520
 3 『中間監査基準』・521
  (1) 中間監査の目的基準・521
  (2) 中間監査の実施基準・522
  (3) 中間監査の報告基準・523
  (4) 中間監査における継続企業の前提・524
  (5) 中間監査における追記情報・526
 4 中間監査報告書の標準的書式・526

第13章　公認会計士業務の拡大と保証業務

I 保証業務の概念的枠組みの必要性 ——————————————— 532
II 保証業務意見書による概念的枠組み ————————————— 533
 1 保証業務の定義と財務諸表監査・533
 2 保証業務の分類・535
  (1) 対象による分類・535
  (2) リスクの程度による分類・536
III 保証業務の要素 ———————————————————————— 537
 1 保証業務に関わる三当事者・538
 2 適切な主題・539
 3 適合する規準・539
 4 十分かつ適切な証拠・541
 5 保証報告書・542

Ⅳ **非保証業務** ─────────────── *543*

■索　引 ─────────────────── *547*

◆主な略語一覧

略　語	正　式　名　称
不正リスク対応基準	監査における不正リスク対応基準
品質管理基準	監査に関する品質管理基準
保証業務意見書	財務情報等に係る保証業務の概念的枠組みに関する意見書
監基報	監査基準報告書
品基報	品質管理基準報告書
金商法	金融商品取引法
開示府令	企業内容等の開示に関する内閣府令
監査証明府令	財務諸表等の監査証明に関する内閣府令
内部統制府令	財務計算に関する書類その他の情報の適正性を確保するための体制に関する内閣府令

＊用語に関する補足説明
1．監査の基本的な用語である「重要な虚偽表示」,「重要な虚偽表示リスク」について，監査基準・不正リスク対応基準・中間監査基準・期中レビュー基準では「重要な虚偽の表示」,「重要な虚偽表示のリスク」と表現されている。他方，監査基準報告書では「重要な虚偽表示」,「重要な虚偽表示リスク」と表現されている。本書では，引用以外については，第4章では監査基準，第12章では中間監査基準・期中レビュー基準を解説していることから「重要な虚偽の表示」,「重要な虚偽表示のリスク」，第6章，第7章，第8章については主に監査基準報告書の内容を解説していることから「重要な虚偽表示」,「重要な虚偽表示リスク」を用いて解説する。なお，第5章では，不正リスク対応基準の内容について解説している箇所は「重要な虚偽の表示」「重要な虚偽表示のリスク」を，監査基準報告書について解説している箇所は「重要な虚偽表示」「重要な虚偽表示リスク」を用いて解説する。
2．第1章，第2章および第8章において「個別財務諸表」の表現が使用されているが，連結財務諸表との対比で「個別財務諸表」と表現しており，法令上の正式名称は「財務諸表」である。

第 1 章 監査の基礎概念と公認会計士法

Summary

- 企業が直接金融を行う金融市場は発行市場および流通市場からなり，いずれの市場においてもディスクロージャー体制が十分に整備されていなければならない。
- 情報の非対称性の存在を前提として，これを緩和・解消するために開示される財務諸表の信頼性を検証し保証する仕組みとして，「財務諸表監査」が設けられている。
- 財務諸表監査は，財務諸表の適正表示について合理的な程度の保証を提供することを通じて，投資者の利益を保護することを究極的な目的とする。
- 財務諸表監査は，適正な財務諸表を作成する経営者の責任と，財務諸表の適正表示について意見表明する監査人の責任を峻別する「二重責任の原則」の下に成立する。
- 財務諸表監査の目標は，財務諸表に重要な虚偽表示が含まれていないかどうかを検証することであり，「リスク・アプローチ」という手法で実施される。
- 財務諸表監査は，被監査会社内に構築され，取引の適切な処理と記録の正確性を保証する「内部統制」を前提として，試査という手法によって実施される。
- 内部統制は，会社の経営目的の達成に合理的な保証を提供することを意図して，経営者の責任で整備され，会社のすべての構成員によって遂行されるプロセスである。
- 財務諸表監査の基本的な機能は，財務諸表の信頼性について合理的な保証を提供することであり，監査人は，無限定適正意見を表明することによってこの機能を果たしている。

> ➤ 公認会計士法は，公認会計士の使命が国民経済の健全な発展に寄与することであると規定している。
> ➤ 公認会計士法は，公認会計士の業務として，監査証明業務および非監査証明業務を規定している。
> ➤ 公認会計士法は，特定の事項に対する業務の制限，監査証明業務と一定の非監査証明業務の同時提供の禁止，ローテーション制，単独監査の禁止および就職制限などによって，監査人としての独立性の確保を図っている。
> ➤ 公認会計士法は，指定社員制度や有限責任監査法人制度を導入して監査法人の社員の責任を軽減する一方で，課徴金制度を設けて公認会計士・監査法人に対する懲戒処分を多様化している。

Ⅰ 金融商品市場における財務情報開示と財務諸表監査

1 株式会社の資金調達

　現代の経済活動においては，株式会社が重要な役割を演じている。株式会社という存在がなければ，今日の経済的繁栄は達成されなかったといっても過言ではない。
　株式会社の特徴としては，次の点があげられる。

> ① 出資者である社員の地位が細分化された株式という形をとること
> ② 社員は株式の引受価額を限度とする出資義務だけを負うという，いわゆる「有限責任の原則」が貫かれていること

　社員の地位が細分化されることによって，多数の社員を受け入れることができる。このため，株式会社では，一人ひとりの社員（株主）が引き受ける出資の額を，比較的少額に抑えることが可能となり，不特定多数の出資者に対して小口の出資を広く募ることによって，多額の資金を調達することができる。
　一方，**有限責任の原則**は，社員が出資に際して負うべき責任の範囲を限定す

る（会社法第104条）。仮に会社が経営破綻したとしても，社員にとっては，すでに出資した資金が返還されないだけであり，追加的な負担を要求されることはない。経済的にも心理的にも出資をしやすい環境が整っているといえよう。このため，多くの出資者から広く資金を募ることが可能となる。

このように，株式会社は，多額の資金を必要とする大規模な事業を展開するために，不特定多数の出資者から資金を集めるのに適した会社形態である。

2　株式会社と金融商品市場

株式会社の資金調達の1つとして，社員の地位を表す株式を売り出し，その対価として資金の提供を受けるという方法がある。この方法は，会社が出資者から直接資金の提供を受けることから**直接金融**と呼ばれる。株式の購入を通じて出資を行う者は**投資者**と呼ばれる。

少額の資金を調達するだけなら，投資者を相対で探すことができるかもしれない。しかし，多額の資金を調達する場合には，不特定多数のいわゆる一般投資者を直接探し出すのには大きな困難を伴う。そこで，資金を調達しようとする株式会社と，株式の購入を希望する一般投資者を引き合わせるための場が必要となる。それが，**金融商品市場**である。

金融商品市場とは，有価証券などの金融商品の発行ならびに流通の場である。有価証券等の発行が行われるのは**発行市場**，発行された有価証券が流通するの

〔図表1-1〕株式会社の社員と有限責任の原則

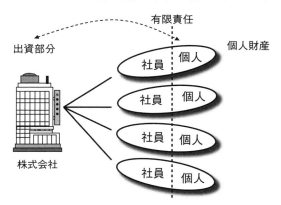

は**流通市場**と呼ばれる。このうち，流通市場には**金融商品取引所**が設けられる。金融商品取引所とは，有価証券等の売買を円滑に行うために設けられる施設もしくは組織のことである。

(1) 発行市場

　経営活動に必要な資金を調達しようとする株式会社は，発行市場で株式を発行する。多額の資金を調達しようとするときには，多数の株式が発行されることになる。このとき，発行市場に株式の発行数に見合う多数の投資者（あるいは発行額に見合う多額の資金）が存在しなければ，株式会社は必要な資金を調達することができない。株式会社が金融商品市場において思い通りに直接金融を行うことができるかどうかは，発行市場の規模に依存することになる。

　直接金融が機能するかどうかは，市場に多数の投資者を呼び込めるかどうかにかかっている。このため，投資者が安心して株式を購入できる環境を整備する必要があり，その最も基本的な要件として，株式会社の経営内容を理解するのに必要な情報が十分に開示されなければならない。株式がどの程度の価値をもっているのかを測定できなければ，投資者は投資の可否を判断することができない。株式の価値を測定するためには，会社の経営内容に関する情報が必要であり，**ディスクロージャー**（企業内容の開示）の態勢が十分に整備されていなければならない。

〔図表1-2〕発行市場とディスクロージャー

(2) 流通市場

　株式を購入した投資者は当該株式会社の社員となり，株式会社の社員は株主

と呼ばれる。株式会社は，株主としての地位である株式の自由な譲渡を認めることができる。譲渡が認められた株式は，流通市場において自由に売買（取引）されることになり，株主は，流通市場で株式を売却することによって，投資した資金を回収することもできる。あるいは，追加的な投資を行うために，株式を買い増すことも可能であり，投資者は，誰もが株式を購入することによって，特定の株式会社の株主になることができる。

流通市場の規模は，形式的には，当該市場での株式の取引を認められた株式会社である**上場会社**の数によって表すことができる。しかし，実質的な市場規模は，株式の取引頻度（取引される株式の延べ数）によって測られることになる。金融商品市場に大量の株式購入資金が流入すると，株式の取引が活発化する。そのためには，投資者が株式の購入を行う際の判断材料として，株式会社の経営内容を適切に反映する十分な情報が開示される必要がある。すなわち，ここでも，発行市場と同様に，ディスクロージャーの体制が十分に整備されていなければならないのである（ディスクロージャーの法的規制は，第2章で詳しく説明する）。

直接金融の手段として金融商品市場で発行され流通するのは，株式に限られるわけではないが，説明を複雑にしないために，株式会社にとって最も重要な資金調達の手段である株式について述べるにとどめた。その他の手段に関する市場についても，基本的に株式の場合と同様の要件が要求される。

〔図表1-3〕流通市場とディスクロージャー

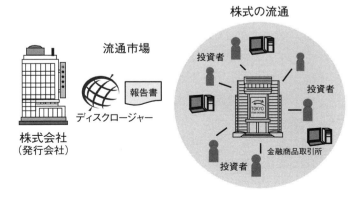

3 わが国の金融商品市場と会社の資金調達

(1) 戦後わが国の証券市場の展開

　第二次世界大戦後に，連合国軍最高司令官総司令部（GHQ）による経済民主化政策の一環として行われた財閥解体によって，個人株主および個人持ち株数が急増した。1948（昭和23）年には，アメリカの**1933年証券法**および**1934年証券取引所法**に範をとった**証券取引法**が制定された。この法律に基づいて，1949（昭和24）年には，東京，大阪，名古屋，京都，神戸，新潟，広島，福岡に証券取引所が開設され，翌年には，札幌証券取引所が開設された。

　このようにして，戦後間もなく，民主的な証券市場（現在では，より幅広い金融商品の発行・流通の場として「金融商品市場」という呼び方がされている。しかし，ここでは歴史的な展開についての記述であるため，「証券市場」ということにする）の枠組みが確立されることとなったのである。

(2) わが国の会社の資金調達

　わが国経済は，1955（昭和30）年以降，高度成長を達成することになったが，その要因は，民間設備投資および輸出主導の経済成長であった。会社が設備投資を行うためには，そのための資金を調達する必要がある。しかし，わが国の証券市場の規模はそれほど大きくはなく，また，証券の取引も目立って活発というわけではなかった。それでは，高度成長期における資金調達はどのようにして行われていたのであろうか。

　当時のわが国の会社の資金調達には，アメリカ，イギリス，ドイツなどと比べて，金融機関からの借入れへの依存度が高いという特徴があった。諸外国の資金調達における借入れの割合がおよそ20％以下であるのに対して，わが国では40％程度を借入れに依存していたのである。

　こうした状態を可能にした要因として，家計の高い貯蓄率があげられる。家計から集められた資金が，いわゆるメインバンクを中心とした金融機関を通じて会社へと貸し付けられていった。高度成長期のわが国の会社の資金調達は，証券市場における直接金融によるものではなく，金融機関からの借入れに依存した**間接金融**が主体だったのである。

(3) 間接金融から直接金融へ

　間接金融が中心だった会社の資金調達は，1980年代後半になって直接金融に軸足を移して行くことになる。この時期は，株式の発行および流通市場が急拡大している。いわゆるバブル経済の発生である。

　バブル経済発生の背景には，1985（昭和60）年9月のプラザ合意を契機とした急速な円高に対処するために実施された，低金利・量的緩和政策がある。これによって，証券市場に大量の資金が流入し，会社は，こうした資金を目当てに新株や転換社債などの資本証券を発行する**エクイティ・ファイナンス**を盛んに行った。

　1990年代に入るとバブル経済は崩壊に向かい，金融機関を中心にバブル経済の後遺症が現れることになる。金融機関では，バブル経済期の無秩序な貸付けが不良債権化し，また国際決済銀行（BIS）による金融機関に対する自己資本比率規制が足枷となって，わが国の金融機関は，もはや企業金融の中枢を担えなくなってしまった。

　バブル経済の崩壊とともに，証券市場から投資資金が流出したにもかかわらず，会社は直接金融を重視せざるを得ない状況に追い込まれていった。バブル経済期を挟んで，わが国の会社における資金調達は，間接金融中心から直接金融重視へと移行することになったのである。

　直接金融が会社の資金調達の中心となったのに伴って，市場におけるディスクロージャーの重要性が高まることとなった。投資者からの出資を勧誘するために，会社は，経営内容に関する判断材料としての情報を開示する必要がある。このような情報の中核に位置するのが，会計情報である。会社の資金調達が間接金融中心から直接金融重視へ移行したことによって，会計情報の重要性がより高まってきたのである。

(4) 国内市場からグローバル市場へ

　東西冷戦の終結による国際的な市場統合と情報技術（IT）の著しい発達は，経済活動のグローバル化をもたらした。また，国境を越えたマネーの移動により，経済の金融化が急速に進展した。会社は，それまでの自国内における競争だけではなく，グローバル市場における競争を強いられることになった。

資金調達の面では，最も有利な投資先を求めてボーダレスに移動するマネーを獲得するために，会社はグローバル市場に目を向けざるを得なくなった。というよりも，いわゆるグローバルマネーがクリック1つで瞬時に世界中を移動することを考えると，国内市場と外国市場といった区別が意味をもたなくなったといえよう。資金調達を行う会社は，その行動様式をグローバルマネーが求めるスタンダードに適合させるよう迫られることになったのである。

証券市場における投資は，常にリスクを伴うものであり，投資者はできるだけリスクを抑えるために，投資先を選別するための情報を要求する。その中核に位置づけられるのが会計情報である。グローバル市場においては，国ごとに異なるスタンダードによって作成された情報ではなく，文字どおりグローバルに比較可能な会計情報の開示が要求される。

このような事情を背景として，会計基準の**コンバージェンス**（国際的な統合化）に向けた動きが急速に進展することとなった。2001年に設立された**国際会計基準審議会**（IASB）が，会計基準のコンバージェンスを活動目標に掲げたことも大きな要因の1つである。国によって会計基準が特別な理由もなく異なれば，会計情報の比較可能性をそこなうことになる。会計基準に存在する無用な差異をなくしていこうというのが，コンバージェンスという動きになった。この動きはさらに進んで，各国が**国際財務報告基準**（IFRS）そのものの採用を自国企業に許容または強制する，**アドプション**という段階に移行している。

4　会計情報（財務諸表）の信頼性の確保

会社の資金調達が直接金融を中心に行われるようになると，金融商品市場における情報開示が非常に重要な意味をもってくる。発行市場および流通市場においても，情報開示は，投資者が適切な投資意思決定ができるような判断材料を提供することを目的として行われる。会社の経営内容に関する適正な情報が提供されることによってこそ，投資者は自ら適切な判断を行い，資金の投下または回収を決定することができる。この時，開示情報の中核をなすのが，財務諸表によって提供される会計情報である。

会計情報は，**一般に公正妥当と認められる企業会計の基準**（GAAP）に準拠して作成されなければならない。こうして作成された会計情報は，真実な会計

情報と認められることになる。真実な会計情報を作成する責任は，会社の経営者が負っている。

　会計情報を中核とする経営内容にかかわる情報の開示は，金融商品市場における株式等の発行の権利を取得し，あるいは流通の権利を維持するために課せられる義務である。発行会社ないし上場会社にこのような義務が課せられる背景には，金融商品市場では「**自己責任の原則**」が貫徹され，投資の結果に対しては，投資者自身が責任を負わなければならないということがある。このため，投資者に対して十分かつ真実な情報を提供し，誤った情報に基づく判断によって不測の損害を被ることがないように，投資者の利益を保護する必要がある。

　投資者の適切な意思決定を支援するために会計情報を提供するのは，会社の外にいる投資者が，会社の経営成果を直接知ることができないからである。すなわち，会社の経営内容に関する情報は会社に偏って存在しており，通常，会社は投資者よりも正確な情報をより多く持っている。こうした状況を「**情報の非対称性**」といい，投資者にとって不利な状況を改善するために，経営内容についてより多くの情報をもつ会社に対して，会計情報をはじめとする情報の開示が要求されるのである。

　ところが，情報の非対称性は，経営者によって提供される情報の信頼性に対する不信を醸成する。投資者と経営者との間に情報格差があるために情報開示が要求されているにもかかわらず，情報格差は開示情報の信頼性の検証をも妨げることになる。投資者は，会社の経営内容を直接知ることができないばかりか，経営内容を伝えているとされる情報が，本当に経営内容について真実を表示するものかどうかを確認することさえできないのである。

　開示される情報に，経営内容を重大に偽った「**重要な虚偽表示**」が含まれると，その情報に基づいて投資意思決定を行った投資者は，不測の損害を被るおそれがある。こうした事例が発生すると，金融商品市場に対する信頼が失われ，投資資金の流入が妨げられたり流出が引き起こされたりするおそれがある。その結果，会社は経営活動に必要な資金を調達することができなくなり，ひいては経済活動全体に悪影響が及ぶことにもなる。

　そこで，情報の非対称性の存在を前提として，これを緩和・解消するために開示される情報について，その信頼性を担保するために「**財務諸表監査**」とい

う仕組みが設けられる。財務諸表監査は，経営者からも投資者からも独立した監査人が，開示される情報が会社の経営内容について真実を表示しているかどうかを客観的に検証するものである。これによって，金融商品市場において開示される**財務諸表の信頼性**が確保されることになる。

図表1-4は，以上の説明を示したものである。

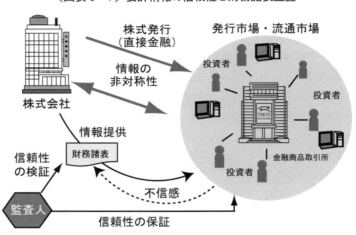

〔図表1-4〕会計情報の信頼性と財務諸表監査

5　投資者の意思決定と財務諸表監査

投資者は，会社から提供される情報に基づいて投資に関する意思決定を行う。財務諸表監査は，投資者の利益の保護を究極的な目的とする。財務諸表が会社の経営内容を適切に反映するものであることを検証することによって，投資者が誤った情報による意思決定に導かれないように保護するのである。検証によって得られた結論は，監査意見として投資者に伝達され，これによって財務諸表の適正表示に合理的な程度の保証が提供されることになる。

ただし，この場合の保証は，財務諸表に記載されている金額が，実際の経営内容と何ひとつ食い違っていないということを意味するものではない。むしろ，多少の食い違いを含みながらも，会社の経営内容について適切なイメージを与

えるものであることを意味するに過ぎない。財務諸表監査が保証するのは，財務諸表に表示されている金額の算術的正確性ではなく，財務諸表が全体として伝達する会社の状態ないし状況についてのイメージの適切さである。

　財務諸表監査は，監査の対象である財務諸表が，投資者の意思決定に利用されるということを前提として実施される。このことが，財務諸表監査における次の重要な概念を導くことになる。

● **監査上の重要性**：
　財務諸表利用者の判断に対する影響の程度を測る基準
● **リスク・アプローチ**：
　監査人が財務諸表に不適切な監査意見を表明する確率である監査リスクを低く抑えられるように監査を計画し実施する手法
● **試査**：
　サンプルの検証に基づいて取引記録全体の状態を推定する手法
● **内部統制**：
　会社の事業目的の達成を支援するために会社内に設けられる仕組み

　財務諸表によって提供される情報が，投資者の判断を誤らせない程度の正確さを確保していれば十分であるということは，「**監査上の重要性**」という概念を導くことになる。この概念は，「重要な虚偽表示」の有無という，財務諸表の品質水準および財務諸表監査の目標水準を形成する。重要な虚偽表示が含まれていない財務諸表が適正な財務諸表と認められるのであり，財務諸表監査は財務諸表に重要な虚偽表示が含まれていないことを保証するものとなるのである（「監査上の重要性」と「重要な虚偽表示」は，第6章で詳しく説明する）。

　重要な虚偽表示を発見することが財務諸表監査の目標であるという考え方に基づいて，重要な虚偽表示を見逃して不適切な監査意見を表明する確率である「**監査リスク**」を，十分に低い水準に抑えられるように監査を実施するという接近方法が取られるようになった。これが，現代監査の基本モデルとなっている「**リスク・アプローチ**」である。また，重要な虚偽表示さえ発見できれば財務諸表監査の目標は達成されるとするならば，財務諸表を構成する取引記録のすべてを逐一検証する必要はない。一定の合理的なルールに基づいてサンプル

を抽出し，これを調査することによって全体の状態を推定するという，「試査」による検証が正当化されることになる（「リスク・アプローチ」は第6章，「試査」は第7章を参照）。

　さらに，試査による検証が有効に機能するためには，取引が一定のルールに基づいて適切かつ正確に処理され，記録されている必要がある。これを実現するために，会社内に「**内部統制**」という仕組みが構築されなければならない。財務諸表監査は，内部統制という会社側における報告の信頼性の確保を目的の1つとする仕組みを利用することによって，その目標を達成している面がある。投資者の意思決定を支援するための財務諸表の適正表示は，財務諸表を作成する経営者とそれを検証し保証する監査人とが，それぞれの役割を担い，また責任を果たすことによって実現されるのである。

　リスク・アプローチとは，監査人が，財務諸表に含まれる「重要な虚偽表示」を見逃して無限定適正意見を表明してしまう確率である「監査リスク（AR）」を合理的に低い水準に抑えられるように監査手続を計画し，実施する監査の手法である。

　監査人は，財務諸表に重要な虚偽表示が行われる確率である「重要な虚偽表示リスク（RMM）」を評価した上で，監査手続によっても重要な虚偽表示を見逃す確率である「発見リスク（DR）」を適切に見積ることにより，目標とされる監査リスクの水準を達成できるような監査手続を計画し，実施しなければならない。

　以上の関係は，次のようなモデル式で表されている。

$$AR = RMM \times DR$$

　重要な虚偽表示リスクの大きさは，主として，経営者が整備・運用に責任を負う内部統制の有効性に依存する。また，発見リスクの大きさが，実施すべき監査手続の種類とその実施時期，ならびに試査の範囲を規定することになる。

　監査人は，監査リスクの水準を低く抑えるために，会社側のリスクを適切に評価して，これに基づいて監査手続の内容を決定しなければならない。このことは，上のモデル式を次のように変形して表すことができる。

$$DR = \frac{AR}{RMM}$$

> **マメ知識 1-1** リスク・アプローチ以前の監査アプローチ
> ：内部統制アプローチ
>
> 　現在では，財務諸表監査がリスク・アプローチによって実施されるということが常識化しているが，これが導入されたのはそれほど古い話ではない。リスク・アプローチは，1970～80年代のアメリカにおける，いわゆる「期待ギャップ」問題への対応策として導入されたのである。
>
> 　リスク・アプローチの特徴は，監査計画の策定にあたって，被監査会社の内部統制の有効性がそのつど評価されるという点にある。そして，内部統制の有効性の裏面である統制リスクの大きさによって，実施すべき監査手続の厳格さが規定されるのである。
>
> 　これに対してリスク・アプローチ導入以前の財務諸表監査では，被監査会社の内部統制が有効に機能していることを前提として監査手続が実施されていた。内部統制の評価は，原則として，監査契約の締結時に行われるだけであり，年度ごとの監査に際しては，重要な変更があったときなどに行われるに過ぎなかった。こうした監査アプローチは，「内部統制アプローチ」あるいは「システム・アプローチ」などと呼ばれることがある。
>
> 　しかし，期待ギャップ問題が明らかにしたように，被監査会社の内部統制は常に有効に機能しているとは限らない。このため，被監査会社の事業環境や経営者の姿勢などを含めて，常に変化する状況に適切に対応できるよう，年度ごとに内部統制の有効性（統制リスク）を評価した上で監査手続を決定するという監査アプローチへと移行することになったのである。

II　経営者の責任と監査人の責任
——二重責任の原則

1　財務諸表の作成と開示

　新たに総額1億円以上の有価証券を発行し，50名以上の者に取得を勧誘しようとする会社は，内閣総理大臣に対して，「**有価証券届出書**」を提出しなければならない（金商法第5条）。有価証券届出書には，「経理の状況」として，最近2事業年度に係る連結財務諸表ならびに個別財務諸表が含まれる（開示府令

第8条)。

　取引所に上場されている有価証券の発行会社，資本金が5億円以上，株主数が1,000人以上の株式会社等は，事業年度ごとに「**有価証券報告書**」を内閣総理大臣宛に提出しなければならない（金商法第24条）。有価証券報告書には，「経理の状況」として，連結財務諸表ならびに個別財務諸表が含まれる（開示府令第15条）。

　このように，新規の証券発行にあたって，会社の経営内容を投資者に知らしめるために，発行市場に向けたディスクロージャーが行われなければならない。これは「**発行開示**」と呼ばれる。一方，上場会社では，株式等の有価証券が金融商品市場で流通することになるため，投資者による資金の投下または回収に係る意思決定に資する情報を継続的に開示することが要求されている。このような情報開示形態は「**継続開示**」と呼ばれる。

> 発行開示（発行市場）：新規の証券発行にあたって会社の経営内容を開示
> 継続開示（流通市場）：資金の投下・回収に係る意思決定に資する情報の継続的な開示

　いずれの開示形態においても，情報の作成責任は会社の経営者が負う。当該情報に含まれる連結財務諸表／個別財務諸表は，投資者の意思決定を誤らせないように，経営内容を適切に反映するものでなければならない。経営者の責任は，真実な経営内容を表示する財務諸表を作成することによって果たされる。

2　財務諸表の監査

　有価証券届出書および有価証券報告書に含まれる連結財務諸表ならびに個別財務諸表に対しては，提出者と特別の利害関係のない公認会計士または監査法人の**監査証明**が必要とされている（金商法第193条の2第1項）。財務諸表に対して監査証明を行うことは，公認会計士および監査法人の使命を果たすための1つの重要な役割であり，また，公認会計士および監査法人の主たる業務でもある（公認会計士法第2条第1項，第34条の5）。

　監査人としての公認会計士（監査法人）は，金融庁の**企業会計審議会**が設定した『**監査基準**』にしたがって監査を実施しなければならない。『監査基準』

は，監査の目的を次のように定めている（第一　監査の目的：第１項前段）。

> 　財務諸表の監査の目的は，経営者の作成した財務諸表が，一般に公正妥当と認められる企業会計の基準に準拠して，会社の財政状態，経営成績及びキャッシュ・フローの状況をすべての重要な点において適正に表示しているかどうかについて，監査人が自ら入手した監査証拠に基づいて判断した結果を意見として表明することにある。

　監査人は，財務諸表に対する監査意見の表明を期待されている。監査意見は，経営者によって作成された財務諸表が，一般に公正妥当と認められる企業会計の基準（GAAP）に準拠して作成されていることを検証する**監査手続**の実施によって形成される。監査手続によって収集される**監査証拠**が，表明される監査意見の根拠となる。監査人は，こうして形成された監査意見を表明することによって，その責任を果たすことができるのである。

3　二重責任の原則の意義

　財務諸表監査の監査意見は，**監査報告書**によって伝達される。「**独立監査人の監査報告書**」と題される報告書には，監査意見の他にも，監査の実施に係る前提事項や監査意見の形成における考慮事項など，いくつかの重要な記載事項が含まれる。その中の１つとして，「経営者には，財務諸表の作成責任があること，財務諸表に重要な虚偽の表示がないように内部統制を整備及び運用する責任があること」ならびに「監査人の責任は独立の立場から財務諸表に対する意見を表明することにあること」という記載がある（『監査基準』第四　報告基準三（３）および（４））。

　この記載事項は，「**二重責任の原則**」と呼ばれ，ディスクロージャーを巡る経営者の責任と監査人の責任を峻別することを要求するものである。投資者の意思決定を誤らせないように，①経営内容を適正に表示する財務諸表を作成するとともに，そのための内部統制を整備・運用する経営者の責任，②当該財務諸表が企業会計の基準に準拠して作成されていることについて検証し，それによって得られた結論を監査意見として表明する監査人の責任が，明確に区別されなければならない（図表１-５）。

〔図表1-5〕「二重責任の原則」のイメージ

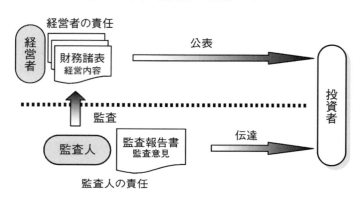

　財務諸表監査は，経営者自身によるアサーションの存在を前提とし，その真実性を検証するものである。アサーションとは，経営者の「主張」ともいわれ，経営者が財務諸表において明示的か否かにかかわらず提示するものをいう（監基報315：第11項(4)）。監査の前提として，あらかじめ何らかのアサーションが準備されていなければならない。監査人は，独立の立場からその真実性を検証し，その結果得られた結論を監査意見として表明するのである。

　検証の対象となるアサーションとしての財務諸表が，監査人とは独立して作成されていることが不可欠の要件となる。もしこの要件が満たされなければ，すなわち，財務諸表の作成過程に監査人自身が関与することになれば，監査人の結論の客観性が失われ，監査人の検証は**自己監査**に陥ることになる。こうした問題を回避するためにも，経営者の責任と監査人の責任が峻別されなければならないのである。

　経営者自身によるアサーションの存在を前提として，監査人の役割をこれに対する意見表明に限定することによって，監査人自身の責任の範囲を明確化することができる。財務諸表に重要な虚偽表示が含まれていることによって責任を問われるのは経営者であり，監査人ではない。財務諸表に重要な虚偽表示が含まれているにもかかわらず，これを見逃して不適切な監査意見（**無限定適正意見**）を表明すれば，監査人はそのことに対して責任を問われることになるの

である。

　例えば，**継続企業の前提**に関する監査人の検討は，経営者自身による継続企業の前提に関する評価とそれに基づく注記（アサーション）の存在が前提とされている。監査人の責任は，当該注記が基準に準拠して表示されているかどうかについての監査証拠を入手し，これを監査意見の形成において考慮することに限定されている（「継続企業の前提の監査」は，第9章参照）。

マメ知識 1-2　継続企業の前提

　継続企業の前提とは，企業はいったん設立されると，特別な事情がない限り，その活動を半永久的に継続するという仮定である。この仮定は，企業会計を行う際の約束であり，これに基づいて企業会計の基準が設定されている。取得原価主義会計も時価会計も，この前提の下で成立するものである。したがって，財務諸表監査において会計基準への準拠性を検証するにあたっては，被監査会社について継続企業の前提が成立していることを確かめる必要がある。もしこの前提が成立しなければ，現行の会計基準にしたがって作成された財務諸表は，真実な報告を提供するものとはいえないからである。

　継続企業としての存続能力自体は経営者のアサーションではないので，監査人にはこうした事項を監査意見の形成において直接考慮する責任を負ってはいない。経営者のアサーションが存在しない事項について，監査人が自ら監査手続の対象（これを「**監査要点**」と呼ぶ）を設定して，それを検証するというアプローチはとられず，あくまでも存続能力に関する経営者自身の評価結果に基づく注記（アサーション）を監査要点として，それを検証するのである。したがって，被監査会社が継続企業として存続できない場合でも，経営者の経営上の責任が問われることはあっても，監査人が監査上の責任を問われることはない。

マメ知識 1-3　内部統制監査のアプローチ

　内部統制監査も，継続企業の前提の検討と同様の考え方に基づいて実施される。すなわち，経営者が行う内部統制の有効性の評価結果（アサーション）が記載される内部統制報告書に対して，監査人は，それがあらかじめ定

められた基準にしたがって作成されているかどうかについて意見を表明するのである（内部統制監査については第11章参照）。

こうした経営者のアサーションなしに，監査人自身が独自に監査要点を設定して意見を形成し表明する，いわゆる「**ダイレクト・レポーティング**」では，監査意見との関係で，経営者の責任が明示的に識別されない。こうした検証の方法をとると，監査対象の範囲を明確にすることが困難となる。したがって，監査要点をどのように定めるかという判断の是非を含めて，監査人の責任が問われることになる。このため，監査人の責任の範囲は，経営者のアサーションを前提とした場合より拡大するだけでなく，その重みも増すことになろう。

ただし，この場合でも，内部統制に不備や欠陥があったとしても，それに対する責任は経営者が負うのであり，監査人が内部統制監査上の責任を問われることにはならない。

4　二重責任の原則とリスク・アプローチ

二重責任の原則は，①経営者の財務諸表作成と内部統制の整備・運用責任，②監査人の監査意見表明責任との峻別を要請している。この原則をリスク・アプローチの構造にあてはめると，以下のように考えることができる。

経営者は，財務諸表が真実な経営内容を表示するものとなるように，事業を取り巻く環境要因を考慮して，事業経営に関連するリスクをコントロールできる有効な内部統制を整備し運用しなければならない。経営者は，財務諸表に重要な虚偽表示が行われるリスクである「**重要な虚偽表示リスク**」を，十分に低く抑えられるように努力する責任を負っている。

監査人は，経営者の責任で抑制されているはずの重要な虚偽表示リスクを的確に評価し，自らの監査手続によって重要な虚偽表示を見逃すリスクである**発見リスク**の水準を設定する。これに基づいて適切な監査手続を選択・実施して，監査の目標水準である**監査リスク**（重要な虚偽表示を含む財務諸表に対して，誤って不適切な意見を表明してしまうリスク＝「監査の失敗」のリスク）を低く抑えられるように努力することが，監査人に課せられた責任である。

図表1-6は以上の説明を示したものである。

〔図表1-6〕リスク・アプローチにおける二重責任の構図

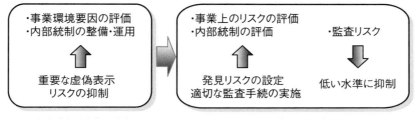

　こうした構図においては，経営者（会社側）に関して，内部統制，とりわけ財務報告の信頼性を確保するために必要とされるプロセスやルールの整備と，それらの有効な運用を行う責任が重要である。

　監査人は，経営者によって整備・運用される，内部統制の有効性を適切に評価しなければならない。その上で，目標とされる監査リスクの水準を達成するために必要とされる監査手続を計画し，実施する。これによって，要求される発見リスクの水準を満たさなければ，適切な監査意見を表明するという，監査人に課せられた責任を果たすことはできないのである。

III　経営者の役割と内部統制

1　経営者の役割

　株式会社を設立するためには，会社法の規定によらなければならない。最も一般的な株式会社の形態である**取締役会設置会社**の経営者（代表取締役）は，会社の出資者たる株主の意向を受けた取締役会が定める方針の下で，これに沿う形で経営業務を執行する責任を負う。経営者の執行責任の遂行状況は，取締役会によって監督されるとともに，**監査役会設置会社**の場合には監査役会，**指名委員会等設置会社**では監査委員会，また，**監査等委員会設置会社**であれば監査等委員会によって監査される。

　経営者の役割と責任は，会社の経営目標を達成することにある。このために，

経営者は，取締役会が決定した方針に基づいて経営計画を策定する。実際の業務の遂行は業務部門において行われるが，経営者はこれに対して指揮・命令，管理を行うことになる。

会社の経営目標を有効かつ効率的に達成するためには，**コーポレート・ガバナンス**の機能が有効に働かなければならず，この機能を具体化する手段として，会社内部において一定のルールや業務プロセスが確立される必要がある。これが**内部統制**である。経営者は，取締役会の定める方針の下で，会社の経営目標の達成を促進するための内部統制を構築・整備し，これを有効に運用しなければならないのである。

マメ知識 1-4　株式会社の機関とコーポレート・ガバナンス

会社法は，株式会社の機関設計を大幅に自由化したが，「公開会社」（すべての株式を譲渡制限している会社（「非公開会社」）以外の会社）である株式会社は，必ず取締役会を設置しなければならない。そして，大会社（資本金5億円以上または負債総額200億円以上の株式会社）である公開会社は，「監査役会設置会社」，「指名委員会等設置会社」あるいは「監査等委員会設置会社」のうちのいずれかの形態を採用し，さらに会計監査人を置かなければならない（詳細は第3章を参照）。

会社の機関設計は，ステークホルダーの視点から経営者を動機づけおよび規律づけるためにどのような体制をとるかという，コーポレート・ガバナンスの視点に基づいて行われる。経営の有効性，効率性，健全性を確保するために，一方でインセンティブを与えながら，他方でコンプライアンスに配慮した経営が行われるように自己規律の仕組みを整備する必要がある。

有効なコーポレート・ガバナンスの仕組みは，会社の事業，規模あるいは事業環境などによって異なるため，ステークホルダー間の利害調整を図りながら，経営者の動機づけと規律づけの仕組みを構築する必要がある。

会社の繁栄は社会からの要請に応える（信頼を裏切らない）ことによって築かれるということが認識されなければならない。社会から信頼を得るには長い時間がかかるが，それを失うのは一瞬であるということを十分に意識して，有効な自己規律の仕組みを設け，これを適切に運用する必要がある。

2 内部統制の基本的枠組み

(1) 内部統制の意義と目的

わが国では，2007（平成19）年に，企業会計審議会・内部統制部会によって，**「財務報告に係る内部統制の評価及び監査の基準」**および**「財務報告に係る内部統制の評価及び監査に関する実施基準」**（以下，2つを合わせて「内部統制基準」という）が設定された。これが，わが国における内部統制の意義や構成要素の枠組みを規定する。そしてそれは，経営者による内部統制の有効性の評価および評価結果の公表，ならびに評価結果を公表するために作成される**「内部統制報告書」**の監査の手順についての指針ともなる。

> **マメ知識1-5　COSOとCOSO報告書**
>
> わが国の内部統制基準は，アメリカのトレッドウェイ委員会支援組織委員会（COSO）が1992年に公表した，「内部統制の統合的枠組み」と題する報告書（通称『COSO報告書』）に依拠しながら，わが国の実情を反映する形で設定された。
>
> COSOは，アメリカで1985年に組織された不正な財務報告に関する全国委員会（通称，トレッドウェイ委員会）を人的・資金的に支援するために設立された委員会で，現在，アメリカ会計学会（AAA），アメリカ公認会計士協会（AICPA），内部監査人協会（IIA），管理会計士協会（IMA）ならびに国際財務担当経営者協会（FEI）という5つの団体によって構成されている。
>
> なお，COSO報告書は，公表後の環境変化などを考慮して，2013年に20年ぶりに改訂されたが，内部統制に関する基本的な考え方に変更はない。

内部統制基準は，2023（令和5）年4月に，COSO報告書の改訂や内部統制報告制度を巡る状況の変化を踏まえて改訂された。その中で，内部統制は次のように定義されている。

> **内部統制**とは，基本的に，業務の有効性及び効率性，報告の信頼性，事業活動に関わる法令等の遵守並びに資産の保全の4つの目的が達成されているとの合理的な保証を得るために，業務に組み込まれ，組織内のすべての者によって遂行されるプロセスをいい，統制環境，リスクの評価と対応，統制活動，情報と伝達，

モニタリング（監視活動）及びIT（情報技術）への対応の6つの基本的要素から構成される。

定義に含まれている4つの目的の意義は，**図表1-7**に示すとおりである。

〔図表1-7〕内部統制が支援する目的（内部統制の目的）の意義

業務の有効性及び効率性	事業活動の目的の達成のため，業務の有効性及び効率性を高めること
報告の信頼性	組織内及び組織の外部への報告（非財務情報を含む）
事業活動に関わる法令等の遵守	事業活動に関わる法令その他の規範の遵守を促進すること
資産の保全	資産の取得，使用及び処分が正当な手続及び承認の下に行われるよう，資産の保全を図ること

① 業務の有効性及び効率性

業務が有効であるということは，それが組織の目的の達成に貢献したということであり，効率的であるということは，目的達成のために資源が最適に配分され，無駄なく利用されているということである。内部統制は，組織の目的が達成されるように，業務の実施と資源配分をコントロールする機能を担っているのである。

② 報告の信頼性

財務および非財務情報の報告は，投資者や債権者などの組織外部の利害関係者はもちろん，組織内の経営者にとっても経営上の意思決定を左右する重要な情報を提供するものであり，高い信頼性が確保されなければならない。内部統制は，信頼性のある適正な財務情報が作成・公表されるように，業務を適切にコントロールする機能を果たさなければならないのである。

③ 事業活動に関わる法令等の遵守

組織およびその構成員が法令等を遵守するのは当然のことである。法令等に対する違反行為があれば組織に対する信頼が損なわれ，目的の達成に対する重大な障害ともなりかねない。内部統制には，業務が法令等を遵守して遂行されるようにコントロールすることが期待されているのである。

④ 資産の保全

組織の資産は，組織が収益を上げるための源泉である。業務に適合しない資産の取得，重要な資産の毀損や喪失は，組織の目的達成に大きな障害となる。このため，資産の取得，使用および処分は，適切なルールや手順にしたがって行われる必要がある。内部統制は，こうしたルールや手順の適切な運用をコントロールしなければならないのである。

(2) 内部統制の基本的要素

一方，内部統制基準が掲げている6つの基本的要素の意義と，それらに関連する具体的なチェックポイントの例を示せば**図表1-8**のとおりである。

〔図表1-8〕内部統制の基本的要素の意義

統 制 環 境	組織の気風を決定し，組織内のすべての者の統制に対する意識に影響を与えるとともに，他の基本的要素の基礎をなし，リスクの評価と対応，統制活動，情報と伝達，モニタリングおよびITへの対応に影響を及ぼす基盤をいう。 例えば，①誠実性および倫理観，②経営者の意向および姿勢，③経営方針および経営戦略，④取締役会および監査役または監査委員会の有する機能，⑤組織構造および慣行，⑥権限および職責，⑦人的資源に対する方針と管理などがあげられる。 (チェックポイントの例) ・経営者は，信頼性のある財務報告を重視し，財務報告に係る内部統制の役割を含め，財務報告の基本方針を明確に示しているか。 ・経営者は，適切な会計処理の原則を選択し，会計上の見積り等を決定する際の客観的な実施過程を保持しているか。 ・経営者は，信頼性のある財務報告の作成を支えるのに必要な能力を識別し，所要の能力を有する人材を確保・配置しているか。
リスクの評価と対応	組織目標の達成に影響を与える事象について，組織目標の達成を阻害する要因をリスクとして識別，分析および評価し，当該リスクへの適切な対応を行う一連のプロセスをいう。 (チェックポイントの例) ・信頼性のある財務報告の作成のため，適切な階層の経営者，管理者を関与させる有効なリスク評価の仕組みが存在してい

	るか。 ・リスクを識別する作業において，企業の内外の諸要因および当該要因が信頼性のある財務報告の作成に及ぼす影響が適切に考慮されているか。 ・経営者は，組織の変更やITの開発など，信頼性のある財務報告の作成に重要な影響を及ぼす可能性のある変化が発生するつど，リスクを再評価する仕組みを設定し，適切な対応を図っているか。
統 制 活 動	経営者の命令および指示が適切に実行されることを確保するために定める方針および手続をいう。 　統制活動には，権限および職責の付与，職務の分掌等の広範な方針および手続が含まれる。このような方針および手続は，業務のプロセスに組み込まれるべきものであり，組織内のすべての者において遂行されることにより機能するものである。 （チェックポイントの例） ・信頼性のある財務報告の作成に対するリスクに対処して，これを十分に軽減する統制活動を確保するための方針と手続を定めているか。 ・経営者は，信頼性のある財務報告の作成に関し，職務の分掌を明確化し，権限や職責を担当者に適切に分担させているか。 ・統制活動を実施することにより検出された誤謬等は適切に調査され，必要な対応が取られているか。
情 報 と 伝 達	必要な情報が識別，把握および処理され，組織内外および関係者相互に正しく伝えられることを確保することをいう。組織内のすべての者が各々の職務の遂行に必要とする情報は，適時かつ適切に，識別，把握，処理および伝達されなければならない。また，必要な情報が伝達されるだけでなく，それが受け手に正しく理解され，その情報を必要とする組織内のすべての者に共有されることが重要である。 　一般に，情報の識別，把握，処理および伝達は，人的および機械化された情報システムを通して行われる。 （チェックポイントの例） ・信頼性のある財務報告の作成に関する経営者の方針や指示が，企業内のすべての者，特に財務報告の作成に関連する者に適切に伝達される体制が整備されているか。 ・会計および財務に関する情報が，関連する業務プロセスから適切に情報システムに伝達され，適切に利用可能となるような体制が整備されているか。 ・内部統制に関する重要な情報が円滑に経営者および組織内の適切な管理者に伝達される体制が整備されているか。

モニタリング （監視活動）	内部統制が有効に機能していることを継続的に評価するプロセスをいう。モニタリングにより，内部統制は常に監視，評価および是正されることになる。モニタリングには，業務に組み込まれて行われる日常的モニタリングおよび業務から独立した視点から実施される独立的評価がある。両者は個別にまたは組み合わせて行われる場合がある。 （チェックポイントの例） ・日常的モニタリングが，企業の業務活動に適切に組み込まれているか。 ・経営者は，独立的評価の範囲と頻度を，リスクの重要性，内部統制の重要性および日常的モニタリングの有効性に応じて適切に調整しているか。 ・モニタリングの実施責任者には，業務遂行を行うに足る十分な知識や能力を有する者が指名されているか。
IT（情報技術） への対応	組織目標を達成するために予め適切な方針および手続を定め，それを踏まえて，業務の実施において組織の内外のITに対し適切に対応することをいう。 　ITへの対応は，内部統制の他の基本的要素と必ずしも独立に存在するものではないが，組織の業務内容がITに大きく依存している場合や組織の情報システムがITを高度に取り入れている場合等には，内部統制の目的を達成するために不可欠の要素として，内部統制の有効性に係る判断の規準となる。 　ITへの対応は，IT環境への対応とITの利用および統制からなる。 （チェックポイントの例） ・経営者は，ITに関する適切な戦略，計画等を定めているか。 ・経営者は，内部統制を整備する際に，IT環境を適切に理解し，これを踏まえた方針を明確に示しているか。 ・経営者は，信頼性のある財務報告の作成という目的の達成に対するリスクを低減するため，手作業およびITを用いた統制の利用領域について，適切に判断しているか。

（注）　上のチェックポイントは，財務報告に係る全社的な内部統制のチェックポイントを例示したものである。この内部統制の形態は，企業の置かれた環境や特性などにより異なる。

　例えば，統制環境について，構成員の倫理観が高い組織は内部統制が機能しやすい環境にあるが，経営者の意向あるいは姿勢が遵法意識に欠ける組織では，組織全体が法令を遵守しようという雰囲気になりにくく，結果として内部統制の有効性が失われるリスクが大きくなる。

組織の存続に致命的な影響を与えるおそれのあるリスクは回避すべきかもしれないが，すべてのリスクを回避するわけにはいかない。このため，何らかの対策を講じることで低減させたり，転嫁を図ったりしながら取っていかざるを得ないリスクもある。また，影響が軽微なリスクは，そのまま受け入れることができるだろう。リスクへの対応には，こうした戦略的な意思決定が含まれるのである。

大規模で多様かつ複雑な活動を行う組織では，責任者がすべての活動を直接把握したり管理・監督したりすることは難しい。このため，職務の分掌や構成員間の相互牽制（内部牽制）といった仕組みを業務プロセスに組み込むことによって，業務を適切にコントロールする必要がある。

内部統制はプロセスであり，意図通りに実施されてはじめてその効果が発揮されるものである。したがって，内部統制を構成する基本的要素は単に存在するだけでは十分ではなく，それらが実行されていなければならない。モニタリング機能による継続的な評価と改善によって，経営活動および環境の変化に柔軟に対応できる強靱なプロセスとなるよう，内部統制には常に進化が求められるのである。

（3） 内部統制の限界

内部統制が有効に機能しているとき，4つの目的が達成されているとの合理的な保証が提供されることになる。しかし，内部統制には，人間によって遂行されるプロセスであるということや，業務の実施に際して予め設けられるプロセスであることなどに起因する，次のような固有の限界がある。内部統制の限界とは，適切に整備され運用されている内部統制であっても，内部統制が本来的に有する制約のため有効に機能しなくなることがあり，内部統制の目的を常に完全に達成するものとはならない場合があることをいう。これが，内部統制が絶対的な保証を提供できない最大の理由である。

① 内部統制は，判断の誤り，不注意，複数の担当者による共謀によって有効に機能しなくなる場合がある。

内部統制は，組織のすべての構成員の判断や行為によって形成されるプロセ

スである。どんなに誠実な人でも，判断の誤りや不注意によるミスをすることがある。また，いくら厳格な職務分掌や相互牽制の仕組みを構築しても，担当者同士が示し合わせれば，不正・不当な行為を実行できる場合がある。このような場合には，内部統制の有効性が損なわれることがある。
② 内部統制は，当初想定していなかった組織内外の環境の変化や非定型的な取引等には，必ずしも対応できない場合がある。
　内部統制は，組織の現在の経営内容や状況，あるいは近い将来に想定される状況などを考慮して構築されるものである。将来の状況や変化について想定できることには限りがあるため，結果的に想定していなかった状況に直面すると，内部統制のプロセスでは処理できない場合がある。
③ 内部統制の整備および運用に際しては，費用と便益との比較衡量が求められる。
　内部統制それ自体は直接収益を生み出すものではないが，その整備・運用には当然費用がかかる。こうした費用は組織の目的を達成するためのコストであるとはいえ，完璧を目指して資源を投入するわけにはいかないであろう。内部統制によってもたらされる便益と，そのための費用とのバランスが考慮されることにより，内部統制の機能に一定の制約が課せられるのである。
④ 経営者が不当な目的のために内部統制を無視ないし無効にすることがある。
　経営者は，内部統制によって組織の業務を管理・監督する立場にあり，経営者自身は内部統制による管理・監督の対象に含まれていない。このため，どれほど効果的な内部統制が構築され，実際に有効に運用されていても，経営者自身が不当な目的で行う行為を内部統制で防止したり発見したりするのは難しいのである。

(4) 財務諸表監査との関係

　内部統制は，財務諸表監査における監査手続の実施手法である，試査の前提となる。試査による監査手続の実施が正当化されるためには，取引記録の均質性が確保されている必要があり，内部統制はこれを担保する仕組みである。
　監査人は，試査の範囲を決定するために，内部統制の有効性を評価しなければならない。リスク・アプローチでは，内部統制の有効性は，「重要な虚偽表示リスク」の大きさを左右する重要な要因である。

重要な虚偽表示リスクの大きさは，発見リスクの大きさを規定することになる。発見リスクは，財務諸表監査における目標である，監査リスクの水準を達成するために必要な監査手続の厳格さに影響を与える。発見リスクの大きさが，実施すべき監査手続の種類とその実施時期（会計期間中か会計年度末か），ならびに試査の範囲（サンプル数）を決定するのである。

　内部統制の有効性が高ければ，重要な虚偽表示リスクは小さくなり，試査の範囲は狭くてよい。監査手続によって直接検証すべき取引記録の量は少なくて済むのである。逆に，有効性が低ければ重要な虚偽表示リスクが大きくなるため，試査の範囲を広くしなければならないことになる。より大きなコスト（時間や労力）をかけて監査手続を実施しなければ，目標とされる監査リスクの水準を達成することができないのである。

　以上のことを図で表せば，図表1-9のようになる。

〔図表1-9〕内部統制の有効性と試査の範囲

内部統制の有効性	重要な虚偽表示リスク	試査の範囲
高	小	狭
低	大	広

　財務諸表監査は，財務諸表に重要な虚偽表示が含まれておらず，会社の経営内容についての真実な報告が行われていることについて，合理的な保証を提供するものである。試査という手法を用いて，財務諸表全体によって提供される，会社の経営情報の信頼性に保証を与える。こうした保証を可能とするためには，適切に整備・運用され，有効に機能する内部統制の存在が前提となる。

Ⅳ 監査人の役割と意見表明

1 監査の保証機能における監査人の役割

(1) 監査手続と監査意見

　財務諸表監査の基本的な機能は、財務諸表の信頼性について**合理的な保証**を提供することにある（**財務諸表監査の保証機能**）。監査人は、監査意見、とりわけ無限定適正意見を表明することを通じてこの機能を担っている。

　監査人は、監査意見を形成するために、財務諸表に含まれている経営者のアサーション（主張）に基づいて監査要点を設定し、これを批判的に検証する。監査要点に対して実施される検証は、**監査手続**と呼ばれる。監査人は、監査手続を実施することによって、財務諸表の信頼性を裏づけるための証拠を入手するのである。監査手続によって得られる証拠を**監査証拠**という。

　監査人による監査手続は、財務諸表に重要な虚偽表示が含まれていないかどうかを確かめる形で実施される。重要な虚偽表示とは、財務諸表の利用者を、もしそれがなければ到達したであろう判断とは異なる、不適切な判断に導く重大な誤りまたは記載漏れをいう。監査人は、監査手続を実施することによって、基本的には、財務諸表に重要な虚偽表示が含まれていない、という確信を得るための監査証拠を入手する。こうした監査証拠に基づいて、標準的な監査意見とされる無限定適正意見が表明されるのである（**図表1‐10**）。

　監査人は、財務諸表の作成責任を負う経営者の誠実性に対して、職業的懐疑心を抱きながら監査に臨む必要がある。経営者の誠実性を否定するわけではないが、逆にこれを無批判に前提とはせず、いかなる先入観も持つことなく、経営者の誠実性を慎重に評価しなければならない。経営者の誠実性の評価は、内部統制における**統制環境**の評価とも関連する。

　財務諸表監査は、基本的に、財務諸表に重要な虚偽表示が含まれていないということの証明を目指すものである。しかし、それは、あくまでも批判的な検証手続に基づく結論によって達成されなければならないのである。

〔図表 1-10〕財務諸表監査における立証の構造

（2） 監査意見と監査人の判断

　無限定適正意見は，財務諸表が財政状態，経営成績およびキャッシュ・フローの状況を，すべての重要な点において適正に表示しているということについて，監査人が監査手続を実施した結果として到達した結論を伝達するものである。それは，表示されている金額が算術的に正確であるとか，定められた基準に厳格に即して作成されているといった，財務諸表そのものの属性を表しているわけではない。財務諸表が財政状態や経営成績などを適正に表示しているという，職業的専門家である**監査人の判断**を表しているに過ぎない。

　このため，実際には財政状態，経営成績またはキャッシュ・フローの状況を適正に表示していない財務諸表に対して，無限定適正意見が表明されることがあり得る。こうした事態は，適切な監査手続が実施されなかった場合はもちろん，たとえ適切な監査手続が実施されたとしても起こり得ると考えられている。これは監査に固有の限界に起因するものであり，「**監査の失敗**」と呼ばれる。

　財務諸表監査は，監査人という人間が行うものである以上，判断の誤りによる失敗が，不可避的に発生し得ると考えなければならない。とくに，適切な監査手続が実施されたにもかかわらず発生する失敗が問題となる。しかし，失敗の確率は，十分に低く抑えられなければならない。さもなければ，財務諸表監査は，社会的な制度として成立することができない。監査の失敗の確率は「**監査リスク**」と呼ばれ，監査リスクを十分に低く抑えられるように監査を実施する手法を「**リスク・アプローチ**」という。

　リスク・アプローチでは，監査手続は，財務諸表には多かれ少なかれ重要な虚偽表示が含まれる可能性があるという前提の下で実施される。その際，どこ

に重要な虚偽表示の原因が存在し，それを抑制ないし発見するために，会社がどのような努力をしているかが批判的に評価される。その上で，目標とされる十分に低い監査リスクを達成する（失敗の確率を十分に低く抑える）ために，どのような監査手続を，いつ，どの程度の範囲について実施すべきかが決定される。これらの要因は，発見リスクの大きさによって規定されることになる。

このように，監査人は，監査手続を実施した結果として得られた結論を監査意見として表明し，財務諸表が真実な報告を提供するものであることを保証するのである。

（3） 監査意見と投資者保護

リスク・アプローチの下では，監査人は，財務諸表に含まれる重要な虚偽表示を見逃さないように監査手続を計画し，実施する必要がある。適切な監査手続が実施されていれば，財務諸表に重要な虚偽表示が含まれているという判断を下すことがあり得る。この場合，財務諸表は真実な報告を提供しているとはいえないため，監査人は，当該重要な虚偽表示の存在を理由として，**不適正意見**を表明しなければならない。

重要な虚偽表示を含む財務諸表に対して不適正意見が表明されれば，投資者は，当該財務諸表を経営内容の判断材料としては利用しないであろう。この結果，誤った意思決定による不測の損失を回避できるという意味で，投資者の利益が保護されることになる。

しかし，こうした形での監査人の投資者保護への貢献は，消極的なものにとどまる。なぜならば，不適正意見の表明は，投資者が意思決定をするに際して有害な情報を排除するに過ぎず，有用な情報を増加させるわけではないからである。投資者にとって有用な情報とは，投資に関わる不確実性（**投資リスク**）を低減させる情報である。財務諸表監査の役割は，情報の信頼性を保証することによって，情報自体についての不確実性（**情報リスク**）を低減させることであり，これを通じて投資リスクの低減に寄与することにある。

財務諸表監査が期待される機能を発揮するためには，意思決定に利用できる情報の存在が前提となる。監査人は，**二重責任の原則**によって，財務諸表の作成に関与することはできない。監査人が積極的な意味で投資者保護に貢献を果

たすことを可能にするためには，経営者が真実な財務報告を提供する財務諸表を作成することが前提となるのである（図表1-11）。

〔図表1-11〕監査人の結論と監査意見

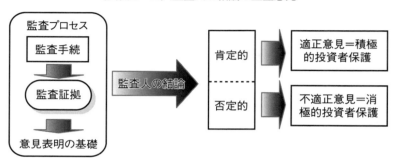

リスク・アプローチによれば，監査人は，重要な虚偽表示リスクを評価した上で，監査リスクを目標水準に抑えられるように監査手続を計画，実施しなければならない。会社の内部統制に不備あるいは重要な不備が認められれば，**重要な虚偽表示リスク**は大きくなる。このことは，監査人にとっては，発見リスクをより小さくする，すなわち監査手続をより厳格化すべきことを意味する。重要な虚偽表示リスクが非常に大きいとき，発見リスクは非常に小さく抑えられなければならない。場合によっては，試査による監査手続の実施が不可能となり，結果として監査意見が形成できないこともあり得る。

監査人が必要と考えた監査手続が実施できなければ，十分かつ適切な監査証拠を得ることができず，その結果，**意見表明の基礎**が得られないことになる。このような場合には，たとえ監査報告書が提出されたとしても，そこには財務諸表の信頼性に対する監査人の結論は記載されず，意見を表明しない旨だけが記載されることになる。監査人は，財務諸表の信頼性について，保証も否定もすることができず，その役割を果たすことができないのである。

このような監査報告書によっては，投資者は，財務諸表が経営内容について真実な報告を提供するものであるかどうかを判断することができない。財務諸表の信頼性が明確に否定されているわけではないため，これを利用することによって誤った意思決定に導かれるとは断定できない。しかし，信頼性が保証さ

れていない財務諸表を利用した意思決定は，自己責任の原則に照らせば，投資者に大きなリスク負担を迫るものになりかねない。このような監査報告書では，投資者を保護することはできないのである（図表1-12）。

〔図表1-12〕監査手続の制約と投資者保護

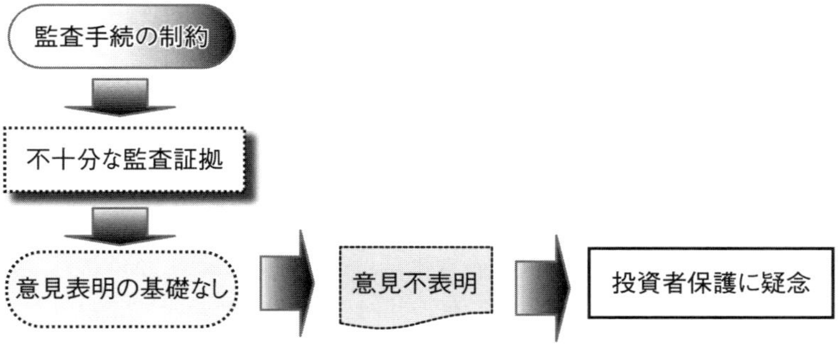

監査手続の制約 → 不十分な監査証拠 → 意見表明の基礎なし → 意見不表明 → 投資者保護に疑念

（4） 監査人による助言・勧告

　監査人は，会社側の事情に起因する重要な虚偽表示リスクを評価した上で，その程度に応じて自らが実施すべき監査手続を決定する。重要な虚偽表示リスクが非常に大きく，監査人の努力だけでは，要求される監査リスクの水準を満たすことができないことがあり得る。とくに，内部統制の有効性に重大な問題があると，意見表明の基礎が得られないケースが想定される。

　このような場合には，監査意見の表明による投資者の保護という役割を果たすために，監査人は，経営者に対して問題点の改善について**助言**ないし**勧告**を行うことがある。例えば，内部統制に重要な不備が認められる場合には，監査人は，経営者に対して，これを改善し，試査によって監査手続を実施できる環境を整備するように勧告することになる。

　重要な虚偽表示を発見した場合にそれをそのまま監査意見に反映させて不適正意見を表明したり，監査手続の制約を理由に直ちに意見不表明としたりすることは，投資者の保護という観点からすると，必ずしも最善の措置とはいえない。むしろ，経営者に対して，当該重要な虚偽表示を修正するように助言ないし勧告する方が，結果として，意思決定に資する情報が提供されることになる

可能性があるという点で，投資者の保護としてはより優れている（図表 1 - 13）。

〔図表 1 - 13〕監査人による助言・勧告の意義

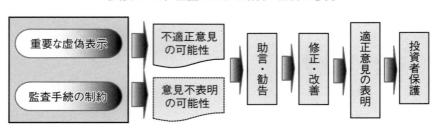

　監査の保証機能における監査人の役割は，基本的に無限定適正意見の表明によってこそ果たされるものである。監査人は，会社側における問題点を，直ちに監査報告書の記載内容に反映させるわけではない。まずは，経営者に対して，無限定適正意見の表明を妨げる問題点の解決を求める必要がある。その上で，なおも無限定適正意見が表明できないと判断する場合には，残された問題点を考慮して，不適正意見を表明したり，あるいは意見を表明しないという対応を取ったりするのである。

2　監査プロセスの透明性確保

　財務諸表監査は，財務諸表に重要な虚偽表示が含まれていないかどうかを検証することを通じて，資本市場におけるディスクロージャーの適正性を確保するという非常に重要な機能を担っている。しかし，近年，財務諸表監査がその機能を適切に果たしていないと認識されるような事例が相次いだため，利用者の財務諸表監査に対する信頼が揺らぐ事態となっている。こうした事態が生じた背景には，記載される文言が簡潔明瞭ではあるが，過度に標準化された決まり文句ばかりの「**短文式監査報告書**」では，財務諸表監査のプロセスに関する情報が十分に提供されず，監査の内容が正しく理解されていないということがあると指摘されている。

　こうした中で，財務諸表監査に対する利用者の信頼を回復・向上させるために，短文式監査報告書の枠組みは維持しつつ，監査報告書に「**監査上の主要な**

検討事項」(KAM) を記載することによって，監査プロセスの透明性の向上が図られた（「監査上の主要な検討事項」については，第10章を参照）。監査上の主要な検討事項とは，監査人が，当該年度の財務諸表監査において，特に重要であると判断した事項である。

監査上の主要な検討事項の記載は，監査報告書の情報価値を高めることを意図したものである。これによって，財務諸表利用者の監査に対する信頼の向上および経営者との対話の促進，コーポレート・ガバナンスの強化やリスクの認識共有による効果的な監査の実施などが期待されているのである。

3 監査の情報提供機能における監査人の役割

財務諸表監査は，財務諸表が経営内容についての真実な報告を提供するものであるかどうかを批判的に検証し，その結論を監査意見として表明するものである。このとき表明される監査意見は，基本的に無限定適正意見であり，これによって財務諸表の信頼性について合理的な程度の保証が提供される。これは，財務諸表監査の**保証機能**と呼ばれるものである。

財務諸表監査においては，保証機能の他に，情報提供という監査人の役割が認識されている。これは，投資者の注意を喚起することを主たる目的として，監査人が監査報告書に，強調事項とその他の説明事項からなる「**追記情報**」と呼ばれる記載を行うものである。このうち，強調事項は，監査人が適正であると判断した財務諸表（注記を含む）の中に，経営者によってすでに開示されている事項が記載対象となる。

情報提供機能は，監査人が自ら新たな情報を作り出して，それを投資者に伝達するというものではない。そのような行為は，二重責任の原則に反するし，当該情報の信頼性の担保をどうするかという問題を生むことになる。情報提供機能の枠組みにおいて追記情報として提供される情報の意味は，監査人が，「投資者の注意を喚起するということ」にあると考えるべきである。

このため，追記情報のうち，とくに強調事項の記載は，本来，「○○が注記されている」といった表現によって，投資者が自ら注意喚起の対象とされた情報を参照するように促すものとするべきである。強調事項として記載される情報は，財務諸表においてすでに固有の情報価値をもっている。強調事項として

記載されることによって，当該情報に新たな価値が追加されるわけではない。

情報提供機能における情報とは，すでに財務諸表に適正に表示されている情報に対して，とくに投資者の目を向けさせるためのシグナルの役割を果たすものである。監査人の役割は，投資者に新たな財務情報を提供することにあるのではなく，シグナルとしての**注意喚起情報**を提供することにある。投資者が重要な情報を見逃すことを防止することによって，投資者利益の保護に貢献するのである。

以上で説明した監査人の役割を，投資者の保護という観点を考慮して図で表せば，**図表1-14**のようになる。

〔図表1-14〕投資者保護における監査人の役割

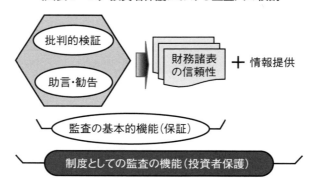

V 公認会計士法と公認会計士制度

1 公認会計士法の制定と変遷

公認会計士法は，1948（昭和23）年7月6日に法律第103号として制定され，その第2条で公認会計士の業務を次のように規定していた。

第2条 公認会計士は，他人の求めに応じ報酬を得て，財務書類の監査又は証明をすることを業とする。
2 公認会計士は，前項に規定する業務のほか，公認会計士の名称を用いて，他

> 人の求めに応じ報酬を得て，財務書類の調製をし，財務に関する調査若しくは立案をし，又は財務に関する相談に応ずることを業とすることができる。但し，他の法律においてその業務を行うことが制限されている事項については，この限りでない。
> 3　第1項の規定は，公認会計士が他の公認会計士の補助者として同項の業務に従事することを妨げない。

　公認会計士法は1966（昭和41）年に改正が行われ，相次ぐ大企業の不正会計（粉飾決算）の発生を受けて，組織的な監査の実施を図るために**監査法人制度**が創設された。また，公認会計士の自主規制団体として1949（昭和24）年に発足していた**日本公認会計士協会**が，公認会計士法上の特殊法人と位置づけられることとなった。

　2003（平成15）年には公認会計士法制定以来の抜本改正が行われ，公認会計士の使命および職責を明確にする規定が設けられた（法第1条および同第1条の2）。また，この改正では，監査人としての公認会計士の独立性の強化を図るために，監査証明業務（公認会計士法第2条第1項に規定する業務）と一部の非監査証明業務（同条第2項に規定する業務）の同時提供の禁止や，同一監査人による連続監査期間を制限する，いわゆる「**ローテーション制度**」が法定された。

　2003年の改正では，公認会計士試験制度が，今日実施されている内容に改革されている。また，金融庁に，公認会計士および監査法人に対する処分や公認会計士試験に関わる事務をつかさどる「**公認会計士・監査審査会**」が設置された。

　2003年および2007（平成19）年の公認会計士法改正では，監査法人の社員にかかわる損害賠償責任の軽減が図られた。2003年の改正で指定社員制度が，また，2007年改正では「**有限責任監査法人**」制度が，それぞれ導入されている。

　以下では，こうした改正の経緯を念頭におきながら，現行の公認会計士法の主な規定内容についてみていくことにする。

2　公認会計士の使命と職責

　公認会計士法は，公認会計士の使命および職責を次のように規定しており，

この規定は監査法人にも準用される（法第34条の2の2第2項）。

> （公認会計士の使命）
> 第1条　公認会計士は，監査及び会計の専門家として，独立した立場において，財務書類その他の財務に関する情報の信頼性を確保することにより，会社等の公正な事業活動，投資者及び債権者の保護等を図り，もつて国民経済の健全な発展に寄与することを使命とする。
> （公認会計士の職責）
> 第1条の2　公認会計士は，常に品位を保持し，その知識及び技能の修得に努め，独立した立場において公正かつ誠実にその業務を行わなければならない。

　公認会計士の使命は，国民経済の健全な発展に寄与することである。そのために，会社等の公正な事業活動，また，投資者・債権者の保護を図る必要がある。そして，そのための手段として，財務に関する情報の信頼性を確保することが求められているのである。このとき，特に重要なのは，「監査及び会計の専門家」として，そしてまた，「独立の立場」において行為・行動することによってこそ，公認会計士および監査法人に与えられた使命が果たされ得るという点である。

　公認会計士が「監査及び会計の専門家」であり，「独立の立場」を保持するためには，常にその知識および技能を最新に保つ必要がある。最新の知識と技能に裏打ちされた高度な専門性は，公認会計士が自らの信念に基づいて監査意見を形成し，表明するための基礎となる。そして，それに対して社会が信認を与えるのである。

　公認会計士の専門性を高い水準に維持するための仕組みとして，**継続的専門能力開発（CPD）**制度がある。この制度は，日本公認会計士協会が，その会員に対して公認会計士としての使命および職責を全うし，監査業務等の質的向上を図るために，継続して自主的かつ能動的に能力開発を行うことを義務付けるものである。そして，その一環として継続的専門研修（CPE）が実施される。これは，当初，日本公認会計士協会による自主規制の形で導入されたが，2003年の公認会計士法改正の際に法定化されたものである。公認会計士法では，「公認会計士は，内閣府令で定めるところにより，日本公認会計士協会が行う

資質の向上を図るための研修を受けるものとする。」と規定されている（法第28条）。

日本公認会計士協会の会員は，3事業年度で合計120単位以上の研修を履修するとともに，当該事業年度において20単位以上の研修を履修すること等が求められている。CPEの単位は，研修会への参加，自己学習，著書等執筆，研修会等の講師を行うことによって取得することができる。

公認会計士のような高度な専門性が必要とされ，また，公認の資格を与えられる職業人に対しては，資格を取得するための専門教育に加えて，資格取得後における専門性の維持・向上のための教育・研修が重要である。CPEは，公認会計士がその使命を果たすために必要な職責を満たすための1つの重要な要素である。

3 公認会計士の業務

公認会計士法は，公認会計士の業務について次のように規定している。

（公認会計士の業務）
第2条 公認会計士は，他人の求めに応じ報酬を得て，財務書類の監査又は証明をすることを業とする。
2 公認会計士は，前項に規定する業務のほか，公認会計士の名称を用いて，他人の求めに応じ報酬を得て，財務書類の調製をし，財務に関する調査若しくは立案をし，又は財務に関する相談に応ずることを業とすることができる。ただし，他の法律においてその業務を行うことが制限されている事項については，この限りでない。
3 第1項の規定は，公認会計士が他の公認会計士又は監査法人の補助者として同項の業務に従事することを妨げない。

前掲の1948年の公認会計士法制定時における第2条と規定内容が変わっていないことがわかるであろう。

第2条第1項に規定されている業務は公認会計士の主たる業務であり，監査法人によっても行われる（法第34条の5）。この業務は**「監査証明業務」**と呼ばれ，公認会計士または監査法人でない者は法律に定めがある場合以外には行う

ことができない，公認会計士および監査法人の**排他的独占業務**である（法第47条の2）。

　2023（令和5）年の公認会計士法の一部改正により，新たに上場会社等監査人名簿への登録制度が設けられ，登録を受けなければ，上場会社等の財務書類について監査証明業務を行ってはならないこととされた（法第34条の34の2）。また，財務書類に対する監査証明を義務付ける金融商品取引法において，上場会社等に対する監査証明を行うことができるのは，上場会社等監査人名簿に登録を受けた公認会計士または監査法人に限る旨が規定された（法第193条の2第1項）。これにより，上場会社等に対して監査証明業務を行うためには，公認会計士および監査法人は，日本公認会計士協会に対して同協会に備えられる上場会社等監査人名簿への登録を申請し，登録を受けなければならないことになった（法第34条の34の3，第34条の34の4）。

　なお，公認会計士法の第2条第1項の業務は，「監査証明業務」と呼ばれるように，監査意見を表明する業務である。これに対して，同条第3項は，公認会計士が自ら監査意見を表明しないが，他の公認会計士または監査法人が行う監査証明業務に補助者として関与することができる旨を規定している。

　一方，第2項が規定する業務は**非監査証明業務**と呼ばれ，財務書類の作成や財務コンサルティングなどの業務を，公認会計士の名称を用いて行うことができる。非監査証明業務は公認会計士または監査法人の排他的独占業務ではなく，例えば税理士のような他の職業的専門家や特別な資格を持たない者でも行うことができる。しかし，こうした業務を，公認会計士でなければ使用できない（法第48条第1項），「公認会計士」の名称を用いて行えるという点が，他者との差別化を図る上で効果を持つのである。

4　公認会計士等の独立性

(1)　特定の事項についての業務の制限

　「監査基準」は，「監査人は，監査を行うに当たって，常に公正不偏の態度を保持し，独立の立場を損なう利害や独立の立場に疑いを招く外観を有してはならない。」（第二　一般基準　2）と規定している。

　公認会計士および監査法人が監査人となって監査証明業務を行う場合には，

公正不偏の態度である「**実質的独立性**（または**精神的独立性**）」と，独立の立場を損なう利害や独立の立場に疑いを招く外観を有さないという意味での「**外観的独立性**（または**外見的独立性**）」の両方を保持する必要がある。

このうち，実質的独立性は監査人の精神の状態あるいは心の持ちようであり，外部からこれを規制することはできない。

これに対して，外観的独立性は，監査人と被監査会社との間に，身分的または経済的な特別の利害関係がないこと，また，監査の利用者に実質的独立性が保持されているとのイメージを形成させることであり，こうした関係およびイメージを損なう外見が法令によって規制されているのである。

このため，公認会計士法は，公認会計士監査に対する社会的信頼を確保するため，公認会計士および監査法人に対して，独立の立場に疑いを招くおそれのある関係が認められる場合に，監査証明業務の実施を制限しているのである（法第24条および法第34条の11）。

（特定の事項についての業務の制限）

第24条 公認会計士は，財務書類のうち，次の各号の一に該当するものについては，第2条第1項の業務を行なつてはならない。

一 公認会計士又はその配偶者が，役員，これに準ずるもの若しくは財務に関する事務の責任ある担当者であり，又は過去1年以内にこれらの者であつた会社その他の者の財務書類

二 公認会計士がその使用人であり，又は過去1年以内に使用人であつた会社その他の者の財務書類

三 前2号に定めるもののほか，公認会計士が著しい利害関係を有する会社その他の者の財務書類

2 前項第3号の著しい利害関係とは，公認会計士又はその配偶者が会社その他の者との間にその者の営業，経理その他に関して有する関係で，公認会計士の行なう第2条第1項の業務の公正を確保するため業務の制限をすることが必要かつ適当であるとして政令で定めるものをいう。

3 国家公務員若しくは地方公務員又はこれらの職にあつた者は，その在職中又は退職後2年間は，その在職し，又は退職前2年間に在職していた職と職

務上密接な関係にある営利企業の財務について，第2条第1項の業務を行つてはならない。

（特定の事項についての業務の制限）
第34条の11　監査法人は，財務書類のうち，次の各号のいずれかに該当するものについては，第2条第1項の業務を行つてはならない。
　一　監査法人が株式を所有し，又は出資している会社その他の者の財務書類
　二　監査法人の社員のうちに会社その他の者と第24条第1項第1号に規定する関係を有する者がある場合における当該会社その他の者の財務書類
　三　会社その他の者の財務書類について監査法人の行う第2条第1項の業務にその社員として関与した者が，当該財務書類に係る会計期間又はその翌会計期間（関与社員会計期間）内に当該会社その他の者又はその連結会社等の役員又はこれに準ずる者となつた場合における当該関与社員会計期間に係る当該会社その他の者又はその連結会社等の財務書類
　四　前3号に定めるもののほか，監査法人が著しい利害関係を有する会社その他の者の財務書類
2　前項第4号の著しい利害関係とは，監査法人又はその社員が会社その他の者との間にその者の営業，経理その他に関して有する関係で，監査法人の行う第2条第1項の業務の公正を確保するため業務の制限をすることが必要かつ適当であるとして政令で定めるものをいう。
3　監査法人の社員のうち会社その他の者と第24条第1項又は第3項に規定する関係を有する者は，当該監査法人が行う第2条第1項の業務で当該会社その他の者の財務書類に係るものには関与してはならない。

　公認会計士に関しては，①公認会計士またはその配偶者が役員等または財務の責任者であるか過去1年以内にそれらの者であった会社等，②公認会計士が使用人であるか過去1年以内に使用人であった会社等，または③①，②以外で公認会計士が著しい利害関係を有する会社等の財務書類について，監査証明業務を行ってはならないとされている。
　また，国家公務員または地方公務員であるかまたはあった者は，在職中または退職後2年間は，職務上密接な関係にある営利企業において監査証明業務を行ってはならない。

なお，上記の③でいう「**著しい利害関係**」とは，公認会計士またはその配偶者が，会社等との間に営業や経理等に関して有する関係で，公認会計士の行う監査証明業務の公正を確保するために業務の制限をすることが必要かつ適当であるとして定められる関係で，具体的には公認会計士法施行令第7条で列挙されている（図表1-15）。

〔図表1-15〕公認会計士に係る著しい利害関係（公認会計士法施行令第7条）

---

① 公認会計士又はその配偶者が，監査又は証明をしようとする財務書類に係る会計期間の開始の日からその終了後3月を経過する日までの期間（監査関係期間）内に当該財務書類につき監査又は証明を受けようとする会社その他の者（被監査会社等）の役員，これに準ずるもの又は財務に関する事務の責任ある担当者（役員等）であつた場合

② 公認会計士の配偶者が，当該公認会計士に係る被監査会社等の使用人である場合又は過去1年以内にその使用人であつた場合

③ 公認会計士の配偶者が，国家公務員若しくは地方公務員であり，又はこれらの職にあつた者でその退職後2年を経過していないものである場合において，その在職し，又は退職前2年以内に在職していた職と当該公認会計士に係る被監査会社等とが職務上密接な関係にあるとき

④ 公認会計士又はその配偶者が，被監査会社等の株主，出資者，債権者又は債務者である場合

⑤ 公認会計士又はその配偶者が，被監査会社等から無償又は通常の取引価格より低い対価による事務所又は資金の提供その他の特別の経済上の利益の供与を受けている場合

⑥ 公認会計士又はその配偶者が，被監査会社等から税理士業務その他監査証明業務及び非監査証明業務以外の業務により継続的な報酬を受けている場合

⑦ 公認会計士又はその配偶者が，被監査会社等の役員等又は過去1年以内若しくは監査関係期間内にこれらの者であつた者から第5号又は前号に規定する利益の供与又は報酬を受けている場合

⑧ 公認会計士又はその配偶者が，被監査会社等の関係会社等の役員若しくはこれに準ずるものである場合又は過去1年以内若しくは監査関係期間内にこれらの者であつた場合

⑨ 公認会計士が，被監査会社等の親会社等又は子会社等の使用人である場合

　一方，監査法人については，①監査法人が株式を所有しまたは出資している会社等，②監査法人の社員のうちに会社等と公認会計士法第24条第1項第1号に規定する関係（上記の公認会計士に関する①の関係）を有する者（ただし，その配偶者のみが当該関係を有する場合は，当該会社等の財務書類に対する監査証明業務に関与する者に限る）がある場合における当該会社等，③監査証明業務に社員として関与した者が，関与した会計期間またはその翌会計間内に被監査会社等の役員等となった場合の，その会計期間に係る当該会社等，または④①から③に定めるもののほか，監査法人が著しい利害関係を有する会社等の財務書類については，監査証明業務を行ってはならないこととされている。

　また，監査法人の社員のうち，会社等と公認会計士法第24条第1項または第3項（公務員に関する制限）に規定する関係を有する者は，所属する監査法人が当該会社等に対して実施する監査証明業務に関与してはならない。

　なお，上記の④にいう「著しい利害関係」とは，監査法人またはその社員が会社等との間に営業，経理その他に関して有する関係で，監査法人の行う監査証明業務の公正を確保するため業務の制限をすることが必要かつ適当であるとして定められる関係で，具体的には公認会計士法施行令第15条において列挙されている（図表1-16）。

〔図表1-16〕監査法人に係る著しい利害関係（公認会計士法施行令第15条）

① 監査法人が，被監査会社等の債権者又は債務者である場合
② 監査法人が，被監査会社等から無償又は通常の取引価格より低い対価による事務所又は資金の提供その他の特別の経済上の利益の供与を受けている場合
③ 監査法人が，被監査会社等の役員等又は過去1年以内若しくは監査関係期間内にこれらの者であつた者から無償又は通常の取引価格より低い対価による事務所または資金の提供その他の特別の経済上の利益の供与を受けている場合
④ 監査法人の社員のうちに被監査会社等の使用人である者がある場合
④の2 監査法人の社員のうちに被監査会社等の親会社等または子会社等の役員等または使用人である者がある場合
⑤ 監査法人の社員のうちに被監査会社等から税理士業務により継続的な報酬を

受けている者がある場合
⑥　前3号に該当する場合を除き，被監査会社等の財務書類について監査法人の行う監査証明業務にその社員として関与した者若しくは被監査会社等の財務書類の証明について指定社員若しくは指定有限責任社員又はこれらの者の配偶者が被監査会社等と次のいずれかの関係を有する場合
　　イ　公認会計士法第24条第1項第2号又は第3項に規定する関係
　　ロ　公認会計士法施行令第7条第1項第1号から第8号までに規定する関係
⑦　第4号から第6号までに該当する場合を除き，監査法人の社員の半数以上の者が，本人又はその配偶者につき，被監査会社等と第6号のイ又はロのいずれかの関係を有する場合

（2）　非監査証明業務と監査証明業務の同時提供の禁止

　公認会計士法は，公認会計士および監査法人について，公認会計士法上の大会社等に係る業務の制限の特例を定めている（第24条の2および第34条の11の2）。

　公認会計士または監査法人は，公認会計士法施行規則第5条で規定されている関係を有する法人等が，公認会計士法上の大会社等から次に掲げる非監査証明業務により継続的な報酬を受けている場合には，当該大会社等の財務書類について監査証明業務を行ってはならないこととされている（公認会計士法施行規則第6条）。

①　会計帳簿の記帳の代行その他の財務書類の調製に関する業務
②　財務又は会計に係る情報システムの整備又は管理に関する業務
③　現物出資財産その他これに準ずる財産の証明又は鑑定評価に関する業務
④　保険数理に関する業務
⑤　内部監査の外部委託に関する業務
⑥　前各号に掲げるもののほか，監査又は証明をしようとする財務書類を自らが作成していると認められる業務又は被監査会社等の経営判断に関与すると認められる業務

　なお，公認会計士法上の大会社等とは，資本金100億円未満かつ負債1,000億

円未満の会社を除く会計監査人設置会社，上場会社，銀行，保険会社，全国を地区とする信用金庫連合会，労働金庫連合会，信用協同組合連合会，農林中央金庫，会計監査人の監査を必要とする独立行政法人，国立大学法人および大学共同利用機関法人，会計監査人の監査を必要とする地方独立行政法人をいう（公認会計士法施行令第10条）。

（3）ローテーション制度

　上場会社等は，公認会計士または監査法人に監査を依頼し，契約を結んで監査を受ける。監査を誰に依頼するかは会社が自由に決めることができるが，財務諸表の監査を効果的かつ効率的に実施するためには，監査人が会社の内容を十分に理解することが必要であるという点を考慮すると，同一の監査人に継続的に依頼することにはメリットがある。

　しかしその一方で，同一の監査人が長年にわたって継続的に監査に携わることは，監査人と被監査会社との間で馴れ合いや癒着を生んだり，財務諸表利用者に馴れ合いや癒着の疑いを持たせたりするおそれがある。馴れ合いや癒着が生まれると監査の有効性が損なわれ，利用者に疑念が生じれば監査に対する信頼が損なわれることになる。いずれも避けるべき事態である。

　このため，公認会計士法は，監査担当者を一定期間ごとに交代させる，いわゆる「**ローテーション制度**」を導入している。すなわち，公認会計士または監査法人の社員は，公認会計士法上の大会社等において，連続する7会計期間に係る財務書類について監査関連業務を行った場合には，その翌会計期間以後の2会計期間に係る当該大会社等の財務書類について監査関連業務を行うことを禁じられ，該当する場合には監査人を交代しなければならないのである（法第24条の3，第34条の11の3，同施行令第11条，同第12条，同第16条および同第17条）。

　また，大規模監査法人（監査証明を行った上場会社等の総数が100以上である監査法人）に対しては，社員のローテーション期間が，連続する業務実施期間は7会計期間から5会計期間に短縮される一方，その後の業務実施禁止期間は2会計期間から5会計期間に延長され，規制が厳格化されている（法第34条の11の4，同施行令第19条および第20条）。

　日本の公認会計士法で導入されたローテーション制度は，個人の公認会計士

または監査責任者である監査法人の社員だけを一定期間ごとに交代させるものである。これに対して，欧州では，監査事務所自体を一定期間（10年間）ごとに交代させるローテーション制度が導入されている。

　日本でも監査法人自体のローテーション制度の導入をめぐる議論があった。しかし，監査法人の交代によって監査人の知識や経験の蓄積が中断され，監査の品質が低下するおそれがあることや，監査を受ける会社側にも監査人の交代にともなって大きなコスト負担が生じることなどを理由に，法制度としての導入は見送られている。

(4)　単独監査の禁止

　公認会計士法は，公認会計士の独立性の確保・強化策の1つとして，単独監査の禁止について規定している（法第24条の4）。

　公認会計士は，大会社等の財務書類について監査証明業務を行うときは，他の公認会計士もしくは監査法人と共同し，または他の公認会計士を補助者として使用しなければならないこととされている。

　このような事項が法定されたのは，大会社等は取引の内容が複雑・高度であり，取引規模も大きいため，独立性を保持しながら適正な監査証明業務を実施するためには，複数の公認会計士による組織的監査が必要だと考えられたからである。

(5)　就職制限

　公認会計士法は，監査証明業務を行った公認会計士または監査法人の関与社員に対して，被監査会社等への就職について制限を設けている。

　公認会計士に対しては，会社等の財務書類について監査証明業務を行った場合には，当該財務書類に係る会計期間の翌会計期間の終了の日までの間は，当該被監査会社等またはその連結会社等の役員等に就任することが禁じられる（法第28条の2）。この規定は，監査法人が行った監査証明業務における業務執行社員にも準用される（法第34条の14の2）。

　例えば，202X年3月期のY社の財務書類に対する監査証明業務を行った公認会計士または監査法人の業務執行社員は，同年6月に開催されるY社の株主

総会において取締役に選任されることはできず，早くても202X＋1年3月期終了の日まで待つ必要があるということになる。

　こうした制限が設けられているのは，監査人である公認会計士が将来関与先の取締役等に就任することを見込むことで監査人の実質的独立性が損なわれ，現在の監査人の結論が不当に歪められることを防止し，また，財務情報の利用者に監査人の結論が歪められているのではないかとの疑念を持たれないようにするためである。

5　公認会計士試験制度

　公認会計士法は，公認会計士試験に合格した者であって，監査証明業務について公認会計士または監査法人を補助した期間および財務に関する監査，分析等に従事した期間が3年以上であり（法第3条，法第15条第1項），実務補習団体等における実務補習を修了し（同第16条第1項），内閣総理大臣によって実務補習を修了したことの確認を受けた者は（同条第7項），公認会計士となる資格を有すると規定している（同第3条）。

　公認会計士法によれば，公認会計士試験は，公認会計士になろうとする者に必要な学識およびその応用能力を有するかどうかを判定することをその目的とし，短答式および論文式による筆記の方法により行う，と規定されている（法第5条）。公認会計士試験には特定の受験資格は定められておらず，誰でも受験することができる。公認会計士試験の概要は，**図表1-17**に示すとおりであ

〔図表1-17〕公認会計士試験の概要

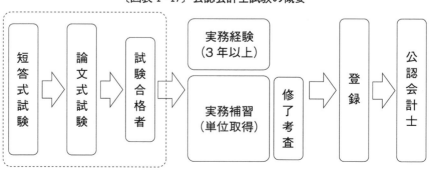

（出所）公認会計士・監査審査会パンフレットに基づき作成

る。

　短答式試験および論文式試験の科目は，公認会計士法によって定められている（法第8条）。また，一定の要件を満たす者に対して，短答式試験科目の全部または一部について，また，論文式試験科目の一部について免除が認められている（法第9条および第10条）。

6　監査法人制度

　公認会計士制度が創設された当初，わが国の監査証明業務は，公認会計士の個人事務所が実施することを念頭に制度設計されていた。しかし，1965年前後に発覚した上場企業による不正会計事例を受けて，組織的な監査実施の必要性が認識されるようになった。このため，1966（昭和41）年に公認会計士法が改正され，**監査法人制度**が創設されることになった。

　現行の公認会計士法によれば，公認会計士および**特定社員**として登録を受けた者によって，監査法人を設立することができることとされている（法第34条の2の2第1項）。特定社員とは，公認会計士ではないが，公認会計士協会に備え置かれる特定社員名簿に氏名，生年月日，所属する監査法人等を登録することによって（法第34条の10の8，同第34条の10の9），定款の定めにより監査法人の意思決定に関与し，または補助者として監査法人の業務に従事することができる監査法人の社員である（法第34条の10の2第4項）。

　このように，監査法人の社員は公認会計士に限定されてはいないが，5人以上の公認会計士を含まなければならず（法第34条の7第1項），また，公認会計士である者の社員に占める割合は75％以上でなければならないとされている（法第34条の4，公認会計士法施行規則第19条）。

　監査法人は，監査証明業務のほか，業務に支障がない限りで，定款で定めるところにより，非監査証明業務などを行うことができる（法第34条の5）。監査法人が行う監査証明業務については，公認会計士である社員のみが業務を執行する権利を持ち，義務を負うものとされている（法第34条の10の2第1項）。

　監査法人の形態には，**無限責任監査法人**と**有限責任監査法人**がある。無限責任監査法人では，特定の証明について業務を担当する社員を指定することができ，当該特定の証明である**指定証明**については，指定された社員，すなわち**指**

定社員のみが業務を執行する権利を持ち，義務を負うことになる（法第34条の10の4第1項および第2項）。

　一方，有限責任監査法人においては，実施するすべての証明について，証明ごとに業務を担当する社員を指定しなければならず，指定された証明については，指定を受けた社員のみが業務を執行する権利を持ち，義務を負うことになる（法第34条の10の5第1項および第2項）。

　監査法人の社員は，監査法人の財産をもって債務を完済できない場合には，連帯して債務を弁済する責任を負っているが，無限責任監査法人については，指定証明に関して被監査会社に対して負担することになった債務は，指定社員が連帯して弁済の責任を負うこととされている（法第34条の10の6第1項および第4項）。つまり，指定証明については，被監査会社に対しては，監査証明に関与した社員だけが無限責任を負い，関与していない社員については有限責任となるのである。ただし，関与しなかった社員であっても，善意の第三者である一般投資者に対しては無限連帯責任を負っていることには注意が必要である。

　これに対して，有限責任監査法人の社員は，その出資額を限度として監査法人の債務を弁済する責任を負うが，特定証明に関して負担することになった債務を監査法人の財産をもって完済できないときは，**指定有限責任社員**が連帯して弁済する責任を負うこととされている（法第34条の10の6第7項および第8項）。有限責任監査法人の社員であっても，自ら関与した監査証明業務に関して負担することになった債務に対しては，被監査会社に対しても一般投資者に対しても，無限連帯責任を負うことになるという点に注意する必要がある。なお，有限責任監査法人の社員は，自らが関与していない監査証明業務に起因する債務については，被監査会社に対しても一般投資者に対しても，その責任は出資額が限度となる。

7　公認会計士・監査審査会

　公認会計士法は，金融庁に**公認会計士・監査審査会**を置き，次の事務をつかさどらせることとしている（法第35条）。

①　公認会計士及び外国公認会計士に対する懲戒処分並びに監査法人に対する処

分に関する事項を調査審議すること。
② 公認会計士，外国公認会計士及び監査法人の監査証明業務，外国監査法人等の監査証明業務に相当すると認められる業務並びに日本公認会計士協会の事務の適正な運営を確保するため行うべき行政処分その他の措置について内閣総理大臣に勧告すること。
③ 公認会計士試験を行うこと。 など

公認会計士・監査審査会の組織は，図表1-18に示すような構成となっている。

〔図表1-18〕公認会計士・監査審査会の組織

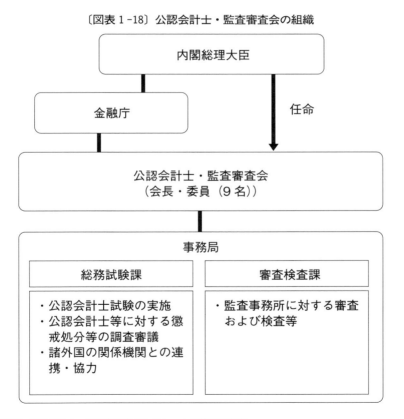

（出所）公認会計士・監査審査会パンフレットに基づき作成

8　日本公認会計士協会

　公認会計士法によって，公認会計士は，全国を通じて一箇の**日本公認会計士協会**を設立することとされており，日本公認会計士協会の目的は，公認会計士の品位を保持し，監査証明業務の改善進歩を図るために，会員の指導，連絡および監督に関する事務を行い，公認会計士および特定社員の登録に関する事務を行うことである（法第43条第1項および第2項）。

　公認会計士および監査法人は，当然に日本公認会計士協会の会員となり，公認会計士が登録を抹消されたときおよび監査法人が解散したときは，当然に退会することになる（法第46条の2）。

　日本公認会計士協会は，会員の監査証明業務の運営状況を調査し，定期的または必要に応じて，調査結果を内閣総理大臣に報告するものとされている（法第46条の9の2）。

Ⅵ　公認会計士および監査法人の処分

1　公認会計士の責任

　公認会計士は，財務情報の信頼性を確保することによって投資者および債権者を保護し，これを通じて国民経済の健全な発展に寄与するという使命を与えられている。また，常に品位を保持し，知識および技能の修得に努めながら，独立した立場において公正かつ誠実にその業務を行わなければならない。こうした使命と職責を果たすことによって，公認会計士は社会からの信認を得て，監査証明業務に対して排他的独占業務権限を与えられている。

　公認会計士が確立された規範から逸脱し社会の信認に背くような行為を行えば，当該公認会計士には懲戒処分が行われることになる。

　公認会計士法は，公認会計士に対する**懲戒処分**として，①戒告，②2年以内の業務の停止，および③登録の抹消の3つを定めている（法第29条）。その上で，公認会計士が虚偽または不当な監査証明を行った場合に，これらの処分を行うことができると規定している。

すなわち，公認会計士が，故意に，虚偽，錯誤または脱漏のある財務書類を虚偽，錯誤および脱漏のないものとして証明した場合（**故意による虚偽証明**）には，上記の②または③の懲戒処分を，また，相当の注意を怠り，重大な虚偽，錯誤または脱漏のある財務書類を重大な虚偽，錯誤および脱漏のないものとして証明した場合（**過失による虚偽証明**）には，上記の①または②の懲戒処分をすることができるとされているのである（法第30条第1項および第2項）。

なお，監査法人が虚偽証明を行った場合において，当該証明に係る業務を執行した社員である公認会計士に故意または過失があるときは，当該公認会計士に対して，上記に準じて懲戒処分が行われる（法第30条第3項）。

公認会計士が公認会計士法またはこれに基づく命令に違反した場合，あるいは著しく不当と認められる業務の運営を行った場合，さらには違反または著しく不当な業務に対する改善指示にしたがわなかった場合には，内閣総理大臣は，当該公認会計士に対して懲戒処分を行うことができるとされている（法第31条）。

法令違反や著しく不当な業務を行なった公認会計士に対しては，「**課徴金納付命令**」という金銭的制裁が与えられる場合がある（法第31条の2）。

公認会計士は，故意による虚偽証明を行った場合には，当該証明を受けた会社等の財務書類にかかる会計期間における監査報酬等の1.5倍に相当する額を，過失による虚偽証明の場合には監査報酬相当額を，それぞれ課徴金として国庫に納付することを命じられるのである。

2 監査法人の責任

監査法人については，社員の故意または過失による虚偽証明が行われた場合，または公認会計士法およびこれに基づく命令に違反し，または監査法人の運営が著しく不当と認められるときには，①戒告，②業務改善命令，③2年以内の業務停止または④解散命令のいずれかの処分が行われることがある（法第34条の21第2項）。

また，監査法人に対しても，公認会計士と同様に，課徴金の納付が命じられることがある（法第34条の21の2第1項）。

3　公認会計士の刑事責任

　公認会計士法は，公認会計士および監査法人の特定社員（公認会計士でない社員）に対して，業務上知り得た秘密を守る義務を課している（法第27条および法第34条の10の16）。この義務に違反した場合には，刑事罰として，2年以下の懲役または100万円以下の罰金に処せられることになる（法第52条）。

　公認会計士にとって，被監査会社の秘密を守ることがいかに大事であるかがわかるだろう。

●────Ⅶ　公認会計士の職業倫理

　公認会計士法は，日本公認会計士協会の会員に対して，同協会の会則を守ることを義務づけている（法第46条の3）。日本公認会計士協会の会則は，倫理に関する事項を規定しているが（図表1-19），その中で「会員及び準会員の遵守すべき倫理に関する事項は，規則で定める」と規定し（第50条），この規定に基づいて「倫理規則」が定められている。

　日本公認会計士協会の倫理規則では，国際会計士倫理基準審議会（IESBA）が公表する倫理規程を踏まえて，会員に期待される質の高い倫理的行動基準と，監査，レビューおよびその他の保証業務に関して，独立性に対する阻害要因への概念的枠組みの適用により規定された独立性に関する規則が定められている。

〔図表1-19〕日本公認会計士協会会則における倫理に関する規定

第47条	使命の自覚
第48条	職責の基準
第49条	品位の保持
第50条	会員及び準会員の遵守すべき倫理
第51条	監査業務における禁止行為
第52条	会則等の遵守
第53条	使用人等の監督
第54条	倫理委員会

会員は，会則に基づいて定められた倫理規則を遵守する義務がある。

また，会員は，公認会計士法等の法令によって定められた職業倫理および独立性に関する規定を当然に遵守しなければならず，その解釈に当たっては，公認会計士法における独立性に関する規定の解釈を示した「独立性に関する法改正対応解釈指針」を斟酌することとされている（**図表1-20**を参照）。

〔図表1-20〕公認会計士の倫理規範の体系

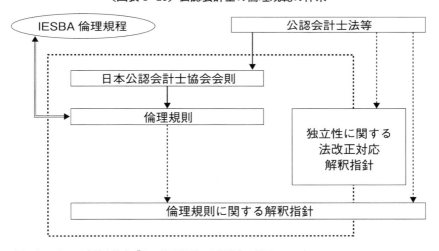

（出所）日本公認会計士協会「改正倫理規則　公開草案の概要」2021年

倫理規則は，**図表1-21**に示すような構成となっている。

倫理規則は，4つのパートから構成されており，パート1はすべての会員を対象として，倫理規則，基本原則および概念的枠組みの遵守について規定している。

パート2には，企業などの組織に所属する会員（PAIB：Professional Accountants in Business）を対象とした倫理規定が置かれている。

パート3は，監査法人などの会計事務所等に所属する会員を対象とした規則を定めている。

パート4には独立性に関する規則が置かれているが，このパートは2つに分けられており，パート4Aでは監査およびレビュー業務を行う際に求められる独立性が，パート4Bでは監査およびレビュー業務以外の保証業務を行う際の

〔図表1-21〕倫理規則の構成

パート1 倫理規則，基本原則及び概念的枠組みの遵守 （全ての会員－セクション100～199）

パート2 組織所属の会員 （セクション200～299） （パート2は，会計事務所等所属の会員が会計事務所等との関係性に基づき専門業務を実施する際にも適用される。）	パート3 会計事務所等所属の会員 （セクション300～399）
	独立性に関する規則 （パート4A及び4B） パート4A-監査及びレビュー業務における独立性 （セクション400～899） パート4B-監査及びレビュー業務以外の保証業務における独立性 （セクション900～999）

用語集

（出所）日本公認会計士協会「倫理規則」

独立性が，それぞれ規定されている。

　公認会計士は，各自が所属する組織および従事する業務に対応するパートに定められた規則を遵守し，倫理的に行動することにより，社会から期待された責任を果たし，もって公共の利益に資することが求められているのである。

第 2 章 金融商品取引法監査制度

> *Summary*
>
> ➢ 金融商品取引法は，国民経済の健全な発展および投資者の保護に資することを目的としている。
> ➢ 金融商品取引法は，投資者を保護するために，ディスクロージャー制度（発行市場における発行開示制度と流通市場における継続開示制度）および財務諸表監査制度を設けている。
> ➢ ディスクロージャー制度は，投資者と発行会社との間に存在する情報の非対称性を緩和するために，経営者に会社の経営内容に関する情報を開示させる制度である。ディスクロージャー制度の中核は，財務諸表の開示である。
> ➢ 財務諸表監査制度は，開示情報の中核である財務諸表の信頼性を担保する制度である。財務諸表監査において監査人は，財務諸表が適正に表示されているかどうかに関して監査意見を表明する。
> ➢ 発行開示制度における財務諸表監査制度は，有価証券届出書に含まれる財務諸表の監査である。
> ➢ 継続開示制度における監査およびレビュー制度は，有価証券報告書に含まれる財務諸表の監査，内部統制報告書の監査，および半期報告書に含まれる第1種中間財務諸表のレビューである。
> ➢ 金融商品取引法は，監査人に財務諸表監査等の実施の権限を付与している。一方，監査人は，故意または過失により虚偽の監査証明を行った場合，法的責任を問われることになる。
> ➢ 監査人は，監査の結果を監査報告書で表明する必要がある。監査報告書の記載事項は，内閣府令によって規定されている。

I　金融商品取引法監査制度の意義

「証券取引法」に代わって，2006（平成18）年6月7日に「金融商品取引法」が国会において可決・成立し，6月14日に公布された（図表2-1）。

〔図表2-1〕証券取引法から金融商品取引法へ

```
            証券取引法
               ↓
┌──────────┬──────────┬──────────┐
│投資者保護ル│貯蓄から投資│金融・資本市│
│ールの徹底 │に向けて   │場の国際化に│
│           │           │対する対応 │
└──────────┴──────────┴──────────┘
               ↓
        投資者保護の横断的規制
               ↓
          金融商品取引法
```

金融商品取引法（以下，「金商法」という）は全9章および附則からなる法律である。4つの法律の廃止，89本の法律を改正しており，4段階に分けて2007（平成19）年9月末に全面施行された。金商法は，形式的には証券取引法の改正である。しかし，実質的には法律の適用対象および内容を変更しており，新法の制定と位置づけてよい。

金商法は，金融商品を有価証券とデリバティブ（金融派生商品）に分けている。金商法のうち，特に監査論の学習で理解しなければならないのは，第1章総則，第2章企業内容等の開示，第7章雑則，および第8章罰則である。

金商法はその目的を，次のように規定している。

　この法律は，企業内容等の開示の制度を整備するとともに，金融商品取引業を行う者に関し必要な事項を定め，金融商品取引所の適切な運営を確保すること等により，有価証券の発行及び金融商品の取引等を公正にし，有価証券の流通を円

滑にするほか，資本市場の機能の十全な発揮による金融商品等の公正な価格形成等を図り，もつて国民経済の健全な発展及び投資者の保護に資することを目的とする。（金商法第１条）

第１条には，３つの手段，３つの具体的目的，２つの最終目的が定められていることが分かる。これらの関係は，**図表２-２**のようになる。

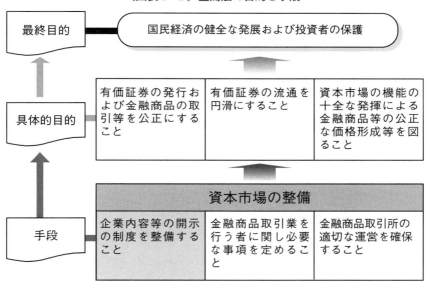

〔図表２-２〕金商法の目的と手段

金商法は，目的規定に，「資本市場の機能の十全な発揮による金融商品等の公正な価格形成等を図り」という文言を追加し，同法が「市場法」であることを明確にしている。

上の「**国民経済の健全な発展**」とは，次のことを意味する。

・国民全体の経済が健全に発展すること

これは，資本市場の機能の確保と公正な価格形成の確保などを通じて効率的な資源配分ができれば，最終的に国民全体の経済が健全に発展することに寄与

することができるということである。
　また，「**投資者の保護**」とは，次のことを意味する。

- 十分な情報を知らされないことによって被る不測の損害から投資者を保護すること（**ディスクロージャー制度**）
- 相場操縦による作為的な相場形成や会社関係者によるインサイダー取引を禁止し，不公正な取引によって被る損害から投資者を保護すること（**不公正取引の規制**）
- 金融商品取引業者の不適切な投資勧誘によって被る損害から投資者を保護すること（**投資勧誘の規制**）

マメ知識 2-1　証券取引法から金融商品取引法に改組された理由

- 粉飾決算，相場操縦，偽計取引，インサイダー取引など資本市場をめぐる事件が頻発したこと
- 個別・縦割り規制に起因する投資者保護の不備
- 伝統的な株式や債券を念頭に置いた旧証券取引法による規制の硬直化に伴う金融イノベーションへの阻害
- 大量保有報告書など TOB 制度の不備　など

●───II　ディスクロージャー制度，財務諸表，財務諸表監査制度

1　ディスクロージャー制度と財務諸表

　資金調達を目的とする会社（経営者）と投資者との間には，第1章で指摘した**情報の非対称性**が存在する。情報の非対称性が放置されると，投資者は，経営内容に関する情報を十分に知らされないことによって被る不測の損害から保護されないことになる。その結果，投資者が投資を躊躇し，会社は必要な資金を調達することができず，国民経済に悪影響を及ぼすことにつながりかねない。
　そこで，情報の非対称性を緩和するために，経営者に会社の経営内容に関す

る情報を十分に開示させる仕組みが必要となる。これによって，投資者は，自己の責任において合理的な投資判断を行うことができるようになる。金商法は，投資者を保護するために，**ディスクロージャー制度（企業内容等開示制度）**を設けている（図表2-3）。

〔図表2-3〕金商法とディスクロージャー制度

図表2-3のディスクロージャー制度は，次のように説明される。

> 金融商品取引法におけるディスクロージャー制度（企業内容等開示制度）とは，有価証券の発行・流通市場において，一般投資者が十分に投資判断を行うことができるような資料を提供するため，有価証券届出書を始めとする各種開示書類の提出を有価証券の発行者等に義務づけ，これらを公衆縦覧に供することにより，有価証券の発行者の事業内容，財務内容等を正確，公平かつ適時に開示し，もって投資者保護を図ろうとする制度である。（関東財務局HP）

経営者は，投資者に事業内容および財務内容などを開示する必要がある。金商法におけるディスクロージャー制度には，①**発行市場**における**発行開示制度**，②**流通市場**における**継続開示制度**がある（第1章参照）。それぞれの開示制度には，開示対象会社の範囲が定められており，例えば，上場会社の経営者が開示する必要がある情報は，**図表2-4**のとおりである。

ディスクロージャー制度において，投資者の投資判断に最も重要な情報として位置づけられているのが，**「財務諸表」**である。財務諸表は，発行市場での有価証券届出書および流通市場での有価証券報告書などの開示情報の中核を占めている。

適正な財務諸表を投資者に提供するために，金商法は，財務諸表の作成について次のような規定を設けている。

〔図表 2 - 4〕上場会社の経営者が開示する必要がある情報

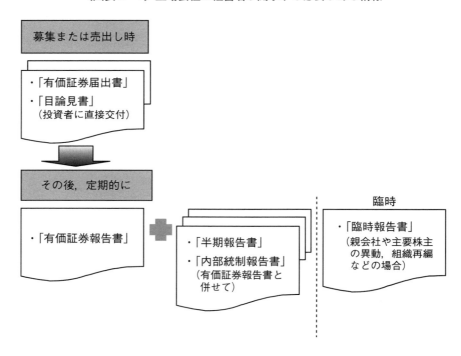

> この法律の規定により提出される貸借対照表，損益計算書その他の財務計算に関する書類は，内閣総理大臣が一般に公正妥当であると認められるところに従って内閣府令で定める用語，様式及び作成方法により，これを作成しなければならない。（金商法第193条）

　内閣府令である連結財務諸表規則および財務諸表等規則は，有価証券届出書および有価証券報告書などに記載されている**「財務計算に関する書類」**（財務書類）のうち，（連結）貸借対照表，（連結）損益計算書，（連結包括利益計算書），（連結）株主資本等変動計算書，（連結）キャッシュ・フロー計算書および（連結）附属明細表を「**（連結）財務諸表**」と呼んでいる。そして，連結財務諸表規則では，当連結会計年度にかかわる連結財務諸表は，当該連結財務諸表の一部を構成するものとして比較情報（当連結会計年度にかかわる連結財務諸表－連結

〔図表2-5〕金商法と会計基準

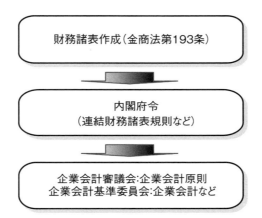

附属明細表を除く－に対応する前連結会計年度にかかわる事項）を含めて作成しなければならないとしている。同様に，財務諸表等規則でも，当事業年度にかかわる財務諸表は，比較情報（対応数値）を含めて作成しなければならないとしている。

　また，連結財務諸表規則および財務諸表等規則は，この規則において定めのない事項については，一般に公正妥当と認められる企業会計の基準にしたがうものと定めている。一般に公正妥当と認められる企業会計の基準には，企業会計審議会が設定した「**企業会計原則**」，および企業会計基準委員会（ASBJ）が公表する「**企業会計基準**」などが該当するとされる。

　経営者は，連結財務諸表規則（または財務諸表等規則）ならびに**一般に公正妥当と認められる企業会計の基準**（以下，「GAAP」という）などに準拠して，（連結）財務諸表を作成・開示する必要がある。企業集団の場合は，連結財務諸表が主たる開示情報となり，個別財務諸表は副次的に開示されることになる。そして，金商法の規定から内閣府令，さらに企業会計の基準という枠組みは，中間財務諸表についても適用される。金商法と会計基準の関係は，**図表2-5**のとおりである。

　さらに，財務諸表の信頼性を確保し，ディスクロージャー制度の実効性を担保するために，①**財務諸表監査制度**，②**監督官庁による審査**，そして罰則規定

などの③**制裁措置**が設けられている。

　経営者は，不適正な財務諸表を開示した場合，監督官庁の審査により行政処分などが下される。監督官庁の審査は，会社による適正な財務諸表の作成を確保するための行政的措置である。

2　財務諸表監査制度

　投資者は，十分な情報開示だけではなく，開示される情報の信頼性に関心を持つ。なぜなら，投資者は，開示される情報に重大な偽り（重要な虚偽表示）が含まれている場合，不適切な投資判断に導かれることになるからである。したがって，投資者が開示される情報を信頼して利用できるようにするための措置が講じられなければならない。

　金商法では，投資者の投資判断に最も重要な情報である財務諸表の信頼性を担保するために，財務諸表に対して，有価証券の発行会社と**特別の利害関係のない公認会計士または監査法人**（以下，「監査人」という）**による監査証明**を要求している（図表2-6）。これがいわゆる「**財務諸表監査制度**」である。

〔図表2-6〕金商法と財務諸表監査制度

```
┌─────────┐   ┌─────────────┐   ┌─────────────┐
│金融商品取引法│ ▶ │ディスクロージャー│ ◀ │財務諸表監査制度│
│  （目的）  │   │制度（とりわけ，│   │（財務諸表の信頼│
│         │   │財務諸表の開示）│   │ 性の検証）  │
└────┬────┘   └──────┬──────┘   └──────┬──────┘
     └─────────── 相互に関係している ──────────┘
```

　監査証明を義務づける根拠条文は，次のとおりである。

> 　金融商品取引所に上場されている有価証券の発行会社その他の者で政令で定めるものが，この法律の規定により提出する貸借対照表，損益計算書その他の財務計算に関する書類で内閣府令で定めるものには，その者と特別の利害関係のない公認会計士又は監査法人の監査証明を受けなければならない。（金商法第193条の2第1項）

　監査証明を実施するために，「**財務諸表等の監査証明に関する内閣府令**」（以

下,「監査証明府令」という）が設けられ，監査証明の手続と監査報告書の記載事項が定められている。

ただし，発行会社が提出する財務諸表でも，公益または投資者保護に欠けることがないものとして内閣総理大臣の承認を受けた場合には，監査証明は不要とされる。また，外国会社が提出する財務諸表は，外国監査法人等から監査証明に相当すると認められる証明を受けた場合には，わが国の監査人による監査証明を受けなくてもよいとされる。

(1) 監査人（公認会計士または監査法人）

発行会社が提出する財務諸表は，**特別の利害関係のない監査人**の監査証明を受けなければならない（金商法第193条の2第1項）。そのもとで，上場会社等に対する監査証明を行うことができるのは，上場会社等監査人名簿に登録を受けた監査人に限る（第1章参照）。

「特別の利害関係」とは，監査人が発行会社との間に有する公認会計士法（第24条，第24条の2，第24条の3，第34条の11第1項または第34条の11の2第1項もしくは第2項）に規定する関係（「公認会計士法」に関しては，第1章参照），および監査人が発行会社に対し株主もしくは出資者として有する関係または発行会社の事業もしくは財産経理に関して有する関係で，監査証明府令第2条で定めるものをいう（同法第193条の2第4項）。

後述する「期中レビュー」や「内部統制監査」についても，同様である。

(2) 財務諸表監査の対象範囲

財務計算に関する書類（財務書類）に対する監査証明の範囲は，基本的に，有価証券届出書または有価証券報告書などのうち，「経理の状況」に掲げられる比較情報（対応数値）を含む当期の**連結財務諸表／個別財務諸表**である（監査証明府令第1条）。なお，原則として，監査意見において対応数値に言及してはならないことに留意する必要がある（詳しくは，第10章参照）。

　連結財務諸表の監査範囲：連結貸借対照表，連結損益計算書及び連結包括利益計算書（連結損益及び包括利益計算書），連結株主資本等変動計算書，連結キャッシュ・フロー計

　　　　　　　　　算書,連結附属明細表
　　個別財務諸表の監査範囲：貸借対照表,損益計算書,株主資本等変動計算書,
　　　　　　　　　キャッシュ・フロー計算書,附属明細表

　また,有価証券届出書の訂正届出書または有価証券報告書の訂正報告書に含まれる訂正連結財務諸表／訂正個別財務諸表も,監査証明が必要となる。

（3）　監査証明の手続

　監査証明を行うためには,監査を実施する必要がある。監査証明の手続は監査証明府令に委任され（金商法第193条の2第5項）,財務諸表の監査証明は監査人が作成する監査報告書により行われる（監査証明府令第3条第1項）。

　監査報告書は,一般に公正妥当と認められる監査に関する基準および慣行にしたがって実施された監査の結果に基づいて作成されなければならない（同府令第3条第3項）。企業会計審議会が公表する監査に関する基準が,一般に公正妥当と認められる監査に関する基準に該当する（同府令第3条第4項）。監査人は,企業会計審議会が設定した**『監査基準』**,**『監査に関する品質管理基準』**,および**『監査における不正リスク対応基準』**などにしたがって監査を実施し,その結果に基づいて**監査報告書**を作成しなければならない。金商法と監査基準の関係は,**図表2-7**のとおりである。

〔図表2-7〕　金商法と監査基準

```
┌─────────────────────────────┐
│ 監査証明（金商法第193条の2第1項,第5項） │
└─────────────────────────────┘
              ▼
┌─────────────────────────────┐
│         監査証明府令              │
└─────────────────────────────┘
              ▼
┌─────────────────────────────┐
│   企業会計審議会:監査基準など      │
└─────────────────────────────┘
```

〔図表2-8〕金商法，ディスクロージャー制度，財務諸表監査制度の関係

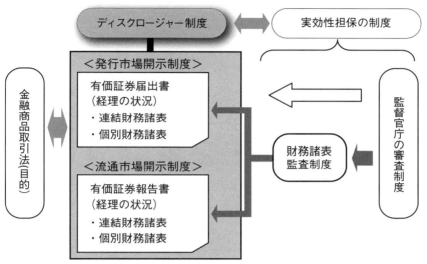

また，金商法，ディスクロージャー制度ならびに財務諸表監査制度の関係は，図表2-8のように表すことができる。

III 有価証券届出書の開示と財務諸表監査制度

ディスクロージャー制度には，**発行市場**における**発行開示制度**がある。発行開示制度とは，発行市場において，有価証券の発行会社に**有価証券届出書**の提出を義務づけ，これを公衆縦覧に供することにより，有価証券の発行会社の事業内容および財務内容などを正確，公平かつ適時に開示し，もって投資者の保護を図ろうとするものである。

資金調達などを目的とした発行会社が行う**有価証券の募集または売出しは勧誘行為**である。例えば，募集は投資者に新たに発行される有価証券の取得の申込みの勧誘を行うものであり，売出しは投資者に既に発行された有価証券の売付けまたは買付けの申込みの勧誘を行うものである。原則として，発行会社は，

〔図表2-9〕有価証券届出書の提出義務

募　集	新たに発行される有価証券（株式，社債など）を多数の者（50名以上）に勧誘する場合で，発行価額が1億円以上
売出し	既に発行された有価証券（株式，社債など）を多数の者（50名以上）に勧誘する場合で，売出価額が1億円以上

有価証券届出書の提出義務

　勧誘行為を行う際には情報開示の手段として有価証券届出書を内閣総理大臣（実際は，財務局）に提出しなければならない（金商法第4条，第5条）（**図表2-9**）（第1章参照）。

　また，組織再編成により新たに有価証券が発行または既に発行された有価証券が交付される場合，とりわけ特定組織再編成発行手続および特定組織再編成交付手続の場合には，原則として，有価証券届出書の提出が必要になる。

　なお，例えば，「勧誘者の数が50名以上で，かつ有価証券の発行価額の総額が1千万超1億円未満」の場合には，有価証券届出書に代えて，原則として，「有価証券通知書」の提出が必要となる。この有価証券通知書には財務諸表の掲載が要求されないため財務諸表監査は必要ない。

　そこで，有価証券届出書には，「**企業内容等の開示に関する内閣府令**」（以下，「**開示府令**」という）で定める事項が記載される（同法第5条第1項）。様式には，**図表2-10**のとおり，3つの種類がある。

　有価証券届出書は，基本的に完全開示形式，すなわち「**第2号様式**」にしたがって作成される。この有価証券届出書の記載内容は，**図表2-11**のとおりである。

　組込方式および参照方式は，図表2-11に示す企業情報の箇所の記載事項について，有価証券報告書の記載事項を利用（組込・参照）することによって発行会社の作成上の費用負担を軽減するものである。いずれの場合も有価証券報告書を提出している会社が利用できる。

第2章　金融商品取引法監査制度　69

〔図表2-10〕有価証券届出書の様式

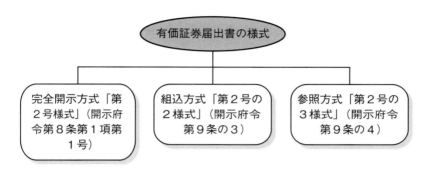

〔図表2-11〕有価証券届出書の記載内容（株式の場合）

第一部【証券情報】
第1【募集要項】
　　（新規発行株式・株式募集の方法及び条件・株式の引受け・新規発行新株予約権証券など）
第2【売出要項】　（売出有価証券・売出しの条件）
第3【第三者割当の場合の特記事項】
第4【その他の記載事項】
第二部【企業情報】
第1【企業の概況】
　　（主要な経営指標等の推移・沿革・事業の内容・関係会社の状況・従業員の状況）
第2【事業の状況】
　　（経営方針，経営環境及び対処すべき課題等・サステナビリティに関する考え方及び取組・事業等のリスク・経営者による財政状態，経営成績及びキャッシュ・フローの状況の分析・経営上の重要な契約等・研究開発活動）
第3【設備の状況】
　　（設備投資等の概要・主要な設備の状況・設備の新設，除却等の計画）
第4【提出会社の状況】
　　（株式等の状況・自己株式の取得等の状況・配当政策・コーポレート・ガバナンスの状況等）

第5【経理の状況】（連結財務諸表等・財務諸表等）（比較情報を含む）
第6【提出会社の株式事務の概要】
第7【提出会社の参考情報】（提出会社の親会社等の情報・その他の参考情報）
第三部【提出会社の保証会社等の情報】
第四部【特別情報】

　有価証券届出書に開示される情報のうち，投資者の投資判断に最も重要な情報が経理の状況に掲げられる財務諸表（連結財務諸表/個別財務諸表）である。財務諸表は，GAAPに従って作成され，開示される。この財務諸表は，発行会社と特別の利害関係のない監査人による監査証明を受けなければならない（同法第193条の2第1項，同施行令第35条）（図表2-12）。

〔図表2-12〕有価証券届出書と財務諸表監査

有価証券届出書

【第1部　証券情報】
【第2部　企業情報】
　　第1　企業の概況
　　第2　事業の状況
　　第3　設備の状況
　　第4　提出会社の状況
　　第5　経理の状況
　　　　連結財務諸表
　　　　・連結貸借対照表
　　　　・連結損益計算書
　　　　・連結包括利益計算書
　　　　・連結キャッシュ・フロー計算書など
　　　　個別財務諸表
　　　　・貸借対照表
　　　　・損益計算書など　　　　　　　　　　← 財務諸表監査の対象
【第3部　提出会社の保証会社等の情報】
【第4部　特別情報】

　有価証券届出書は，財務局，発行会社の本店および主な支店，証券取引所

（金融商品取引所）などで，5年間，公衆縦覧に供せられる（同法第25条第1項第1号）。

なお，有価証券の募集または売出しのために，その相手方に直接提供する当該有価証券の発行会社の事業その他の事項に関する説明を記載した書類として，目論見書がある（同法第2条第10項）。有価証券の募集または売出しにつき有価証券届出書を提出する発行会社は，目論見書を作成しなければならない（同法第13条第1項）。

Ⅳ　流通市場における継続開示制度と監査・レビュー制度

ディスクロージャー制度には，**流通市場**における**継続開示制度**（定期的開示ともいう）がある。継続開示制度とは，流通市場において，有価証券の発行会社などに有価証券報告書などの提出を義務づけ，これを公衆縦覧に供することにより，有価証券の発行会社などの事業内容および財務内容などを正確，公平かつ適時に開示し，もって投資者の保護を図ろうとするものである。

金融商品取引所に上場され流動性の高い有価証券については，より一層の投資者保護の観点から，有価証券報告書に加えて，①半期報告書，②内部統制報告書，ならびに③経営者確認書の提出が要求されている。

> **マメ知識 2-2　経営者確認制度**
>
> 　金融商品取引法では，金融商品取引所に上場され流動性の高い有価証券については，投資者保護の観点から，経営者確認制度を設けている。この経営者確認制度とは，上場会社等の会社代表者（経営者）が，有価証券報告書および半期報告書を提出する際に，それらの記載内容が法令に基づき適正であることを確認した旨を記載した確認書を併せて提出することを義務づけるものである（同法第24条の4の2，同条の4の8，同条の5の2）。つまり，この制度は，有価証券報告書などの記載内容の適正性を担保する制度である。この確認書は，民事責任などの損害賠償責任の対象となるとされる。作成責任者である経営者が確認するため，そのことを知らなかったと抗弁することができないという効果が生じ，経営者にとって精神的な拘束力となるとされる。当該対象会社は，上場有価証券の発行者である会社その他の政令で定め

> るものである（同施行令第4条の2の5）。
> 　この制度が義務づけられた背景には，アメリカの企業改革法（サーベインス・オクスリー法）およびわが国における西武鉄道事件などの影響があるとされる。

一方，流動性に乏しい有価証券には，公衆縦覧型開示を原則免除し，開示書類を直接提供するという形をとっている。

金商法では，流動性に着目した継続開示制度の拡充が行われることになったのである。なお，臨時報告書（親会社や主要株主の異動，重要な災害の発生，組織再編などの場合に提出）には，財務諸表が含まれないため監査証明は不要となる。

1　有価証券報告書と財務諸表監査制度

継続開示制度の中核に位置するのが，**有価証券報告書**である。有価証券報告書を提出する必要がある会社は次のとおりである。

- 上場有価証券の発行会社（同法第24条第1項第1号）
- 店頭登録有価証券の発行会社（同法第24条第1項第2号）
- 募集および売出しにつき有価証券届出書を提出した有価証券の発行会社（同法第24条第1項第3号）
- 所有者数が1,000名以上の株券および優先出資証券（ただし，資本金5億円未満の会社を除く），および所有者数が500名以上のみなし有価証券（ただし，総出資金額1億円未満のものを除く）の発行会社（同法第24条第1項第4号，同施行令第3条の6第6項）（外形基準と呼ぶ）

これらの内国会社は，原則として，有価証券報告書を事業年度終了後3ヵ月以内に内閣総理大臣（実際は，財務局）に提出しなければならない（同法第24条第1項）。外国会社は4ヵ月以内でも良いとされる。

有価証券報告書には，**開示府令**で定める事項が記載されなければならない（同法第24条第1項）。有価証券報告書は，基本的に，「**第3号様式**」にしたがって作成される（開示府令第15条第1項第1号イ）。「第3号様式」による有価証券報告書の記載内容は，**図表2-13**のとおりである。

〔図表 2-13〕有価証券報告書の記載内容

第一部【企業情報】
第 1【企業の概況】
　（主要な経営指標の推移・沿革・事業の内容・関係会社の状況・従業員の状況）
第 2【事業の状況】
　（経営方針，経営環境及び対処すべき課題等・サステナビリティに関する考え方及び取組・事業等のリスク・経営者による財政状態，経営成績及びキャッシュ・フローの状況の分析・経営上の重要な契約等・研究開発活動）
第 3【設備の状況】
　（設備投資等の概要・主要な設備の状況・設備の新設，除却等の計画）
第 4【提出会社の状況】
　（株式等の状況・自己株式の取得等の状況・配当政策・コーポレート・ガバナンスの状況等）
第 5【経理の状況】　（連結財務諸表等・財務諸表等）（比較情報を含む）
第 6【提出会社の株式事務の概要】
第 7【提出会社の参考情報】　（提出会社の親会社等の情報・その他の参考情報）
第二部【提出会社の保証会社等の情報】

　有価証券報告書に開示される情報のうち，投資者の投資判断に最も重要な情報が経理の状況に掲げられる財務諸表（連結財務諸表/個別財務諸表）である。財務諸表は，GAAPに従って作成され，開示される。この財務諸表は，発行会社と特別の利害関係のない監査人による監査証明を受けなければならない（同法第193条の2第1項，同施行令第35条）（**図表2-14**）。

　有価証券報告書は，財務局，発行会社の本店および主な支店，証券取引所（金融商品取引所）などで，5年間，公衆縦覧に供せられる（同法第25条第1項第4号）。

2　半期報告書と期中レビュー

　金融商品取引法に基づく四半期報告書と取引所規則に基づく四半期決算短信

〔図表2-14〕有価証券報告書と財務諸表監査制度

有価証券報告書

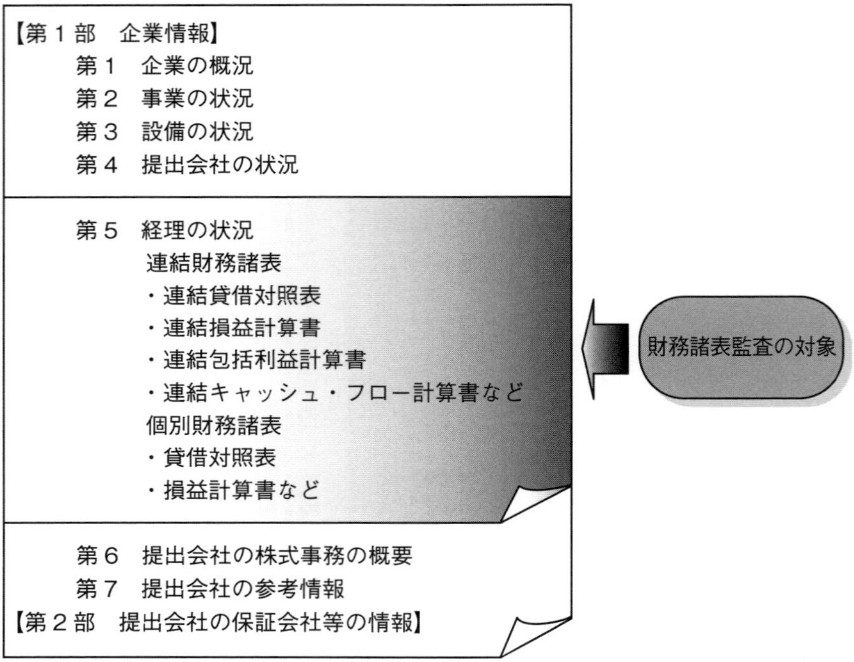

【第1部　企業情報】
　第1　企業の概況
　第2　事業の状況
　第3　設備の状況
　第4　提出会社の状況
　第5　経理の状況
　　　　連結財務諸表
　　　　・連結貸借対照表
　　　　・連結損益計算書
　　　　・連結包括利益計算書
　　　　・連結キャッシュ・フロー計算書など
　　　　個別財務諸表
　　　　・貸借対照表
　　　　・損益計算書など
　第6　提出会社の株式事務の概要
　第7　提出会社の参考情報
【第2部　提出会社の保証会社等の情報】

← 財務諸表監査の対象

には重複がみられるため，企業開示の効率化の観点から，上場会社等に対する四半期報告制度が廃止された。具体的には，第1・第3四半期報告書が廃止され，第2四半期報告書が半期報告書に変更された。それに伴い，特定事業会社（銀行，保険会社，信用金庫等）を除く上場会社等は，半期ごとに**半期報告書**の提出と監査人による**期中レビュー**が義務づけられることになった（同法第24条の5，第193条の2第1項）。なお，第1・第3四半期の開示については，取引所規則に基づく四半期決算短信に一本化された。

　この半期報告書と期中レビューについては，第12章で詳しく説明するため，ここでは概要のみを説明する。半期報告制度の概要は，図表2-15のとおりである。

第 2 章　金融商品取引法監査制度　75

〔図表 2 -15〕半期報告制度の概要

項　目	内　容	根拠規定
提出会社	上場会社等（特定事業会社を除く）	金商法第24条の 5 第 1 項
提出期限	6 ヵ月経過後，45日以内	同法第24条の 5 第 1 項
記載様式	第 5 号様式	同法第24条の 5 第 1 項，開示府令第18条
信頼性の担保の手段	レビュー	同法193条の 2 第 1 項・第 5 項
公衆縦覧期間	5 年間	同法第25条第 1 項第 6 号
開示開始事業年度	2024年 4 月	同法附則第 1 条第 3 号

　半期報告書のうち，投資者の投資判断に最も重要な情報は，経理の状況に掲げられる「**第 1 種中間財務諸表（第 1 種中間連結財務諸表/第 1 種中間個別財務諸表）**」である。開示の基本は連結ベースであり，開示の範囲は次のとおりである。

　　第 1 種中間連結財務諸表―中間連結貸借対照表，中間連結損益計算書，中間連結包括利益計算書，中間連結キャッシュ・フロー計算書

　　第 1 種中間個別財務諸表―中間貸借対照表，中間損益計算書，中間キャッシュ・フロー計算書

　上場会社等（特定事業会社を除く）が第 1 種中間連結財務諸表を作成する場合には，第 1 種中間個別財務諸表は不要とされる。

　第 1 種中間財務諸表は，内閣府令「**連結財務諸表規則**」（または「**財務諸表等規則**」）および企業会計基準委員会（ASBJ）が設定した企業会計基準第33号『**中間財務諸表に関する会計基準**』にしたがって作成される。

　この第 1 種中間財務諸表は，発行会社と**特別な利害関係のない監査人による監査証明**を受けなければならない（同法193条の 2 第 1 項，同施行令第35条）。上場会社等（特定事業会社を除く）が作成した第 1 種中間財務諸表の監査証明は，

「期中レビュー」と呼ばれる。期中レビューは，企業会計審議会が設定した『**期中レビュー基準**』などにしたがって実施され，その結果に基づいて**期中レビュー報告書**が作成される。

3 内部統制報告書と内部統制監査制度

アメリカの企業改革法（サーベインス・オクスリー法）およびわが国における西武鉄道事件などを契機に，上場会社等に対して，新たに**内部統制報告制度**が設けられることとなった。内部統制報告制度は，上場会社等に対して，**内部統制報告書**の提出と監査人よる**内部統制監査**を義務づけるものである。

この内部統制報告書と内部統制監査については，第11章で詳しく説明するため，ここでは概要のみを説明する。内部統制報告制度の概要は，図表2-16のとおりである。

〔図表2-16〕内部統制報告制度の概要

項　目	内　容	根拠条文
提出会社	上場会社等	金商法第24条の4の4，同施行令第4条の2の7
提出期限	有価証券報告書と併せて	同法第24条の4の4第1項
記載様式	第1号様式	内部統制府令第4条第1項第1号
信頼性の担保の手段	監査	同法第193条の2第2項，第5項
公衆縦覧期間	5年間	同法第25条第1項第6号
開示開始事業年度	2008（平成20）年4月開始事業年度から	証券取引法等改正法附則第15条

上場会社等は，財務報告に係る内部統制の有効性を評価し，その結果に基づいて内部統制報告書を作成し，有価証券報告書と併せて提出する。内部統制報告書は，企業会計審議会が設定した『**財務報告に係る内部統制の評価及び監査の基準**』（以下，「内部統制基準」という）および『**財務報告に係る内部統制の評価及び監査に関する実施基準**』（以下，「実施基準」という）にしたがって作成される。

この内部統制報告書は，発行会社と**特別の利害関係のない監査人**による**監査証明**を受けなければならない（同法第193条の2第2項，同施行令第35条の2）。上場会社等が作成した内部統制報告書の監査証明は，「**内部統制監査**」と呼ばれる。内部統制監査は，『**内部統制基準**』および『**実施基準**』にしたがって実施され，その結果に基づいて『**内部統制監査報告書**』が作成される。

なお，新規上場会社（資本金100億円以上または負債総額1,000億円以上の会社は除く）は，上場後3年間，内部統制報告書について，内部統制監査の免除を選択することができる（同法第193条の2第2項第4号，同施行令第35条の3）。

4　EDINET（エディネット）と情報開示

EDINET（Electronic Disclosure for Investors' NET-work）とは，「金商法に基づく有価証券報告書等の開示書類に関する電子開示システム（同法第27条の30の2に規定する「開示用電子情報処理組織」）」のことである。2004（平成16）年6月から有価証券届出書および有価証券報告書などの電子開示手続の提出・縦覧手続について，その使用が義務化された。

このEDINETは，これまで紙媒体で提出されていた有価証券届出書および有価証券報告書などの開示書類などについて，その提出から公衆縦覧までに至る一連の手続を電子化することによって，提出者の事務負担の軽減，投資者などによる企業情報などへのアクセスの公平・迅速化を図り，もって資本市場の効率性を高めることを目的として開発されたシステムである。

まず，有価証券届出書および有価証券報告書などの開示書類などを提出する会社に，当該開示書類に記載すべき情報をインターネットオンラインで財務局へ提出させる。次に，提出された情報は，財務局の閲覧室や証券取引所（金融商品取引所）などに設置したパソコンで公衆縦覧に供せられ，さらに金融庁や財務局のホームページなどで公開される。

EDINETは，インターネットを利用して，広く一般に企業情報を開示することを可能にしたシステムである。

V　金商法の下での監査人の権限と法的責任

1　二重責任の原則

　金商法の目的を達成するために，財務諸表の信頼性を担保する財務諸表監査制度が必要となる。財務諸表監査については，公認会計士または監査法人である監査人に**業務独占資格**が付与されている。また，期中レビューおよび内部統制監査についても，監査人が独占的に担うこととされている（第1章参照）。

　財務諸表監査における監査人の権限と責任は，経営者の責任で作成された財務諸表の適正表示について意見を表明することである（**二重責任の原則**）。監査人は，批判機能と指導機能を十分に発揮して，適切な監査意見の表明を行う責任を負っている。

　投資者の自己責任の原則（第1章参照）の下で，投資者が自己の責任におい

〔図表2-17〕二重責任の原則と投資者の自己責任の原則

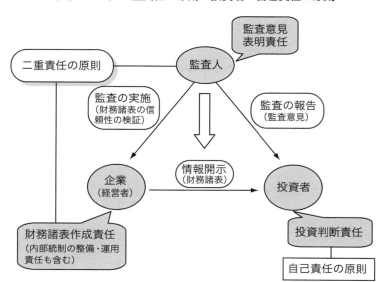

て合理的な投資判断を行うことができるようにするためには,経営者が適正な財務諸表を作成し,監査人が当該財務諸表に対して適切な監査意見を表明することが不可欠である(**図表2-17**)。

2 監査人の責任

監査人が,財務諸表,中間財務諸表,内部統制報告書に対して虚偽の監査証明を行った場合には,発行会社や投資者に甚大な損害を与えることになる。ひいては,資本市場の信頼を失墜させ,国民経済に悪影響を及ぼすことにもなりかねない。このため,監査人は,虚偽の監査証明を行った場合,法的責任を問われることになる。

金商法は,監査人の責任を**図表2-18**のように定めている。これらの規定は,監査人が故意または過失により虚偽の監査証明などをする行為を抑止する効果があると同時に,もし監査人が故意または過失により虚偽の監査証明などを行った場合には,当該監査人に対する制裁となる。

〔図表2-18〕虚偽の監査証明に対する監査人の責任

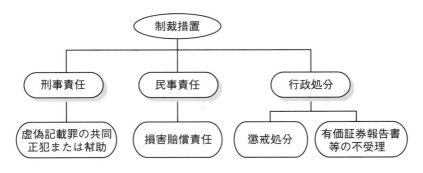

① 刑事責任

金商法は,監査人に対して虚偽証明罪のような刑事責任規定を設けていない。しかし,公認会計士は,虚偽の監査証明を行うことにより虚偽記載に加担したと認められた場合,虚偽の有価証券報告書などを提出した者の共同正犯または幇助として刑事責任が問われることになる。これは虚偽記載罪の共同正犯または幇助を構成する。

有価証券届出書および有価証券報告書における虚偽の監査証明の場合，公認会計士には，虚偽の有価証券報告書などの提出者に適用される刑罰，すなわち「10年以下の懲役もしくは1,000万円以下の罰金に処し，またはこれを併科する」が適用されることになる（金商法第197条）。また，半期報告書における虚偽の監査証明の場合，公認会計士には，「5年以下の懲役もしくは500万円以下の罰金に処し，またはこれを併科する」が適用されることになる（同法第197条の2）。このように刑罰が異なるのは，投資判断へ与える影響度が異なるためである。なお現在，虚偽の監査証明を行った公認会計士が所属する監査法人に対して刑事責任を問う規定は設けられていない。

② 民事責任

　民事責任とは，損害賠償責任のことである。損害賠償責任を追及するには，訴える者が①損害の発生および損害額，②故意または過失の存在，③①と②との間に相当の因果関係があることなどを，立証する必要がある。

　監査人は，虚偽の監査証明を行った場合，発行会社および投資者に対して損害賠償責任を負う。監査契約を締結している発行会社は，虚偽の監査証明に対して，監査人に債務不履行責任（民法第415条）を追及することができる。一方，投資者は，監査契約の締結の当事者ではないため，監査人に債務不履行責任を追及することができない。そのため，投資者は，虚偽の監査証明に対して，不法行為責任（同法第709条）を利用することになる。しかし，監査業務は専門的業務であり，監査に関する専門的知識・能力を有しない投資者が，虚偽の監査証明に対して，監査人側に故意または過失があったことを立証することは相当の困難を伴う。

　そこで，金商法では，虚偽の監査証明に対して，故意または過失の立証責任を投資者ではなく監査人に負わせている。これを**挙証責任の転換**という。監査人は，虚偽の監査証明に対して，故意または過失がなかったことを立証すれば，損害賠償責任を負わなくてもよいことになる（金商法第21条第2項第2号，第22条第2項）。金商法は，特別の法定責任を明文化して投資者の救済を容易にしているのである。ただし，投資者は，損害の発生および損害額を立証する必要がある。

③ 行政処分

行政処分とは，監督官庁（金融庁）が行政目的の達成に違反したものに対して制裁を科すことである。金商法では，監査人が行った監査証明が公認会計士法第30条または第34条の21第2項第1号もしくは第2号の規定するものであるときその他の不正があるときは（「公認会計士法」の規定に関しては，第1章参照），内閣総理大臣は，1年以内の期間を定めて，当該期間内に提供される有価証券届出書，有価証券報告書または内部統制報告書で，その監査人にかかわるものの全部または一部を受理しないことができる（同法第193条の2第7項）。これを**不受理処分**という。

なお，金商法ではなく，第1章で説明した公認会計士法は，公認会計士または監査法人に対して，それぞれ懲戒処分の規定を設けている。

Ⅵ 監査証明府令に基づく監査報告書と監査概要書

1 監査報告書

監査人は，監査の結果を監査報告書で表明する必要がある。**監査報告書**の記載事項は，監査証明府令によって定められている（同府令第4条）。財務諸表監査の監査報告書の様式は，**図表2-19**のとおりである。なお，ここに掲げる無限定適正意見監査報告書の文例は，発行会社が監査役設置会社の場合であり，また，監査人が無限責任監査法人の場合で，かつ指定証明であるときのものであることに留意する必要がある。

〔図表2-19〕独立監査人の監査報告書

独立監査人の監査報告書

A:
○○株式会社
　取締役会　御中　　　　　　　　　　　　　　　　　　　　×年×月×日

　　　　　　　　　　　　　　　　　　　　　　○○監査法人
　　　　　　　　　　　　　　　　　　　　　　　○○事務所
　　　　　　　　　　　　　　　　　指定社員
　　　　　　　　　　　　　　　　　業務執行社員　公認会計士　○○○○

　　　　　　　　　　　　　　　　　指定社員
　　　　　　　　　　　　　　　　　業務執行社員　公認会計士　○○○○

〈連結財務諸表監査〉

B:
監査意見
　当監査法人は，金融商品取引法第193条の2第1項の規定に基づく監査証明を行うため，「経理の状況」に掲げられている○○株式会社の×年×月×日から×年×月×日までの連結会計年度の連結財務諸表，すなわち，連結貸借対照表，連結損益計算書，連結包括利益計算書，連結株主資本等変動計算書，連結キャッシュ・フロー計算書，連結財務諸表作成のための基本となる重要な事項，その他の注記及び連結附属明細表について監査を行った。
　当監査法人は，上記の連結財務諸表が，我が国において一般に公正妥当と認められる企業会計の基準に準拠して，○○株式会社及び連結子会社の×年×月×日現在の財政状態並びに同日をもって終了する連結会計年度の経営成績及びキャッシュ・フローの状況を，全ての重要な点において適正に表示しているものと認める。

C:
監査意見の根拠
　当監査法人は，我が国において一般に公正妥当と認められる監査の基準に準拠して監査を行った。監査の基準における当監査法人の責任は，「連結財務諸表監査における監査人の責任」に記載されている。当監査法人は，我が国における職業倫理に関する規定に従って，会社及び連結子会社から独立しており，また，監査人としてのその他の倫理上の責任を果たしている。当監査法人は，意見表明の基礎となる十分かつ適切な監査証拠を入手したと判断している。

D:
監査上の主要な検討事項
　監査上の主要な検討事項とは，当連結会計年度の連結財務諸表の監査において，監査人が職業的専門家として特に重要であると判断した事項である。監査上の主要な検討事項は，連結財務諸表全体に対する監査の実施過程及び監査意見の形成において対応した事項であり，当監査法人は，当該事項に対して個別に意見を表明するものではない。
［監基報701に従った監査上の主要な検討事項の記載例］
（表形式にする場合の記載例）

○○○○（監査上の主要な検討事項の見出し及び該当する場合には連結財務諸表の注記事項への参照）	
監査上の主要な検討事項の内容及び決定理由	監査上の対応
…………（監査上の主要な検討事項の内容及び決定理由の内容を記載する）………。	…………（監査上の対応を記載する）………。

その他の記載内容
　その他の記載内容は，有価証券報告書に含まれる情報のうち，連結財務諸表及び財務

諸表並びにこれらの監査報告書以外の情報である。経営者の責任は，その他の記載内容を作成し開示することにある。また，監査役及び監査役会の責任は，その他の記載内容の報告プロセスの整備及び運用における取締役の職務の執行を監視することにある。

当監査法人の連結財務諸表に対する監査意見の対象にはその他の記載内容は含まれておらず，当監査法人はその他の記載内容に対して意見を表明するものではない。

連結財務諸表監査における当監査法人の責任は，その他の記載内容を通読し，通読の過程において，その他の記載内容と連結財務諸表又は当監査法人が監査の過程で得た知識との間に重要な相違があるかどうか検討すること，また，そのような重要な相違以外にその他の記載内容に重要な誤りの兆候があるかどうか注意を払うことにある。

当監査法人は，実施した作業に基づき，その他の記載内容に重要な誤りがあると判断した場合には，その事実を報告することが求められている。

その他の記載内容に関して，当監査法人が報告すべき事項はない。

連結財務諸表に対する経営者並びに監査役及び監査役会の責任

経営者の責任は，我が国において一般に公正妥当と認められる企業会計の基準に準拠して連結財務諸表を作成し適正に表示することにある。これには，不正又は誤謬による重要な虚偽表示のない連結財務諸表を作成し適正に表示するために経営者が必要と判断した内部統制を整備及び運用することが含まれる。

連結財務諸表を作成するに当たり，経営者は，継続企業の前提に基づき連結財務諸表を作成することが適切であるかどうかを評価し，我が国において一般に公正妥当と認められる企業会計の基準に基づいて継続企業に関する事項を開示する必要がある場合には当該事項を開示する責任がある。

監査役及び監査役会の責任は，財務報告プロセスの整備及び運用における取締役の職務の執行を監視することにある。

連結財務諸表監査における監査人の責任

監査人の責任は，監査人が実施した監査に基づいて，全体としての連結財務諸表に不正又は誤謬による重要な虚偽表示がないかどうかについて合理的な保証を得て，監査報告書において独立の立場から連結財務諸表に対する意見を表明することにある。虚偽表示は，不正又は誤謬により発生する可能性があり，個別に又は集計すると，連結財務諸表の利用者の意思決定に影響を与えると合理的に見込まれる場合に，重要性があると判断される。

監査人は，我が国において一般に公正妥当と認められる監査の基準に従って，監査の過程を通じて，職業的専門家としての判断を行い，職業的懐疑心を保持して以下を実施する。

- 不正又は誤謬による重要な虚偽表示リスクを識別し，評価する。また，重要な虚偽表示リスクに対応した監査手続を立案し，実施する。監査手続の選択及び適用は監査人の判断による。さらに，意見表明の基礎となる十分かつ適切な監査証拠を入手する。
- 連結財務諸表監査の目的は，内部統制の有効性について意見表明するためのものではないが，監査人は，リスク評価の実施に際して，状況に応じた適切な監査手続を立案するために，監査に関連する内部統制を検討する。
- 経営者が採用した会計方針及びその適用方法の適切性，並びに経営者によって行われた会計上の見積りの合理性及び関連する注記事項の妥当性を評価する。
- 経営者が継続企業を前提として連結財務諸表を作成することが適切であるかどうか，また，入手した監査証拠に基づき，継続企業の前提に重要な疑義を生じさせるような事象又は状況に関して重要な不確実性が認められるかどうか結論付ける。継続企業の前提に関する重要な不確実性が認められる場合は，監査報告書において連結財務諸表の注記事項に注意を喚起すること，又は重要な不確実性に関する連結財務諸表の注記事項が適切でない場合は，連結財務諸表に対して除外事項付意見を表明することが求められている。監査人の結論は，監査報告書日までに入手した監査証拠に基づいているが，将来の事象や状況により，企業は継続企業として存続できなくなる可能性がある。

- 連結財務諸表の表示及び注記事項が，我が国において一般に公正妥当と認められる企業会計の基準に準拠しているかどうかとともに，関連する注記事項を含めた連結財務諸表の表示，構成及び内容，並びに連結財務諸表が基礎となる取引や会計事象を適正に表示しているかどうかを評価する。
- 連結財務諸表に対する意見表明の基礎となる，会社及び連結子会社の財務情報に関する十分かつ適切な監査証拠を入手するために，連結財務諸表の監査を計画し実施する。監査人は，連結財務諸表の監査に関する指揮，監督及び査閲に関して責任がある。監査人は，単独で監査意見に対して責任を負う。

監査人は，監査役及び監査役会に対して，計画した監査の範囲とその実施時期，監査の実施過程で識別した内部統制の重要な不備を含む監査上の重要な発見事項，及び監査の基準で求められているその他の事項について報告を行う。

監査人は，監査役及び監査役会に対して，独立性についての我が国における職業倫理に関する規定を遵守したこと，並びに監査人の独立性に影響を与えると合理的に考えられる事項，及び阻害要因を除去するための対応策を講じている場合又は阻害要因を許容可能な水準にまで軽減するためのセーフガードを適用している場合はその内容について報告を行う。

監査人は，監査役及び監査役会と協議した事項のうち，当連結会計年度の連結財務諸表の監査で特に重要であると判断した事項を監査上の主要な検討事項と決定し，監査報告書において記載する。ただし，法令等により当該事項の公表が禁止されている場合や，極めて限定的ではあるが，監査報告書において報告することにより生じる不利益が公共の利益を上回ると合理的に見込まれるため，監査人が報告すべきでないと判断した場合は，当該事項を記載しない。

H 〈報酬関連情報〉
当監査法人及び当監査法人と同一のネットワークに属する者に対する，当連結会計年度の会社及び子会社の監査証明業務に基づく報酬及び非監査業務に基づく報酬の額は，それぞれ XX 百万円及び XX 百万円である。

I 利害関係
会社及び連結子会社と当監査法人又は業務執行社員との間には，公認会計士法の規定により記載すべき利害関係はない。

以　　上

（出所）日本公認会計士協会，監基報700実務指針第１号「監査報告書の文例」文例１（2024年２月最終改正）

Aの区分：【表題等に関する事項】

表題（独立監査人の監査報告書），日付（監査報告書の作成日），宛先（原則，被監査会社の取締役会名），作成者（個人の場合には，事務所名と担当公認会計士の署名，無限責任監査法人の場合には，監査法人名とその代表者の他，業務執行社員の署名，あるいは代表者に代えて，指定社員である業務執行社員の署名，そして有限責任監査法人の場合には，監査法人名と指定有限責任社員である業務執行社員の署名）を記載

Bの区分：【意見に関する事項】

(1) 意見に係る監査の対象となった財務諸表等の範囲

(2) 監査の対象となった財務諸表等が，一般に公正妥当と認められる企業会計の基準に準拠して，当該財務諸表等に係る事業年度（連結財務諸表の場合には，連結会計年度）の財政状態，経営成績およびキャッシュ・フローの状況をすべての重要な点において適正に表示しているかどうかについての意見

Cの区分：【意見の根拠に関する事項】
- 監査が一般に公正妥当と認められる監査の基準に準拠して行われた旨
- 監査の結果として入手した監査証拠が意見表明の基礎を与える十分かつ適切なものであること

（該当事項がある場合）：【継続企業の前提に関する事項】
　継続企業の前提に関する重要な不確実性が認められる場合には，継続企業の前提に関する事項が財務諸表に適切に注記されていることを確かめた上で，当該事項に関して，強調事項とは独立した区分を設けて記載（CとDの区分の間）

Dの区分：【監査上の主要な検討事項に関する事項】
- 財務諸表等において監査上の主要な検討事項に関連する開示が行われている場合には，当該開示が記載されている箇所
- 監査上の主要な検討事項の内容
- 監査上の主要な検討事項であると決定した理由
- 監査上の主要な検討事項に対する監査における対応

Eの区分【その他の記載内容に関する事項】
- その他の記載内容の範囲
- その他の記載内容に対する経営者および監査役等の責任
- その他の記載内容に対して公認会計士または監査法人は意見を表明するものではない旨
- その他の記載内容に対する公認会計士または監査法人の責任
- その他の記載内容について公認会計士または監査法人が報告すべき旨の有無およびその内容

（該当事項がある場合）：【追記情報（強調事項またはその他の事項）に関する

事項】

監査を実施した公認会計士もしくは監査法人が強調し，または説明することが適当と判断した事項についてそれぞれ区分して記載（ＥとＦの区分の間）

- 会計方針の変更
- 重要な偶発事象
- 重要な後発事象
- その他の事項

Fの区分：【経営者および監査役等の責任に関する事項】

(1) 経営者の責任
- 財務諸表等を作成する責任があること
- 財務諸表等に重要な虚偽の表示がないように内部統制を整備および運用する責任があること
- 継続企業の前提に関する評価を行い必要な開示を行う責任があること

(2) 監査役等（監査役，監査役会，監査等委員会，または監査委員会）の責任
- 財務報告に係る過程を監視する責任があること

Gの区分：【監査を実施した公認会計士または監査法人の責任に関する事項】

- 監査を実施した公認会計士または監査法人の責任は独立の立場から財務諸表等に対する意見を表明することにあること
- 一般に公正妥当と認められる監査の基準は監査を実施した公認会計士または監査法人に財務諸表等に重要な虚偽の表示がないかどうかの合理的な保証を得ることを求めていること
- 監査は財務諸表項目に関する監査証拠を得るための手続を含むこと
- 監査は経営者が採用した会計方針およびその適用方法ならびに経営者によって行われた見積りの評価も含め全体として財務諸表等の表示を検討していること
- 監査手続の選択および適用は監査を実施した公認会計士または監

　　　　　査法人の判断によること
　　　・財務諸表監査の目的は，内部統制の有効性について意見を表明するためのものではないこと
　　　・継続企業の前提に関する経営者の評価について検討すること
　　　・監査役等と適切な連携を図ること
　　　・監査上の主要な検討事項を決定して監査報告書に記載すること
Hの区分：【報酬関連情報に関する事項】
　　　　　監査を実施した公認会計士または監査法人（これらの者と同一ネットワークに属する者を含む）が被監査会社等またはその連結子会社もしくは非連結子会社から受け取った，または受け取るべき報酬（当該非連結子会社から受け取った，または受け取るべき報酬にあっては，監査を実施した公認会計士または監査法人の独立性の保持に影響を与えると認めるに足る相当の理由があるものに限る）に関する事項
Iの区分：【利害関係の有無に関する事項】
　　　　　公認会計士法第25条2項（同法第16条の2第6項および第34条の12第4項において準用する場合を含む）の規定により明示すべき利害関係を記載

　なお，除外事項を付した限定付適正意見または不適正意見に該当した場合には，意見の根拠の区分（Cの区分）に，それぞれ同府令に定める事項を記載し，また意見不表明に該当した場合には，別の区分を設けて，同府令に定める事項を記載しなければならない（詳しくは，第10章参照）。

　監査意見とは別に，監査人が実施した監査の透明性を向上させ，監査報告書の情報価値を高めることを目的に，監査報告書において**監査上の主要な検討事項**（Key Audit Matters: KAM）の記載が求められることになった。それにより，監査人は，当年度の財務諸表の監査の過程で，監査役等と協議した事項のうち，職業専門家として当該監査において特に重要であると判断した事項（監査上の主要な検討事項）を監査報告書に記載しなければならない（監査上の主要な検討事項に関しては，第10章参照）。ただし，意見不表明の場合には，当該事項は記載しない。

　また，経営者による財務諸表以外の情報開示の充実が期待される中，当該情

報に対する監査人の役割の明確化を図るとともに，財務諸表の信頼性を確保することを目的に，監査報告書において**その他の記載内容**の記載が求められることになった。それにより，監査人は，監査した財務諸表を含む開示書類のうち当該財務諸表と監査報告書とを除いた部分の記載（その他の記載内容）を通読し，その他の記載内容と財務諸表または監査人が監査の過程で得た知識との間に重要な相違があるかどうかを検討し，その結果を監査報告書に記載しなければならない。なお，監査人は，その他の記載内容の通読および検討に当たって，財務諸表または監査人が監査の過程で得た知識に関連しない内容についても，重要な誤りの兆候に注意を払う必要がある（その他の記載内容に関しては，第10章参照）。ただし，意見不表明の場合には，当該事項は記載しないことが適当とされている。

さらに，日本公認会計士協会の倫理規則および倫理規則実務ガイダンス第1号の改正を受けて監査証明府令が改正され，監査報告書において報酬関連情報の開示が求められることになった。それにより，監査人は，基本，被監査会社等から受け取った，または受け取るべき報酬（監査報酬だけではなく非監査報酬も含む）に関する事項について監査報告書に記載しなければならない。ただし，特定有価証券に係るものなどの場合，監査報告書において報酬関連事項は省略できる。また，連結財務諸表の監査報告書に報酬関連事項が記載されている場合，個別財務諸表の監査報告書において参照文言を記載する等の要件を満たすことによって報酬関連事項は省略できる（報酬関連情報に関しては，第10章を参照）。

この他に，中間監査報告書，期中レビュー報告書の記載事項も規定されている。監査報告書の詳しい記載事項の指針については，監基報700実務指針第1号「監査報告書の文例」が公表されている（監査報告書の文例の詳細に関しては，第10章参照）。

監査人は，監査等終了後遅滞なく，当該監査等にかかわる記録または資料を当該監査等にかかわる監査調書として整理し，これを監査事務所に備えておかなければならない（同府令第6条）（監査調書に関しては，第4章および第8章参照）。

また，監査証明を行うに当たり発行会社における法令違反等事実（金商法第

193条の3第1項に規定する法令違反等事実）を発見した監査人は，当該事実の内容および当該事実にかかわる法令違反の是非その他の適切な措置をとるべき旨を記載した書面により，当該発行会社の監査役などに対して通知しなければならない（同府令第7条）（同法第193条の3に関しては，第5章参照）。

2 監査概要書

　監査人は，監査報告書の作成日の翌月の末日までに，監査の従事者，監査日数その他の当該監査などに関する事項の概要を記載した**監査概要書**を作成し，関東財務局長あるいは本店の所在地を管轄する財務局長等に提出しなければならない（金商法第193条の2第6項，監査証明府令第5条）。この監査概要書は，一般には公開されない。

　金商法の下で，財務諸表監査をはじめとする監査証明に対する監督官庁の審査が実施される。審査を行う上で，監査人が作成する監査概要書が必要である。監査概要書は，監督官庁による監査証明の監督・指導のための重要な資料として位置づけられている。審査の結果，監査証明における虚偽が判明した場合には，訂正命令，行政処分，刑事告発などの措置が適用されることとなる。

　「**第1号様式**」による財務諸表監査の監査概要書の記載内容は，**図表2-20**のとおりである（同府令第5条第2項第1号）。

〔図表2-20〕監査概要書の記載内容

第一部　監査人等の概況
　1　監査人の状況
　　(1)　監査責任者等の氏名
　　(2)　補助者の状況
　　(3)　監査人等の異動状況
　2　監査契約等の状況
　　(1)　監査報酬等の額
　　(2)　監査契約の解除
　3　品質管理の状況
　　(1)　品質管理を担当する公認会計士の氏名又は監査法人の部署
　　(2)　意見審査を行った公認会計士又は監査法人の担当者の氏名等

第二部　監査の実施状況等
1　監査の実施状況
　　（従事者の内訳，人数，従事日数又は時間数）
2　監査の実施において特に考慮した事項等
　(1)　監査人の交代における引継ぎの有無
　(2)　監査計画の策定及び監査手続の実施において特に考慮した重要な事項
　(3)　内部統制の開示すべき重要な不備に関する経営者等への報告の状況
　(4)　重要な不正及び違法行為に関する対処の状況
　(5)　経営者等とのディスカッションの状況
3　他の監査人の監査結果等の利用状況
4　監査意見等に関する事項
　(1)　監査意見
　(2)　無限定適正意見以外の意見又は意見を表明しない場合の理由
　(3)　審査の状況
5　継続企業の前提に関する注記に係る事項
6　監査上の主要な検討事項
7　追記情報の有無及び事由

　内部統制監査を実施した場合には，監査概要書に内部統制監査の従事者，監査日数その他の内部統制監査に関する事項の概要を合わせて記載する（内部統制府令第8条）。期中レビューを実施した場合には，**期中レビュー概要書「第4号様式」**を提出する必要がある（監査証明府令第5条第2項第4号）。

マメ知識2-3　金融商品取引法（旧証券取引法）監査制度の主な変遷

年	内　容
1948（昭和23）年	証券取引法制定
1950（昭和25）年	法定監査制度の創設，「監査基準」・「監査実施基準」公表
1951（昭和26）年	証券取引法に基づく上場会社の監査開始（初年度監査実施）
1956（昭和31）年	「監査報告準則」公表
1957（昭和32）年	正規の財務諸表監査の開始
1976（昭和51）年	「監査実施基準」・「監査報告準則」の改訂（連結財務諸表監査の実施に対応）

年	内容
1991（平成3）年	「監査基準」・「監査実施基準」・「監査報告準則」の抜本的改正（リスク・アプローチ導入）
2002（平成14）年	監査基準の全面的改訂（「監査実施基準」・「監査報告準則」の廃止）
2003（平成15）年	中間監査基準の改訂
2005（平成17）年	監査基準の改訂，中間監査基準の改訂，監査に関する品質管理基準の公表
2006（平成18）年	金融商品取引法の制定
2007（平成19）年	内部統制基準・実施基準の公表，四半期レビュー基準の公表
2009（平成21）年	監査基準の改訂，中間監査基準および四半期レビュー基準の改訂
2010（平成22）年	監査基準の改訂
2011（平成23）年	内部統制基準・実施基準の改訂，中間監査基準および四半期レビュー基準の改訂
2013（平成25）年	監査における不正リスク対応基準の公表，監査基準の改訂
2014（平成26）年	監査基準の改訂
2017（平成29）年	監査法人のガバナンス・コードの公表
2018（平成30）年	監査基準の改訂
2019（令和元）年	監査基準，中間監査基準，および四半期レビュー基準の改訂 内部統制基準・実施基準の改訂
2020（令和2）年	監査基準および中間監査基準の改訂
2021（令和3）年	監査に関する品質管理基準の改訂
2023（令和5）年	監査法人のガバナンス・コード改訂 内部統制基準・実施基準の改訂
2024（令和6）年	四半期レビュー基準の期中レビュー基準への改訂 監査に関する品質管理基準の改訂

第3章 会社法監査制度

> **Summary**
>
> ➤ 会社法において規定される監査制度である監査役監査は，わが国における近代的監査制度の嚆矢であり，明治以降の歴史をもつものである。
>
> ➤ 監査役は業務監査と会計監査を行うこととなっており，この結果，その職務は広範であり，多様な義務と権限が付与されている。
>
> ➤ 会社の規模や公開会社か否かによって，監査役の設置の様態は変わる。このうち大会社で公開会社の場合には，監査役会を設置しなければならない。
>
> ➤ 会社法では，英米型の統治機構である指名委員会等設置会社や監査等委員会設置会社の選択も認められる。この場合には，監査役に代えて，取締役会の中に監査委員会や監査等委員会が設置される。
>
> ➤ 大会社の場合には，会計監査人を置かねばならない。会計監査人監査は，公認会計士（監査法人）による監査である。この結果，株式会社に対する公認会計士の監査は，金融商品取引法に基づく監査，会社法に基づく会計監査人監査，その両方，の3つの可能性がある。
>
> ➤ 監査役（会）および監査委員会または監査等委員会が作成する監査報告書には，原則として，計算関係書類の監査（会計監査）と，事業報告等の監査（業務監査）の両者の内容が含められる。
>
> ➤ 会計監査人は，会計監査のみを行うため，監査報告書も計算関係書類のみを対象として作成される。ここでは，金融商品取引法における意見表明の方法と同様に，監査意見が表明される。

I　会社法監査制度の意義・目的・史的変遷と理論モデル

1　会社法監査制度略史

　わが国の法定監査制度としては，第2章で述べた金商法に基づくものが代表的であるが，一方で会社法もまた，監査制度を法定している。

　その歴史はわが国の法定監査制度の歴史でもある。明治維新以降，わが国は近代化を目指す中で，西欧式のシステム，法制度を積極的に導入したが，その中には株式会社制度や本章で説明する監査制度も含まれている。

　1890（明治23）年，わが国で初めての商法（旧**商法**と呼ばれる）が公布された。しかしこの商法は，当時すでに先進諸国で確立していた株式会社の実態に合致していなかった。このため，1899（明治32）年に，改めて新商法が公布された。この**商法**が，現在の商法および本章で説明する会社法の原型となるものである。

　わが国商法は，当時のドイツ，フランスの商法をモデルとしたといわれる。法体系的には，いわゆる「大陸法」的な考え方に基づくものである。これが，第二次大戦後，「英米法」的な考え方に基づく証券取引法（現：金商法）との調整の問題をもたらすことになる。

　商法は，その後幾度もの改正を経てきているが，2005（平成17）年には，商法の会社に関わる部分を独立させ，他の会社関連法制と統合して**会社法**が制定され，2006（平成18）年5月から施行された。会社法には，法務省令として会社法施行規則，会社計算規則が設けられている。

2　監査制度と監査役監査

　明治期に制定された商法は，当初から株式会社について監査制度を定めていた。それが**監査役**監査制度である。

　この制度は，ドイツのそれをモデルにしたともされるが，ドイツにおける監査役制度とは異なる点がある。ドイツの場合には，監査役は株主総会で選出され，この監査役が経営者である取締役を選任・解任する権限を持つ。監査役は

会社の経営には直接携わらないが，取締役が経営を適切に行っているかについて，その選任・解任と監督を通じて株主に対して責任を負う関係にある。

〔図表 3-1〕ドイツと日本の監査役

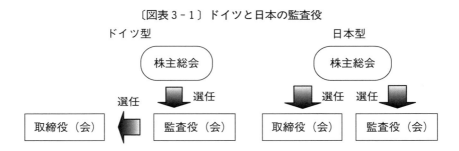

　他方，日本の場合には，株主総会が直接に取締役と監査役を選任し，監査役が取締役を監査する関係にある。株主総会による両者の直接的な選任は，一見するとより民主的な手続であり，また株主の直接的なガバナンスに資するようにもみえる。しかし現実には，取締役が監査役を含めた役員人事案を株主総会へ一括提出することによって，監査役の人事権が事実上取締役に握られているという実態がある。このため，しばしば監査役の形骸化が指摘され，監査役監査制度の有効性に疑問が呈されてきた。こうした実態を背景として，監査役監査制度は**図表 3-2**に示すように多くの改正を経てきており，監査役の権限も時代ごとに大きく変化してきている。

(1) 会社法における会社の分類

　会社法では，株式会社を「**大会社**」と「**大会社以外の会社**」に分け，また，株式の譲渡による取得について，会社による承認を必要とするか否かによって，「**株式譲渡非制限会社**」（公開会社）と「**株式譲渡制限会社**」（非公開会社）に分けている。

　上の２つの分類は，会社における機関設計などに大きな影響を与える。
　① 公開会社では不特定多数の者が会社の承認を得ることなく，株主になることが想定され，株主は会社の経営に深く関与することはない。このため，経営に関する内部的な監視・監督が重要となる。一方，非公開会社ではこのような配慮は必要ではない。このことは，取締役会や監査役の設置が必

〔図表3-2〕商法・会社法改正略史

改正年		主な改正点	主な監査上の改正点	改正に影響を与えたと思われる事件等
1890	明治23年	旧商法制定		
1899	明治32年	現行商法制定		
1911	明治44年		監査役の民事責任を強化	日糖事件（1907）
1938	昭和13年	有限会社法制定		
1950	昭和25年	授権資本制度導入	監査役監査を会計監査に限定	
		無額面株式制度導入		
		取締役会を法定		
		株主に株主代表訴訟提起権		
1962	昭和37年	「損益法」導入（原価主義，繰延資産の拡大）		
1974	昭和49年		商法特例法制定（会計監査人監査導入）	山陽特殊製鋼事件（1965）など
1981	昭和56年	株式単位を5万円に引き上げ	監査役の権限強化	ロッキード事件（1975）
		新株引受権付社債導入	商法特例法の大会社の範囲拡大（負債総額基準の導入）	ダグラス・グラマン事件（1978）
		株主への利益供与の禁止	大会社に複数監査役制度・常勤監査役制度導入	
1990	平成2年	最低資本金1,000万円		
1993	平成5年		監査役任期3年に伸長	証券・金融不祥事（1991）

第 3 章　会社法監査制度　97

			大会社に社外監査役・監査役会制度導入	
			大会社の監査役員数増（3人以上）	
1997	平成 9 年5月	ストック・オプション制度導入		
		合併手続の簡素化		
1997	平成 9 年11月	法定刑の引き上げ，利益要求罪，威迫利益要求罪の新設	利益供与罪の厳罰化	
1999	平成11年	株式交換・株式移転制度導入		
2000	平成12年	会社分割制度導入		
2001	平成13年6月	自己株式取得（金庫株）の原則自由化		
		額面株式廃止		
2001	平成13年12月		監査役の機能強化（取締役会への出席義務，任期延長（4年），辞任に関する意見陳述権，社外監査役の増員（半数以上））	
			監査役（会）に監査役の選任議案提出に当たっての同意権	
2002	平成14年5月	委員会等設置会社制度導入	監査委員会制度と監査役制度の選択制	
		みなし大会社制度の導入		
		連結決算制度の導入		
2005	平成17年	会社法制定		
		有限会社法廃止		

2014	平成26年	商法特例法廃止		
		監査等委員会設置会社制度導入	監査等委員会，監査委員会，監査役制度の選択制	オリンパス事件

須か否かに反映される。

② 大会社は規模が大きく，株主や債権者等の利害関係者も多数になることが予想される。このため，これらの利害関係者を保護するための措置が講じられる。一方，大会社以外の会社の場合にはこのような配慮は必要ではない。このことは，会計監査人の設置義務，内部統制の構築義務，連結計算書類を開示するか否かに反映される。

〔図表3-3〕株式会社の組織の構成パターン(注1)

		取締役	取締役会	監査役	監査役会	監査委員会（指名委員会等設置会社）	会計監査人
大会社	公開会社		○		○		○
			○			○	○
	非公開会社	○		○			○
			○	○			○
			○		○		○
			○			○	○
大会社以外の会社	公開会社		○	○			
			○		○		
			○	○			○
			○			○	○
	非公開会社	○					
		○		○			
		○		○			○
			○(注2)				
			○	○			
			○		○		
			○	○			○
			○		○		○

| | | | | ○ | | | ○ | ○ |

(注1) 監査等委員会設置会社は，全ての株式会社で選択できる。この場合，監査等委員会を設置するかわりに，監査役（会）は置かれず，会計監査人の設置が義務づけられる。
(注2) この場合には，会計参与の設置が義務づけられる。

（2） 会社法と監査役

> **会社法**
> **第381条** 監査役は，取締役（会計参与設置会社にあっては，取締役及び会計参与）の職務の執行を監査する。この場合において，監査役は，法務省令で定めるところにより，監査報告を作成しなければならない。
> 2 監査役は，いつでも，取締役及び会計参与並びに支配人その他の使用人に対して事業の報告を求め，又は監査役設置会社の業務及び財産の状況の調査をすることができる。
> 3 監査役は，その職務を行うため必要があるときは，監査役設置会社の子会社に対して事業の報告を求め，又はその子会社の業務及び財産の状況の調査をすることができる。
> 4 前項の子会社は，正当な理由があるときは，同項の報告又は調査を拒むことができる。

　監査役監査は，上記の会社法（以下，「法」と呼ぶ）第381条に根拠を持つ監査制度である。監査役は，原則として**業務監査**と**会計監査**を実施する。業務監査とは，取締役が法令および定款の規定を遵守して職務の執行をしているか否かについての監査である。他方，会計監査は，計算書類およびその附属明細書（法第436条），臨時計算書類（法第441条），および一定の会社の連結計算書類に対する監査である（法第444条）。
　このように監査役の職務はきわめて広範であり，監査役監査の特徴ともなっている。ただし，非公開会社（監査役会および会計監査人設置会社を除く）の場合には，会社は小規模な企業形態をとり，業務の執行**機関**と監査**機関**を**分離**して厳格な監査を行う必要性が乏しいため，定款の定めにより監査役の監査範囲を会計監査に限定することができる（法第389条第1項）。
　監査役には，業務監査と会計監査に関して各種の権限と義務が付与されている。

〔図表3-4〕監査役の権限・義務

```
                    監査役の権限・義務（原則）
                              │
         ┌────────────────────┴────────────────────┐
  （会計監査と業務監                              （会計監査のみを
  査を行う監査役）                                  行う監査役）
```

（会計監査と業務監査を行う監査役）	（会計監査のみを行う監査役）
監査報告の作成（法第381条第1項）	監査報告の作成（法第389条第2項）
株主総会提出議案・書類の調査および報告義務（法第384条）	株主総会提出議案等の調査・報告義務（法第389条第3項）
取締役会出席義務・報告義務・招集権等（法第383条）	会計に関する報告請求および会計帳簿等の閲覧・謄写請求権（法第389条第4項）
取締役の違法行為等に対する差止請求権（法第385条第1項）	子会社調査権（法第389条第5項）
取締役等に対する事業報告請求権（法第381条第2項）	
子会社の業務・財産調査権（法第381条第3項）	

　会社法施行規則は，監査役に対して，監査対象となる関係者との意思疎通を図って情報収集を行うことを求めているが，そのことが監査役の独立性を侵すことがあってはならない。会計監査のみを行う監査役についても，同様の規定が会社法施行規則によって定められている（同規則第107条）。

　監査役の責任としては，①任務懈怠により生じた損害の株式会社に対する賠償責任（法第423条第1項），②悪意または重大な過失による第三者への損害賠償責任（法第429条第1項）がある。

　監査役の人数は任意である（後述の監査役会を設置する場合には3人以上）。監査役の選任にあたっては，監査役の選任に関する議案を株主総会に提出する際に，監査役（監査役が2人以上ある場合にあっては，その過半数）の同意を得なければならない（法第343条第1項）。この選任同意権は，監査役の地位の独立を図るものであり，現行会社法では大会社以外の会社を含むすべての監査役について定められている。

　監査役の任期は4年であり，監査役の地位を強化し独立性を確保するために，

法定の任期を定款・選任決議により短縮することは認められない。非公開会社の場合，定款により選任後10年以内の最終の決算期に関する定時総会の終結のときまで伸ばすことができる（法第336条第2項）。非公開会社の場合，株主が変動することが少ないため，選任による監査役の信任を問う必要性が乏しいためである。

マメ知識 3-1　日本監査役協会

　監査役の団体として，日本監査役協会がある。監査役になるために，特段の資格要件は必要とされていない。しかし，監査人である監査役は，監査のための知識や技術を身につけることも必要になるし，他社の監査役との交流や情報交換も有用である。

　日本監査役協会は，1974年の商法改正を機に設立された公益社団法人である。監査役向けの様々なセミナーを行うほか，各種の研究報告を発表し，また「監査役監査基準」の制定も行っている。

　もちろんすべての株式会社の監査役が日本監査役協会の会員になっているわけではない。同協会のホームページによると，2021年8月末現在で，7,679社9,582人の会員を有している（詳細はホームページ参照）。

（3）　監査役監査の実施と適法性監査

　監査役監査の実施にあたっては，会社法および会社法施行規則の定めによるほか，監査基準として公益社団法人日本監査役協会の定める「**監査役監査基準**」がある。監査役監査は，取締役の職務の執行を監査するものである。職務が法令や定款にしたがっているかどうかの監査は**適法性監査**，取締役の職務執行の有効性や効率性についての監査は**妥当性監査**と呼ばれている。

　監査役は，複数選任されていても，一人ひとりが独立して取締役の職務の執行を監査する権限を有している。これを**独任制**という。監査役は業務監査を行うため，違法か適法かに関する判断を行わざるを得ない。この判断は，監査役の多数決で決着をつけるべき問題でない。したがって，監査役は，一人ひとりが独自に判断することが保障されているのである。

(4) 会計参与

株式会社は，監査役とは別に**会計参与**を置くことができる。

会計参与は，取締役（指名委員会等設置会社では執行役）と共同して会計の適正性の担保のために，計算書類の作成に関与するための機関である。取締役に会計的な専門知識のないような中小規模の会社を念頭においた制度である。

会計参与は，監査人ではない。しかし，上述のような目的から，会計参与については，公認会計士，監査法人，税理士，税理士法人であることが資格要件とされている（法第333条第1項）。また，独立性確保のために，会社・子会社の取締役，監査役などは会計参与となることができない（法第333条第3項第1号）。

3　大会社の監査役会制度

会社法では，監査役会について次のように規定している。

> **会社法**
> **第390条**　監査役会は，すべての監査役で組織する。
> 　2　監査役会は，次に掲げる職務を行う。ただし，第三号の決定は，監査役の権限の行使を妨げることはできない。
> 　　一　監査報告の作成
> 　　二　常勤の監査役の選定及び解職
> 　　三　監査の方針，監査役会設置会社の業務及び財産の状況の調査の方法その他の監査役の職務の執行に関する事項の決定
> 　3　監査役会は，監査役の中から常勤の監査役を選定しなければならない。
> 　4　監査役は，監査役会の求めがあるときは，いつでもその職務の執行の状況を監査役会に報告しなければならない。

(1) 監査役会制度

会社法では，①最終事業年度に係る貸借対照表に資本金として計上した額が5億円以上か，②負債の部に計上した額の合計額が200億円以上である株式会社を**大会社**という（法第2条第6号）。

大会社については，監査役の設置が必須とされている。公開会社である大会社の場合には，監査役全員で構成される合議制の機関である**監査役会**を置かな

ければならない（後述の指名委員会等設置会社および監査等委員会設置会社の場合を除く）。

　監査役会制度は，比較的大規模な株式会社において，複数の監査役が監査を行う場合を想定した「もの」であり，かつ監査役の独任制を確保するための制度である。しかし，非公開の大会社や大会社以外の会社が監査役会を置くことを妨げるものではない。

　監査役会設置会社の場合には，**監査役は3人以上**で，そのうち半数以上は**社外監査役**でなければならない（法第335条第3項）。社外監査役には，公正・厳正な監査を行うために，過去10年間（以下において監査役であった者については，その就任前の10年間）に当該株式会社またはその子会社の取締役，会計参与，執行役，その他の使用人，親会社の取締役，監査役，執行役，その他の使用人，兄弟会社の業務執行取締役，当該会社の関係者の配偶者または2親等以内の親族は就任できない（法第2条第16号）。社外監査役は登記事項となっている（法第911条第3項第18号）。監査役会は，監査役の中から，監査役の職務に専念する**常勤監査役**を選定しなければならない（法第390条第3項）。

　監査役は独任制であるが，監査役が複数である場合に，それぞれが連携なしに監査を行えば望ましい監査が行われないことは明らかである。監査役会制度は，そのようなことがないように，監査役が協同的に監査を行うことを意図した制度である。監査役会は，上掲の会社法第390条第2項のような職務を行うが，監査役は独任制であるから，監査役の職務執行についての監査役会の決定は各監査役を拘束せず，監査役会の招集権も各監査役にある（法第391条）。

　監査役会の決議は，監査役の過半数による（法第393条第1項）。監査役の選任同意権については，監査役会設置会社にあっては，監査役会の同意（過半数による決議）による（法第343条第3項）。

（2）　内部監査との関係

　大会社では，会社独自に内部監査部門が設置されている場合が多い。内部監査部門は，経営者のために業務部門について監査を行うことを役割としている。したがって，内部監査部門は，監査役および監査役会のスタッフではない。しかし，監査役（会）が業務監査を含めた有効な監査を行うためには，内部監査

部門の持つ情報を把握し，必要に応じて連携することは重要であると考えられる。

（3） 内部統制システムの構築と監査役（会）監査

　取締役会は，内部統制システムの構築についての決定を行うこととされている（法第362条第 4 項第 6 号）。また，大会社については，内部統制システムの構築が義務づけられている（法第362条第 5 項）。その内容は，会社法施行規則第100条に定められている。

　監査役（会）の監査対象には，取締役会が構築する内部統制システム（内部統制システムに関する取締役会の決議）の評価が含まれる。また，監査役の監査体制である，監査役のスタッフ（監査役室），そのスタッフの独立性，内部監査部門との連携が内部統制システムとして構築されなければならない。

4　監査委員会制度

（1）　指名委員会等設置会社

　会社法は，従前の商法が大陸法型の統治機構を株式会社に導入していたのに対し，英米型の統治機構である**指名委員会等設置会社**または**監査等委員会設置会社**の選択も認めている。これはもともと，2003（平成15）年の旧商法特例法改正により導入された，委員会等設置会社に原型がある。定款に委員会を置く旨を定めれば，すべての会社がこれらの形態をとることができる。

　このうち指名委員会等設置会社では，執行と監督を分離し，原則として業務の執行を行わない取締役全員からなる取締役会と，業務の執行にあたる**執行役**が置かれ，取締役会の中に**指名委員会，報酬委員会**，および**監査委員会**が置かれる（法第 2 条第12項；**図表 3 - 5** 参照）。

　指名委員会は，株主総会に提出する取締役候補者の議案の決定を行う。また報酬委員会は取締役および執行役の報酬の決定を行う。監査委員会については，次項で詳しく説明する。

　執行役と各委員会の委員は取締役会が選任し（法第400条第 2 項），各委員会委員には，公正な職務執行を確保するためにそれぞれ社外取締役が過半数含ま

〔図表3-5〕指名委員会等設置会社の構造

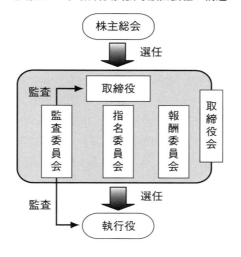

れなければならない（法第400条第3項）。

（2） 監査委員会の権限

　監査委員会は，執行役，取締役，会計参与の職務執行を監査し，監査報告を作成する（法第404条第2項第1号）。また，会計監査人を置く場合には，株主総会に提出する会計監査人の選任，解任，不再任の議案について決定する（法第404条第2項第2号）。

　監査委員会には，監査役と同様に，執行役や使用人への調査権（法第405条第1項），子会社調査権（法第405条第2項），取締役および執行役の違法行為差止請求権（法第407条第1項）が付与されている。取締役または執行役の不正行為（あるいはそのおそれがある場合），法令や定款違反の事実，著しく不当な事実がある場合に，取締役会への報告義務がある（法第406条）点も監査役と同様である。監査委員は，監査役会における監査役と同様に，各々が監査委員会の招集権を付与されている（法第410条）。

　監査委員は取締役であるから，監査役の持つ取締役会の招集権，取締役会への出席義務，株主総会へ提出される議案等を調査し，そこに法令違反や著しく不当な事項がある場合の株主総会への報告義務について特に規定はない。

監査委員会は監査役（会）に相当する職務を負うため，指名委員会等設置会社には監査役を置くことができない。

（3） 監査委員会の独立性

指名委員会等設置会社は，従来の取締役と監査役からなる統治機構が十分に機能していない，という批判から導入が求められた部分もある。それは，監査役（会）の取締役（会）に対する独立性に疑問が呈されていたということでもある。

監査委員会は，他の委員会と同様に，取締役会が取締役の中から選任した3人以上の委員をもって構成され，そのうち過半数は社外取締役でなければならない。これに加えて，監査委員は，会社またはその子会社の執行役，業務執行取締役，子会社の会計参与，使用人等を兼ねることができないことになっている（法第400条第4項）。これによって，自己監査の回避が図られている。

しかし，以下に示すように，監査委員会の監査主体としての独立性に問題がないわけではない。

- 一般には，取締役が執行役になることは認められており，現に指名委員会等設置会社ではそのような傾向が相当程度見られる。監査委員である取締役は執行役にはなれないが，監査委員が取締役会によって選任される以上，執行役である取締役が多くを占める取締役会の場合に，それが選任した監査委員が独立性を保てるかどうかについては疑問が残る。
- 社外取締役でない監査委員については，親会社等の役職員など，当該会社に関係の深い取締役が就任する可能性は否定されていない。これは，アメリカの監査委員会がすべて社外取締役から構成されなければならないこととなっているのと比較すると，外観的独立性が相対的に弱いと見なされるおそれがある。
- 監査委員会は取締役の職務執行の監査も行うことになっているが，自身も取締役である監査委員は，この場合自己監査を行うことになってしまう。
- 各委員会の委員は，いつでも取締役会の決議によって解職される可能性があり，これは監査委員も例外ではない（法第401条第1項）。このことは，取締役会にとって不都合な監査委員がいつでも解職される可能性があることを意味する。

● 指名委員会等設置会社の取締役の任期は1年であることから，監査委員の任期も1年である（法第332条第6項）。監査役の任期4年に比べて著しく短い。また，監査役とは異なり，常勤者の選任が求められていない。さらに，監査委員の報酬は，他の取締役と同様に報酬委員会によって決定される（法第404条第3項）。

このような監査委員会監査の独立性に関する問題点は，主として監査委員が取締役から構成されることに起因している。

> **マメ知識3-2　監査委員会・監査等委員会設置会社の数**
>
> 　監査委員会を設置する指名委員会等設置会社の数は，年々少しずつ増えているものの，決して多くはない。これはこの制度が大規模な会社を想定した仕組みであること，監査委員以外の取締役は実質的には執行役を兼ねることがほとんどである実態に対して，形式的な会社の組織構造は複雑になることがある。
>
> 　一方，監査等委員会設置会社は，制度導入当初からその数を順調に増やしている。これは，この制度が全ての株式会社で適用可能であり，監査役（会）を置かなくてもよいこと，中小規模の会社にも適用しやすいことがある。ただし，会計監査人を置かなければならないから，実際には公開企業や大会社が利用しているのであるが，指名委員会等設置会社と比べると，その顔ぶれにはより小規模の会社が見られるなど多彩である。

(4) 監査委員会と内部監査

　監査委員会は，自ら監査を行うというよりは，会社内において監査が有効に行われる環境を整備し，スタッフを使って監査させるという役割を負っているとされている。この時，スタッフとして機能を担うのが内部監査部門である。アメリカでは，こうした内部監査部門の位置づけが定着している。

　一方，わが国では，内部監査人は，むしろ経営者（業務執行者）のために監査を行うものと考えられている。しかし，監査役（会）と同様，監査委員会が有効な監査を行うためには，内部監査部門の持つ情報を把握し，必要に応じて

連携することは重要であると考えられる。

5　監査等委員会制度

(1)　監査等委員会設置会社

　2003年に導入された委員会等設置会社（現在は，指名委員会等設置会社に改称されている）の導入は，必ずしも進展しなかった。その理由として，指名，報酬，監査の3委員会のそれぞれに過半数の社外取締役を置かねばならないことがある。社外取締役の数を一定数確保する必要があり，わが国ではその人材確保が難しい，という会社側の事情もあった。

　このような背景もあり，2014年（平成26年）会社法改正により，監査等委員会制度が導入された。これは，制度の大枠としては，従前の委員会等設置会社における監査委員会と同様の役割を持つ**監査等委員会**を設置するとともに，指名委員会と報酬委員会を必置としないものと捉えることができる。一方で，監査等委員である取締役は，後述のように他の取締役と区別した取扱いをする制度となっており，この点では監査役が取締役と明確に区別されている監査役制度に近い。したがって，監査等委員会制度は監査役（会）制度と指名委員会等設置会社における監査委員会の中間的な制度と捉えられる。

　監査等委員会設置会社では，監査役（会）設置会社と同様に，執行と監督が分離されていないため，指名委員会等設置会社のような執行役は置かれない（法第399条の13第3項）。なお，会社によっては取締役でない担当者として，「執行役員」などの名称の役職がある場合があるが，これは社内の役職名であって法律上の役員ではなく，指名委員会等設置会社における執行役とも異なるので留意が必要である。

　監査等委員である取締役は，株主総会が監査等委員以外の取締役とは区別して選任する（法第329条第2項）。その解任にあたっては，株主総会の特別決議が必要であり（法第309条第2項第7号），これらの点は監査役（会）設置会社と類似している。また，監査等委員である取締役は，社外取締役が過半数を占めなければならない（法第331条第6項）。

　監査等委員会設置会社においては，会計監査人を置くことが義務づけられている（法第327条第5項）。

〔図表3-6〕監査等委員会設置会社の構造

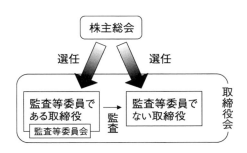

(2) 監査等委員会の権限

　監査等委員会は，取締役，会計参与の職務執行を監査し，監査報告を作成する（法第399条の2第3項第1号）。また，株主総会に提出する会計監査人の選任，解任，不再任の議案について決定する（法第399条の2第3項第2号）。

　監査等委員会にも，監査役や監査委員会と同様の権限が付与されている。すなわち，取締役や使用人，子会社への調査権（法第399条の3），取締役の違法行為差止請求権（法第399条の6），取締役の不正行為・法令違反等の取締役会への報告義務（法第399条の4）がある。また，監査役・監査委員と同様に，監査等委員は各々が監査等委員会の招集権を持つ（法第399条の8）。

　監査等委員には，取締役が株主総会に提出しようとする議案に法令等違反事実がある場合や著しく不当な事実がある場合に，株主総会への報告義務が課せられている（法第399条の5）。この点は監査役と同様であるが，指名委員会等設置会社における監査委員とは異なる。

(3) 監査等委員会の独立性とガバナンス

　前述のように，監査等委員会設置会社制度は，アメリカ型の統治制度を導入した指名委員会等設置会社制度が普及しない中で，監査役（会）設置会社の考え方を取り入れて策定されたものである。この結果，その独立性およびガバナンスの観点からは，監査役（会）と監査委員会の両者の利点と欠点を見ることができる。

（監査役会と同様の点）
- 前述のように，株主総会により選任され，解任にあたっては，株主総会の特別決議が必要とされる。また，株主総会へ提出される選任議案への同意権を持つ（法第344条の2）。監査委員と異なり，取締役会による解任がない一方で，監査役（会）制度が持つ選任にかかる問題点を同様に持つことになる。
- 取締役会の招集権がある（法第399条の14）。
- 監査等委員は3人以上の取締役で構成され，その過半数は，社外取締役でなければならない（法第331条第6項）

（監査委員会と同様の点）
- 監査等委員は取締役であり，取締役会の決議に参加できる。直接的な議決権行使によってよりガバナンスに資すると考えられる一方で，取締役が監査対象であるという点からは，その監査の独立性に疑義が呈される。
- 常勤者の選任は求められていない。

（どちらとも異なる点）
- 一般の取締役の任期は1年であるが，監査等委員である取締役の任期は2年である（法第332条）。対して，監査役の任期は4年であり，指名委員会等設置会社の監査委員は指名委員会による指名のため1年である。
- 取締役と監査役の両者の役割を兼ねており，監査等委員に求められる職務の範囲が広く，責任が重い。
- それぞれに社外取締役の導入を求める3委員会制度を持つ指名委員会等設置会社や，取締役会と監査役会双方に社外取締役の導入を求めている監査役会設置会社と異なり，監査等委員会設置会社では，最低数の場合には3名で構成する監査等委員会に2名の社外取締役を充てれば，取締役会に2名の社外取締役を導入したことになる。これは，コーポレートガバナンス・コードが求める取締役会における独立社外取締役の最低数にも合致し，少数の社外役員により会社組織が成立する制度設計となっている。しかしながら，実質的にはガバナンスが最も効きにくい株式会社機関設計とも見受けられ，少なくとも指名委員会等設置会社にみられるアメリカ型のガバナンス構造からは乖離している。

6　会計監査人制度

> **会社法**
> **第328条**　大会社（公開会社でないもの，監査等委員会設置会社及び指名委員会等設置会社を除く。）は，監査役会及び会計監査人を置かなければならない。
> 　2　公開会社でない大会社は，会計監査人を置かなければならない。

　会計監査人制度は，1974（昭和49）年の商法改正に際して制定された商法監査特例法において導入されたものである。

　1960年代の不況により相次いで明らかになった粉飾決算は，専門的能力を要求されていない監査役による会計監査の限界を露呈させる形となった。このため，社会的影響の大きい大規模な株式会社に対して，監査役による会計監査に加えて，職業的専門家である会計監査人による監査が義務づけられたのである。

　これによって，わが国では，大規模な株式会社に対しては，根拠となる法律が異なる2つの公認会計士監査が義務づけられるという，国際的にも例を見ない状況が作り出されることとなった。

> **マメ知識3-3　上場会社**
>
> 　金商法の適用を受ける会社は，IPO（新規株式公開）で増加し，企業再編により上場廃止になる。本章を執筆した時点では上場会社は3,924社（2024年2月29日現在，株式上場の国内会社のみ）であった。

　会計監査人監査制度は，会社法に引き継がれた。会社法においても，上掲の法第328条の規定により，大会社は公開・非公開にかかわらず会計監査人を置かなければならない。会社法は，大会社以外の会社についても，監査役（会）または前述の指名委員会等設置会社または監査等委員会設置会社を選択している場合には，会計監査人を設置しなければならない（法第327条第5項）。

　会計監査人監査は，監査役監査を前提に行う制度設計となっており，監査役監査に包摂される理論構造にある。このような会計監査人監査の特徴については，II節で詳述することとする。

●──── II　会計監査人の権限と責任

　前節において説明したように，会社法における**会計監査人**監査制度は，株式の公開・非公開を問わず，広く株式会社が公認会計士ないし監査法人による会計監査を受ける機会をもたらしている。これは世界的にも特徴的な監査制度である。

　会社と会計監査人の関係は委任である。委任関係の成立は会計監査人の選任に始まり，解任・終任で終了する。委任関係により，会計監査人は善管注意義務を負うことになる。具体的には，第4章以降で説明する監査基準等を遵守して計算書類関係の監査を実施しなければならない。違反した場合には，被監査会社に対しては，債務不履行責任（民法第415条）と不法行為責任（民法第709条），契約関係にない監査報告書の利用者には不法行為責任（民法第709条）を負うことになる。会社法は，特別に①被監査会社，②第三者に分けて法的責任の規定を置いている。この点についてはⅥ節で説明する。

1　選任，解任と任期

　会計監査人は，公認会計士または監査法人でなければならず株主総会で選任される（法第329条第1項）。このとき提出される選任のための議案は，会計監査人の独立性の強化のため，監査役（複数の監査役がいる場合にはその過半数）または監査役会，監査委員会または監査等委員会が決定する。（法第344条第1項，第3項，第399条の2第3項第2号，第404条第2項第2号）。会計監査人は登記事項であり，その氏名または名称が登記されなければならない（法第911条第3項第19号）。

　一方，解任については，①株主総会による解任，②監査役等による解任がある。株主総会は，その決議によっていつでも会計監査人を解任することができる（法第339条第1項）。一方，会計監査人は，解任に正当な理由がある場合を除いて株式会社に対して解任による損害賠償請求を行うことができる（法第339条第2項）。

　監査役（会），監査等委員会または監査委員会は，①職務上の義務違反また

〔図表3-7〕会計監査人の選任と解任

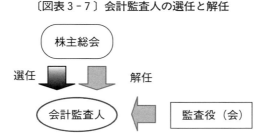

は職務懈怠，②会計監査人としてふさわしくない非行，③心身の故障のため職務執行に支障があるか堪えないときには，会計監査人を解任することができる（法第340条第1項）。この場合の解任には，監査役，監査等委員または監査委員全員の同意が必要である（法第340条第2項）。また，監査役（複数の監査役がいる場合は互選で，監査役会の場合には監査役会が選定した監査役），監査等委員会が選定した監査等委員または監査委員会が選定した監査委員は，解任の旨と理由を解任直後の株主総会において報告しなければならない（法第340条第3項）。

会計監査人の任期は，1年決算の場合には次期株主総会までとなり（法第338条第1項），別段の決議がなければ再任となる（同条第2項）。会計監査人の不再任の議案は，監査役（会）が決定する（法第344条第1項）。指名委員会等設置会社については監査委員会が，監査等委員会設置会社については監査等委員会が不再任の議案の内容の決定を行う（法第404条第2項第2号，第399条の2第3項第2号）。

大会社においては会計監査人の設置が必須であり，解任や不再任あるいはその他の理由によって会計監査人が欠け，遅滞なく会計監査人が選任されない場合には，役員の場合とは異なり留任義務はなく，**一時会計監査人**を選任しなければならない（法第346条第4項）。一時会計監査人も登記の対象とされている（法第911条第3項第20号）。

監査報酬については監査契約において決定されるが，会計監査人の独立性を強化するため，監査役，監査役会，監査等委員会または監査委員会の同意が必要とされる（法第399条）。

2　会計監査人の職務権限と義務

　会計監査人は，株式会社の**計算書類**（貸借対照表，損益計算書，株主資本等変動計算書，個別注記表）およびその附属明細書，臨時計算書類，連結計算書類を監査し，会計監査報告を作成しなければならない（法第396条第1項）。会計監査報告についてはⅣ節で説明することとし，ここでは会計監査人の職務権限と義務，責任を中心に説明する。

> マメ知識3-4　**計算書類・計算書類等・計算関係書類**
>
> 　上の用語はどのような違いがあるのであろうか。
> 　**計算書類**：貸借対照表，損益計算書，会社の財産および損益の状況を示すために必要かつ適当なものとして法務省令で定めるもの（法第435条第2項カッコ書：具体的には，会社計算規則第59条第1項により，株主資本等変動計算書と個別注記表）
> 　**計算書類等**：各事業年度にかかる計算書類，事業報告，（監査役（会））の監査報告および（会計監査人の）会計監査報告（会社法施行規則第2条第12項イ）
> 　**計算関係書類**：会社成立の日における貸借対照表，各事業年度にかかる計算書類およびその附属明細書，臨時計算書類および連結計算書類（会社法施行規則第2条第11項）

　会計監査人の職務権限としては，書面または電磁的記録による会計帳簿，資料の閲覧・謄写権，取締役，会計参与，使用人等に対する会計に関する報告請求権（法第396条第2項），子会社に対する報告請求権および調査権（法第396条第3項）がある。また，監査意見が会計監査人と監査役とで異なる場合には，会計監査人は，定時株主総会に出席して意見を述べることができる（法第398条第1項）。

　会計監査人には，その職務に際して，取締役の職務執行に関し不正行為または法令・定款に違反する重大な事実を発見した場合には，遅滞なく監査役（会），監査等委員会または監査委員会に報告する義務がある（法第397条第1

項)。また，定時株主総会において会計監査人の出席を求める決議があった場合には，定時株主総会に出席して意見を述べる義務がある（法第398条第2項）。

3　会計監査人監査の監査手法

会計監査人監査は，公認会計士による監査であり，その監査手法は，基本的に金商法監査において用いられるものと同様であると考えられる。株式会社に対して公認会計士による法定監査が行われるケースは，金商法監査のみ，会社法監査（会計監査人監査）のみ，これらの両方，の3通りの可能性がある。

両監査において表明される監査意見には，実質的な相違はない。会社と監査契約を結んだ公認会計士または監査法人は，両方の監査を別個に行うのではなく，それらに共通の監査手続によって形成された監査意見をそれぞれの監査報告書を通じて表明することになる。結果として，両方の監査の対象となる会社は，実際には同じ公認会計士または監査法人に監査を依頼している。

4　会計監査人監査の問題点

会計監査人監査は，株式の公開・非公開を問わずすべての大会社に求められる法定監査である。実際には，非公開の大会社に該当する株式会社数は相当数に上っている。

しかし，金融商品取引法監査においては監査報告書が広く公表されるのに対し，会計監査人監査の監査報告は，そのような機会は十分ではない。このため，非公開の大会社の会計監査人監査報告書は，あまねく一般にこれを見ることは難しい。

これは，会社法に基づく会計監査人監査の趣旨が，そもそも社会一般あるいは投資者に向けたものではないことに起因する。ここまでみてきたように，会社法では，会計監査人監査は，監査役監査（ないし監査等委員会，監査委員会による監査）に包摂される関係にあり，監査役（会），監査等委員会ないし監査委員会は，会計監査について会計監査人の監査結果を検証する形になる。

非公開企業を含む大会社に公認会計士による監査が法的に強制される会計監査人監査制度は，世界的にもユニークな制度であり，今後その有効性を高めるには，社会的な意義づけの再構築が必要であろう。

III　監査役および監査役会の監査報告書と監査等委員会の監査報告書

1　監査役の監査報告書

　監査役の監査報告は，①計算関係書類の監査（会計監査），②事業報告等の監査（業務監査）に大別され，前者は**会社計算規則**，後者は**会社法施行規則**にその内容についての規定が置かれている。監査役が会計監査のみを行う場合には，前者のみを内容として監査報告書が作成されることになる。

（1）　計算関係書類についての監査報告

　監査役の監査報告は，会計監査人設置会社と会計監査人が設置されない会社とでは異なる。まず，会計監査人が設置されない会社の監査役の監査報告について説明する。

　監査役には，計算関係書類（計算書類とその附属明細書，および臨時計算書類や連結計算書類を含む）の適正性についての意見表明が求められる（会社計算規則第122条）。また，監査役の判断によって，説明を要する**会計方針の変更，重要な偶発事象，重要な後発事象**等について**追記情報**を付すことができる。

　監査報告の通知期限は，①計算関係書類の全部を受領した日から4週間を経過した日，②計算書類の附属明細書を受領した日から1週間を経過した日，または③取締役と監査役が合意して定めた日のいずれか遅い日とされており，監査役は，この期日までに取締役に対して監査報告内容の通知を行わねばならない（会社計算規則第124条）。この日をもって，計算関係書類が監査役の監査を受けた日となる。

（2）　事業報告等についての監査報告

　監査役は，事業報告に関して，その「正しさ」についての意見表明をしなければならない（会社法施行規則第129条）。**事業報告**とは，会社の状況に関する重要な事項，内部統制システムの構築の決議などを記載する書類であり，計算書

類とは異なり，主として文章による説明書類である。事業報告には計算書類は含まれない。

また，取締役等の職務遂行に関して，不正行為または重大な法令・定款違反があった場合に，その事実の開示も求められている。監査役の監査が会計監査のみに限られている場合には，事業報告を監査する権限がないことを監査報告で明らかにしなければならない。

事業報告の監査報告の通知期限は，計算書類の場合と同様である（会社法施行規則第132条）。

監査役による監査報告書は，ここまで述べた計算関係書類および事業報告についての監査報告をあわせたものとして作成される。**図表3-8**は，日本監査役協会による監査報告書の雛形である（取締役会設置会社で，会計監査人設置会社でなく，監査役の監査対象が会計監査に限定されていない場合）。

〔図表3-8〕**監査役監査報告書の雛形（会計監査人が設置されていない会社）**

平成○年○月○日

○○○○株式会社
代表取締役社長○○○○殿

　　　　　　　　　　　　　　　　　常勤監査役　○○○○　印
　　　　　　　　　　　　　　　　　監査役　　　○○○○　印

監査報告書の提出について

　私たち監査役は，会社法第381条第1項の規定に基づき監査報告書を作成しましたので，別紙のとおり提出いたします。

以　上

監査報告書

　私たち監査役は，平成○年○月○日から平成○年○月○日までの第○○期事業年度の取締役の職務の執行を監査いたしました。その方法及び結果につき以下のとおり報告いたします。

1．監査の方法及びその内容
　各監査役は，取締役及び使用人等と意思疎通を図り，情報の収集及び監査の環境の整備に努めるとともに，取締役会その他重要な会議に出席し，取締役及び使用人等からその職務の執行状況について報告を受け，必要に応じて説明を求め，重要な決裁書類等を閲覧し，本社及び主要な事業所において業務及び財産の状況を調査いたしました。子会社については，子会社の取締役及び監査役等と意思疎通及び情報の交換を図り，必要に応じて子会社から事業の報告を受けました。以上の方法に基づき，当該事業年度に係る事業報告及びその附属明細書について検討いたしました。
　さらに，会計帳簿又はこれに関する資料の調査を行い，当該事業年度に係る計算書類（貸借対照表，損益計算書，株主資本等変動計算書及び個別注記表）及びその附属明細書について検討いたしました。

2．監査の結果
（1）事業報告等の監査結果
　① 事業報告及びその附属明細書は，法令及び定款に従い，会社の状況を正しく示しているものと認めます。
　② 取締役の職務の執行に関する不正の行為又は法令若しくは定款に違反する重大な事実は認められません。
（2）計算書類及びその附属明細書の監査結果
　計算書類及びその附属明細書は，会社の財産及び損益の状況をすべての重要な点において適正に表示しているものと認めます。

3．追記情報（記載すべき事項がある場合）
　　平成〇年〇月〇日

　　　　　　　　　　　　　　　　　　　　〇〇〇〇株式会社
　　　　　　　　　　　　　　　　　　　　常勤監査役　〇〇〇〇　印
　　　　　　　　　　　　　　　　　　　　　　監査役　〇〇〇〇　印
　　　　　　　　　　　　　　　　　　　　　　　　　（自署）

（出所）　日本監査役協会「監査報告のひな型について」（2015年9月最終改正）（本ひな型は日本監査役協会の掲載許可済であり，無断転用・転載を禁じます。以下，図表3-9，3-10に同じ）

(3) 会計監査人設置会社の場合の監査報告

　計算関係書類を作成した取締役（指名委員会等設置会社の場合には執行役）は，監査のために計算関係書類を会計監査人に提供する。このとき，監査役（指名委員会等設置会社の場合には監査委員，監査等委員会設置会社の場合には監査等委員）にもこれらが提供されねばならない（会社計算規則第125条）。会計監査人は会計監査のみを行うので，事業報告についての提供の規定はない。

　会計監査人設置会社の場合には，監査役は会計監査人からその会計監査報告を受領した後に，それを前提に自らの監査報告書を作成する（会社計算規則第127条）。このため，監査役は，監査報告の内容に会計監査人の監査の方法，結果が相当であったか否かの評価と，会計監査人の職務遂行のための体制についての事項を記載しなければならない。

　監査意見については，会計監査人の監査報告書の中に記載されているので，これを相当と認める（あるいは認めない）形で監査役の監査意見が示されることになる。

　追記情報についても，会計監査人の監査報告の中に含まれることになるため，監査役の監査報告内容に含まれていないが，会計監査人の会計監査報告に含まれていない重要な後発事象がある場合にはそれが記載される。

2　監査役会の監査報告書

　監査役会設置会社の場合には，各監査役がまずそれぞれに監査報告書を作成し，これに基づいて監査役会の監査報告書が作成されるという手順になる（会社計算規則第123条第1項）。その際，監査役会の監査報告が監査役の監査報告内容と異なる場合には，その内容を監査役会監査報告に付記することができる（同規則第123条第2項）。監査役会の監査報告の作成にあたっては，少なくとも1回は会議等によってその内容の審議がなされなければならない（同規則第123条第3項）。

　日本監査役協会による監査役会の監査報告書の雛形（会計監査人設置会社の場合）は，図表3-9のとおりである。この雛形は，後述の連結計算書類の監査報告と一体化したものである。

〔図表3-9〕監査役会監査報告書の雛形（会計監査人設置会社の場合）

平成○年○月○日

○○○○株式会社
代表取締役社長○○○○殿

監　査　役　会

監査報告書の提出について

　当監査役会は，会社法第390条第2項第1号の規定に基づき監査報告書を作成しましたので，別紙のとおり提出いたします。

以　　上

監査報告書

　当監査役会は，平成○年○月○日から平成○年○月○日までの第○○期事業年度の取締役の職務の執行に関して，各監査役が作成した監査報告書に基づき，審議の上，本監査報告書を作成し，以下のとおり報告いたします。

1．監査役及び監査役会の監査の方法及びその内容

（1）監査役会は，監査の方針，職務の分担等を定め，各監査役から監査の実施状況及び結果について報告を受けるほか，取締役等及び会計監査人からその職務の執行状況について報告を受け，必要に応じて説明を求めました。

（2）各監査役は，監査役会が定めた監査役監査の基準に準拠し，監査の方針，職務の分担等に従い，取締役，内部監査部門その他の使用人等と意思疎通を図り，情報の収集及び監査の環境の整備に努めるとともに，以下の方法で監査を実施しました。

①　取締役会その他重要な会議に出席し，取締役及び使用人等からその職務の執行状況について報告を受け，必要に応じて説明を求め，重要な決裁書類等を閲覧し，本社及び主要な事業所において業務及び財産の状況を調査いたしました。また，子会社については，子会社の取締役及び監査役等と意思疎通及び情報の交換を図り，必要に応じて子会社から事業の報告を受けました。

②　事業報告に記載されている取締役の職務の執行が法令及び定款に適合することを確保するための体制その他株式会社及びその子会社から成る企業集団の業務の適正を確保するために必要なものとして会社法施行規則第100条第

１項及び第３項に定める体制の整備に関する取締役会決議の内容及び当該決議に基づき整備されている体制（内部統制システム）について，取締役及び使用人等からその構築及び運用の状況について定期的に報告を受け，必要に応じて説明を求め，意見を表明いたしました。
③　事業報告に記載されている会社法施行規則第118条第３号イの基本方針及び同号ロの各取組み並びに会社法施行規則第118条第５号イの留意した事項及び同号ロの判断及び理由については，取締役会その他における審議の状況等を踏まえ，その内容について検討を加えました。
④　会計監査人が独立の立場を保持し，かつ，適正な監査を実施しているかを監視及び検証するとともに，会計監査人からその職務の執行状況について報告を受け，必要に応じて説明を求めました。また，会計監査人から「職務の遂行が適正に行われることを確保するための体制」（会社計算規則第131条各号に掲げる事項）を「監査に関する品質管理基準」（平成17年10月28日企業会計審議会）等に従って整備している旨の通知を受け，必要に応じて説明を求めました。

以上の方法に基づき，当該事業年度に係る事業報告及びその附属明細書，計算書類（貸借対照表，損益計算書，株主資本等変動計算書及び個別注記表）及びその附属明細書並びに連結計算書類（連結貸借対照表，連結損益計算書，連結株主資本等変動計算書及び連結注記表）について検討いたしました。

２．監査の結果
（１）事業報告等の監査結果
　①　事業報告及びその附属明細書は，法令及び定款に従い，会社の状況を正しく示しているものと認めます。
　②　取締役の職務の執行に関する不正の行為又は法令もしくは定款に違反する重大な事実は認められません。
　③　内部統制システムに関する取締役会決議の内容は相当であると認めます。また，当該内部統制システムに関する事業報告の記載内容及び取締役の職務の執行についても，指摘すべき事項は認められません。
　④　事業報告に記載されている会社の財務及び事業の方針の決定を支配する者の在り方に関する基本方針については，指摘すべき事項は認められません。事業報告に記載されている会社法施行規則第118条第３号ロの各取組みは，当該基本方針に沿ったものであり，当社の株主共同の利益を損なうものではな

く，かつ，当社の会社役員の地位の維持を目的とするものではないと認めます。
　⑤　事業報告に記載されている親会社等との取引について，当該取引をするに当たり当社の利益を害さないように留意した事項及び当該取引が当社の利益を害さないかどうかについての取締役会の判断及びその理由について，指摘すべき事項は認められません。
（２）計算書類及びその附属明細書の監査結果
　　会計監査人○○○○の監査の方法及び結果は相当であると認めます。
（３）連結計算書類の監査結果
　　会計監査人○○○○の監査の方法及び結果は相当であると認めます。
３．監査役○○○○の意見（異なる監査意見がある場合）
４．後発事象（重要な後発事象がある場合）

　　　平成○年○月○日
　　　　　　　　　　　　　　　○○○○株式会社　監査役会
　　　　　　　　　　　　　　　　常勤監査役　　　　　　○○○○　印
　　　　　　　　　　　　　　　　常勤監査役（社外監査役）○○○○　印
　　　　　　　　　　　　　　　　社外監査役　　　　　　○○○○　印
　　　　　　　　　　　　　　　　監査役　　　　　　　　○○○○　印
　　　　　　　　　　　　　　　　　　　　　　　　　　　（自署）

（注）　金融商品取引法上，公認会計士等の監査人の監査報告書に監査上の主要な検討事項（KAM）の記載が求められる場合（詳しくは，第10章参照）には，監査役等の監査報告書にも記載の追加が必要になる場合がある（日本監査役協会「監査上の主要な検討事項（KAM）及びコロナ禍における実務の変化等を踏まえた監査役等の監査報告の記載について」（2022年2月26日））。
（出所）　日本監査役協会「監査報告のひな型について」（2015年9月最終改正）

3　監査等委員会および監査委員会の監査報告書

　監査等委員会設置会社における監査等委員会，及び指名委員会等設置会社における監査委員会の監査報告の内容は，監査役会のそれとほぼ同様である。ただし，各監査等委員または各監査委員は，監査役とは異なり監査報告を作成しないので，監査等委員会または監査委員会の監査報告の内容と異なる意見を持

つ監査等委員または監査委員がいる場合にはその旨を付記することができるとされている（会社計算規則第128条の2，第129条）。日本監査役協会による監査等委員会監査報告書の雛形は，**図表3-10**のとおりである。

〔図表3-10〕監査等委員会監査報告書の雛形

〇〇〇〇年〇月〇日

〇〇〇〇株式会社
代表取締役社長〇〇〇〇殿

監査等委員会

監査報告書の提出について

　当監査等委員会は，会社法第399条の2第3項第1号に基づき監査報告書を作成いたしましたので，別紙のとおり提出いたします。

以上

監査報告書

　当監査等委員会は，〇〇〇〇年〇月〇日から〇〇〇〇年〇月〇日までの第〇〇期事業年度における取締役の職務の執行を監査いたしました。その方法及び結果について以下のとおり報告いたします。

1．監査の方法及びその内容

　監査等委員会は，会社法第399条の13第1項第1号ロ及びハに掲げる事項に関する取締役会決議の内容並びに当該決議に基づき整備されている体制（内部統制システム）について取締役及び使用人等からその構築及び運用の状況について定期的に報告を受け，必要に応じて説明を求め，意見を表明するとともに，下記の方法で監査を実施いたしました。

① 監査等委員会が定めた監査の方針，職務の分担等に従い，会社の内部統制部門と連携の上，重要な会議に出席し，取締役及び使用人等からその職務の執行に関する事項の報告を受け，必要に応じて説明を求め，重要な決裁書類等を閲覧し，本社及び主要な事業所において業務及び財産の状況を調査いたしました。また，子会社については，子会社の取締役及び監査役等と意思疎通及び情報の交換を図り，必要に応じて子会社から事業の報告を受けました。

②　事業報告に記載されている会社法施行規則第118条第3号イの基本方針及び同号ロの各取組み並びに会社法施行規則第118条第5号イの留意した事項及び同号ロの判断及びその理由については，取締役会その他における審議の状況等を踏まえ，その内容について検討を加えました。
　　③　会計監査人が独立の立場を保持し，かつ，適正な監査を実施しているかを監視及び検証するとともに，会計監査人からその職務の執行状況について報告を受け，必要に応じて説明を求めました。また，会計監査人から「職務の遂行が適正に行われることを確保するための体制」（会社計算規則第131条各号に掲げる事項）を「監査に関する品質管理基準」（企業会計審議会）等に従って整備している旨の通知を受け，必要に応じて説明を求めました。

　以上の方法に基づき，当該事業年度に係る事業報告及びその附属明細書，計算書類（貸借対照表，損益計算書，株主資本等変動計算書及び個別注記表）及びそれらの附属明細書並びに連結計算書類（連結貸借対照表，連結損益計算書，連結株主資本等変動計算書及び連結注記表）について検討いたしました。

２．監査の結果
（１）事業報告等の監査結果
　　①　事業報告及びその附属明細書は，法令及び定款に従い，会社の状況を正しく示しているものと認めます。
　　②　取締役の職務の執行に関する不正の行為又は法令若しくは定款に違反する重大な事実は認められません。
　　③　内部統制システムに関する取締役会の決議の内容は相当であると認めます。また，当該内部統制システムに関する事業報告の記載内容及び取締役の職務の執行についても，指摘すべき事項は認められません。
　　④　事業報告に記載されている会社の財務及び事業の方針の決定を支配する者の在り方に関する基本方針は相当であると認めます。事業報告に記載されている会社法施行規則第118条第3号ロの各取組みは，当該基本方針に沿ったものであり，当社の株主共同の利益を損なうものではなく，かつ，当社の会社役員の地位の維持を目的とするものではないと認めます。
　　⑤　事業報告に記載されている親会社等との取引について，当該取引をするに当たり当社の利益を害さないように留意した事項及び当該取引が当社の利益

を害さないかどうかについての取締役会の判断及びその理由について，指摘すべき事項は認められません。
（2）　計算書類及びその附属明細書の監査結果
　　　会計監査人○○○○の監査の方法及び結果は相当であると認めます。
（3）　連結計算書類の監査結果
　　　会計監査人○○○○の監査の方法及び結果は相当であると認めます。

3．監査等委員○○○○の意見（異なる監査意見がある場合）
4．後発事象（重要な後発事象がある場合）

　　　　　○○○○年○月○日

　　　　　　　　　　　　　　　○○○○株式会社　監査等委員会
　　　　　　　　　　　　　　　　　監査等委員　○○○○　印
　　　　　　　　　　　　　　　　　監査等委員　○○○○　印
　　　　　　　　　　　　　　　　　監査等委員　○○○○　印
　　　　　　　　　　　　　　　　　　　　　　　（自署）

（注）　監査等委員○○○○及び○○○○は，会社法第2条第15号及び第331条第6項に規定する社外取締役であります。

（出所）　日本監査役協会「監査等委員会監査報告のひな型」（2023年8月最終改正）

Ⅳ　会計監査人の監査報告書

　会計監査人が会計監査の対象にする各種の計算書類には，以下のとおり，作成すべき時期と作成手順がある。

① 取締役による計算書類およびその附属明細書の作成（法第435条第2項）
② 計算書類の会計監査人および監査役（監査等委員，監査委員）への提供（会社計算規則第125条）
③ 会計監査人による計算書類等の会計監査（法第436条第2項第1号）
④ 会計監査人による会計監査報告の作成（会社計算規則第126条）
⑤ 会計監査報告の内容の特定取締役（計算書類作成に関する職務を行った等の取締役）および特定監査役（監査報告の内容を通知すべき監査役として定め

られた監査役等）への通知（会社計算規則第130条）
⑥ 「会計監査人の職務の遂行に関する事項」の特定監査役（監査等委員，監査委員）への通知（会社計算規則第131条）
⑦ 監査役・監査役会（監査等委員会，監査委員会）による監査（法第436条第2項第1号）
⑧ 監査役・監査役会（監査等委員会，監査委員会）による監査報告の作成（会社計算規則第127条，第128条，第128条の2，第129条）
⑨ 監査報告の内容の特定取締役および会計監査人への通知（会社計算規則第132条）
⑩ 計算書類等の取締役会（取締役会設置会社のみ）による承認（法第436条第3項）
⑪ 計算書類等の株主への提供（法第437条・会社計算規則第133条）
⑫ 定時株主総会への計算書類等の提出（法第438条第1項）

なお，計算書類については会計監査人による適正意見がある場合には株主総会への報告，適正意見が表明されていない場合には株主総会による承認が必要になる。前者は**承認特則規定**と呼ばれる。

会計監査人は会計監査のみを行うため，取締役または執行役から会計にかかる計算関係書類の提出を受けることになる。

会計監査人による会計監査報告は，「会計監査人の監査の方法及びその内容」を示す部分（**範囲区分**）と，監査意見に係る部分（**意見区分**）からなり，必要に応じて追記情報が記載される。会社計算規則第126条が，会計監査報告の内容を定めている。

> **会社計算規則**
> 第126条　会計監査人は，計算関係書類を受領したときは，次に掲げる事項を内容とする会計監査報告を作成しなければならない。
> 一　会計監査人の監査の方法及びその内容
> 二　計算関係書類が当該株式会社の財産及び損益の状況を全ての重要な点において適正に表示しているかどうかについての意見があるときは，その意見（当該意見が次のイからハまでに掲げる意見である場合にあっては，それぞ

れ当該イからハまでに定める事項）
　　イ　無限定適正意見
　　　　監査の対象となった計算関係書類が一般に公正妥当と認められる企業会計の慣行に準拠して，当該計算関係書類に係る期間の財産及び損益の状況を全ての重要な点において適正に表示していると認められる旨
　　ロ　除外事項を付した限定付適正意見
　　　　監査の対象となった計算関係書類が除外事項を除き一般に公正妥当と認められる企業会計の慣行に準拠して，当該計算関係書類に係る期間の財産及び損益の状況を全ての重要な点において適正に表示していると認められる旨，除外事項並びに除外事項を付した限定付適正意見とした理由
　　ハ　不適正意見
　　　　監査の対象となった計算関係書類が不適正である旨及びその理由
　三　前号の意見がないときは，その旨及びその理由
　四　継続企業の前提に関する注記に係る事項
　五　第二号の意見があるときは，事業報告及びその附属明細書の内容と計算関係書類の内容又は会計監査人が監査の過程で得た知識との間の重要な相違等について，報告すべき事項の有無及び報告すべき事項があるときはその内容
　六　追記情報
　七　会計監査報告を作成した日
2　前項第六号に規定する「追記情報」とは，次に掲げる事項その他の事項のうち，会計監査人の判断に関して説明を付す必要がある事項又は計算関係書類の内容のうち強調する必要がある事項とする。
　一　会計方針の変更
　二　重要な偶発事象
　三　重要な後発事象

　このうち監査意見については，**無限定適正意見**，除外事項を付した**限定付適正意見**，**不適正意見**があり，場合によっては**意見不表明**とされることもある（第10章参照）。金商法監査において表明される監査意見との整合が図られている。**図表3-11**は，会計監査人の監査報告書の雛形である。

〔図表3-11〕会計監査人の監査報告書（監査役会設置の上場会社の個別計算書類に対する無限定適正意見）

独立監査人の監査報告書

×年×月×日

○○株式会社
　取締役会　御中

○○監査法人
○○事務所
指　定　社　員　　公認会計士　○○○○
業務執行社員
指　定　社　員　　公認会計士　○○○○
業務執行社員

〈計算書類等監査〉
監査意見
　当監査法人は，会社法第436条第2項第1号の規定に基づき，○○株式会社の×年×月×日から×年×月×日までの第×期事業年度の計算書類，すなわち，貸借対照表，損益計算書，株主資本等変動計算書及び個別注記表並びにその附属明細書（以下「計算書類等」という。）について監査を行った。
　当監査法人は，上記の計算書類等が，我が国において一般に公正妥当と認められる企業会計の基準に準拠して，当該計算書類等に係る期間の財産及び損益の状況を，全ての重要な点において適正に表示しているものと認める。

監査意見の根拠
　当監査法人は，我が国において一般に公正妥当と認められる監査の基準に準拠して監査を行った。監査の基準における当監査法人の責任は，「計算書類等の監査における監査人の責任」に記載されている。当監査法人は，我が国における職業倫理に関する規定に従って，会社から独立しており，また，監査人としてのその他の倫理上の責任を果たしている。当監査法人は，意見表明の基礎となる十分かつ適切な監査証拠を入手したと判断している。

その他の記載内容
　その他の記載内容は，事業報告及びその附属明細書である。経営者の責任は，その他の記載内容を作成し開示することにある。また，監査役及び監査役会の責任は，その他の記載内容の報告プロセスの整備及び運用における取締役の職務の執行を監視することにある。
　当監査法人の計算書類等に対する監査意見の対象にはその他の記載内容は含まれておらず，当監査法人はその他の記載内容に対して意見を表明するものではない。
　計算書類等の監査における当監査法人の責任は，その他の記載内容を通読し，通読の過程において，その他の記載内容と計算書類等又は当監査法人が監査の過程で得た知識との間に重要な相違があるかどうか検討すること，また，そのような重要な相違以外にその他の記載内容に重要な誤りの兆候があるかどうか注意を払うことにある。
　当監査法人は，実施した作業に基づき，その他の記載内容に重要な誤りがあると判断した場合には，その事実を報告することが求められている。

その他の記載内容に関して，当監査法人が報告すべき事項はない。

計算書類等に対する経営者並びに監査役及び監査役会の責任

　経営者の責任は，我が国において一般に公正妥当と認められる企業会計の基準に準拠して計算書類等を作成し適正に表示することにある。これには，不正又は誤謬による重要な虚偽表示のない計算書類等を作成し適正に表示するために経営者が必要と判断した内部統制を整備及び運用することが含まれる。

　計算書類等を作成するに当たり，経営者は，継続企業の前提に基づき計算書類等を作成することが適切であるかどうかを評価し，我が国において一般に公正妥当と認められる企業会計の基準に基づいて継続企業に関する事項を開示する必要がある場合には当該事項を開示する責任がある。

　監査役及び監査役会の責任は，財務報告プロセスの整備及び運用における取締役の職務の執行を監視することにある。

計算書類等の監査における監査人の責任

　監査人の責任は，監査人が実施した監査に基づいて，全体としての計算書類等に不正又は誤謬による重要な虚偽表示がないかどうかについて合理的な保証を得て，監査報告書において独立の立場から計算書類等に対する意見を表明することにある。虚偽表示は，不正又は誤謬により発生する可能性があり，個別に又は集計すると，計算書類等の利用者の意思決定に影響を与えると合理的に見込まれる場合に，重要性があると判断される。

　監査人は，我が国において一般に公正妥当と認められる監査の基準に従って，監査の過程を通じて，職業的専門家としての判断を行い，職業的懐疑心を保持して以下を実施する。

- 不正又は誤謬による重要な虚偽表示リスクを識別し，評価する。また，重要な虚偽表示リスクに対応した監査手続を立案し，実施する。監査手続の選択及び適用は監査人の判断による。さらに，意見表明の基礎となる十分かつ適切な監査証拠を入手する。
- 計算書類等の監査の目的は，内部統制の有効性について意見表明するためのものではないが，監査人は，リスク評価の実施に際して，状況に応じた適切な監査手続を立案するために，監査に関連する内部統制を検討する。
- 経営者が採用した会計方針及びその適用方法の適切性，並びに経営者によって行われた会計上の見積りの合理性及び関連する注記事項の妥当性を評価する。
- 経営者が継続企業を前提として計算書類等を作成することが適切であるかどうか，また，入手した監査証拠に基づき，継続企業の前提に重要な疑義を生じさせるような事象又は状況に関して重要な不確実性が認められるかどうか結論付ける。継続企業の前提に関する重要な不確実性が認められる場合は，監査報告書において計算書類等の注記事項に注意を喚起すること，又は重要な不確実性に関する計算書類等の注記事項が適切でない場合は，計算書類等に対して除外事項付意見を表明することが求められている。監査人の結論は，監査報告書日までに入手した監査証拠に基づいているが，将来の事象や状況により，企業は継続企業として存続できなくなる可能性がある。
- 計算書類等の表示及び注記事項が，我が国において一般に公正妥当と認められる企業会計の基準に準拠しているかどうかとともに，関連する注記事項を含めた計算書類等の表示，構成及び内容，並びに計算書類等が基礎となる取引や会計事象を適正に表示しているかどうかを評価する。

　監査人は，監査役及び監査役会に対して，計画した監査の範囲とその実施時期，監査の実施過程で識別した内部統制の重要な不備を含む監査上の重要な発見事項，及び監査

の基準で求められているその他の事項について報告を行う。
　監査人は，監査役及び監査役会に対して，独立性についての我が国における職業倫理に関する規定を遵守したこと，並びに監査人の独立性に影響を与えると合理的に考えられる事項，及び阻害要因を除去するための対応策を講じている場合又は阻害要因を許容可能な水準にまで軽減するためにセーフガードを適用している場合はその内容について報告を行う。

〈報酬関連情報〉
　当監査法人及び当監査法人と同一のネットワークに属する者に対する，当事業年度の会社及び子会社の監査証明業務に基づく報酬及び非監査業務に基づく報酬の額は，それぞれXX百万円及びXX百万円である。

利害関係
　会社と当監査法人又は業務執行社員との間には，公認会計士法の規定により記載すべき利害関係はない。

以　　上

（出所）　日本公認会計士協会，監査基準報告書700実務指針第1号「監査報告書の文例」文例11（2024年2月最終改正）

V　連結計算書類の開示と監査

1　連結計算書類の開示

　会計監査人設置会社は，連結計算書類を作成することができる（法第444条第1項）。大会社であって金商法対象会社は，有価証券報告書を内閣総理大臣に提出しなければならず，この場合は連結計算書類の作成が義務づけられる（法第444条第3項）。連結計算書類の開示は，2002（平成14）年の商法改正によって，企業グループに関する情報開示の充実を図るという目的で導入された。

　連結計算書類は，監査役（または監査等委員会，監査委員会）および会計監査人の監査を受けなければならない（法第444条第4項）。取締役会設置会社の場合には，監査を受けた連結計算書類は取締役会の承認を受けねばならない（法第444条第5項）。その上で，定時株主総会の招集通知を発送する際に，書面又は電磁的方法により株主に開示される（法第444条第6項，会社計算規則第134条第1項）。

　定時株主総会においては，取締役会設置会社以外の会社については監査済連

結計算書類が，それ以外の会社では取締役会の承認を受け定時株主総会の招集通知時に株主に示された連結計算書類が開示される（法第444条第7項）。

過年度の連結計算書類を併せて開示すること，また定款に定めがある場合には，定時株主総会の招集通知を出した日から定時株主総会後3ヵ月間，インターネットにおいて開示することも認められている（会社計算規則第134条第4項，第5項，第6項）。

2　連結計算書類の監査

連結計算書類は，計算関係書類の1つとして位置づけられ，個別計算書類と同様に，監査については，会社計算規則第121条以下の計算書類の監査に関する規定が適用される。

連結計算書類についての会計監査人の会計監査報告および監査役（監査等委員会，監査委員会）の監査報告は，前項の連結計算書類と同様の方法で株主に提供することができる（会社計算規則第134条第2項）。

会計監査人による連結計算書類の監査報告書も，**図表3-11**に準じて作成される（監査基準報告書700実務指針第1号「監査報告書の文例」文例12（2024年2月最終改正））。

Ⅵ　会社法の下での会計監査人の法的責任

公認会計士または監査法人は，会社法の下で，①現物出資・財産引受の目的財産の価額の相当性の証明者，②会計監査人，③会計参与として法的責任を負う。本節では，②の会計監査人としての責任を取り上げる。

第5章で説明するが，**不正**は①不正な財務報告（粉飾），②資産の流用に分類される。大会社は種々の計算関係書類を作成し，その信頼性を担保するために会計監査人を選任し会計監査を行う。

不正な財務報告（粉飾）のある計算関係書類に対して，会計監査人が適正意見を表明（虚偽証明）した場合，被監査会社が会計監査人を被告にして損害賠償を請求することは想定し難い。しかし，粉飾決算により会社が破産した場合，事態は一変し破産会社の破産管財人が会計監査人に対して損害賠償請求をする

ことは想定できる。

また，内部統制を構築し従業員による資産の流用を防止し，会社の資産を保全することは経営者の責任である。会計監査人が故意または過失により，資産の流用を発見できなかった場合，会計監査人が被監査会社の破産管財人より損害賠償を請求されることはあり得よう。もちろん，粉飾あるいは資産の流用に対して被監査会社にも責任を負うべき部分があることもあるがゆえに，損害賠償額を減額する**過失相殺**が認められよう。

なお，会社法では，会計監査人の責任は，「役員等の損害賠償責任」として定められている。それゆえに，会計監査人は役員と同じ責任を負うことになる。

(1) 損害賠償責任
① 被監査会社に対する損害賠償責任

会計監査人がその任務を怠った場合には，監査契約の契約当事者である被監査会社に対して，それによって生じた損害を賠償する責任を負う（法第423条）。一般に，監査の基準に従わずに監査を行った場合には，任務懈怠があったと認められる。この損害賠償責任を免除あるいは限定する制度としては，会社法は以下に述べる（2），（3）の制度を設けている。

② 第三者に対する損害賠償責任

会計監査人が会計監査報告に虚偽の記載をしたときは，第三者に生じた損害を賠償する責任を負う（法第429条第2項）。ここで第三者とは，被監査会社以外のすべての者（投資者，債権者，取引先等）と考えられ，きわめて広範な対象者に対して損害賠償責任を負うことになる。会計監査人がその職務遂行にあたって注意を怠らなかったことを証明すれば，免責される（**挙証責任の転換**）。

また，会計監査人の職務遂行にあたって悪意又は重大な過失があったときには，やはり第三者に生じた損害を賠償する責任を負う（法第429条第1項）。さらに，補助者に過失があった場合であっても，会計監査人が責任を負うことになる。

(2) 責任の免除と限定──2つの軽過失免責

会社法は，会計監査人に対しても重い責任を課している。しかし，会計監査

人の職務遂行にあたって善意でかつ重大な過失がない場合には，株主総会の特別決議によって会計監査人が被監査会社から受ける報酬の2年分を超える部分（最低責任限度額）を限度としてその責任を一部免除することができる（法第425条第1項）。

　また，監査役（監査の範囲が会計事項に限定されている場合を除く）設置会社または委員会設置会社は，会計監査人の職務遂行にあたって善意かつ重大な過失がないことを条件に，会計監査人の任務懈怠による被監査会社に対する損害賠償責任を，最低責任限度額を限度として，取締役の過半数の同意（取締役会設置会社の場合は取締役会の決議）によって責任を一部免除することを定款に定めることができる（法第426条第1項）。ただし，総株主の100分の3（定款でこれ以下の割合を定めた場合にはその割合）以上の株主が異議を申し立てた場合には，定款の定めに基づいた免除はできない（法第426条第7項）。

(3) 責任限定契約

　責任限定契約とは，事前に損害賠償の上限額を定め，会計監査人に就任しやすくするための制度である。被監査会社は，会計監査人の職務遂行にあたって善意かつ重大な過失がないことを条件に，会計監査人の任務懈怠による被監査会社に対する損害賠償責任を，定款で定めた額の範囲内で予め会社が定めた額と最低責任限度額とのいずれか高い額を限度とする契約を，会計監査人と結ぶことができる（法第427条第1項）。

(4) 代 表 訴 訟

　会計監査人の被監査会社に対する損害賠償責任は，株主代表訴訟の対象となる（法第854条）。会計監査人の被監査会社に対する損害賠償責任は，本来会社自身が追及すべきものである。しかし，会社が追及しない場合には，個々の株主は会社に代わって，会社が会計監査人の任務懈怠により被った損害の賠償を求めて訴訟を起こすことができる。これが株主代表訴訟である。

　このとき，原告となる株主は，6ヵ月以上継続して株主であることが必要とされる（公開会社の場合）。これは株主代表訴訟制度の濫用防止が目的である。株主代表訴訟の詳細については，いくつかの定めがある（法第847～852条）。

マメ知識 3-5　社外監査役の実態

　東京証券取引所は，隔年ごとに『東証上場会社コーポレート・ガバナンス白書』を公表している。

　その2023年版によると，東証上場企業の監査役会設置会社2,290社において選任された社外監査役は5,635名で，このうち独立役員として届け出られた者は4,752名（84.3％）であった。

　社外監査役の属性については，「他の会社出身者」が45.3％，弁護士（21.7％），公認会計士（20.4％），税理士（6.9％），学者（2.1％），その他3.5％となっている。

第 4 章 監査基準

> **Summary**
>
> ➢ 監査基準は，財務諸表の監査を行う監査人の行動規範であり，財務諸表の作成規範である会計基準とともに，適正なディスクロージャーを確保するための資本市場の重要なインフラストラクチャーである。
> ➢ わが国の『監査基準』は，1950（昭和25）年にはじめて設定され，会社法等の改正，粉飾決算の発覚，国際的な監査実務等へ対応するため，適宜，改訂されている。
> ➢ 『監査基準』と「監査の基準」は異なる。「監査の基準」は，一般に公正妥当と認められる監査の基準であり，わが国においては，企業会計審議会が設定する『監査基準』等の基準，監査に関する法令等のほか，日本公認会計士協会が公表する委員会報告（書）や実務指針などの総称である。
> ➢ わが国の『監査基準』は，第一「監査の目的」，第二「一般基準」，第三「実施基準」，および第四「報告基準」から構成されている。
> ➢ 第一「監査の目的」は，財務諸表監査の意義と限界を周知するため，2002（平成14）年の『監査基準』の全面改訂に際して設定された。
> ➢ 第二「一般基準」は，監査人としての人的要件および監査の業務規範について規定している。

（注）「監査基準」における「虚偽の表示」および「重要な虚偽表示のリスク」は，日本公認会計士協会が公表する監査基準報告書等では，それぞれ「虚偽表示」および「重要な虚偽表示リスク」と表記されている。本章では，監査基準報告書等に基づいて説明している箇所を除いて，『監査基準』の表記を用いて解説する。

I 監査基準の意義

　監査基準の意義は，財務諸表の監査を行う監査人の行動規範であり，財務諸表の作成規範である会計基準とともに，適正なディスクロージャーを確保するための資本市場の重要なインフラストラクチャーである。

　わが国においては，1950（昭和25）年まで『監査基準』が設定されていなかった。そのため，『監査基準』の設定に際して，「財務諸表の監査とは何か」や「監査基準とは何か」を社会一般に知らしめる必要があった。

　1950（昭和25）年に設定された『監査基準』は，「財務諸表の監査について」および「監査基準の設定について」というタイトルの前文を付して，「財務諸表の監査とは何か」「監査基準とは何か」について説明している。「財務諸表の監査について」では，監査の意義，監査の必要性，および監査実施の基礎条件について説明し，「監査基準の設定について」では，『監査基準』の基本的性格について，以下のように述べたうえで，『監査基準』の構成や『監査基準』を設定する理由について説明している。

> 　監査基準は，監査実務のなかに慣習として発達したもののなかから，一般に公正妥当と認められたところを帰納要約した原則であって，職業的監査人は，財務諸表の監査を行うに当り，法令によつて強制されなくとも，常にこれを遵守しなければならない。

　この監査基準の基本的性格は，「監査実務を帰納要約した原則」，「財務諸表監査の質的下限を定めた原則」および「すべての職業的監査人が遵守しなければならない原則」という3つの側面を有している。以下，それぞれの側面について述べる。

　監査基準は，「監査実務を帰納要約した原則」である。より具体的には，とくにアメリカの監査実務のなかで慣習として発達したもののなかから，一般に公正妥当と認められたものを帰納要約した原則である。ここで，帰納（induction）とは，個々の具体的な事例から一般に通用するような原理や原則を導き出すことを意味する。つまり，監査基準は，帰納により監査実務から導出され

た原理・原則をさらに要約したものであるといえる。

　また，監査基準は，一般に公正妥当と認められる監査の水準を維持するために必要な基礎的思考と手続をまとめたものである。そのため，監査基準は，職業的監査人が実施するすべての「財務諸表監査の質的下限を定めた原則」であるといえる。

　加えて，監査基準は，すべての職業的監査人は，法令等によって強制されなくても，当然，遵守すべきである原則である。別の観点からみると，監査基準は，「すべての職業的監査人が遵守しなければならない原則」であるからこそ，「財務諸表監査の質的下限を定めた原則」であるといえるため，この2つの側面は表裏一体の関係にある。

　これら3つの側面をもつ監査基準の基本的性格は，現在に至るまで堅持されている。

II　監査基準の設定

　わが国の『監査基準』の歴史は，1950（昭和25）年にはじまる。

　第二次世界大戦後，連合国軍最高司令官総司令部（GHQ）による民主化政策の一環として，1945（昭和20）年11月に財閥解体の指令がだされ，三井，三菱，住友，安田等の当時の財閥が解体され，財閥の傘下にあった多くの会社の株式が大量に証券市場に放出されることとなった。また，当時のわが国は，戦後の復興に必要な資金を諸外国（とくにアメリカ）から調達する必要があった。しかしながら，当時のわが国においては，株式会社が社会一般に財務諸表を公開するための制度が整備されていなかった。

　そのため，当時のわが国では，証券市場の健全な育成が急がれた。1948（昭和23）年4月13日にアメリカの1933年証券法および1934年証券取引所法を範とした証券取引法が，同年7月6日には公認会計士法が公布され，翌1949（昭和24）年7月9日には企業会計原則（中間報告）および財務諸表準則が公表された。また，1950（昭和25）年7月14日には，わが国初の『監査基準』が設定された。

　このように，わが国では，証券取引法および公認会計士法という法的裏付け

のもと，財務諸表公開制度，公認会計士制度，財務諸表を作成するための企業会計制度，および財務諸表の信頼性を保証するための財務諸表監査制度が急ピッチで整備されていったのである。

マメ知識 4-1　戦前の主な会計規制

第二次世界大戦終結以前，会計に関する規定があった主な規制は，以下のとおりであり，いずれも社会一般に財務諸表を公開することは想定されていなかった。
- 商法（明治32（1899）年制定）
- 海軍工作庁工事費整理規則（大正14（1925）年公表）
- 計理士法（昭和2（1926）年制定）
- 原価計算基本準則（昭和8（1933）年公表）
- 財務諸表準則（昭和9（1934）年公表）
- 製造原価計算準則（昭和12（1937）年）
- 軍需品工場事業場原価計算に関する「陸軍要綱」（昭和14（1939）年公表）および「海軍準則」（昭和15（1940）年公表）
- 製造工業原価計算要綱（昭和17（1942）年公表）

しかしながら，当時のわが国において，いきなり財務諸表監査を制度として実施するのは困難であると考えられた。そこで，わが国では，全面的な財務諸表監査（**正規の財務諸表監査**）の実施できる基礎的条件を整えるため，**図表4-1**のような，段階的な監査が実施されることとなった。この段階的な監査は，**会計制度監査**または制度監査とよばれた。

〔図表4-1〕正規の財務諸表監査を実施するまでの段階的な監査

	適用時期	目　的
初度監査	1951（昭和26）年7月1日以降に開始する事業年度	《被監査会社》 ○ 経理規定や経理組織の整備 ○ 財務諸表監査の理解 ○ 財務諸表監査の受入態勢の整備　等
次年度監査	1952（昭和27）年1月1日以降に開始する事業年度	
第3次監査	1952（昭和27）年7月1日以降に開始する事業年度	

第4次監査	1953（昭和28）年1月1日以降に開始する事業年度	《監査人》 ○ 被監査会社の財務諸表作成プロセスの理解・評価・指導
第5次監査	1955（昭和30）年7月1日以降に開始する事業年度	○ 財務諸表監査の習熟　等

（注）　第3次監査（1952（昭和27）年7月1日以降に開始する事業年度）まで，わが国の会社の多くが，事業年度を6ヵ月としていた。

III　監査基準の変遷

　1950（昭和25）年にわが国初の『監査基準』が設定されて以来，『監査基準』は適宜，改訂・新設されてきた。とくに，2002（平成14）年の全面改訂は，わが国の『監査基準』のあり方をかえるターニング・ポイントとなったものであり，このときの改訂『監査基準』が現在の『監査基準』の土台となっている。

　そこで，本節では，2002（平成14）年の全面改訂以前の『監査基準』の変遷については，簡潔に述べ，それ以降については，それぞれの基準の改訂・設定に当たって公表された意見書の前文にしたがって説明する。なお，他の章でとりあげられている項目については，詳細な説明は割愛し，該当する章を紹介することとする。

1　2002（平成14）年『監査基準』全面改訂以前

　2002（平成14）年の全面改訂以前の『監査基準』の変遷をまとめると，図表4-2のようになる。

〔図表4-2〕2002（平成14）年以前の『監査基準』の変遷

公表日		主な改訂点等	背　景
1956	昭和31年12月25日	『監査基準』の改訂 ○前文の「財務諸表の監査について」を削除	1957（昭和32）年1月1日以降開始する事業年度からはじまる正規の財務諸表監査への対応
		『監査実施準則』の改訂	
		『監査報告準則』の設定	

年	年月日	内容	背景
1965	昭和40年9月30日	『監査実施準則』の全面改訂 ○監査手続の充実・強化 ・支配従属会社の監査（往査） ・棚卸資産の立会 ・売掛金の確認（原則として強制）	1964（昭和39）年前後に多発した大企業の倒産・粉飾決算の発生と公認会計士による虚偽の監査証明の発覚への対応（最も緊急性を要すると考えられたものについては1965年に，それ以外については1966年に改訂）
1966	昭和41年4月26日	『監査基準』の改訂 ○前文の「監査基準の設定について」を削除 ○「監査一般基準」を「一般基準」と名称変更し，字句を修正 ○「監査実施基準」を「実施基準」と名称変更し，一部削除 ○「監査報告基準」を「報告基準」と名称変更 『監査報告準則』の改訂 ○意見差控と不適正意見の区別の明確化	
1976	昭和51年7月13日	『監査実施準則』の改訂 『監査報告準則』の改訂	1976（昭和51）年4月1日以降開始する事業年度からはじまる連結財務諸表監査への対応
1977	昭和52年3月29日	『中間財務諸表監査基準』の設定	1977（昭和52）年4月1日以降開始する事業年度からはじまる中間財務諸表監査への対応
1982	昭和57年4月20日	『監査報告準則』の改訂	国際会計基準，商法，および企業会計原則が修正され，重要な後発事象が財務諸表の注記事項にふくまれることになったことへの対応
	9月2日	『監査実施準則』の改訂 『中間財務諸表監査基準』の改訂	
1983	昭和58年2月14日	『監査実施準則』の改訂 ○後発事象に対する監査手続を通常化	
1989	平成元年5月11日	『監査実施準則』の改訂 ○相対的に危険性の高い財務諸表項目に係る監査手続の充実強化	1986（昭和61）年後半から1987（昭和62）年初頭にかけて発生した企業の役職者や幹部に

				よる財産上の不正行為への対応
1991	平成3年12月26日	『監査基準』の改訂 ○「実施基準」の充実 ・リスク・アプローチの導入 ・内部統制概念の導入 ・組織的監査の実施 ・特記事項の新設	1965（昭和40）年代以降のわが国経済の飛躍的発展と公認会計士法の改正などの著しい監査環境への対応
		『監査実施準則』の改訂	
		『監査実施準則』の改訂	
1998	平成10年6月16日	『監査基準』の改訂	キャッシュ・フロー計算書の制度化への対応
		『監査実施準則』の改訂	
		『監査実施準則』の改訂	
		『中間財務諸表監査基準』の改訂 ○『中間監査基準』と名称変更	中間連結財務諸表制度導入への対応

2　2002（平成14）年『監査基準』の全面改訂

　2002（平成14）年1月25日に企業会計審議会から「監査基準の改訂に関する意見書」が公表され，『監査基準』が全面改訂された。

(1)　背景

　1991（平成3）年の『監査基準』の改訂から10年余りの間に，公認会計士監査による適正なディスクロージャーの確保とともに，公認会計士監査の質の向上に対する要求が国際的にも高まっていた。また，経営が破綻した企業のなかには，直前の決算において公認会計士の適正意見が付されていたにもかかわらず，破綻後には大幅な債務超過となっているとされているものや，破綻に至るまで経営者が不正を行っていたとされるものがあり，こういった事態に対し，なぜ，公認会計士監査でこれらを発見することができなかったのか，公認会計士監査は果たして有効に機能していたのか等の厳しい指摘や批判が行われた。

　企業会計審議会は，国際的な監査基準の動向を踏まえ，『監査基準』，『監査実施準則』および『監査報告準則』全般にわたって改訂すべき事項について網

羅的に検討をおこない，2000（平成12）年6月に「監査基準等の一層の充実に関する論点整理」（以下，「論点整理」という）を公表した。

「論点整理」では，企業が公表する財務諸表に対して公認会計士が独立の立場から実施する監査について，その信頼性の一層の向上を各方面から求められていることが明らかになったとの認識が示された。

その後，企業会計審議会は，わが国のコーポレート・ガバナンスの変化や国際的な監査基準の展開をも視野に入れ，監査基準の具体的な改訂について審議をおこない，財務諸表の重要な虚偽の表示の原因となる不正を発見する姿勢の強化，ゴーイング・コンサーン（継続企業の前提）問題への対処，リスク・アプローチの徹底，新たな会計基準への対応及び監査報告書の充実を図ることを改訂の重要なポイントとし，前文をふくめ『監査基準』の全面的な見直しをおこなった。

（2） 主な改訂点

主な改訂点は下記のとおりである。

① 『監査実施準則』および『監査報告準則』の廃止

2002（平成14）年の改訂では，『監査実施準則』および『監査報告準則』が廃止され，『監査基準』という1つの枠組みのなかで，第一「監査の目的」，第二「一般基準」，第三「実施基準」，および第四「報告基準」が設けられた。

『監査実施準則』および『監査報告準則』は，監査慣行が十分に確立していない状況において，抽象的な『監査基準』を補足するものとして設けられた。1991（平成3年）の『監査基準』の改訂において，『監査実施準則』の純化が大幅におこなわれ，『監査基準』を補足する具体的な指針を示す役割は日本公認会計士協会に委ねられることとなった。その後，日本公認会計士協会から，逐次，監査に係る具体的な指針が公表され，相当の整備がおこなわれている。このような状況を踏まえると，各準則の位置付けが曖昧なものとなることから，各準則を廃止し，『監査基準』とこれを具体化した日本公認会計士協会の指針により，わが国における一般に公正妥当と認められる監査の基準の体系とすることが適切と判断されたのである。また，改訂基準の解釈にあたっては，「監

査基準の改訂に関する意見書」の前文に示された趣旨をふくめて理解することが必要であることが明記された。

わが国における一般に公正妥当と認められる監査の基準の構成については，本章Ⅳで詳しく説明している。

② 「監査の目的」の設定

2002（平成14）年の『監査基準』の全面改訂にあたって，新たに「監査の目的」が設定された。企業会計審議会は，その理由について，以下のように説明している（前文三１）。

○ 従来，監査基準は監査それ自体の目的を明確にしてこなかったために，監査の役割について種々の理解を与え，これがいわゆる「期待ギャップ」を醸成させてきたことは否めないこと。

○ 監査の目的を明確にすることにより，監査基準の枠組みも自ずと決まること。

「監査の目的」については，本章Ⅴで詳しく説明している。

③ 「一般基準」の改訂

企業会計審議会によると，近年の監査を巡る環境の変化は，従来の「一般基準」により監査人に求められていた専門的能力や実務経験，独立性，公正不偏性，注意義務などの要件を一層徹底させ，また，監査人の自主的かつ道義的な判断や行動に任せていた点を制度的に担保する方向へと動かすものとなっていることも事実であるが，それらの現代的な動向は従来の監査基準では必ずしも十分に反映されていなかったので，「一般基準」をあらためた。

「一般基準」については，本章Ⅵで詳しく説明している。

④ 不正発見の姿勢の強化

職業的懐疑心の保持，不正が存在する可能性も踏まえた監査計画の策定，不正を発見した場合には追加的な監査の実施および経営者等への報告を義務づけた。

不正発見については，第５章で詳しく説明している。

⑤ リスク・アプローチの徹底

　一定の決められた監査手続を実行していればよいという従来の考え方を転換し，企業の事業環境や内部統制などに関するリスク評価を通じて，重点的に効果的かつ効率的な監査をおこなうという，リスク・アプローチによる監査の実施を徹底した。

　リスク・アプローチについては，第6章で詳しく説明している。

⑥ 継続企業（ゴーイング・コンサーン）の前提への対処

　債務超過，重要な債務の不履行，継続的な営業損失の発生等，企業が将来にわたって事業活動を継続するとの前提に重要な疑義を抱かせる事象が存在する場合には，経営者がその内容や経営計画等を財務諸表注記により開示をおこなうこととし，監査人が適切な開示が行われているか否かを検討することを義務づけた。また，開示が適切におこなわれている場合においても，監査人は監査報告書においてその情報を追記し，投資者に情報提供をおこなうことを求めた。また，継続企業の前提が成立しない場合には，不適正意見を表明することとなった。

　継続企業の前提の監査については，第9章で詳しく説明している。

⑦ 新たな会計基準等への対応

　金融商品の時価評価等の新たな会計基準の導入やIT（情報技術）を利用した新たな形態の取引等の発展を踏まえ，取引の実質に着目した適切な会計処理がおこなわれているかの監査を求めた。

⑧ 監査報告書の充実

　適正意見や不適正意見等の監査意見を表明する際の判断規準を示すとともに，監査報告書において，財務諸表に重要な虚偽の表示がないかどうかについて監査をおこなったことを明確にするなど，国際的な基準で求められている記述内容と同水準の内容の記述を求めた。

　監査報告書については，第10章で詳しく説明している。

3　2005（平成17）年の改訂

　2005（平成17）年10月28日に企業会計審議会から「監査基準の改訂に関する意見書」および「監査に関する品質管理基準の設定に係る意見書」が公表され，『監査基準』が改訂されるとともに，新たに『監査に関する品質管理基準』（以下，『品質管理基準』という）が設定された。

（1）　背景

　企業会計審議会は，証券取引法上のディスクロージャーをめぐり不適正な事例が相次ぎ，公認会計士・監査審査会のモニタリングの結果等からは，リスク・アプローチが適切に適用されておらず，その改善が求められる事例が多数見受けられたことに対応したものであり，また，監査基準をめぐる国際的な動向を踏まえて，監査の水準の向上を図ると共に，監査実務の国際的な調和を図るためでもあると説明している。

　また，『品質管理基準』の設定した経緯について，企業会計審議会は，監査法人の審査体制や内部管理体制等の監査の品質管理に関連する非違事例が発生したことに対応し，公認会計士による監査の品質の向上を図ることを目的とするものであると説明している。

　当時，米国のエンロン社（2001年12月経営破綻）やワールドコム社（2002年7月経営破綻）による巨額の粉飾決算事件にはじまる世界的な会計不信を払しょくするための取り組みが各所でなされていた。わが国においても，2003（平成15）年5月の改正公認会計士法により，監査人の法的責任が強化されるとともに，2004（平成16）年4月には，金融庁に公認会計士・監査審査会が設置され，公認会計士による監査の品質管理モニタリングの強化が図られた。

　このような状況のなか，企業会計審議会は，『監査基準』の改訂や監査の品質管理の具体化・厳格化に関する審議をおこない，監査実務の国際的調和と公認会計士による監査の品質向上を図った。

（2）　主な改訂点

　主な改訂点は事業上のリスク等を重視したリスク・アプローチの導入である。

リスク・アプローチに基づく監査は，1991（平成3）年の『監査基準』の改訂で採用され，さらに，2002（平成14）年『監査基準』の改訂で，その仕組みの明確化が図られた。2005（平成17）年の『監査基準』の改訂では，リスク・アプローチの適用において，リスク評価の対象を広げ，監査人に，内部統制を含む，企業及び企業環境を十分に理解し，財務諸表に重要な虚偽の表示をもたらす可能性のある事業上のリスク等を考慮することを求め，事業上のリスク等を重視したリスク・アプローチが導入された。

企業会計審議会は，事業上のリスク等を重視したリスク・アプローチが導入された理由として，経営者による関与および監査人の監査上の判断が，財務諸表の重要な虚偽表示の原因になっていると説明している。経営者の関与として，現実の企業における日常的な取引や会計記録は，多くがシステム化され，ルーティン化されてきており，財務諸表の重要な虚偽の表示は，経営者レベルでの不正や，事業経営の状況を糊塗することを目的とした会計方針の適用等に関する経営者の関与等から生ずる可能性が相対的に高くなってきていることがある。このような経営者による関与は，経営者の経営姿勢，内部統制の重要な欠陥，ビジネス・モデル等の内部的な要因と，企業環境の変化や業界慣行等の外部的な要因，あるいは内部的な要因と外部的な要因が複合的に絡みあってもたらされる場合が多い。また，監査人の監査上の判断は，財務諸表の個々の項目に集中する傾向があり，このことが，経営者の関与によりもたらされる重要な虚偽の表示を看過する原因となる。

企業会計審議会は，事業上のリスク等を重視したリスク・アプローチの導入とあわせて，監査人に対して，重要な虚偽表示のリスクの評価，財務諸表全体レベルと財務諸表項目レベルの2つのレベルでの評価，および特別な検討を必要とするリスクへの対応を求めた。しかしながら，事業上のリスク等を重視したリスク・アプローチにおいても，財務諸表に重要な虚偽の表示が生じる可能性に応じて，発見リスクの水準を決定し，これに基づいて監査手続，その実施の時期および範囲を計画し，実施するというリスク・アプローチの基本的な考え方は変わっていない。

以上のような，事業上のリスク等を重視したリスク・アプローチについては，第6章Ⅲで詳細に説明している。

また，2005（平成17）年の改訂では，経営者の提示する財務諸表項目は経営者が責任の主体であるのに対し，監査要点は監査人が設定した立証すべき目標であることが明記され，両者の関係が明確にされた。

(3) 『品質管理基準』の設定

『品質管理基準』は，『監査基準』第二「一般基準」における監査の質にかかる規定の改訂とあわせて，独立の基準として設定された。『品質管理基準』は，公認会計士による監査業務の質を合理的に確保するためのものであり，『監査基準』とともに一般に公正妥当と認められる監査の基準を構成し，『監査基準』と一体となって適用されるものであることが明記されている（「監査に関する品質管理基準の設定に係る意見書」前文二）。

『品質管理基準』については，本章Ⅵ-7で詳しく説明している。

4　2009（平成21）年の改訂

2009（平成21）年4月9日に企業会計審議会から「監査基準の改訂に関する意見書」が公表され，『監査基準』が改訂された。

(1) 背景

継続企業の前提に関する監査は，2002（平成14）年の『監査基準』の改訂時に導入されていた。しかし，2008（平成20）年9月に米国の投資銀行であるリーマン・ブラザーズ・ホールディングスが経営破綻したことに端を発する世界金融危機（リーマン・ショックもしくはサブプライム・ショックとよばれる）により，わが国においても企業業績が急激に悪化するとともに，財務諸表に継続企業の前提に関する注記や監査報告書に追記情報が付される企業が増加した。

そこで，企業会計審議会は，投資者により有用な情報を提供する等との観点から検討をおこない，継続企業の前提に関する監査実務の国際的な調和を図った。

(2) 主な改訂点

主な改訂点は，継続企業の前提に関する監査実務の国際的調和化である。

わが国においては，経営者が継続企業の前提について評価すること，その結果について注記することについては，明確な会計基準が存在しておらず，財務諸表の表示のルールを定めた内閣府令である財務諸表等規則等にしたがって継続企業の前提に関する開示の実務が行われていた。その後，財務諸表等規則等の検討と合わせ，監査基準においても，国際監査基準における監査の実施手続と同様の手続を明確化した。

継続企業の前提の監査については，第9章に詳しい。

5　2010（平成22）年の改訂

2010（平成22）年3月26日に企業会計審議会から「監査基準の改訂に関する意見書」が公表され，『監査基準』が改訂された。

(1)　背景

2009（平成21）年3月に，国際監査基準の明瞭性プロジェクトが完了した。国際監査基準の明瞭性プロジェクトは，基準の規定文言を明確化するための技術的な改正を中心とするものである。しかしながら，改正された国際監査基準とわが国の『監査基準』との間に，一部，差異が生じた。

そこで，企業会計審議会は，明瞭性プロジェクトによる国際監査基準の差異と考えられる項目のうち，『監査基準』の改訂が必要な項目と日本公認会計士協会による監査実務指針のみの改正で対応することが適切である項目について検討をおこない，監査実務指針の改正に先立って，『監査基準』の改訂が必要と考えられた「報告基準」を改訂した。

(2)　主な改訂点

主な改訂点は，国際監査基準の明瞭性プロジェクトへの対応である。

明瞭性プロジェクト後の国際監査基準に対応して，**図表4-3**のような監査報告書の記載区分とそれぞれの区分における記載内容を整理し，改訂後の監査報告書では，②～④の区分について見出しを付して明瞭に表示することを求めた。

〔図表4-3〕監査報告書の記載区分

従来の監査報告書の記載区分	改訂後の監査報告書の記載区分
①監査の対象 ②実施した監査の概要 ③財務諸表に対する意見	①監査の対象 ②経営者の責任 ③監査人の責任 ④監査人の意見

　また，監査人による監査意見の形成過程そのものは，実質的に従前とは変わらない。しかしながら，意見に関する除外および監査範囲の制約に関して，従来のわが国の『監査基準』では，重要な影響として一括して扱っていた「重要性」と「広範性」について，国際監査基準では2つの要素を明示的に示すことになった。そこで，当該影響について，「重要性」と財務諸表全体に及ぶのかという「広範性」の2つの要素から判断が行われることが明確にされた。

　上記のほか，明瞭性プロジェクト後の国際監査基準では，監査報告書の追記情報として，財務諸表における記載を特に強調するために当該記載を前提に強調する強調事項と，監査人の判断において説明することが適当として記載される説明事項を区分した上で記載することが求められた。そこで，わが国の監査基準においても，会計方針の変更，重要な偶発事象，重要な後発事象，監査した財務諸表を含む開示書類における当該財務諸表の表示とその他の記載内容との重要な相違等，財務諸表における記載を前提に強調することが適当と判断した事項と監査人がその他説明することを適当と判断した事項について，それぞれを区分して監査報告書に記載することが求められた。

　これら監査報告書の記載区分，監査意見の形成過程，および追記情報については，第10章に詳しい。

6　2013（平成25）年の改訂

　2013（平成25）年3月13日に企業会計審議会から「監査基準の改訂及び監査における不正リスク対応基準の設定に関する意見書」が公表され，『監査基準』が改訂されるとともに，新たに『監査における不正リスク対応基準』（以下，『不正リスク対応基準』という）が設定された。

（1） 背景

　2011（平成9）年7月に長年にわたる会計不正が発覚したオリンパス事件をはじめ，金融商品取引法上のディスクロージャーをめぐって，不正による有価証券報告書の虚偽記載等の不適切な事例が相次いでおり，こうした事例においては，結果として公認会計士監査が有効に機能しておらず，より実効的な監査手続が求められた。また，監査基準をめぐる国際的な動向をみても，重要な虚偽の表示の原因となる不正（以下，「不正」という）に対応した基準の見直しが継続的におこなわれるとともに，各国において，職業的専門家としての懐疑心（以下，「職業的懐疑心」という）の重要性が再認識されていた。

　企業会計審議会は，不正に関する公認会計士監査の実務の状況や監査基準の国際的な改訂の状況等を踏まえ，不正による重要な虚偽表示のリスクに対応した監査手続等の明確化を図った。

（2） 主な改訂点

　主な改訂点は，監査に対する審査および監査役等との連携である。これらの改訂はいずれも『不正リスク対応基準』に対応したものである。

　監査に対する審査について，改訂前の『監査基準』は，財務諸表の種類や意見として表明すべき事項を異にする監査もふくめ，公認会計士監査のすべてに共通するものであることから，監査業務の種類により，その取扱いに差を設けていなかった。しかしながら，『不正リスク対応基準』の検討においては，一定の場合には，通常の審査より慎重な審査が求められる一方で，上場会社に対しておこなっている監査と同様の審査を求める必要はないものもあるとの指摘があった。また，国際的な監査の基準においても，上場会社とそれ以外の企業に対する審査は，その取扱いに差を設けている。

　こうしたことから，企業会計審議会は，品質管理の方針及び手続において，意見が適切に形成されていることを確認できる他の方法が定められている場合には，審査を受けないことができることを明記した。なお，他の方法については，日本公認会計士協会の実務指針において定められることを要請した。

　また，企業会計審議会は，『不正リスク対応基準』の検討において，不正リスクの内容や程度に応じ，適切に監査役等と協議する等，監査役等と連携を図

らなければならないとした。改訂前の『監査基準』においては監査役等との連携に関する規定がないが，監査における監査役等との連携は，不正が疑われる場合に限らず重要であると考えられることから，監査人は，監査の各段階において，適切に監査役等と協議する等，監査役等と連携を図らなければならないことを明記した。

（3）『不正リスク対応基準』の設定

　不正は他者を欺く行為を伴う意図的な行為であるために，監査人にとって，不正による重要な虚偽の表示を発見できない可能性は，誤謬による重要な虚偽の表示を発見できない可能性よりも高くなる。また，経営者により不正が行われる場合には，内部統制が無効化される場合が多いので，監査人が経営者不正による重要な虚偽の表示を発見できない可能性は，従業員不正による場合よりも高い。

　当時，相次いで発覚した不正による不適切な事例に対しては，改訂前の『監査基準』では，不正による重要な虚偽の表示を示唆する状況等があるような場合に，どのように対応すべきかが必ずしも明確でなく，実務にばらつきが生じているという指摘や，そうした状況等がある時に，上記のような不正の特徴から，監査手続をより慎重に行うべきであるとの指摘があった。

　こうしたことから，企業会計審議会は，監査をめぐる内外の動向を踏まえ，不正による重要な虚偽表示のリスクに対応した監査手続を明確化するとともに，一定の場合には監査手続をより慎重に実施することを求めるとの観点から，『不正リスク対応基準』を設定した。

　『不正リスク対応基準』については，第5章Ⅰに詳しい。

7　2014（平成26）年の改訂

　2014（平成26）年2月18日に企業会計審議会から「監査基準の改訂に関する意見書」が公表され，『監査基準』が改訂された。

（1）　背景

　改訂前の『監査基準』は，幅広い利用者に共通するニーズを満たすべく一般

に公正妥当と認められる企業会計の基準に準拠して作成された財務諸表（以下，「一般目的の財務諸表」という）に対して，監査法人をふくむ公認会計士が監査を行う場合を想定してきた。そして，当該一般目的の財務諸表に対する監査では，一般に公正妥当と認められる企業会計の基準に準拠して作成されているかに加え，経営者が採用した会計方針の選択やその適用方法，さらには財務諸表全体としての表示が適正表示を担保しているかといった実質的な判断をふくめた意見（以下，「適正性に関する意見」という）が表明されている。

一方で，公認会計士に対して，特定の利用者のニーズを満たすべく特別の利用目的に適合した会計の基準に準拠して作成された財務諸表（以下，「特別目的の財務諸表」という）に対しても，監査という形で信頼性の担保を求めたい，との要請が高まってきている。

特別目的の財務諸表は，一般目的の財務諸表と異なり利用目的が限定されているなど，公認会計士が監査意見を表明するに当たっては，必ずしも，適正性に関する意見を表明することが馴染まない場合が多い。また，一般目的の財務諸表であっても法令により一部の項目について開示を要しないとされている場合等には，適正性に関する意見を表明することは馴染まない場合もある。これらの場合，適正性に関する意見を表明する場合と同様，財務諸表に重要な虚偽の表示がないかどうかの合理的な保証を得て監査意見を表明しなければならないことに変わりはないが，その会計の基準に追加的な開示要請の規定がないこと等を踏まえ，財務諸表が当該財務諸表の作成に当たって適用された会計の基準に準拠して作成されているかどうかについての意見（以下，「準拠性に関する意見」という）を表明することが，より適切であると考えられた。

また，国際監査基準では，財務諸表の利用者のニーズに応じて，一般目的の財務諸表と特別目的の財務諸表という財務報告の枠組みが分類され，適正性に関する意見と準拠性に関する意見とのいずれかが表明されることが既に規定されており，実際に適用されている。

これらのことを踏まえて，企業会計審議会は，従来の適正性に関する意見の表明の形式に加えて，準拠性に関する意見の表明の形式を『監査基準』に導入し，併せて，監査実務における混乱や財務諸表利用者の誤解等を避けるため，特別目的の財務諸表に対する監査意見の表明の位置付けを明確にした。

(2) 主な改訂点

　主な改訂点は，準拠性に関する意見表明の導入である。

　企業会計審議会は，『監査基準』において，これまでと同様，一般目的の財務諸表を対象とした適正性に関する意見表明が基本であることに変わりはないことから，監査の目的にかかる従来からの記述はそのまま維持しつつ，特別目的の財務諸表または一般目的の財務諸表を対象とした準拠性に関する意見の表明が可能であることを付記し，明確化した。

　適正性に関する意見の表明に当たっては，監査人は，経営者が採用した会計方針が会計の基準に準拠し，それが継続的に適用されているかどうか，その会計方針の選択や適用方法が会計事象や取引の実態を適切に反映するものであるかどうかに加え，財務諸表における表示が利用者に理解されるために適切であるかどうかについて判断しなくてはならない。その際，財務諸表における表示が利用者に理解されるために適切であるかどうかの判断には，財務諸表が表示のルールに準拠しているかどうかの評価と，財務諸表の利用者が財政状態や経営成績等を理解するに当たって財務諸表が全体として適切に表示されているか否かについての一歩離れて行う評価が含まれるが，準拠性に関する意見の表明の場合には，後者の一歩離れての評価は行われないという違いがある。

　また，企業会計審議会は，『監査基準』第一「監査の目的」に準拠性に関する意見表明に関する記述を付記し，明確化をおこない，さらに，第三「実施基準」および第四「報告基準」についての改訂をおこなった。

　準拠性に関する意見をふくむ監査意見や監査報告書については，第10章に詳しい。

8　2018（平成30）年の改訂

　2018（平成30）年7月5日に企業会計審議会から「監査基準の改訂に関する意見書」が公表され，『監査基準』が改訂された。

(1) 背景

　わが国では，不正会計事案などを契機として監査の信頼性が改めて問われている状況にあり，その信頼性を確保するための取組みの1つとして，財務諸表

利用者に対する監査に関する情報提供を充実させる必要性が指摘されている。

また，わが国を含め，国際的に採用されてきた従来の監査報告書は，記載文言を標準化して監査人の意見を簡潔明瞭に記載する，いわゆる短文式の監査報告書であった。これに対しては，かねてより，監査意見に至る監査のプロセスに関する情報が十分に提供されず，監査の内容が見えにくいとの指摘がされてきた。

このような状況のなか，主に世界的な金融危機を契機に，監査の信頼性を確保するための取組みの1つとして，監査意見を簡潔明瞭に記載する枠組みは基本的に維持しつつ，監査プロセスの透明性を向上させることを目的に，監査人が当年度の財務諸表の監査において特に重要であると判断した事項（以下，「監査上の主要な検討事項」という）を監査報告書に記載する監査基準の改訂が国際的に行われてきている。

企業会計審議会は，こうした国際的な動向を踏まえつつ，わが国の監査プロセスの透明性の向上を図った。

（2） 主な改訂点

主な改訂点は，監査報告書における「監査上の主要な検討事項」の記載，およびそれにともなう第四「報告基準」の改訂である。

国際的な監査基準では，「監査上の主要な検討事項」の記載以外にも，監査報告書の記載内容の明瞭化や充実を図ることを目的とした改訂がおこなわれている。

そこで，企業会計審議会は，わが国においても，財務諸表利用者の監査および財務諸表への理解を深めるとともに，国際的な監査基準との整合性を確保する観点から，これらの点についても改訂をおこなった（**図表4-4**）。

また，第四「報告基準」の改訂により，継続企業の前提に関する重要な不確実性が認められる場合，監査人は，独立した区分を設けて継続企業の前提に関する事項を記載することとなった。あわせて，経営者は継続企業の前提に関する評価及び開示を行う責任を有し，監査人はその検討を行う責任を有することを，経営者の責任，監査人の責任に関する記載内容にそれぞれ追加することとなった。

〔図表4-4〕監査報告書の記載区分（無限定適正意見の場合）

改訂前の監査報告書の記載区分	改訂後の監査報告書の記載区分
①監査の対象（注1） ②経営者の責任 ③監査人の責任 ④監査意見 ⑤強調事項（注2） ⑥利害関係	①監査意見 ②監査意見の根拠 ③強調事項（注2） ④監査上の主要な検討事項 ⑤経営者及び監査役等の責任 ⑥監査人の責任 ⑦利害関係

(注1) 見出しなし。
(注2) 財務諸表の記載について強調もしくは説明を付す必要がある事項がない場合は不要。

「監査上の主要な検討事項」の記載や継続企業の前提に関する重要な不確実性が認められる場合の記載等については，第10章で詳述している。

9　2019（令和元）年の改訂

2019（令和元）年9月3日に企業会計審議会から「監査基準の改訂に関する意見書」が公表され，『監査基準』が改訂された。

(1) 背景

わが国では，不正会計事案を契機として，改めて監査の信頼性が問われている状況にある。監査人が財務諸表利用者に対し自ら行った監査に関する説明を行うことは，監査人の職責にふくまれるものであり，監査人は監査の信頼性の確保に向けた自律的な対応の一環として，自らの説明責任を十分に果たしていくことが求められている。

監査人による監査に関する説明や情報提供への要請が高まるなか，とくに，限定付適正意見，意見不表明または不適正意見の場合（以下，「無限定適正意見以外の場合」という）における監査報告書の意見の根拠の区分に関し，財務諸表利用者の視点に立ったわかりやすく具体的な説明がなされていない事例があるのではないかとの指摘がなされている。また，監査人の守秘義務に関し，本来，監査人が財務諸表利用者に対して自ら行った監査に関する説明を行うこと

は，監査人の職責に含まれるものであり，監査人の守秘義務が解除される正当な理由に該当するが，そうした理解が関係者間に十分に浸透していないため，監査人が財務諸表利用者に対して監査に関して説明を行う上で制約になっているのではないかとの指摘もなされている。

　企業会計審議会は，これらの指摘を踏まえて，監査人による監査に関する説明および情報提供の一層の充実を図った。

（2）　主な改訂点

　主な改訂点は，監査報告書の意見の根拠の記載および守秘義務である。

　改訂前の『監査基準』では，限定付適正意見の場合に関し，なぜ不適正意見ではなく限定付適正意見と判断したのかについての説明が不十分な事例が見られるとの指摘があった。

　そこで，企業会計審議会は，財務諸表利用者の視点に立ったわかりやすく具体的な説明の記載が求められることから，『監査基準』上，意見の根拠の区分の記載事項として，除外した不適切な事項及び財務諸表に与えている影響とともに，これらを踏まえて除外事項に関し重要性はあるが広範性はないと判断し限定付適正意見とした理由を記載しなければならないことを明確にした。

　同様に，企業会計審議会は，監査範囲の制約により限定付適正意見を表明する場合も，意見の根拠の区分において，実施できなかった監査手続および当該事実が影響する事項とともに，これらを踏まえて除外事項に関し重要性はあるが広範性はないと判断し限定付適正意見とした理由を記載しなければならないことを明確にした。

　また，監査の信頼性を確保する観点から，監査人には，質の高い監査を提供することだけでなく，財務諸表利用者に対して監査に関する説明・情報提供を十分かつ適時，適切に行うことも求められるようになっている。しかしながら，監査人が財務諸表利用者に対して監査に関する説明・情報提供を行う際しては，守秘義務との関係が問題となり得る。

　公認会計士法第27条は，「業務上取り扱つたことについて知り得た秘密」を公認会計士の守秘義務の対象として規定している。これに対し，改訂前の『監査基準』は，「業務上知り得た事項」を監査人の守秘義務の対象と定めている。

本来，守秘義務の対象は，企業の秘密に限られるものであるが，わが国においては，一般的に，企業に関する未公表の情報について，あらゆるものが守秘義務の対象になり得ると考えられる傾向があると指摘されている。このため，企業会計審議会は，『監査基準』における守秘義務の規定について，公認会計士法との整合を図るため，秘密を対象にするものであることを明確にした。

　監査報告書の意見の根拠の記載については第10章で，また，守秘義務については本章Ⅵ-8で詳述している。

10　2020（令和2）年の改訂

　2020（令和2）年11月6日に企業会計審議会から「監査基準の改訂に関する意見書」が公表され，『監査基準』が改訂された。

(1)　背景

　これまでも，財務諸表とともに開示される財務諸表以外の情報において，財務諸表の表示やその根拠となっている数値等との間に重要な相違があるときには，監査人が表明した適正性に関する結論に誤りがあるのではないかとの誤解を招くおそれがあることから，当該相違を監査報告書に情報として追記することとされていたが，その取扱いは必ずしも明確ではなかった。当該情報に対する監査人の役割の明確化，及び監査報告書における情報提供の充実を図ることの必要性が高まっている。とりわけ，監査人が当該情報について通読し，当該情報と財務諸表又は監査人が監査の過程で得た知識との間に重要な相違があるかどうかについて検討し，その結果を監査報告書に記載することには，監査人の当該情報に係る役割の明確化を図るとともに，監査の対象とした財務諸表の信頼性を確保するという効果も期待される。こうした問題意識を踏まえ，企業会計審議会は，監査した財務諸表を含む開示書類のうち当該財務諸表と監査報告書とを除いた部分の記載内容（以下，「その他の記載内容」という）について，監査人の手続を明確にするとともに，監査報告書に必要な記載を求めた。

　他方，リスク・アプローチに基づく監査の実施においては，リスク評価が決定的に重要であることから，特別な検討を必要とするリスクを含む重要な虚偽表示のリスクの評価について，その強化を図ることが必要である。同時に，会

計上の見積りについては，適切に評価されたリスクに対応した深度ある監査手続が必要と考えられた。また，国際的な監査基準との整合性を確保しつつ，監査の質の向上を図ることが必要である。

以上のことから，企業会計審議会は，監査報告書に「その他の記載内容」の記載を求めるとともに，リスク・アプローチの強化を図った。

（2） 主な改訂点

主な改訂点は，監査報告書における「その他記載内容」の記載およびリスク・アプローチの強化である。

企業会計審議会は，監査報告書における「その他の記載内容」に係る記載について，監査人は「その他の記載内容」に対して意見を表明するものではなく，監査報告書における「その他の記載内容」に係る記載は，監査意見とは明確に区別された情報の提供であるという従来の位置付けを維持しつつ，監査報告書において記載すべき事項を明確にすることにより，監査人の「その他の記載内容」に係る役割をより一層明確にした。

また，企業会計審議会は，監査人は，「その他の記載内容」を通読し，「その他の記載内容」と財務諸表又は監査人が監査の過程で得た知識との間に重要な相違があるかどうかについて検討することを明確にした。

リスク・アプローチの強化について，企業会計審議会は，財務諸表全体レベルにおいては，固有リスク及び統制リスクを結合した重要な虚偽表示のリスクを評価する考え方を維持することとし，他方，財務諸表項目レベルにおいては，固有リスクの性質に着目して重要な虚偽の表示がもたらされる要因などを勘案することが，重要な虚偽表示のリスクのより適切な評価に結び付くことから，固有リスクと統制リスクを分けて評価することを求めた。

また，財務諸表項目レベルにおける重要な虚偽表示のリスクを構成する固有リスクについては，重要な虚偽の表示がもたらされる要因を勘案し，虚偽の表示が生じる可能性と当該虚偽の表示が生じた場合の影響を組み合わせて評価することとした。この影響には，金額的影響だけでなく，質的影響もふくまれる。

さらに，企業会計審議会は，財務諸表項目レベルにおける評価において，虚偽の表示が生じる可能性と当該虚偽の表示が生じた場合の影響の双方を考慮し

て，固有リスクが最も高い領域に存在すると評価したリスクを特別な検討を必要とするリスクと定義した。

なお，企業会計審議会は，今回の改訂に係る部分を除いて，2002（平成14）年および2005（平成17）年の改訂にあたって意見書の前文に記載されたリスク・アプローチの概念や考え方は踏襲されていることを明記している。

「その他の記載内容」については第10章で，また，リスク・アプローチについては第6章で詳しく説明している。

11　2002（平成14）年改訂以降の『監査基準』の改訂

上述した2002（平成14）年『監査基準』の全面改訂以降の『監査基準』の変遷と本書の対応箇所をまとめると，**図表4-5**のようになる。

〔図表4-5〕2002（平成14）年以前の『監査基準』の変遷

公表日		主な改訂点等	対応箇所
2002	平成14年1月25日	『監査基準』の全面改訂 ○第一「監査の目的」の新設 ○第二「一般基準」の改訂 ○不正発見の姿勢の強化 ○リスク・アプローチの徹底 ○継続企業の前提への対処 ○新たな会計基準への対応 ○監査報告書の充実	本章V 本章VI 第5章 第6章 第9章 第10章
		『監査実施準則』および『監査報告準則』の廃止	本章IV-1
2005	平成17年10月28日	『監査基準』の改訂 ○事業上のリスク等を重視したリスク・アプローチの導入 ○監査の質の管理にかかる「一般基準」の改訂	第6章 本章VI-7
		『品質管理基準』の設定	本章VI-7
2009	平成21年4月9日	『監査基準』の改訂 ○継続企業の前提に関する監査実務の国際的調和化	第9章
2010	平成22年3月26日	『監査基準』の改訂 ○「報告基準」の改訂	第10章

		○「会計上の変更及び誤謬の訂正に関する会計基準」の適用に伴う対応	
2013	平成25年3月13日	『監査基準』の改訂 ○『不正リスク対応基準』への対応	本章Ⅵ-4・5
		『監査における不正リスク対応基準』の設定	第5章
2014	平成26年2月18日	『監査基準』の改訂 ○準拠性に関する意見表明の導入	第10章
2018	平成30年7月5日	『監査基準』の改訂 ○監査報告書における「監査上の主要な検討事項」の記載	第10章
2019	令和元年9月3日	『監査基準』の改訂 ○監査報告書における意見の根拠の記載 ○守秘義務にかかる規定の改訂	第10章 本章Ⅵ-8
2020	令和2年11月6日	『監査基準』の改訂 ○監査報告書における「その他記載事項」の記載 ○リスク・アプローチの強化	第10章 第6章
2021	令和3年11月16日	『品質管理基準』の改訂 ○リスク・アプローチに基づく品質管理システムの導入	本章Ⅵ-7

Ⅳ 『監査基準』と「監査の基準」

1 『監査基準』の構成

　『監査基準』は，第一「監査の目的」，第二「一般基準」，第三「実施基準」および第四「報告基準」から構成される。

　前述したように，「監査の目的」は，2002（平成14）年の『監査基準』の全面改訂にあたって，新たに設けられたものである。逆にいえば，『監査基準』は，1950（昭和25）年に設定されてから，2002（平成14）年に全面改訂されるまで，「一般基準」，「実施基準」および「報告基準」の3つに区分されていた。

　「一般基準」（1966（昭和41）年に改訂されるまでは「監査一般基準」）は，

2002（平成14）年に『監査基準』が全面改訂されるまで，監査人の適格性の条件，監査人の業務上守るべき規範，および監査人の任務の限界を明らかにする原則とされていた。その後，2002（平成14）年に「監査の目的」が新設されたことにともなって，「一般基準」は，監査人の人的要件および監査人の業務規範についての原則とされた。また，「実施基準」（1966（昭和41）年に改訂されるまでは「監査実施基準」）は監査手続の選択適用を規制する原則であり，「報告基準」（1966（昭和41）年に改訂されるまでは「監査報告基準」）は監査報告書の記載要件を規律する原則である。

「監査の目的」および「一般基準」については本章ⅤおよびⅥで，「実施基準」については第6章から第8章にわたって，また，「報告基準」については第10章で詳しく説明している。

2 「監査の基準」の構成

「監査の基準」は，一般に公正妥当と認められる監査の基準をいい，『監査基準』とは異なる。

企業会計審議会は，2002（平成14）年に公表した「監査基準の改訂に関する意見書」の前文において，『監査基準』とこれを具体化した日本公認会計士協会の指針により，わが国における一般に公正妥当と認められる監査の基準とすることが適切であると説明している（二2）。また，日本公認会計士協会は，わが国において一般に公正妥当と認められる監査の基準について，監査人が準拠すべき基準をいい，監査の実施時に適用される『監査基準』（法令により準拠が求められている場合は，『不正リスク対応基準』をふくむ）ならびに日本公認会計士協会が公表する監査実務指針から構成される（監基報（序）第2項）と定義している。加えて，監査は，金融商品取引法，会社法，公認会計士法など監査に関する法令等に基づいて実施されている。つまり，わが国における一般に公正妥当と認められる監査の基準は，企業会計審議会が公表する『監査基準』に限定されるものではなく，企業会計審議会が公表する『監査基準』等の基準，監査に関する法令等のほか，これらを補足するために日本公認会計士協会が公表する各種報告（書）・実務指針・通達その他を総称するものである。

『監査基準』は，パブリック・セクターである企業会計審議会が公表した監

査に関する基本原則であると同時に，監査業務にあたっての「一般的かつ普遍的」な基準である。他方，プライベート・セクターである日本公認会計士協会が公表している監査基準報告書等は，『監査基準』を具体化したものであり，個別の監査業務にあたっての「具体的かつ個別的」な指針や取扱いを明確にしたものである。

　以上のような，わが国における一般に公正妥当と認められる監査の基準は，図表 4 - 6 のようにあらわすことができる。

〔図表 4 - 6 〕わが国において一般に公正妥当と認められる監査の基準

企業会計審議会が公表する 　『監査基準』 　『品質管理基準』 　『不正リスク対応基準』など
法令等 　公認会計士法・同施行令・同施行規則 　金融商品取引法 　会社法・会社計算規則 　財務諸表等の監査証明に関する内閣府令・同ガイドライン
日本公認会計士協会が公表する 　会則 　監査基準報告書 　品質管理基準報告書 　各種実務指針 　通達など

｝わが国において一般に公正妥当と認められる監査の基準

(出所)　2002（平成14）年公表「監査基準の改訂に関する意見書」（前文二 2)，監基報（序）第 2 項，「財務諸表等の監査証明に関する内閣府令」第 1 条および第 3 条 4 などを参考にして作成。

●——Ⅴ　監査の目的

　わが国では1950（昭和25）年に『監査基準』が設定された当初，「財務諸表の監査とは何か」を社会一般に知らしめるため，『監査基準』の前文の「財務諸表の監査について」において，以下のように，監査の目的を明確にしていた。

> 　監査の目的は，財務諸表が，「企業会計原則」に準拠して作成され，企業の財政状態及び経営成績を適正に表示するか否かにつき，監査人が，職業的専門家としての意見を表明して，財務諸表に対する社会一般の信頼性を高めることである。

　しかしながら，1956（昭和31）年の『監査基準』の改訂時にこの前文は削除された。

　また，『監査基準』に目を向けてみると，2002（平成14）年に公表された「監査基準の改訂に関する意見書」が指摘しているように，従来，『監査基準』は監査それ自体の明確をしてこなかったために，監査の役割について種々の理解を与え，これがいわゆる「期待ギャップ」を醸成させてきた。この「期待ギャップ」を解消するには，利害関係者に監査の役割や限界を周知する必要がある。

　そのため，企業会計審議会は，2002（平成14）年の改訂『監査基準』の冒頭に第一「監査の目的」を設け，監査の目的を明確に規定した。その後，2014（平成26）年の『監査基準』の改訂で第2項が新設され，下記のような構成になってから現在に至るまで，そのまま踏襲されている。

第一　監査の目的
1　財務諸表の監査の目的は，経営者の作成した財務諸表が，一般に公正妥当と認められる企業会計の基準に準拠して，企業の財政状態，経営成績及びキャッシュ・フローの状況を全ての重要な点において適正に表示しているかどうかについて，監査人が自ら入手した監査証拠に基づいて判断した結果を意見として表明することにある。
　　財務諸表の表示が適正である旨の監査人の意見は，財務諸表には，全体として重要な虚偽の表示がないということについて，合理的な保証を得たとの監査人の判断を含んでいる。
2　財務諸表が特別の利用目的に適合した会計の基準により作成される場合等には，当該財務諸表が会計の基準に準拠して作成されているかどうかについて，意見として表明することがある。

　第一「監査の目的」の第1項は適正性の意見表明について，第2項は準拠性の意見表明について規定している。第1項の前段では，財務諸表の作成に対す

る経営者の責任と，当該財務諸表の適正表示に関する意見表明に対する監査人の責任との区別（二重責任の原則）を明示したうえで，監査人が表明する意見は，財務諸表が一般に公正妥当と認められる企業会計の基準に準拠して，企業の財政状態，経営成績及びキャッシュ・フローの状況をすべての重要な点において適正に表示しているかどうかについて，監査人が自ら入手した監査証拠に基づいて判断した結果を表明したものであることを明確にしている。つづく後段では，適正意見と虚偽の表示との関係について，監査人が財務諸表は適正に表示されているとの意見を表明することには，財務諸表には全体として重要な虚偽の表示がないことの合理的な保証を得たとの自らの判断が含まれていること（絶対的な保証ではないこと）を明確にしている。

　企業会計審議会は，2002（平成14）年公表の「監査基準の改訂に関する意見書」の前文において，『監査基準』における監査の目的が示す枠組み，およびこれから引き出されたそれぞれの基準は，財務諸表の種類や意見として表明すべき事項を異にする監査もふくめ，公認会計士監査のすべてに共通するものであるとし（二3），監査の目的を明確にすることにより，『監査基準』の枠組みも自ずと決まることになると説明している（三1）。つまり，第一「監査の目的」は，すべての監査業務を包括的にあらわした規定であり，『監査基準』の第二「一般基準」，第三「実施基準」，および第四「報告基準」の前提となっているといえる。

VI　一般基準

1　一般基準の概要

　『監査基準』第二「一般基準」は，第一「監査の目的」を受けて，監査人としての人的要件および監査の業務規範について規定したものであり，第三「実施基準」および第四「報告基準」を包括した基準として位置づけられる。「一般基準」の概要と本書の対応箇所をまとめると，**図表4-7**のようになる。

〔図表4-7〕『監査基準』第二「一般基準」の構成

「一般基準」の概要			本書の対応箇所
人	1	専門能力の向上と知識の蓄積	本章VI-2
人	2	独立性の確保	第1章V，本章VI-3
人	3	正当な注意と職業的懐疑心	第1章VI，第2章V，第3章II，本章VI-4，第5章I
業	4	不正・違法行為等の考慮	第5章I・II
業	5	監査調書の作成・保存	本章VI-6
業	6	監査事務所の品質管理	本章VI-7
業	7	監査業務の品質管理	
人	8	守秘義務	本章VI-8

人：監査人としての人的要件
業：監査の業務規範

2 専門能力の向上と知識の蓄積

　一般基準1は，次のように規定し，監査人としての人的要件のうち，専門能力の向上と知識の蓄積について定めている。

一般基準1
　監査人は，職業的専門家として，その専門能力の向上と実務経験等から得られる知識の蓄積に常に努めなければならない。

　監査人は，職業専門家としての能力の維持・研鑽に努め，実務経験を積み，これらの能力や知識を監査の実務に活かすことにより，社会の期待に応えることが求められている。『監査基準』が設定された当初は，監査人として適当な専門能力と実務経験を有することが監査人の適格性の条件とされていたが，2002（平成14）年の『監査基準』の全面改訂以降，専門能力の向上と知識の蓄積が求められるようになった。公認会計士法も，公認会計士に対して，その知識および技能の修得に努めなければならないと定めている（第1条の2）。
　そのため，公認会計士の自主規制機関である日本公認会計士協会は，すべて

の公認会計士および外国公認会計士を対象とした**継続的専門能力開発**(Continuing Professional Development：CPD) 制度を設けている。

CPD制度は，前身の継続的専門研修（Continuing Professional Education：CPE）制度を引き継いだものである。CPEは，日本公認会計士協会が，外国公認会計士をふくむ公認会計士による自己研鑽を支援するために1998（平成10）年に設けたものである。CPEの受講は，当初，任意であったが，2002（平成14）年からは日本公認会計士協会の自主規制として義務化され，さらに，2004（平成16）年4月からは公認会計士法第28条により法定義務化された。その後，2022（令和4）年5月の公認会計士法の改正を受けて，2023（令和5）年4月から，CPE制度はCPD制度に移行した。

日本公認会計士協会は，事業年度開始の日現在，会員である公認会計士および公認会計士に対して，当該事業年度をふくむ直前3事業年度で合計120単位以上の研修を履修するとともに，当該事業年度において20単位以上の研修をすること等を求めている。なお，日本公認会計士協会は，自主規制として，研修の義務不履行者に対して懲戒処分等をおこなうことがある。

3　独立性の確保

一般基準2は，次のように規定し，監査人に，独立性の確保を求めている。

一般基準2
監査人は，監査を行うに当たって，常に公正不偏の態度を保持し，独立の立場を損なう利害や独立の立場に疑いを招く外観を有してはならない。

『監査基準』の設定当初から，独立性は監査人の適格性の条件とされており，企業会計審議会は，2002（平成14）年公表の「監査基準の改訂に関する意見書」の前文において，監査人は，監査の実施にあたって，精神的に公正不偏の態度を保持することが求められ，独立性の保持を最も重視しなければならないと説明している（二3）。つまり，監査人の独立性は，財務諸表監査制度において，最も重要な要件であるといえる。

独立性（Independence）は，精神的独立性と外観的独立性に大別することができる。

(1) 精神的独立性

精神的独立性(Independence of Mind)は,「職業的専門家としての判断を危うくする影響を受けることなく,結論を表明できる精神状態を保ち,誠実に行動し,客観性と職業的懐疑心を堅持できること」(倫理規則(2022(令和4)年7月25日最終改正):120.15 A 1(1))と定義され,**実質的独立性**といわれることもある。一般基準2の前段の「公正不偏の態度」は,精神的独立性に相当する。精神的独立性は,監査人が会計上もしくは監査上の判断をおこなうときに求められる心因的なものであり,これを外部から規制することは困難である。

(2) 外観的独立性

外観的独立性(Independence in appearance)は,「事情に精通し,合理的な判断を行うことができる第三者が,会計事務所等又は監査業務チームや保証業務チームの構成員の精神的独立性が堅持されていないと判断する状況にはないこと」(倫理規則:120.15 A 1(2))と定義される。一般基準2においては,「独立の立場を損なう利害や独立の立場に疑いを招く外観を有してはならない」と定められている。企業会計審議会は,2002(平成14)年公表の「監査基準の改訂に関する意見書」の前文において,監査人の公正不偏な態度に影響を及ぼす可能性という観点から,独立の立場を損なう特定の利害関係を有することはもとより,このような関係を有しているとの疑いを招く外観を呈することがあってはならないとしている(二3)。外観的独立性は,精神的独立性に影響を及ぼす可能性のある監査人の身分的・経済的な関係を有していない状況であるといえる。

外観的独立性は,見かけ上,被監査会社から独立している状況であるため,これは外部から規制することができる。公認会計士法等が監査人の独立性について法的に規制しているほか,日本公認会計士協会は,倫理規定に《独立性に関する規則》をもうけて詳細に定め,また,「独立性に関する法改正対応解釈指針」や「監査人の独立性チェックリスト(実務ガイダンス)」(倫理規則実務ガイダンス第3号)などを公表している。

監査人の独立性に係る法的な規制については,第1章Vで詳しく説明している。

> **マメ知識 4-2　外観的独立性**
>
> 　外観的独立性について，企業会計審議会は，独立の立場を損なう「特定の利害関係」を有しないことを求めている。この独立の立場を損なう「特定の利害関係」は，公認会計士法第24条や同施行令第7条では「著しい利害関係」と表記され，金融商品取引法では「特別の利害関係」と表記されている。「特定の利害関係」は「著しい利害関係」とほぼ同義であるが，「特別の利害関係」は「著しい利害関係」のうち内閣府令で定めるものとされている（金融商品取引法第193条の2の4項）。

4　正当な注意と職業的懐疑心

　一般基準3は，次のように規定し，監査人の職業専門家としての正当な注意および職業的懐疑心について定めている。

> **一般基準3**
> 　監査人は，職業的専門家としての正当な注意を払い，懐疑心を保持して監査を行わなければならない。

（1）　職業専門家としての正当な注意

　職業専門家としての正当な注意は，『監査基準』設定当初より，監査人の適格性の条件として明記されている。

　正当な注意（Due Professional Care）は，民法上の善管注意義務に相当する。財務諸表の監査は，監査人と被監査会社との間で締結された監査契約に基づいて実施される。会社法（第330条）の定める会計監査人監査は民法（第643条）の委任に該当し，金融商品取引法（第193条の2）の定める財務諸表監査や任意監査は民法（第656条）の準委託に該当する。つまり，監査契約を締結した監査人は，委任もしくは準委任契約における受任者として，**善良なる管理者の注意義務**（いわゆる善管注意義務）を負う（民法第644条）。なお，監査人が，善管注意義務を怠って，損害が生じた場合には，損害賠償請求されうる（民法第415条）。

また、正当な注意は、公認会計士法上の**相当の注意**に該当する。公認会計士法（第30条2項）は、公認会計士が、相当の注意を怠り、重大な虚偽、錯誤または脱漏のある財務書類を重大な虚偽、錯誤および脱漏のないものとして証明した場合、懲戒処分されうるとして、監査業務にあたる公認会計士に対して相当の注意を求めている。

このように、一般基準3は、監査人に対して、職業的専門家として正当な注意を払うことを求めると同時に、監査人の責任の限界を明らかにしている。監査人は、正当な注意を怠って、財務諸表の重要な虚偽の表示を看過して誤った監査意見を表明した場合、当該監査人は、損害賠償や懲戒処分等の対象となりうるが、財務諸表の重要な虚偽の表示を看過して誤った監査意見を表明した場合であっても、正当な注意を払ったことを立証することができれば、その限りではない。

正当な注意に係る監査人の負う責任については第2章Vおよび第3章IIで、また公認会計士の処分については第1章VIで詳しく説明している。

（2） 職業的専門家としての懐疑心

職業的専門家としての懐疑心（Professional Skepticism）とは、誤謬または不正による虚偽表示の可能性を示す状態に常に注意し、監査証拠を鵜呑みにせず、批判的に評価する姿勢であり、**職業的懐疑心**ともいう（監基報200：第12項(11)）。

職業的懐疑心は、『監査基準』制定当初は明示されていなかったが、2002（平成14）年の『監査基準』の全面改訂にあたって、監査という業務の性格上、監査計画の策定から、その実施、監査証拠の評価、意見の形成に至るまで、財務諸表に重要な虚偽の表示が存在する虞に常に注意を払うことを求めるとの観点から、監査人が職業的懐疑心を保持すべきことが強調された。この点について、『不正リスク対応基準』は、本来、この職業的懐疑心の保持は、正当な注意義務に含まれるものであり、監査人が職業的懐疑心をつねに保持して監査をおこなうことこそが重要な虚偽の表示の指摘につながることをとくに強調するために、『監査基準』では、正当な注意とともに列記されていると説明している（前文二4(2)）。

また，企業会計審議会は，監査人は，不正リスクに対応するためには，誤謬による重要な虚偽表示のリスクに比し，より注意深く，批判的な姿勢で臨むことが必要であり，監査人としての職業的懐疑心の保持およびその発揮がとくに重要であると考えられるとして，「職業的懐疑心の強調」を『不正リスク対応基準』の冒頭に掲記している。『不正リスク対応基準』は，不正リスクの評価，評価した不正リスクに対応する監査手続の実施および監査証拠の評価の各段階において，職業的懐疑心を発揮することを求め，さらに，監査手続を実施した結果，不正による重要な虚偽の表示の疑義に該当するかどうかを判断する場合や，不正による重要な虚偽の表示の疑義に該当すると判断した場合には，職業的懐疑心を高めて監査手続を実施することを求めている。

　監査人は，財務諸表監査にあたって，被監査会社が作成した財務諸表のどこに重要な虚偽表示が潜んでいるかわからない。そのため，監査人は，財務諸表において重要な虚偽表示となる状況が存在する可能性のあることを認識し，職業的懐疑心を保持して監査を計画し実施することを求められている（監基報200：第14項）ほか，経営者，取締役および監査役等の信頼性および誠実性に関する監査人の過去の経験にかかわらず，不正による重要な虚偽表示が行われる可能性につねに留意し，監査の全過程をつうじて，職業的懐疑心を保持することが求められている（監基報240「財務諸表監査における不正」：第11項）。

　不正による重要な虚偽表示に対する職業的専門家としての懐疑心については，第5章Ⅰに詳しい。

5　重要な虚偽の表示の考慮と違法行為への留意

　一般基準4は，次のように規定し，監査人に，重要な虚偽の表示の考慮，および違法行為への留意を求めている。

一般基準4

　監査人は，財務諸表の利用者に対する不正な報告あるいは資産の流用の隠蔽を目的とした重要な虚偽の表示が，財務諸表に含まれる可能性を考慮しなければならない。また，違法行為が財務諸表に重要な影響を及ぼす場合があることにも留意しなければならない。

（1） 重要な虚偽の表示の考慮

　企業会計審議会は，2002（平成14）年に公表した「監査基準の改訂に係る意見書」の前文において，財務諸表の虚偽の表示は，経営者による会計方針の選択や適用などの際の判断の誤りのみならず事務的な過誤によってももたらされるが，重要な虚偽の表示の多くは，財務諸表の利用者を欺くために不正な財務報告（いわゆる粉飾）をすること，あるいは，資産の流用などの行為を隠蔽するために意図的に虚偽の記録や改ざん等をおこなうことに起因すると考えられるとして（三2(4)），監査人に不正等に起因する虚偽の表示への対応を求めた。

　不正（Fraud）とは，不当または違法な利益を得るために他者を欺く行為を伴う，経営者，取締役，監査役等，従業員または第三者による意図的な行為をいう（監基報240「財務諸表監査における不正」：第10項(1)）。経営者，取締役や監査役等が関与する不正を**経営者不正**といい，従業員だけが関与する不正を**従業員不正**という。いずれの不正も，企業の内部者や第三者と共謀している可能性がある。

　また，不正は，不正な財務報告（粉飾）と資産の流用にわけられる（監基報240：第3項）。**不正な財務報告**とは，財務諸表の利用者を欺くために財務諸表に意図的な虚偽表示をおこなうことであり，計上すべき金額を計上しないことまたは必要な注記をおこなわないことをふくんでいる（監基報240：A2項）。不正な財務報告は，企業の業績や収益力について財務諸表の利用者を欺くために，経営者が利益調整を図ることを目的としておこなわれる可能性がある（監基報240：A2項）。他方，**資産の流用**は，従業員によりおこなわれ，比較的少額であることが多いが，資産の流用を偽装し隠蔽することを比較的容易に実施できる立場にある経営者が関与することもある（監基報240：A5項）。資産の流用には，資産の紛失や正当な承認のない担保提供などがあるが，これらの事実を隠蔽するために記録または証憑書類の偽造をともなうことが多い（監基報240：A5項）。

　不正な財務報告と資産の流用のいずれであったとしても，不正はそれを隠蔽するために巧妙かつ念入りに仕組まれたスキームを伴うことがあり，このような隠蔽が共謀をともなっている場合には，更に発見することが困難になる（監基報240：第6項）。そのため，企業会計審議会は，2013（平成25）年に『不正リ

スク対応基準』を設定し，不正による重要な虚偽表示のリスクに対応した監査手続を明確化するとともに，一定の場合には監査手続をより慎重に実施することを求めている。

財務諸表監査における不正への対応については，第5章Ⅰで詳しく説明している。

> **マメ知識4-3　誤謬**
>
> 　不正に似た概念として誤謬がある。**誤謬（Error）** とは，財務諸表の意図的でない虚偽表示をいい，金額または注記事項の脱漏をふくむ（監基報240：第2項）。
>
> 　不正も誤謬も，財務諸表の重要な虚偽の表示の原因となる。しかしながら，財務諸表の重要な虚偽の表示の原因となる行為が，意図的である（不正）か，意図的でない（誤謬）かで異なる。
>
> 　なお，監査人にとって，不正による重要な虚偽の表示を発見できないリスクは，誤謬による重要な虚偽の表示を発見できないリスクよりも高い（監基報240：第6項）。

(2) 違法行為への留意

　違法行為とは，故意もしくは過失，または作為もしくは不作為を問わず，企業，その経営者，監査役等，従業員等または企業の指示の下で働く委託先業者等のその他の者によっておこなわれる，法令違反となる行為をいい，企業の事業活動に関連しない，個人の違法行為はふくまれない（監基報250「財務諸表監査における法令の検討」：第11項）。

　企業会計審議会は，2002（平成14）年に公表した「監査基準の改訂に係る意見書」の前文において，違法行為について，それ自体を発見することが監査人の責任ではなく，その判断には法律の専門的な知識が必要となることも多いとし，違法行為は必ずしも財務諸表の重要な虚偽の表示の原因となるものではないが，監査人が重要な虚偽の表示につながる虞のある違法行為を発見した場合には，不正等を発見した場合に準じて適切な対応をとる必要があると説明している（三2(4)）。

6　監査調書の作成と保存

一般基準5は，次のように規定し，監査人に，監査調書の作成と保存を求めている。

> **一般基準5**
> 　監査人は，監査計画及びこれに基づき実施した監査の内容並びに判断の過程及び結果を記録し，監査調書として保存しなければならない。

監査調書とは，実施した監査手続，入手した関連する監査証拠および監査人が到達した結論の記録をいう（監基報230「監査調書」：第5項(1)および品基報1「監査事務所における品質管理」：第16項(2)）。

『監査基準』設定当初は，監査調書は，慎重な注意をもって整理すること，相当の期間保存すること，および依頼人の許可なくしてその全部または一部を他人に示してはならないとして，後述する守秘義務とあわせて規定されていたが，2002（平成14）年の『監査基準』の全面改訂にあたって改められた。

2002（平成14）年の『監査基準』の全面改訂では，企業の大規模化や企業活動の複雑化は，とりもなおさず監査人の膨大な作業と高度な判断を要求するが，それらの作業や判断の質を自らあるいは組織的に管理するためには，監査調書の作成が不可欠であり，また，監査人は自らの責任を問われるような事態に対処し，説明責任を果たすためにも，監査計画の策定から意見の形成に至るまでの監査全体について，判断の過程も含めて記録を残すことを求めることとしたと説明されている（前文三2(5)）。

監査調書は，通常，紙媒体，電子媒体等で記録され，たとえば，監査手続書，分析表，監査上検討した事項の説明，重要な事項の要約，確認状や経営者確認書，チェックリスト，重要な事項に関するやりとりを示した文書（電子メールをふくむ）や，重要な契約書や覚書といった企業の記録の抜粋またはコピーなどがふくまれるが，企業の会計記録の代用とはならない（監基報230：A3項）。また，作成途中の財務諸表や監査調書の草稿，結論に至っていない考えや予備

的な考えを書いたメモ，字句のみを修正した場合の元の文書，重複した文書等を監査調書にふくめる必要はない（監基報230：A 4 項）。

監査調書には，被監査会社の秘密事項がふくまれるため，その取扱いや保管において，とくに注意が必要である。そのため，監査事務所は，監査調書について，監査報告書の提出日後に適時に整理し，監査事務所自らの必要性を満たし，また法令等，職業倫理に関する規定および職業的専門家としての基準を遵守するために適切に維持および保存するための品質目標を設定することが求められている（品基報 1：第31項(6)）。

7　監査の品質管理

一般基準 6 および 7 は，それぞれ次のように規定し，いずれも監査の品質管理について定めている。

> **一般基準 6**
> 監査人は，自らの組織として，全ての監査が一般に公正妥当と認められる監査の基準に準拠して適切に実施されるために必要な質の管理（以下「品質管理」という。）の方針と手続を定め，これらに従って監査が実施されていることを確かめなければならない。

> **一般基準 7**
> 監査人は，監査を行うに当たって，品質管理の方針と手続に従い，指揮命令の系統及び職務の分担を明らかにし，また，当該監査に従事する補助者に対しては適切な指示，指導及び監督を行わなければならない。

監査の品質管理とは，一般基準 6 で定義されているように，「監査が一般に公正妥当と認められる監査の基準に準拠して適切に実施するために必要な質の管理」をいい，監査事務所が遵守すべき品質管理と，個々の監査業務における監査実施の責任者が遵守すべき品質管理がある。一般基準 6 は**監査事務所レベルの品質管理**について，一般基準 7 は**個々の監査業務レベルの品質管理**について定めており，これらは監査の品質管理にかかる総括基準として位置づけられる。

また，企業会計審議会は，『監査基準』の一般基準6と7に加えて，『品質管理基準』を設定している。『品質管理基準』は，2005（平成17）年の『監査基準』の改訂にあたって，監査の品質管理にかかる一般基準の規定があらためられた際に，公認会計士による監査の品質の向上を図ることを目的として，独立の基準として設定され，2021（令和3）年11月と2024（令和6）年3月に改訂されている。『品質管理基準』は，監査事務所レベルおよび個々の監査業務レベルの品質管理についての詳細な基準であり，第一「目的」，第二「品質管理システムの整備及び運用」，第三「品質管理システムの構成」，第四「監査事務所のリスク評価プロセス」，第五「ガバナンス及びリーダーシップ」，第六「職業倫理及び独立性」，第七「監査契約の新規の締結及び更新」，第八「業務の実施」，第九「監査事務所の業務運営に関する資源」，第十「情報と伝達」，第十一「品質管理システムのモニタリング及び改善プロセス」，第十二「監査事務所が所属するネットワークへの対応」，第十三「品質管理システムの評価」，第十四「監査事務所間の引継」，第十五「共同監査」，および第十六「中間監査，期中レビュー及び内部統制監査への準用」から構成されている。

　さらに，企業会計審議会は，2013（平成25）年に設定した『不正リスク対応基準』において，不正リスクに対応した監査事務所の品質管理について定めている。そのため，『不正リスク対応基準』は，監査事務所レベルの品質管理についての詳細な基準であるといえる。2013（平成25）年公表の「監査基準の改訂及び監査における不正リスク対応基準の設定について」は，『不正リスク対応基準』について，『監査基準』および『品質管理基準』からは独立した基準であるが，上場企業等の不正リスクへの対応に関して『監査基準』および『品質管理基準』に追加して準拠すべき基準であり，法令により準拠が求められている場合は，『監査基準』および『品質管理基準』とともに，一般に公正妥当と認められる監査の基準を構成し，『監査基準』および『品質管理基準』と一体となって適用されると説明している（前文二3(2)）。『不正リスク対応基準』は，第三「不正リスクに対応した監査事務所の品質管理」において，監査事務所に，不正リスクに適切に対応できるよう，監査業務の各段階における品質管理システムを整備・運用するとともに，品質管理システムの監視を求めるなど，不正リスクに対応した監査手続を実施するための監査事務所としての品質管理

について規定している。

　加えて，監査の品質管理については，日本公認会計士協会が，監査の品質管理にかかる実務指針として，品質管理基準報告書第1号「監査事務所における品質管理」（2023（令和5）年1月12日最終改正）や監基報220「監査業務における品質管理」（2023（令和5）年1月12日最終改正）を公表している。

　これら監査の品質管理にかかる基準や実務指針の関係をまとめると，**図表4－8**のようになる。

〔図表4－8〕監査の品質管理にかかる基準や実務指針の関係

8　守秘義務

　一般基準8は，次のように規定し，監査人の守秘義務について定めている。

> **一般基準8**
> 　監査人は，業務上知り得た秘密を正当な理由なく他に漏らし，又は窃用してはならない。

（1）　守秘義務の必要性

　守秘義務（Confidentiality）とは，業務上知り得た秘密を守ることをいう（倫理規則：110.1　A　1(1)）。守秘義務は，『監査基準』設定当初より，監査人の適格性の条件として求められており，2002（平成14）年に公表された「監査基準の改訂に係る意見書」の前文では，監査人が監査業務上知り得た事項を正当な

理由なく他に漏らしたり，窃用したりすることは，職業倫理上，許されないことは当然であり，そのような行為は監査を受ける企業との信頼関係を損ない，監査業務の効率的な遂行を妨げる原因ともなりかねないと説明されている（三2(7)）。その後，2019（令和元）年の『監査基準』の改訂にあたって，『監査基準』における「監査業務上知り得た事項」という表記が，「業務上知り得た秘密」に改められ，公認会計士法との整合が図られている。

　監査人は，監査をおこなうにあたって，被監査会社から情報を入手する。それらの情報は，外部者が容易に入手できるものから被監査会社の秘密そのものまで多種多様である。監査人が監査意見を形成するに足る十分かつ適切な監査証拠を得るためには，被監査会社からの情報提供が必要不可欠である。被監査会社が監査人の守秘義務に疑いをいだくようなことがあれば，監査人と被監査会社との間の信頼関係は損なわれ，監査人は被監査会社からの情報提供を受けられず，監査業務を遂行できなくなり，ひいては，財務諸表監査制度の崩壊をもたらすおそれすらある。このように，監査人の守秘義務は，監査人と被監査会社との間の信頼関係を維持し，円滑な監査業務をおこなううえで，欠くことのできない条件であるといえる。そのため，公認会計士法は，公認会計士に守秘義務を課すとともに（第27条），公認会計士の使用人等についても守秘義務を課している（第49条の2）。

　日本公認会計士協会の倫理規則によると，会計事務所等または所属する組織の内部において業務上知り得た秘密に加えて，潜在的な依頼人や所属する組織から業務上知り得た秘密も守秘義務の対象となる（R114.1(2)(3)）。公認会計士は，自己または第三者の利益のために，業務上知り得た秘密を利用または開示してはならないのはもちろんのこと，日常の社会生活においても守秘義務を負い，とくに職場の同僚等の業務上の関係者，家族や近親者等に，意図や違反の自覚なく，業務上知り得た秘密を開示することに留意しなければならない（倫理規則：R114.1(1)(5)）。

　日本公認会計士協会は，「業務上の関係が終了した後においても，業務上知り得た秘密を利用し，又は開示してはならない。」（倫理規則：R114.1(6)）としているが，公認会計士法は，「公認会計士は，正当な理由がなく，その業務上取り扱つたことについて知り得た秘密を他に漏らし，又は盗用してはならない。

公認会計士でなくなつた後であつても，同様とする。」（第27条）と定めている。つまり，監査人は，監査業務に従事しているか否かにかかわらず，また，公認会計士であるか否かにかかわらず，正当な理由なく，業務上知り得た秘密を他に漏らしたり，利用したりすることは許されないのである。

また，公認会計士や従業者等が，守秘義務に違反し，当該守秘義務違反により，善意の第三者に損害が生じた場合には，損害賠償責任の対象となったり（民法第415条，同第709条），2年以下の懲役または100万円以下の罰金に処せられたりすることがある（公認会計士法第52条第1項）。

（2） 守秘義務の解除

正当な理由がある場合，守秘義務は解除される。たとえば，企業会計審議会は，2002（平成14）年に公表した「監査基準の改訂に係る意見書」の前文において，監査人の交代に当たっての前任監査人からの引継ぎ，親子会社で監査人が異なるときに親会社の監査人が子会社の監査人から情報を入手すること，監査の質の管理のために必要な外部の審査を受けることなどは監査業務の充実に関連することであり，そのような場合には，関係者間の合意を得るなどにより，守秘義務の解除を図る必要があると説明している（三2(7)）。また，以下のような場合には，守秘義務が解除される正当な理由があると判断される（倫理規則：114.1 A1）。

- ●業務上知り得た秘密の開示が法令等によって要求されている場合
  ① 訴訟手続の過程で文書を作成し，または証拠を提出するとき。
  ② 法令等に基づく，質問，調査または検査に応じるとき。
  ③ 法令等に基づき，法令違反等事実の申出をおこなうとき。
- ●業務上知り得た秘密の開示が法令等によって許容されており，かつ，依頼人または所属する組織から了解が得られている場合
- ●業務上知り得た秘密の開示が法令等によって禁止されておらず，かつ，職業上の義務または権利がある場合
  ① 日本公認会計士協会の品質管理レビューに応じるとき。
  ② 日本公認会計士協会の会則等の規定により日本公認会計士協会からの質問または調査に応じるとき。

③ 訴訟手続において日本公認会計士協会の会員の職業上の利益を擁護するとき。
④ 倫理規則をふくむ,技術的および職業的専門家としての基準に基づくとき。

第 5 章 不正・違法行為の監査

> *Summary*
>
> ➤ 不正とは，不当または違法な利益を得るために他者を欺く行為を伴う，経営者，取締役等，監査役等，従業員または第三者による意図的な行為をいう。
> ➤ 不正は，それを隠蔽するために巧妙かつ念入りに仕組まれたスキームを伴うことがあるため，監査人にとって不正による重要な虚偽表示を発見できないリスクは，誤謬によるそれを発見できないリスクより高くなる。
> ➤ 不正の持つ特性から，不正による重要な虚偽表示リスクを検討する場合には，監査人の職業的懐疑心は特に重要である。
> ➤ 『不正リスク対応基準』は，すべての財務諸表監査において画一的に不正リスクに対応するための追加的な監査手続の実施を求めることを意図するものではない。
> ➤ 『不正リスク対応基準』は，『監査基準』および『品質管理基準』とともに「一般に公正妥当と認められる監査の基準」を構成し，『監査基準』および『品質管理基準』と一体となって適用される。
> ➤ 監査人は，財務諸表の重要な金額および開示の決定に直接影響を及ぼすと一般的に認識されている法令を経営者が遵守していることについて，十分かつ適切な監査証拠を入手しなければならない。
> ➤ 監査人は，企業および企業環境について理解する際に，当該企業およびそれが属する産業に対して適用される法令と，当該法令を企業がどのように遵守しているかについて全般的理解を得なければならない。

(注) 監査の基本的な用語である「重要な虚偽表示」，「重要な虚偽表示リスク」について，『監査基準』・『不正リスク対応基準』では「重要な虚偽の表示」，「重要な虚偽表示のリスク」と表現されている。他方，『監査基準報告書』では「重要な虚偽表示」，「重要な

虚偽表示リスク」と表現されている。本章では「監査基準」・「不正リスク対応基準」について解説している箇所については、「重要な虚偽の表示」、「重要な虚偽表示のリスク」と表記し、「監査基準報告書」について解説している箇所は「重要な虚偽表示」、「重要な虚偽表示リスク」と表記する。

I 財務諸表監査における不正への対応

　財務諸表の監査における不正に関する実務上の指針として、監査基準報告書240「財務諸表監査における不正」が公表されている。

　監基報240における監査人の目的は、①不正による重要な虚偽表示リスクを識別し評価すること、②評価された不正による重要な虚偽表示リスクについて、適切な対応を立案し実施することにより、十分かつ適切な監査証拠を入手すること、③監査中に識別された不正または不正の疑いに適切に対応すること、の3点である。

　なお、第4章では監査基準における不正・違法行為について概説した。

1　不正の定義と分類
　　　（監基報240：第2・3項, 第10項, A2項, A4・A5項）

　財務諸表の虚偽表示は、不正または誤謬から生じる。不正と誤謬を区別する基準は、財務諸表の虚偽表示の原因となる行為が意図的であるか否かという点にある。当該行為が意図的である場合には不正、意図的でない場合には誤謬になる。

　監基報240は、監査人が財務諸表監査において対象とする重要な虚偽表示の原因となる不正を対象とするものである。**不正**は、次のように定義される（監基報240：第10項）。

> 不正－不当または違法な利益を得るために他者を欺く行為を伴う、経営者、取締役、監査役等、従業員または第三者による意図的な行為をいう。

　不正には、**不正な財務報告**（いわゆる粉飾）と**資産の流用**がある。

　このうち、不正な財務報告とは、財務諸表の利用者を欺くために財務諸表に意図的な虚偽表示を行うことであり、計上すべき金額を計上しないことまたは

必要な注記を行わないことを含んでいる。不正な財務報告は，企業の業績や収益力について財務諸表の利用者を欺くために，経営者が利益調整を図ることを目的として行われる可能性がある。また，不正な財務報告は，経営者による内部統制の無効化を伴うことが多い。

〔図表5-1〕経営者による内部統制の無効化を伴う不正な財務報告の例（同：A4項）

- 経営成績の改ざん等の目的のために架空の仕訳入力（特に期末日直前）を行う。
- 会計上の見積りに使用される仮定や判断を不適切に変更する。
- 会計期間に発生した取引や会計事象を認識しないこと，または認識を不適切に早めたり遅らせたりする。
- 適用される財務報告の枠組みで要求される注記事項または適正表示を達成するために必要な注記事項を省略したり，不明瞭に記載したり，または誤った表示をする。
- 財務諸表に記録される金額に影響を与える可能性のある事実を隠蔽する。
- 企業の財政状態または経営成績を偽るために仕組まれた複雑な取引を行う。
- 重要かつ通例でない取引についての記録や契約条項を変造する。

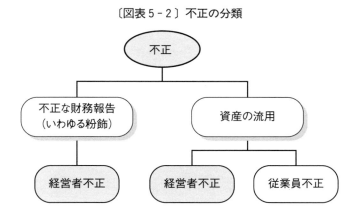

〔図表5-2〕不正の分類

他方，資産の流用は，従業員により行われ，比較的少額であることが多い。しかし，資産の流用を偽装し隠蔽することを比較的容易に実施できる立場にある経営者が関与することもある。資産の流用においては，資産の紛失や正当な承認のない担保提供といった事実を隠蔽するために記録または証憑書類の偽造

を伴うことが多い。

2 不正による重要な虚偽表示を発見する監査人の責任
（同：第5〜8項）

　監査には固有の限界が存在するため，一般に公正妥当と認められる監査の基準に準拠して適切に監査計画を策定し適切に監査を実施しても，重要な虚偽表示が発見されないという回避できないリスクがある。そこで，監査人には，全体としての財務諸表に重要な虚偽表示がないことについて合理的な保証を得る責任がある。監査人は，当該責任を，重要な虚偽表示の原因が不正であるか誤謬であるかを問わず負っている。もっとも，不正はそれを隠蔽するために巧妙かつ念入りに仕組まれたスキームを伴うことがあるため，監査人にとって不正による重要な虚偽表示を発見できないリスクは，誤謬による重要な虚偽表示を発見できないリスクよりも高くなる。

　監査人は，不正による重要な虚偽表示が財務諸表にないことについて合理的な保証を得るために，経営者が内部統制を無効化するリスクを考慮するとともに，誤謬を発見するために有効な監査手続が不正を発見するためには有効でない可能性があるということを認識し，監査の過程を通じて職業的懐疑心を保持する責任がある。

マメ知識5-1　　不正問題への取組み

　財務諸表監査で議論される不正問題は，監査環境の変化に対応して重要性が高まっている。アメリカでは監査基準書第16号（1977），53号（1988），82号（1997），99号（2002），わが国では監査基準委員会報告書10号（1997），35号，国際監査基準では240で説明されている。これらの報告書は徐々に長文化（例えば，35号は10号の3倍の分量がある）し，特に最近では職業的懐疑心やブレーンストーミングを強調している。

3 不正による重要な虚偽表示に対する職業的専門家としての懐疑心
（同：第11，A6・7項）

　監査人は，経営者，取締役および監査役等の信頼性および誠実性に関する監査人の過去の経験にかかわらず，不正による重要な虚偽表示が行われる可能性を認識し，監査の全過程を通じて，職業的懐疑心を保持しなければならない。

　職業的懐疑心は，入手した情報と監査証拠が，不正による重要な虚偽表示が行われる可能性を示唆していないかどうかについて継続的に疑問を持つことを必要としている。これには，監査証拠として利用する情報の信頼性の検討およびこれに関連する情報の作成と管理に関する統制活動において認識された内部統制があればその検討が含まれる。

　監査人が過去の経験に基づいて，経営者，取締役等および監査役等は信頼が置けるまたは誠実であると認識していたとしても，状況が変化している可能性があることから，不正による重要な虚偽表示リスクを検討する場合には，経営者の説明を批判的に検討するなど，職業的懐疑心は特に重要である。

〔図表5-3〕不正への監査人の対応の全体図

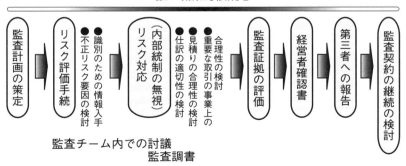

4 不正への対応に関する監査チーム内の討議
（同：第14項，A9項）

　監査人は，財務諸表に不正による重要な虚偽表示が行われる可能性について，

監査チーム内で討議しなければならない。当該討議によって，①監査チーム内で豊富な経験を有するメンバーが，不正による重要な虚偽表示が財務諸表のどこにどのように行われる可能性があるのかについて知識を共有すること，②監査人が，不正による重要な虚偽表示が財務諸表に行われる可能性への適切な対応を検討し，監査チームのどのメンバーがどの監査手続を実施するかについて決定すること，③監査人が，監査手続の実施結果をどのように監査チーム内で共有するか，および知り得た不正の申立てにどのように対処するかについて決定することが可能となる。

5 不正に対応した監査計画の策定と実施

(1) 不正による重要な虚偽表示リスクを識別するための情報の入手
（同：第15～23項，A11～25項）

監査人は，財務諸表監査において，企業および企業環境，適用される財務報告の枠組みならびに企業の内部統制システムを理解するために，**リスク評価手続**を実施する必要がある。監査人は，このリスク評価手続の一環として，以下のような手続を実施して，**不正による重要な虚偽表示リスク**の識別のための情報を入手する。

① **経営者への質問**

監査人は，以下の事項について経営者に質問しなければならない。
- 財務諸表に不正による重要な虚偽表示が行われるリスクに関する経営者の評価（評価の内容，範囲および頻度を含む）
- 経営者が不正リスクの識別と対応について構築した一連の管理プロセス（経営者が識別したか注意を払っている特定の不正リスク，または不正リスクが存在する可能性のある取引種類，勘定残高または注記事項を含む）
- 上記の管理プロセスに関して経営者と監査役等の協議が行われている場合にはその内容
- 経営者の企業経営に対する考え方や倫理的な行動についての見解を従業員に伝達している場合にはその内容

② **取締役会および監査役等による監視についての理解**

監査人は，不正リスクの識別と対応について経営者が構築した一連の管理プ

ロセスに対する監視，および不正リスクを低減するために経営者が構築した内部統制に対する監視を，取締役会および監査役等がどのように実施しているかを理解しなければならない。監査人は，これらを理解することにより，経営者による不正が行われる可能性，不正リスクに対応する内部統制の妥当性および経営者の能力と誠実性に関して見識を得ることがある。

③ 識別した通例でないまたは予期せぬ関係の検討

監査人は，収益勘定を対象としたものを含めて，分析的手続の実施により識別した通例でないまたは予期せぬ関係が，不正による重要な虚偽表示リスクを示す可能性があるかどうかを評価しなければならない。

④ 不正リスク要因の検討

監査人は，企業および企業環境，適用される財務報告の枠組みならびに企業の内部統制システムを理解する際に，入手した情報が**不正リスク要因**の存在を示しているかどうかを検討しなければならない。

ここにおける不正リスク要因とは，不正を実行する動機やプレッシャーの存在を示したり，または不正を実行する機会を与えたりする事象や状況をいう。この不正リスク要因は，図表 5 - 4 に示すように不正による重要な虚偽表示が行われる場合に通常みられる 3 つの状況，すなわち，①不正を実行する「**動機・プレッシャー**」，②不正を実行する「**機会**」，③不正行為に対する「**姿勢・正当化**」に分類される。これらはクレッシーの「不正のトライアングル」とも呼ばれている（図表 5 - 4）。

〔図表 5 - 4〕不正リスク要因のトライアングル

個人または組織の中にこれら 3 つの要因が同時に存在するときに，不正が引

き起こされるリスクが高まると考えられている。不正リスク要因の事例は**図表5-5**のとおりである。

〔図表5-5〕不正な財務報告による虚偽表示に関する不正リスク要因の例

〈動機・プレッシャー〉
　（一般的経済状況や企業の属する産業又は企業の事業環境に由来する要因の例）
- 利益の減少を招くような過度の競争がある，又は市場が飽和状態にある。
- 技術革新，製品陳腐化，利子率等の急激な変化・変動に十分に対応できない。
- 顧客の需要が著しく減少している，又は企業の属する産業若しくは経済全体における経営破綻が増加している。

〈機　会〉
　（企業が属する産業や企業の事業特性に由来する要因の例）
- 通常の取引過程からはずれた重要な関連当事者との取引，又は監査を受けていない若しくは他の監査人が監査する重要な関連当事者との取引が存在する。
- 仕入先や得意先等に不適切な条件を強制できるような財務上の強大な影響力を有している。
- 主観的な判断や立証が困難な不確実性を伴う重要な会計上の見積りがある。

〈姿勢・正当化〉
- 経営者が，経営理念や企業倫理の伝達・実践を効果的に行っていない，又は不適切な経営理念や企業倫理が伝達されている。
- 経営者が株価や利益傾向を維持すること，又は増大させることに過剰な関心を示している。
- 経営者が内部統制における重要な不備を発見しても適時に是正しない。

（付録1・1）

---

(2) 不正による重要な虚偽表示リスクの識別と評価
　　（同：第24～26項，A26～30項）

　監査人は，上で識別した不正リスク要因を考慮し，財務諸表全体レベルおよびアサーション・レベルの2つのレベルで，不正による重要な虚偽表示リスクを識別し評価しなければならない。監査人は，不正による重要な虚偽表示リスクであると評価したリスクを，特別な検討を要するリスクとして取り扱わなければならない。そのため，監査人は，当該リスクに対応する内部統制を識別し，

デザインを評価し，業務に適用されているかどうかを判断しなければならない。

監査人は，不正による重要な虚偽表示リスクを識別し評価する際，収益認識には不正リスクがあるという推定に基づき，どのような種類の収益，取引形態またはアサーションに関連して不正リスクが発生するかを判断しなければならない。収益認識に関する推定を適用する状況にはないと結論づけ，そのため収益認識を不正による重要な虚偽表示リスクとして識別しない場合，監査人はその理由を監査調書に記録しなければならない。

（3） 評価した不正による重要な虚偽表示リスクへの対応
　　　（同：第27～32項，A31～45項）

監査人は，評価した**財務諸表全体レベルの不正**による重要な虚偽表示リスクに対しては，**全般的な対応**を決定し，評価した**アサーション・レベルの不正**による重要な虚偽表示リスクに対しては，**リスク対応手続**を立案し実施しなければならない。

また，経営者による内部統制の無効化は予期せぬ手段により行われる可能性があるため，監査人には，経営者による内部統制の無効化に絡んだ不正による重要な虚偽表示リスクへの対応が求められる。以下，それぞれについて説明する。

① 全般的な対応

評価した不正による重要な虚偽表示リスクに応じた全般的な対応の決定には，通常，以下のように高められた職業的懐疑心を監査全般にどのように反映することができるかを考慮することが含まれる。

- 重要な取引の裏づけとなる証憑書類の種類およびその範囲をより注意深く選択すること
- 重要な事項に関する経営者の説明や陳述を裏づける必要性の認識を高めること

全般的な対応は，特定の手続の計画とは別の，以下のような概括的な検討が含まれる。

- 重要な役割を与えられる監査チームメンバーの知識，技能および能力，ならびに評価した財務諸表全体レベルの不正による重要な虚偽表示リスクを

考慮した上での監査チームメンバーの配置と指導監督
- 企業が採用している会計方針の選択と適用，特に主観的な測定と複雑な取引に関係する会計方針について，経営者による利益調整に起因する不正な財務報告の可能性を示唆しているかどうかの評価
- 実施する監査手続の種類，時期および範囲の選択に当たって，企業が想定しない要素の組込み

② リスク対応手続

監査人は，評価したアサーション・レベルの不正による重要な虚偽表示リスクへの対応として，次のように，実施するリスク対応手続，その実施の時期および範囲を変更することがある。

a） より証明力が強く適合性の高い監査証拠の入手

例えば，売上債権残高だけでなく，日付，返品条件および引渡条件を含めた販売契約の詳細の確認を実施し，さらに，販売契約および出荷条件の変更について，経理以外の部門に質問し，確認を補完する手続を実施する。経営者に利益目標の達成のプレッシャーがかかっていると監査人が識別した場合には，経営者が収益を認識できないような条件を付された販売契約を締結することによって，または出荷前に請求書を発行することによって，売上を過大計上するリスクが存在していることがあるため，これらの手続が有効となる場合がある。

また，特定の資産の実地棚卸の立会や実査を実施することがより重要になる場合，または重要な勘定や電子的な取引ファイルに含まれるデータについてより多くの証拠を集めるために**コンピュータ利用監査技法（CAAT）**を利用することがある。

b） 監査手続の実施時期の変更

次のような場合，実証手続の実施の時期の変更が必要となることがある。例えば，意図的な虚偽表示または利益操作が行われるリスクがある場合，監査人は，期中の監査上の結論を期末日まで更新して利用するために実施する監査手続は有効でないと結論づけることがある。この場合，期末日または期末日近くで実証手続を実施することが，評価した不正による重要な虚偽表示リスクへの適切な対応となる。

また，対照的に，例えば不適切な収益認識が関係する虚偽表示のように，意

図的な虚偽表示が期中から始められる場合には，取引の発生に近い時期または監査対象期間を通じて，実証手続を適用することがある。

　c）　監査手続の実施範囲の変更

　評価したアサーション・レベルの不正による重要な虚偽表示リスクに応じて，サンプル数の増加，より詳細なレベルでの分析的実証手続の実施，コンピュータ利用監査技法（CAAT）の使用による電子的な取引ファイルと勘定ファイルに対するより広範な手続の実施等を検討する。

（4）　経営者による内部統制の無効化に関係したリスク対応手続
　　　（同：第30項，A 4項）

　経営者は，有効に運用されている内部統制を無効化することによって会計記録を改ざんし，不正な財務諸表を作成することができる特別な立場にある。経営者による内部統制を無効化するリスクの程度は企業によって異なり，すべての企業に存在する。内部統制の無効化は予期せぬ手段によって行われるため，不正による重要な虚偽表示リスクであり，それゆえ，特別な検討を必要とするリスクである。

　ただし，監査人は，経営者による内部統制を無効化するリスクの評価にかかわらず，以下の事項を検証あるいは評価しなければならない（同第31項）。

- 総勘定元帳に記録された仕訳入力や総勘定元帳から財務諸表を作成する過程における修正の適切性
- 経営者の偏向が会計上の見積りに存在するかどうか
- 企業の通常の取引過程から外れた重要な取引，または企業および企業環境に関する監査人の理解や監査中に入手した情報を考慮すれば，通例でないと判断される重要な取引について，取引の事業上の合理性（またはその欠如）が，不正な財務報告を行うためまたは資産の流用を隠蔽するために行われた可能性を示唆するものであるかどうか

6　『監査における不正リスク対応基準』

　2013（平成25）年の『監査基準』の改訂に際して，企業会計審議会から新たに『監査における不正リスク対応基準』（以下，『不正リスク対応基準』という）

が公表された。ここでは、『不正リスク対応基準』の基本的な考え方、適用範囲、位置づけ、およびその構成と主な内容について説明する。

(1) 『不正リスク対応基準』の基本的な考え方

まず、『不正リスク対応基準』にいう「不正」とは、すでに説明した監基報240と同様に、監査人が財務諸表監査において対象とする重要な虚偽の表示の原因となる不正であり、重要な虚偽の表示とは関係のない不正は対象としていない。

また、「不正リスク」とは、不正による重要な虚偽表示のリスクを指す。『不正リスク対応基準』は、財務諸表監査の目的を変えるものではなく、不正摘発自体を意図とするものでもない。

『不正リスク対応基準』は、すべての財務諸表監査において画一的に不正リスクに対応するための追加的な監査手続の実施を求めることを意図しているものではない。被監査企業に後述する不正による財務諸表の重要な虚偽の表示を示唆するような状況が存在しない場合、また、監査人においてすでに『不正リスク対応基準』に規定されているような監査手続等を実施している場合には、監査人に求められることは、現行の『監査基準』に基づく監査実務で行われていることと基本的には変わらない。『不正リスク対応基準』は、現行の『監査基準』が規定するリスク・アプローチの考え方を前提として、不正リスクを適切に評価し、評価した不正リスクに適切な監査手続が実施されるべく監査手続の明確化を図ることで、公認会計士監査の有効性を確保しようとするものであり、監査人に対して過重な監査手続を求めるものではない。

(2) 『不正リスク対応基準』の適用範囲

『不正リスク対応基準』は、すべての監査に適用されるわけではなく、主として、財務諸表および監査報告について広範囲な利用者が存在する金融商品取引法に基づいて開示を行っている企業（非上場企業のうち資本金5億円未満または売上高10億円未満かつ負債総額200億円未満の会社を除く）に対して適用される。『不正リスク対応基準』の適用範囲は、関係法令において明確に定められる。

(3) 『不正リスク対応基準』の位置づけ

　『不正リスク対応基準』は，現行の監査基準，監査に関する『品質管理基準』（以下，『品質管理基準』という）からは独立した基準として設定されている。その理由の1つは，前述したように，『不正リスク対応基準』は，『監査基準』や『品質管理基準』とは異なり，金融商品取引法に基づく財務諸表監査にのみ適用されることにある。もう1つの理由は，不正リスクに対応するために特に監査人が行うべき監査手続等に関しては，これらを一括して整理するほうが理解しやすいという点にある。

　ただし，独立した基準とはいえ，『不正リスク対応基準』は，法令による準拠が求められている場合は，『監査基準』および『品質管理基準』とともに「一般に公正妥当と認められる監査の基準」を構成し，『監査基準』および『品質管理基準』と一体となって適用される。

(4) 『不正リスク対応基準』の構成と主な内容
① 『不正リスク対応基準』の構成

　『不正リスク対応基準』の構成は，以下のとおりである。

『不正リスク対応基準』
- ① 職業的懐疑心の強調（第一）
- ② 不正リスクに対応した監査の実施（第二）
- ③ 不正リスクに対応した監査事務所の品質管理（第三）

② 『不正リスク対応基準』の内容
　a） 職業的懐疑心の強調（第一）

第一　職業的懐疑心の強調

1　監査人は，経営者等の誠実性に関する監査人の過去の経験にかかわらず，不正リスクに常に留意し，監査の全過程を通じて，職業的懐疑心を保持しなければならない。

2　監査人は，職業的懐疑心を発揮して，不正の持つ特性に留意し，不正リスクを評価しなければならない。

3　監査人は，職業的懐疑心を発揮して，識別した不正リスクに対応する監査手

続を実施しなければならない。
4　監査人は，職業的懐疑心を発揮して，不正による重要な虚偽の表示を示唆する状況を看過することがないように，入手した監査証拠を評価しなければならない。
5　監査人は，職業的懐疑心を高め，不正による重要な虚偽の表示の疑義に該当するかどうかを判断し，当該疑義に対応する監査手続を実施しなければならない。

　まず，本規定（第一　職業的懐疑心の強調）にいう「職業的懐疑心」の考え方が，これまでの『監査基準』で採られている，「監査を行うに際し，経営者が誠実であるとも不誠実であるとも想定してはならない」という中立的な観点を変更するものではないことに留意しなければならない。先のⅠ３でも指摘したように，監査人が過去の経験に基づいて，経営者，取締役等および監査役等は信頼が置けるまたは誠実であると認識していたとしても，状況が変化している可能性があるところから，不正による重要な虚偽表示リスク（＝不正リスク）を検討する場合には，職業的懐疑心を保持することが特に重要である。上記第１項は，監査人に対して，不正リスクに常に留意すること，それゆえ監査の全過程を通じて職業的懐疑心を保持することを求めている。

　第２項は，不正の持つ特性に留意して不正リスクを評価するよう監査人に求めるものである。不正は，他者を欺く行為を含む意図的な行為であること，また，特に経営者による不正は内部統制の無効化を伴う場合が多いことなどから，不正による重要な虚偽の表示，とりわけ経営者不正による重要な虚偽の表示を発見できない可能性は，誤謬による重要な虚偽の表示ないし従業員不正による重要な虚偽の表示を発見できない可能性より高いと言える。それゆえ，監査人には，不正リスクの評価に際して，職業的懐疑心を発揮することが求められるのである。

　職業的懐疑心の発揮は，不正リスクの評価の段階のみならず，識別した不正リスクに対応する監査手続の実施（第３項）および入手した監査証拠の評価（第４項）の段階においても監査人に求められる。また，不正による重要な虚偽の表示の疑義に該当するかどうか判断する場合や，不正による重要な虚偽の表示の疑義に該当すると判断した場合には，職業的懐疑心の程度をさらに高め

て監査手続を実施することが監査人に求められている（第5項）。

　職業的懐疑心の保持や発揮が適切であったか否かは，最終的に，具体的な状況において監査人の行った監査手続の内容で判断されるものと考えられる。そこで，監査人は，本規定をふくめ不正リスク対応基準に基づき，監査の各段階で必要とされる職業的懐疑心を保持または発揮し，具体的な監査手続を実施することが求められている。

　b）　不正リスクに対応した監査の実施（第二）

1　企業及び当該企業が属する産業における不正事例の理解
　　監査人は，不正リスクを適切に評価するため，企業及び当該企業が属する産業を取り巻く環境を理解するに当たって，公表されている主な不正事例並びに不正に利用される可能性のある一般的及び当該企業の属する産業特有の取引慣行を理解しなければならない。
2　不正リスクに関連する質問
　　監査人は，経営者，監査役等及び必要な場合には関連するその他の企業構成員に，不正リスクに関連して把握している事実を質問しなければならない。
　　また，監査人は，経営者に対して，当該企業において想定される不正の要因，態様及び不正への対応策等に関する経営者の考え方を質問し，リスク評価に反映しなければならない。
3　不正リスク要因を考慮した監査計画の策定
　　監査人は，監査計画の策定に当たり，入手した情報が不正リスク要因の存在を示しているかどうか検討し，それらを財務諸表全体及び財務諸表項目の不正リスクの識別及び評価において考慮しなければならない。監査人は，評価した不正リスクに応じた全般的な対応と個別の監査手続に係る監査計画を策定しなければならない。
4　監査チーム内の討議・情報共有
　　監査人は，監査実施の責任者と監査チームの主要構成員の間において，不正による重要な虚偽の表示が財務諸表のどこにどのように行われる可能性があるのかについて討議を行うとともに，知識や情報を共有しなければならない。
　　監査実施の責任者は，監査の過程で発見した事業上の合理性に疑問を抱かせる特異な取引など重要な会計及び監査上の問題となる可能性のある事項を，監査実施の責任者及び監査チーム内のより経験のある構成員に報告する必要があ

> ることを監査チームの構成員に指示しなければならない。
> 5　不正リスクに対応する監査人の手続
> 　　監査人は，識別した不正リスクに関連する監査要点に対しては，当該監査要点について不正リスクを識別していない場合に比べ，より適合性が高く，より証明力が強く，又はより多くの監査証拠を入手しなければならない。
> 6　企業が想定しない要素の組み込み
> 　　監査人は，財務諸表全体に関連する不正リスクが識別された場合には，実施する監査手続の種類，実施の時期及び範囲の決定に当たって，企業が想定しない要素を監査計画に組み込まなければならない。

　監査人は，不正リスクを適切に評価するための前提となる知識として，被監査企業および被監査企業が属する産業等において過去に発生した不正事例や，一般的に，あるいは被監査企業が属する産業において特有の，不正に利用される可能性のある取引慣行に関する理解を求められる（第1項）。また，監査人は，不正に関連してすでに把握している事実の有無について，経営者・監査役等，場合によっては従業員にも質問をしなければならない。さらに，経営者に対しては，想定される不正の要因，態様およびそれへの対応策に対する考え方を質さなければならない（第2項）。第2項は，不正リスクの評価の一環として監査人に質問の手続を要求するものである。

　第3項により，監査人は，現行の『監査基準』で求められている重要な虚偽表示のリスクの検討に加え，実務指針（監基報240）レベルではなく基準レベルにおいて，監査計画の策定に当たり，不正リスク要因の検討や不正リスクを把握するための手続を求められることになる。また，財務諸表全体レベルおよび財務諸表項目（アサーション）レベルの双方での不正リスクの識別と評価，並びに当該評価に応じた全般的対応（財務諸表全体レベル）およびリスク対応手続（アサーション・レベル）が，基準レベルで明示的に監査人に求められることになる。同様に，第4項に関しても，実務指針（監基報240：第14項・A9項およびA10項）レベルで要求されていた，監査チーム内での不正による重要な虚偽表示に関連する討議や知識の共有が，基準レベルで監査人に求められる。

　次に，不正リスクに対応した監査手続の実施に際して，監査人は，不正リスクを識別した監査要点に対しては，識別していない場合に比して，入手すべき

監査証拠の質（適合性・証明力）および量に差異を設けなければならない（第5項）。また，監査人は，財務諸表全体に関連する不正リスクを識別した場合には，企業が想定しない要素を監査計画に組み込まなければならない（第6項）。なお，特定の財務諸表項目に関連する不正リスクを識別した場合には，このことは求められていない。

> 7 不正リスクに対応して実施する確認
> 　監査人は，不正リスクに対応する手続として積極的確認を実施する場合において，回答がない又は回答が不十分なときには，代替的な手続により十分かつ適切な監査証拠を入手できるか否か慎重に判断しなければならない。
> 　監査人は，代替的な手続を実施する場合は，監査要点に適合した証明力のある監査証拠が入手できるかどうかを判断しなければならない。代替的な手続を実施する場合において，監査証拠として企業及び当該企業の子会社等が作成した情報のみを利用するときは，当該情報の信頼性についてより慎重に判断しなければならない。
> 8 入手した監査証拠の十分性及び適切性の評価
> 　監査人は，実施した監査手続及び入手した監査証拠に基づき，不正リスクに関連する監査要点に対する十分かつ適切な監査証拠を入手したかどうかを判断しなければならない。監査人は，十分かつ適切な監査証拠を入手していないと判断した場合は，追加的な監査手続を実施しなければならない。
> 9 矛盾した監査証拠があった場合等の監査手続の実施
> 　監査人は，監査実施の過程で把握した状況により，ある記録や証憑書類が真正ではないと疑われる場合，又は文言が後から変更されていると疑われる場合，また，矛盾した監査証拠が発見された場合には，監査手続の変更又は追加（例えば，第三者への直接確認，専門家の利用等）が必要であるかを判断しなければならない。

『不正リスク対応基準』において，質問を除けば，唯一特定の監査手続の実施方法のあり方を規定しているのが第7項である。本項は不正リスクに対応する手続として積極的確認を実施する際の留意事項を規定しており，本来実務指針レベルで取り扱われるべき性質のものと考えられる。第8項および第9項に関しては，すでに実務指針（監基報330：第25項・第26項および監基報240：第12項・A8項）で監査人に求められていることであり，これらについても実務指

針レベルから基準レベルへと位置づけが変わったと言える。

> 10 不正による重要な虚偽の表示を示唆する状況
>   監査人は，監査実施の過程において，不正による重要な虚偽の表示を示唆する状況を識別した場合には，不正による重要な虚偽の表示の疑義が存在していないかどうかを判断するために，経営者に質問し説明を求めるとともに，追加的な監査手続を実施しなければならない。
> 11 不正による重要な虚偽の表示の疑義
>   監査人は，識別した不正による重要な虚偽の表示の示唆する状況について，関連して入手した監査証拠に基づいて経営者の説明に合理性がないと判断した場合には，不正による重要な虚偽の表示の疑義があるとして扱わなければならない。
>   また，識別した不正リスクに対応して当初計画した監査手続を実施した結果必要と判断した追加的な監査手続を実施してもなお，不正リスクに関連する十分かつ適切な監査証拠を入手できない場合には，不正による重要な虚偽の表示の疑義があるとして扱わなければならない。
>   監査人は，不正による重要な虚偽の表示の疑義がないと判断したときは，その旨と理由を監査調書に記載しなければならない。
> 12 不正による重要な虚偽の表示の疑義があると判断した場合の監査計画の修正
>   監査人は，監査計画の策定後，監査の実施過程において不正による重要な虚偽の表示の疑義があると判断した場合には，当該疑義に関する十分かつ適切な監査証拠を入手するため，不正による重要な虚偽の表示の疑義に関する十分な検討を含め，想定される不正等の態様等に直接対応した監査手続を立案し監査計画を修正しなければならない。
> 13 不正による重要な虚偽の表示の疑義があると判断した場合の監査手続の実施
>   監査人は，不正による重要な虚偽の表示の疑義に関連する監査要点について十分かつ適切な監査証拠を入手するため，修正した監査計画にしたがい監査手続を実施しなければならない。

監査人は，下記に例示されているような「不正による重要な虚偽の表示を示唆する状況」を識別した場合には，「不正による重要な虚偽の表示の疑義」が存在していないかどうかを判断するために，適切な階層の経営者に質問し説明を求めるとともに，追加的な監査手続を実施しなければならない（第10項）。

不正による重要な虚偽の表示を示唆する状況の例示（付録2）

1 不正に関する情報
- 社内通報制度を通じて企業に寄せられ，監査人に開示された情報に，財務諸表に重要な影響を及ぼすと考えられる情報が存在している。
- 監査人に，不正の可能性について従業員や取引先等からの通報がある（監査事務所の通報窓口を含む）。

2 留意すべき通例でない取引等
 (1) 不適切な売上計上の可能性を示唆する状況
  - 企業の通常の取引過程から外れた重要な取引又はその他企業及び当該企業が属する産業を取り巻く環境に対する監査人の理解に照らして通例でない重要な取引のうち，企業が関与する事業上の合理性が不明瞭な取引が存在する。
 (2) 資金還流取引等のオフバランス取引の可能性を示唆する状況
  - 企業の事業内容に直接関係のない又は事業上の合理性が不明瞭な重要な資産の取得，企業の買収，出資，費用の計上が行われている。
 (3) その他
  - 関連当事者又は企業との関係が不明な相手先（個人を含む）との間に，事業上の合理性が不明瞭な重要な資金の貸付・借入契約，担保提供又は債務保証・被保証の契約がある。

3 証拠の変造，偽造又は隠蔽の可能性を示唆する状況
- 変造又は偽造されたおそれのある文書が存在する。
- 重要な取引に関して，重要な記録等に矛盾する証拠が存在する，又は証拠となる重要な文書を紛失している。
- 重要な取引に関して，合理的な理由なく，重要な文書を入手できない，又は重要な文書のドラフトのみしか入手できない。

4 会計上の不適切な調整の可能性を示唆する状況
- 期末日近くまで網羅的若しくは適時に記録されていない重要な取引，又は金額，会計期間，分類等が適切に記録されていない重要な取引が存在する。
- （根拠資料等による）裏付けのない又は未承認の重要な取引や勘定残高が存在する。
- 期末日近くに経営成績に重要な影響を与える通例でない修正が行われている。
- 重要な取引に関連する証憑，又は会計帳簿や記録（総勘定元帳・補助元帳・勘

定明細等)において，本来一致すべき数値が不一致でその合理的な説明がない。
- 企業が合理的な理由がなく重要な会計方針を変更しようとしている。
- 経営環境の変化がないにもかかわらず，重要な会計上の見積りを頻繁に変更する。

5　確認結果
- 企業の記録と確認状の回答に説明のつかない重要な差異がある。
- 特定の取引先に対する確認状が，合理的な理由なく監査人に直接返送されないという事態が繰り返される。

6　経営者の監査への対応
- 合理的な理由がないにもかかわらず，監査人が，記録，施設，特定の従業員，得意先，仕入先，又は監査証拠を入手できるその他の者と接することを企業が拒否する，妨げる，又は変更を主張する。
- 合理的な理由がないにもかかわらず，企業が確認依頼の宛先の変更や特定の相手先に対する確認の見合わせを主張したり，他の確認先に比べて著しく準備に時間がかかる残高確認先がある。

7　その他
- 企業が，財務諸表に重要な影響を及ぼす取引に関して，明らかに専門家としての能力又は客観性に疑念のあると考えられる専門家を利用している。
- 重要な投資先や取引先，又は重要な資産の保管先に関する十分な情報が監査人に提供されない。

　監査人は，監査の実施過程において，上記に例示されている「不正による重要な虚偽の表示を示唆する状況」に遭遇した場合に，追加的な監査手続を求められるが，上記の状況の有無について網羅的に監査証拠をもって確かめなければならないということではないことに留意しなければならない。

　次に，監査人は，不正による重要な虚偽の表示を示唆する状況について，関連して入手した監査証拠に基づいて経営者の説明に合理性がないと判断した場合や，識別した不正リスクに対応して追加的な監査手続を実施してもなお，十分かつ適切な監査証拠を入手できない場合には，不正による重要な虚偽の表示の疑いがより強くなることから，これを「不正による重要な虚偽の表示の疑義がある」として取り扱わなければならない。なお，追加的な監査手続の実施の

第5章 不正・違法行為の監査 201

結果，不正による重要な虚偽の表示の疑義がないと判断した場合には，監査人は，その旨と理由を監査調書に記載しなければならない（第11項）。

反対に，不正による重要な虚偽の表示の疑義があると判断した場合には，監査人は，想定される不正の態様等に直接対応した監査手続を立案し監査計画を修正するとともに，修正した監査計画にしたがって監査手続を実施しなければならない（第12～13項）。

14　専門家の業務の利用

　　監査人は，不正リスクの評価，監査手続の実施，監査証拠の評価及びその他の監査実施の過程において，不正リスクの内容や程度に応じて専門家の技能又は知識を利用する必要があるかどうかを判断しなければならない。

15　不正リスクに対応した審査

　　監査人は，不正リスクへの対応に関する重要な判断とその結論について，監査事務所の方針と手続に従って，監査の適切な段階で審査を受けなければならない。

16　不正による重要な虚偽の表示の疑義があると判断した場合の審査

　　監査人は，不正による財務諸表の重要な虚偽の表示の疑義があると判断した場合には，当該疑義に係る監査人の対応について，監査事務所の方針と手続に従って，適切な審査の担当者による審査が完了するまでは意見の表明をしてはならない。

17　監査役等との連携

　　監査人は，監査の各段階において，不正リスクの内容や程度に応じ，適切に監査役等と協議する等，監査役等との連携を図らなければならない。

　　監査人は，不正による重要な虚偽の表示の疑義があると判断した場合には，速やかに監査役等に報告するとともに，監査を完了するために必要となる監査手続の種類，時期及び範囲についても協議しなければならない。

18　経営者の関与が疑われる不正への対応

　　監査人は，監査実施の過程において経営者の関与が疑われる不正を発見した場合には，監査役等に報告し，協議の上，経営者に問題点の是正等の適切な措置を求めるとともに，当該不正が財務諸表に与える影響を評価しなければならない。

19　監査調書

　　監査人は，不正による重要な虚偽の表示の疑義があると判断した場合，当該

> 疑義の内容，実施した監査手続とその結果，監査人としての結論及びその際に
> なされた職業専門家としての重要な判断について，監査調書に記載しなければ
> ならない。

　専門家の業務の利用に関して，不正リスクの内容や程度に応じて専門家の技能または知識を利用するかどうかを監査人は判断しなければならない（第14項）。専門家には，例えば，金融商品の評価，企業価値評価，不動産の評価，不正調査，ITに関する専門家が想定されている。

　不正リスクに関連する審査に関しては，とりわけ，不正による重要な虚偽の表示の疑義が識別された場合には，監査事務所として適切な監査意見を形成するため，審査についてもより慎重な対応が求められる。そこで，当該疑義に対する監査人の対応について，監査事務所の方針と手続に従って，適切な審査の担当者による審査が完了するまでは意見の表明ができない旨が規定されている（第15～16項）。

　また，監査人は，監査の各段階で監査役等との連携が求められるが，特に，不正による重要な虚偽の表示の疑義があると判断した場合や経営者の関与が疑われる不正を発見した場合には，監査役等に報告するとともに，その善後策について協議することが，不正リスクへの有効な対応として求められている（第17～18項）。

　不正による重要な虚偽の表示の疑義があると判断した場合には，監査人が当該疑義に関して実施した監査手続の内容とその結果，また，監査人としての結論およびその際になされた重要な判断は，監査意見に重要な意味を持つと考えられる。そこで，監査人には，それら職業的専門家としての重要な判断を監査調書に記載することが求められている（第19項）。

c） 不正リスクに対応した監査事務所の品質管理（第三）

　本規定は，現在各監査事務所で行っている品質管理のシステムに加えて，新たな品質管理のシステムの導入を求めているものではなく，不正リスクに対応する観点から，監査事務所が整備すべき品質管理のシステムにおいて特に留意すべき点を明記したものである。また，整備および運用が求められる監査事務所の方針と手続は，監査事務所の規模および組織，当該業務の内容等により異

なることから，すべての監査事務所において画一的な不正リスクに対応した品質管理の方針と手続が求められているものではない。

> 1　不正リスクに対応した品質管理
> 　　監査事務所は，不正リスクに留意して品質管理に関する適切な方針及び手続を定め，不正リスクに対応する品質管理の責任者を明確にしなければならない。
> 2　監査契約の新規の締結及び更新における不正リスクの考慮
> 　　監査事務所は，監査契約の新規の締結及び更新の判断に関する方針及び手続に，不正リスクを考慮して監査契約の締結及び更新に伴うリスクを評価すること，並びに，当該評価の妥当性について，新規の締結時，及び更新時はリスクの程度に応じて，監査チーム外の適切な部署又は者により検討することを含めなければならない。
> 3　不正に関する教育・訓練
> 　　監査事務所は，監査実施者の教育・訓練に関する方針及び手続を定め，監査実施者が監査業務を行う上で必要な不正事例に関する知識を習得し，能力を開発できるよう，監査事務所内外の研修等を含め，不正に関する教育・訓練の適切な機会を提供しなければならない。
> 4　不正リスクに対応した監督及び査閲
> 　　監査事務所は，不正リスクに適切に対応できるように，監査業務に係る監督及び査閲に関する方針及び手続を定めなければならない。
> 5　不正リスクに関連して監査事務所内外からもたらされる情報への対処
> 　　監査事務所は，監査事務所内外からもたらされる情報に対処するための方針及び手続において，不正リスクに関連して監査事務所に寄せられた情報を受け付け，関連する監査チームに適時に伝達し，監査チームが監査の実施において当該情報をどのように検討したかについて，監査チーム外の監査事務所の適切な部署又は者に報告することを求めなければならない。

　監査事務所には，不正リスクに適切に対応できるよう，監査業務の各段階における品質管理システムを整備および運用するとともに，品質管理システムを適切に監視することが求められる。そのため，監査事務所は，不正リスクに留意して品質管理に関する適切な方針および手続を定め，不正リスクに対応する品質管理の責任者を明確にしなければならない（第1項）。

　監査事務所は，監査契約の新規の締結および更新の判断に関する方針および

手続に，不正リスクを考慮して監査契約の締結および更新に伴うリスクを評価することを含めなければならない。また，これに関連して，監査契約の新規の締結および更新の判断に際して監査事務所としての検討を求めるという観点から，監査事務所には，当該リスク評価の妥当性について監査チーム外の適切な部署または者により検討することが求められる（第2項）。

また，監査事務所は，監査実施者に対する教育・訓練に関する方針および手続の一環として，監査実施者が監査業務を行ううえで必要な不正事例に関する知識を習得し，能力を開発できるよう，監査事務所内外の研修を含め，監査実施者に対して不正に関する教育・訓練の適切な機会を提供しなければならない（第3項）。

加えて，監査業務の実施に関する品質管理の方針および手続の一環として，監査事務所は，不正リスクに適切に対応できるように，監査業務に係る監督および査閲に関する方針および手続を定めなければならない（第4項）。

さらに，品質管理システムの監視に関する方針および手続の一環として，監査事務所は，とりわけ監査事務所内外からもたらされる不正リスクに関連する情報に対処するための方針および手続において，監査事務所に寄せられた情報を受け付け，関連する監査チームに適時に伝達し，監査チームが監査の実施において当該情報をどのように検討したかについて，監査チーム外の監査事務所の適切な部署または者に報告することを，監査実施の責任者に求めなければならない（第5項）。

6　不正による重要な虚偽の表示の疑義があると判断した場合等の専門的な見解の問合せ

監査事務所は，不正による重要な虚偽の表示を示唆する状況が識別された場合，又は不正による重要な虚偽の表示の疑義があると判断された場合には，必要に応じ監査事務所内外の適切な者（例えば，監査事務所の専門的な調査部門等）から専門的な見解を得られるようにするための方針及び手続を定めなければならない。

7　不正による重要な虚偽の表示の疑義があると判断された場合の審査

監査事務所は，不正による重要な虚偽の表示の疑義があると判断された場合には，修正後の監査計画及び監査手続が妥当であるかどうか，入手した監査証

拠が十分かつ適切であるかどうかについて，監査事務所としての審査が行われるよう，審査に関する方針及び手続を定めなければならない。

監査事務所は，当該疑義に対応する十分かつ適切な経験や職位等の資格を有する審査の担当者（適格者で構成される会議体を含む）を監査事務所として選任しなければならない。

第6項は，通常時ではなく，不正による重要な虚偽の表示を示唆する状況が識別された場合，あるいは，さらに進んで不正による重要な虚偽の表示の疑義があると判断された場合における専門的な見解の問合せに係る規定である。監査事務所は，このような場合に事務所内外の適切な者に専門的な見解を得られるようにするための方針および手続を，予め定めておかなければならない。

不正による重要な虚偽の表示の疑義があると判断された場合には，通常の審査担当者による審査と比べて，監査事務所としてより慎重な審査が行われる必要がある。このため，監査事務所は，当該監査業務の監査意見が適切に形成されるよう，当該疑義に対応する十分かつ適切な経験や職位等の資格を有する審査の担当者を監査事務所として選任することを，審査に関する方針および手続に定めなければならない（第7項）。

8　監査事務所内における監査実施の責任者の間の引継

監査事務所は，監査業務の実施に関する品質管理の方針及び手続において，同一の企業の監査業務を担当する監査実施の責任者が全員交代した場合，不正リスクを含む監査上の重要な事項が適切に伝達されるように定めなければならない。

9　監査事務所間の引継

監査事務所は，後任の監査事務所への引継に関する方針及び手続において，後任の監査事務所に対して，不正リスクへの対応状況を含め，監査上の重要な事項を伝達するとともに，後任の監査事務所から要請のあったそれらに関連する調書の閲覧に応じるように定めなければならない。

監査事務所は，前任の監査事務所からの引継に関する方針及び手続において，前任の監査事務所に対して，監査事務所の交代事由，及び不正リスクへの対応状況等の監査上の重要な事項について質問するよう定めなければならない。

監査事務所は，監査事務所間の引継に関する方針及び手続において，監査チ

> ームが実施した引継の状況について監査チーム外の適切な部署又は者に報告することを定めなければならない。

　第8項は，監査事務所に対して，同一企業の監査業務を担当する監査実施の責任者が全員交代する場合（監査実施の責任者が一人である場合の交代を含む）は，監査事務所内において，不正リスクを含む監査上の重要な事項が適切に伝達されるように求めるものである。

　これに対して，第9項は，監査事務所交代時において前任監査事務所と後任監査事務所に一定の手続を求めるものである。まず，前任監査事務所は，後任の監査事務所に対して，不正リスクの対応状況を含め，企業との間の重要な意見の相違等の監査上の重要な事項を伝達するとともに，後任監査事務所から要請のあったそれらに関連する監査調書の閲覧に応じるように，引継に関する方針および手続に定めなければならない。他方，後任監査事務所は，前任監査事務所に対して，監査事務所の交代理由のほか，不正リスクへの対応状況，企業との間の重要な意見の相違等の監査上の重要な事項について質問するように，引継に関する方針および手続に定めなければならない。

マメ知識 5-2

オリンパス事件

　監査制度の改革の背後には，常に粉飾決算がある。不正リスク対応監査基準の公表の背後には，オリンパス事件があった。この事件は，①1990年代後半に，海外の銀行で国債や定期預金を担保にして資金を借り入れさせ，オリンパス本社で発生した1,000億円の評価損が発生した金融資産（デリバティブ）を簿価で連結対象外のファンド（ケイマン諸島）に移転させるスキーム，②移転させた評価損を解消させるスキームから組み立てられていた。

　事件は2011年10月の外国人社長解任劇から幕が開いた。事実関係は，第三者委員会の調査報告書（2011年12月）と監査役等責任調査委員会の報告書（2012年1月）に記載されている。

II 財務諸表監査における違法行為への対応

　企業には，さまざまな法令が適用される。企業の経営者は，財務諸表の金額または開示に関連する法令の遵守を含め，当該企業に適用される法令に従った業務の実施を確保することが求められる。財務諸表監査における法令の検討に関する実務上の指針として，監査基準報告書250「財務諸表監査における法令の検討」が公表されている。

　この監基報250については，すでに，第4章において，監基報250による違法行為の定義が紹介されている。また，監基報250が経営者の遵守すべき法令を監査人の責任の観点から2つに分類し，各々のタイプの法令に対する監査人の責任について規定していることについても，第4章で説明がなされている。そこで，本節では，監基報250の規定内容のうち，主として，財務諸表監査における法令に対する検討において監査人にその実施が求められている事項について説明する。

1　適用される法令とその遵守状況に関する理解

　監査人は，リスク評価手続において，企業および企業環境について理解する際に，以下の事項を全般的に理解しなければならない（監基報250：第12項）。

- 企業および企業が属する産業に対して適用される法令
- 企業が当該法令などのように遵守しているか

　上記に関する理解を得るために，監査人は，以下のことを行うことがある（同：A10項）。

- 企業の産業，規制およびその他の外部要因について監査人が既に有する情報を利用する。
- 財務諸表上の金額および開示を直接的に決定する法令について最新の情報を入手する。
- 企業の事業運営に根本的な影響を及ぼすことが想定されるその他の法令について経営者に質問する。

- 法令遵守に関する企業の方針および手続について経営者に質問する。
- 訴訟の識別，評価および会計処理のために採用している方針または手続に関して経営者に質問する。

　なお，第4章ですでに言及したように，財務諸表上の重要な金額および開示の決定に直接影響を及ぼすと一般的に認識されている法令に関しては，監査人は，経営者がそれを遵守していることについて，十分かつ適切な監査証拠を入手しなければならない（同：第13項）。

　他方，監査人は財務諸表に重要な影響を及ぼすことがあるその他の法令への違反の識別に資する以下の監査手続を実施しなければならない（同：第14項）。

- 企業がその他の法令を遵守しているかどうかについて，経営者および適切な場合には監査役等へ質問する。
- 関連する許認可等を行う規制当局とのやりとりを示した文書がある場合には，それを閲覧する。

　ところで，監査人が，違法行為またはその疑いに気づくのは上記のようなリスク評価手続実施時に限られるわけではない。取引種類，勘定残高または開示に対して詳細テストを実施した際等に，監査人がそれらに気づく場合がある。そこで，監査人は，監査期間中，その他の監査手続の適用によって，違法行為またはその疑いに気づく場合があることに留意しなければならない（同：第15項）。

2　識別された違法行為またはその疑いがある場合の監査手続

　監査人は，違法行為またはその疑いに関する情報に気づいた場合，以下を実施しなければならない（同：第18項）。

- 行為の内容および当該行為が発生した状況について理解すること
- 財務諸表に及ぼす影響を評価するために詳細な情報を入手すること

　違法行為の存在を示す兆候としては，例えば以下の事項を挙げることができる（同：A17項）。

- 規制当局や政府機関による調査の実施または罰金もしくは課徴金の支払

- コンサルタント，関連当事者，従業員または官公庁職員への詳細が不明なサービスに対する支払または貸付
- 企業や企業が属する産業における通常の支払額または実際に提供されたサービスに比して過度に多額の販売手数料または代理店手数料
- 市場価格を著しく上回る価格または下回る価格での購入

　また，違法行為が財務諸表に及ぼす影響についての監査人の評価に関連する事項には，以下が含まれる（同：A18項）。
- 罰金または課徴金，違約金，損害賠償金，資産の没収の脅威，業務停止命令および訴訟を含む，違法行為により見込まれる財務上の影響
- 見込まれる財務上の影響について開示の要否
- 見込まれる財務上の影響の程度

　なお，監査人は，違法行為が疑われる場合，法令により禁止されていない限り，当該事項について適切な階層の経営者，および必要に応じて監査役等と協議しなければならない（同：第19項）。

3　識別された違法行為またはその疑いについてのコミュニケーションおよび報告

　監査人は，監査の実施過程で気づいた違法行為またはその疑いに関連する事項を，法令により禁止されていない限り，明らかに軽微である場合を除き，監査役等とコミュニケーションを行わなければならない。とりわけ，違法行為またはその疑いが故意でかつ重要であると判断する場合，監査人は，当該事項について監査役等と速やかにコミュニケーションを行わなければならない（同：第22～23項）。

　また，監査人は，経営者または監査役等の違法行為への関与が疑われる場合，当該者より上位または当該者を監督する機関または者が存在するときは，当該機関または者にその事項を報告しなければならない。そのような上位の機関または者が存在しない場合，または当該事項を警告しても対応がなされないと考えられる場合，もしくは報告すべき相手が不明瞭な場合，監査人は法律専門家の助言を求めることを検討しなければならない（同：第24項）。

　なお，金融商品取引法は，監査人に，監査の過程で被監査会社による法令違

反等の事実を発見した場合，監査役等に通知して適切な措置をとるように求め，それでも是正措置がとられない場合には，当該事実に関する意見を内閣総理大臣に申し出ることを求めている（金融商品取引法第193条の3）。

その内容は次のとおりである（日本公認会計士協会　法規委員会研究報告第9号「法令違反等事実発見への対応に関するQ＆A〔2008年11月〕」）。

① 法令違反等事実とは，「法令に違反する事実その他の財務計算に関する書類の適正性の確保に影響を及ぼすおそれがある事実」であること
② この規定は，財務諸表監査，内部統制監査，期中レビューに適用されること
③ 監査人による重要性の判断は明示されていないが，重要性の判断が適用されること
④ 監査人が最初に，書面で報告する提出先は取締役等の職務執行を監査する機関であること
⑤ 提出先が当該法令違反等事実に対して所定の期間内に必要な是正措置を講じず，当該事実が財務書類の適正性の確保に重要な影響を及ぼすおそれがある場合には，内閣総理大臣（金融庁長官）に書面で提出すること
⑥ ⑤の提出は倫理規則における守秘義務が解除される正当な理由に該当すること

第 6 章 実施基準とリスク・アプローチ

Summary

➤ リスク・アプローチに基づく監査は，監査人が重要な虚偽表示リスクの高い項目に重点的に人員や時間を充てることにより，監査を効果的かつ効率的なものとすることができる監査の実施方法を意味する。

➤ 監査リスクは，重要な虚偽表示リスク（固有リスク×統制リスク）と発見リスクから構成される。

➤ 重要な虚偽表示リスクが高いところは発見リスクを低く決定し，重要な虚偽表示リスクが低いところは発見リスクを高く決定することで，監査リスクは許容可能な低い水準となる。

➤ 重要性の基準値は，財務諸表全体において重要であると判断する虚偽表示の金額であり，手続実施上の重要性は，監査人が監査手続を実施する上で参考にする金額であって，重要性の基準値よりも低い金額として設定する。

➤ 監査人は広く内部統制を含む企業および企業環境（事業上のリスクを含む）を理解して，重要な虚偽表示リスクの識別・評価に役立たせる。

➤ リスク対応手続は，統制リスクの評価に関連する運用評価手続と，発見リスクの水準に関連する実証手続からなる。

➤ 財務諸表全体レベルの重要な虚偽表示リスクには，全般的な対応を行う。

➤ 「特別な検討を必要とするリスク」や「実証手続のみでは十分かつ適切な監査証拠を入手できないリスク」という2つのリスクの識別・評価および対応に留意する。

➤ 直接的な検証が困難な抽象的命題である財務諸表の適正性を細分化することで立証目標として設定されるのが監査要点である。

> 監査人は，監査手続を実施して監査証拠を入手するが，監査要点を立証する十分性・適切性を備えた監査証拠の集合が「十分かつ適切な監査証拠」である。
> 監査を効果的かつ効率的に実施するため，監査リスクと監査上の重要性を勘案して監査計画を策定し，必要に応じて監査計画を見直す。

（注）企業会計審議会の公表する「監査基準」では，「重要な虚偽の表示」，「重要な虚偽の表示のリスク」という用語を使用しているが，日本公認会計士協会の公表する監査基準報告書では，「重要な虚偽表示」，「重要な虚偽表示リスク」という用語を使用している。両者に実質的な意味の相違はないが，本章では後者の用語を使用している。

Ⅰ 実施基準とリスク・アプローチの基本

1 実施基準の構成とリスク・アプローチ

『監査基準』第三「実施基準」の構成は，図表6-1のとおりであり，ここでは本章で扱うリスク・アプローチに関する規定には◎を付し，また各規定に係る参照頁と章を示すことで，実施基準の構成とリスク・アプローチとの関連を明らかにする。

〔図表6-1〕監査基準 第三「実施基準」の構成

実施基準の規定	参照頁／章
一 基本原則	
◎1 リスク・アプローチに基づく監査の実施	219，228頁
◎2 事業上のリスク等の考慮	241頁
◎3 監査要点に適合した十分かつ適切な監査証拠の入手	260頁
◎4 リスク評価手続とリスク対応手続の実施	233頁
5 不正・誤謬の可能性の評価	第5章
6 継続企業の前提の検討	第9章
7 監査役等との協議	第8章
8 特別目的財務諸表の監査における受入れ可能性の検討	－
二 監査計画の策定	
◎1 監査リスクと監査上の重要性の勘案	228，279頁
◎2 事業上のリスク等がもたらすRMMの暫定的評価	234頁

◎ 3	財務諸表全体レベルのRMMに対する全般的な対応	235頁
◎ 4	財務諸表項目レベルのRMMの評価と対応	218, 235, 243頁
◎ 5	特別な検討を必要とするリスクへの対応	244, 252頁
6	情報技術の利用状況への適合	第8章
7	継続企業の前提に重要な疑義を生じさせる事象または状況	第9章
◎ 8	監査計画の修正	284頁
三	監査の実施	
◎ 1	暫定的に評価したRMMの変更不要の場合／暫定的評価より高いと判断した場合	285頁
◎ 2	内部統制不存在等の場合は実証手続のみの実施	238頁
◎ 3	特別な検討を必要とするリスクへの対応	255頁
◎ 4	財務諸表全体レベルのRMMに対する全般的な対応の見直し	285頁
5	会計上の見積りの合理性の判断	第8章
6	不正・誤謬の発見時の対応	第5章
7	継続企業の前提に係る経営者の評価の検討	第9章
8	継続企業の前提に関する重要な不確実性の有無の判断	第9章
9	経営者からの書面による確認	第8章
四	他の監査人等の利用	
1	他の監査人等の監査結果の利用	第8章
2	専門家の業務の利用	第8章
3	内部監査の作業の利用	第8章

（注） RMMは「重要な虚偽表示リスク」を意味する。

2　監査リスクと合理的な保証との関係

　財務諸表監査の目的は，監査人が財務諸表に対して意見を表明することにより，財務諸表の適正性を保証することにあり，その保証水準は「合理的」な水準とされる。合理的な保証とは，絶対的ではないが高い水準の保証を意味する（監基報200：第12項(8)）。

　一方，監査リスクは，監査人が財務諸表の重要な虚偽表示を看過して誤った意見を形成する可能性を意味する（監基報200：第12項(5)）。

　本章では，この監査リスクを端的に「監査失敗の可能性」として説明する。

　財務諸表に対する監査意見の保証水準と監査リスクとは「補数の関係」にあ

り，これを式で示すと**図表6-2**のとおりとなる。

〔図表6-2〕保証水準と監査リスクとの関係式

> 監査意見の保証水準＝１－監査リスク

仮に監査意見の保証水準が絶対的な水準（100％）であるとすると，監査リスク（監査失敗の可能性）は０％となる。しかし，監査の固有の限界に起因して，監査人は監査リスクをゼロに抑えることは不可能である（監基報200：A44項）。監査意見の保証水準を合理的な水準（例えば95％）だとすると，監査リスクは（１－95％＝５％）となる。このように上の式は，監査人が「合理的な水準の保証を得ること」と「監査リスクを許容可能な低い水準に抑えること」とが同義であることを意味しており，こうした両者の関係を図示すると**図表6-3**となる。

〔図表6-3〕保証水準と監査リスクとの関係図

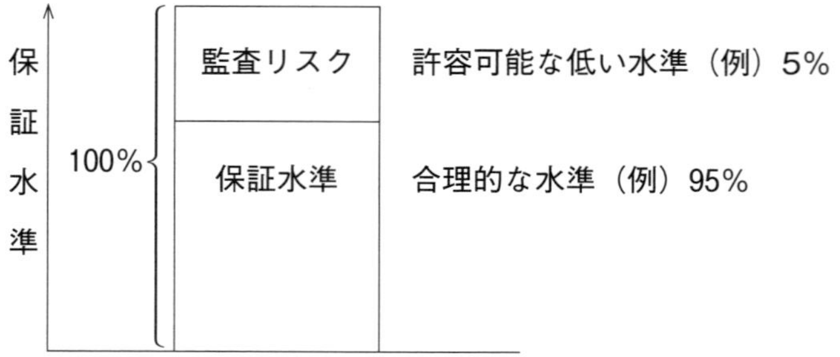

保証水準 100% {	監査リスク	許容可能な低い水準（例）5％
	保証水準	合理的な水準（例）95％

3　リスク・アプローチの基本的な考え方

　リスク・アプローチは，監査人が重要な虚偽表示リスクの高い項目に重点的に人員や時間を充てることにより，監査を「効果的」かつ「効率的」なものとすることができる監査の実施方法を意味する。

　監査の結果，重要な虚偽表示を看過してしまえば，監査の「効果」は認められないため，「効果的」とは，監査人が監査の結果，重要な虚偽表示を看過し

ないことを意味する。また「効率的」とは，人員や時間の制約という限られた監査資源の下で監査を実施することを意味する。

監査を「効果的」に実施しようとすれば，相応の監査資源が必要となるため，効率性を犠牲にせざるを得ない。一方，監査を「効率的」に実施しようとすれば，逆に監査の効果が見込まれなくなるおそれが高まる。そのため「効果的」と「効率的」とは，**図表6-4**のとおり，トレード・オフの関係にある。

〔図表6-4〕「効果的」と「効率的」とのトレード・オフの関係

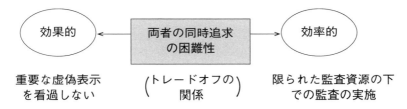

リスク・アプローチでは，これらを同時に追求することを目的としており，そのためには，重要な虚偽表示リスクの高低に応じて監査資源を配分することが肝要となる。そこで，**図表6-5**のように，重要な虚偽表示リスクの高い項目に人員や時間を充てることで「効果的な監査」を追求する一方で，重要な虚偽表示リスクの低い項目には人員や時間を充てずに「効率的な監査」を追求するのである。このようにリスク・アプローチは，監査計画の立案と実施に際して，重要な虚偽表示リスクの高低に応じて監査資源を配分する考え方を意味する。

〔図表6-5〕重要な虚偽表示リスクに応じた監査資源の配分

4　監査リスクの構成要素

　監査リスクは,「①重要な虚偽表示を②看過して誤った意見を形成する可能性」を意味するため,監査リスクは,①重要な虚偽表示の発生可能性と,その重要な虚偽表示を②監査人が看過する可能性の2つに区分される。

　仮に「重要な虚偽表示の発生可能性」が低いのであれば,監査人がほとんど監査手続を行わずに「適正意見」を表明したとしても,監査が失敗に終わる可能性は低いと考えられる。一方で「重要な虚偽表示の発生可能性」が高い場合であっても,監査人が相応の監査手続を実施して,重要な虚偽表示を看過せずに,これを発見することができれば,監査が失敗に終わることはない。

　このようにリスク・アプローチでは,**図表6-6**のように,監査リスク(監査失敗の可能性)を,重要な虚偽表示の発生可能性(重要な虚偽表示リスク)の高低と,その重要な虚偽表示を監査人が看過する可能性(発見リスク)の2つから構成されると考える。さらに,重要な虚偽表示の発生可能性は,原則として固有リスクと統制リスクとに区別して評価されるが,これらは結合して評価されることもある(218頁参照)。

〔図表6-6〕監査リスクの構成

監査リスクAR；誤った意見形成の可能性(監査失敗の可能性)	
①重要な虚偽表示の発生可能性；RMM		②重要な虚偽表示を監査人が看過する可能性；DR(発見リスク)
固有リスク；IR	統制リスク；CR	

　以下,**図表6-6**の内容を1つずつ説明する。

(1)　監査リスク(Audit Risk；AR)

　監査リスクは,監査人が重要な虚偽表示を看過して誤った意見を形成する可能性であり,**図表6-7**の監査リスクモデル式で表現される。

〔図表6-7〕監査リスクの構成～監査リスクモデル

【監査リスクモデル】
・監査リスク（AR）＝重要な虚偽表示リスク（RMM）×発見リスク（DR）
・監査リスク（AR）＝固有リスク（IR）×統制リスク（CR）×発見リスク（DR）

以下では，監査リスクを構成する各リスクの概要について説明する。

（2） 固有リスク（Inherent Risk；IR）

　固有リスクは，関連する内部統制が存在していないとの仮定の上で重要な虚偽表示が生じる可能性を意味し，固有リスク要因（監基報315：第11項(6)）により影響を受ける。

　固有リスク要因は，定性的または定量的な要因であり，アサーションにおける虚偽表示の生じやすさに影響を及ぼす。適用される財務報告の枠組みで要求される情報の作成に関する定性的な要因には，複雑性，主観性，変化，不確実性，経営者の偏向またはその他の不正リスク要因が固有リスクに影響を及ぼす場合における虚偽表示の生じやすさが含まれる（監基報315：A3項）。

　なお，固有リスク要因の具体的な内容については243頁参照のこと。

　例えば，複雑な計算を伴う項目や主観的な判断を要する会計上の見積り，不正の対象となりやすい項目や収益認識等は，一般に固有リスクは高いと評価される（詳細は後述「リスク評価手続」の項239頁を参照のこと）。

（3） 統制リスク（Control Risk；CR）

　統制リスクは，重要な虚偽表示が企業の内部統制によって防止または適時に発見・是正されないリスクであり，内部統制の有効性による影響を受ける。統制リスクは，取引種類，勘定残高，注記事項に係るアサーションごとに，一般に「高」「中」「低」として評価する。

　例えば，販売取引に係る内部統制が有効であれば，それに関連する売掛金や売上高といった財務諸表項目に係る統制リスクは低いと評価されることになる。なお，内部統制の有効性は，①整備状況（デザインと業務への適用）と，②運用状況（有効性の裏付け）の評価による（詳細は後述245，249頁を参照のこと）。

（4） 重要な虚偽表示リスク（Risk of Material Misstatement；RMM）

　重要な虚偽表示リスクとは，財務諸表に重要な虚偽表示が存在するリスクであり，固有リスクと統制リスクとの積として表現される。固有リスクと統制リスクは，監査が実施されていない状態で生じるリスクであり，監査人が変動させることができないという意味で，いずれも企業側のリスクであって，監査人は，重要な虚偽表示リスクを「評価」することとなる。

（注）　平成17年の監査基準改訂では，固有リスクと統制リスクを結合した重要な虚偽表示リスクとして評価することを原則としたが，令和2年の監査基準改訂では，財務諸表項目レベルの重要な虚偽表示リスクについては，次のとおり，固有リスクと統制リスクとを分けて評価することが要求されている（158頁参照。財務諸表項目レベルおよび財務諸表全体レベルの虚偽表示リスクについては235頁参照のこと）。

> 二　監査計画の策定　4（一文目）
> 　監査人は，財務諸表項目に関連した重要な虚偽表示のリスクの評価に当たっては，固有リスク及び統制リスクを分けて評価しなければならない。

　なお，財務諸表全体レベルの虚偽表示リスクについては，固有リスクおよび統制リスクを結合して評価する考え方は維持されている。

（5）　発見リスク（Detection Risk；DR）

　発見リスクは，監査人が重要な虚偽表示を看過してしまうリスクであり，実証手続の水準による影響を受けるリスクである。発見リスクは，重要な虚偽表示リスク（固有リスク×統制リスク）の評価に応じて，監査人が自ら「決定」するリスクであるという意味で，監査人側のリスクである。

　ここで実証手続とは，重要な虚偽表示を看過しないよう立案し実施する監査手続を意味する。監査人が，発見リスクを低く決定した（RMMが高い）場合には，重要な虚偽表示を看過しないようにするため，実証手続を強化することとなる一方で，発見リスクを高く決定した（RMMが低い）場合には，実証手続を簡略化することとなる（詳細は，後述「実証手続」の項250頁を参照のこと）。

監査リスクを構成する各リスクの意味を簡単にまとめると，**図表6-8**のとおりとなる。

〔図表6-8〕**監査リスクを構成する各リスクの意味**

監査リスク（Audit Risk；AR）	
重要な虚偽表示リスク（RMM）	
固有リスク（IR）；固有リスク要因による影響	企業側のリスク（評価）
統制リスク（CR）；内部統制の有効性による影響	
発見リスク（DR）；実証手続の水準による影響	監査人側のリスク（決定）

5 重要な虚偽表示リスクの評価と発見リスクの水準の決定

以下は，リスク・アプローチに係る実施基準での基本的な規定である。

一　基本原則　1
　監査人は，監査リスクを合理的に低い水準に抑えるために，財務諸表における重要な虚偽表示のリスクを評価し，発見リスクの水準を決定するとともに，監査上の重要性を勘案して監査計画を策定し，これに基づき監査を実施しなければならない。
（下線は筆者による。）

（注）　監査基準では「合理的に低い水準」という用語を使用しているが，監基報では「許容可能な低い水準」という用語を使用している。両者に実質的に意味の相違はないが，本章では後者の「許容可能な低い水準」という用語を使用する。

　この規定は，ARを許容可能な低い水準に抑えるために，RMMを評価し，その結果に応じてDRを決定することを求めている。このことは，RMMが高いところはDRを低く（監査人が重要な虚偽表示を看過する可能性を低く）決定する一方で，RMMが低いところはDRを高く（監査人が重要な虚偽表示を看過する可能性を高く）決定してもよいことを意味している。

　このようにRMMの評価結果に応じて，DRの高低が決定されることは**図表6-9**の式で説明される。

〔図表 6-9〕監査リスク計画（統制）モデル

$$発見リスク（DR）＝\frac{監査リスク（AR）}{重要な虚偽表示リスク（RMM）}$$

（注）重要な虚偽表示リスク（RMM）＝固有リスク（IR）×統制リスク（CR）

この式は「AR＝IR×CR×DR」の式を「DR＝」として移項した式である。この式に基づくと，監査リスクは許容可能な低い水準として一定である場合，「RMM高」→「DR低」または，「RMM低」→「DR高」となり，RMMとDRとは負の相関関係にあることがわかる。

6 リスク・アプローチのイメージ図

リスク・アプローチは，基本的に**図表 6-10**により説明することができる。

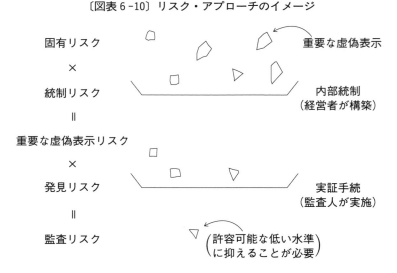

〔図表 6-10〕リスク・アプローチのイメージ

（出所）南成人・中里拓哉・高橋亮介著『財務諸表監査の実務（第4版）』中央経済社，4～7頁（一部修正）

この図の上部は「重要な虚偽表示」の防止・発見・是正のために，経営者が内部統制を構築している状況を意味している。また下部は，監査人が，内部統制によって防止・発見・是正されなかった重要な虚偽表示を看過しないようにするための監査手続として，実証手続を実施することを意味している。

監査人が実証手続の結果，重要な虚偽表示を看過しなければ，誤った意見を形成することはない（監査失敗とはならない）が，監査人が重要な虚偽表示を看過すると監査人は誤った意見を形成することになる（監査が失敗に終わってしまう）。

この監査失敗の可能性こそが「監査リスク」であり，監査リスクは固有リスクと統制リスクの積としての「重要な虚偽表示リスク」と，その重要な虚偽表示を看過する可能性としての「発見リスク」の積として表現されるのである。

こうしたリスク・アプローチの考え方の理解のため，**図表 6 -11〜13**では，重要な虚偽表示リスクの評価結果と発見リスクとの関係について，3 つのパターンを示すことにする。

〔図表 6 -11〕固有リスクが低い場合（ＲＭＭが低い場合）

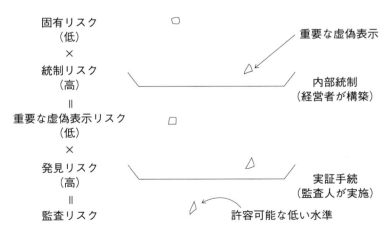

（出所）南他『財務諸表監査の実務（第 4 版）』中央経済社，4 〜 7 頁（一部修正）

〔図表 6-12〕固有リスクは高いが統制リスクが低い場合（RMMが低い場合）

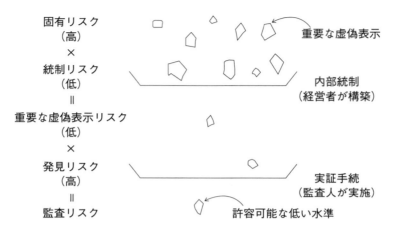

(出所) 南他『財務諸表監査の実務（第4版）』中央経済社，4〜7頁（一部修正）

〔図表 6-13〕固有リスクおよび統制リスクが高い場合（RMMが高い場合）

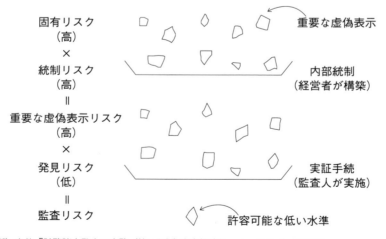

(出所) 南他『財務諸表監査の実務（第4版）』中央経済社，4〜7頁（一部修正）

そもそも，固有リスクが低ければ，重要な虚偽表示の発生可能性が低い状況であって，仮に経営者が構築した内部統制が有効でなくても，重要な虚偽表示リスクは低いと評価することができる。その結果，監査人は発見リスクを高く

決定（実証手続を簡略化）しても，監査リスクは許容可能な低い水準に抑えられていることになる（図表6-11参照）。

一方，固有リスクが高ければ，そもそも重要な虚偽表示が発生している可能性が高いと評価される。しかし，経営者が構築する内部統制が有効であれば，重要な虚偽表示が防止・発見・是正される可能性が高まるため，監査人は重要な虚偽表示リスクを相対的に低いと評価することができる。その結果，図表6-11と同様，監査人は発見リスクを高く決定（実証手続を簡略化）しても，監査リスクは許容可能な低い水準に抑えられていることになる（図表6-12参照）。

さらに固有リスクが高く，しかも経営者が有効な内部統制を構築していない場合（内部統制の有効性を裏付ける監査証拠が入手できない場合を含む）には，重要な虚偽表示が内部統制によっても防止・発見・是正されないことから，監査人は重要な虚偽表示リスクを高いと評価することになる。

その結果，監査人は自ら実施する実証手続を強化する（発見リスクを低く決定する）ことによってのみ，重要な虚偽表示を看過して誤った意見を形成する可能性（監査リスク）を許容可能な低い水準に抑えることができる（図表6-13参照）。

なお，図表6-11～13は，説明の便宜上，固有リスク，統制リスク，発見リスクのいずれか1つが低いことで，監査リスクを許容可能な低い水準に抑えられている状況を示している。実際には，重要な虚偽表示を防止・発見・是正する「内部統制（経営者が構築）」と「実証手続（監査人が実施）」のそれぞれに依拠して監査を進めるアプローチが一般的と考えられる。

また，内部統制の有効性および実証手続によって監査リスクを許容可能な低い水準に抑えるというリスク・アプローチの考え方を，別の切り口で図示すると図表6-14となる。

図表6-14は，IRが高い場合であっても，内部統制の有効性を確かめられることで，IR×CR＝RMMはIRよりも相対的に低いと評価することが可能となることを示している。さらに，そのもとで決定されたDRの水準に応じた実証手続により，監査リスクが許容可能な低い水準（許容水準としてのARには，一定水準を示す意味でアッパーラインを付している）以下に抑えられていることを示している。

〔図表6-14〕監査リスクを許容可能な低い水準に抑える方法

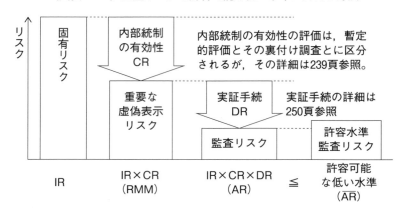

> **マメ知識6-1　発見リスクを低く決定した場合の監査人の対応**
>
> 「発見リスクを低く決定する」ということは「実証手続を強化する」ことを意味し，例えば，次の対応が考えられる。
> - 適合性が高く，より証明力の強い監査証拠を入手できる実証手続を選択する（監基報330：A18項）。
> - 期末日（または期末日により近い日）を基準日に実証手続を実施する（同：A11項）。
> - 実証手続の範囲を拡大する（同：A15項）。

仮に，そもそもIRが$\overline{AR}$よりも低ければ（IR<$\overline{AR}$），内部統制の有効性を確かめることも実証手続も不要となる。また，IRが高くても内部統制の有効性が確かめられることによってIR×CR＝RMMが$\overline{AR}$よりも低ければ（IR×CR＝RMM<$\overline{AR}$），実証手続は不要となる。

監査人は，経営者の構築した内部統制に依拠するか，自ら実施する実証手続に依拠するか，そのバランスを考慮して監査資源を配分することになる。

7　リスク・アプローチの基本に係る総括

リスク・アプローチの基本的な考え方をまとめると，**図表6-15**となる。

第6章　実施基準とリスク・アプローチ　225

〔図表6-15〕リスク・アプローチの基本

監査リスク（AR）
監査人が，財務諸表の重要な虚偽表示を看過して誤った意見を形成する可能性（監査失敗の可能性）
・監査意見の保証水準＝1－AR
ARが許容可能な低い水準に抑えられたときに，監査意見の合理的な保証が得られる

AR決定　【ARを許容可能な低い水準に抑える】
許容可能な低い水準を決定
（注）許容される一定水準としてアッパーライン（$\overline{AR}$）を付している。

固有リスク（IR）
関連する内部統制が存在していないとの仮定の上で，取引種類，勘定残高，注記事項に係るアサーションに，個別に又は他の虚偽表示と集計すると重要となる虚偽表示が行われる可能性
固有リスク要因（定性的または定量的要因）により影響を受ける

IR評価

＊企業側のリスク＊

重要な虚偽表示リスク（IR×CR）
監査が実施されていない状態で，財務諸表に重要な虚偽表示が存在するリスク

統制リスク（CR）
取引種類，勘定残高，注記事項に係るアサーションで発生し，個別に又は他の虚偽表示と集計すると重要となる虚偽表示が，企業の内部統制によって防止又は適時に発見・是正されないリスク
・2段階評価
① CRの暫定評価…リスク評価手続（有効性の想定まで）
② CRの確定評価…リスク対応手続（有効性の裏付け）
・内部統制には固有の限界があり，CRは常に存在する

CR評価

発見リスク（DR）
虚偽表示が存在し，その虚偽表示が個別に又は他の虚偽表示と集計して重要になり得る場合に，監査リスクを許容可能な低い水準に抑えるために監査人が監査手続を実施してもなお発見できないリスク

 DR決定

＊監査人側のリスク＊
【計画（統制）モデル】
$$\frac{\overline{AR}}{IR \times CR \uparrow \downarrow} = DR \downarrow$$
（DRの水準を適切に管理）

【評価モデル】
$IR \times CR \times DR = AR \leq \overline{AR}$

重要な虚偽表示リスク（IR×CR）と発見リスク（DR）とは負の相関関係にある。

（出所）南他『財務諸表監査の実務（第4版）』中央経済社，19頁

II　リスク・アプローチと重要性

1　監査上の重要性と監査リスクとの関係

　「監査上の重要性」は，リスク概念の前提として位置付けられる。というのも「監査リスク」は「重要な」虚偽表示を看過して誤った意見を形成する可能性を意味するため，「何をもって重要か」を判断する規準（重要性のライン；監査上の重要性）を定めない限り，監査リスクの水準の高低を議論することができないためである。

　例えば，監査対象の財務諸表に**図表 6 -16**のとおりA～Cの3つの虚偽表示が含まれているとする（監査人はこれらの虚偽表示の存在を知らないものとする）。監査人は監査計画の策定に当たって「重要性の基準値（財務諸表全体にとって重要と判定される金額のライン）」を決定する（詳細は後述229頁参照）が，仮に重要性の基準値を100MY（MY；百万円）とすると，重要性のラインは**図表 6 -16**のように図示できる。

〔図表 6 -16〕重要性のラインに基づく重要性の判断

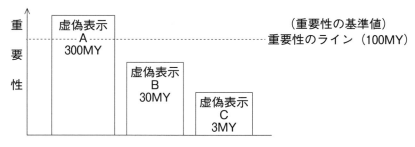

（注）　監査上の重要性は後述のとおり，金額的重要性と質的重要性の2つに区別されるが，本項では便宜的に「金額的重要性」に焦点を当てて，監査上の重要性と監査リスクとの関係を説明する（詳細は次項2「監査上の重要性と重要性の基準値」参照）。

　この場合，虚偽表示B・Cは，重要性の基準値を下回っており，個別にも集

計しても重要性は認められない。そのため，監査人は虚偽表示Aのみを発見すれば，「重要な」虚偽表示を看過したことにならない。

一方，この重要性のライン（重要性の基準値）を10MYに下げると重要性のラインは**図表 6 -17**のように図示できる。

〔図表 6 -17〕重要性のラインの引き下げ

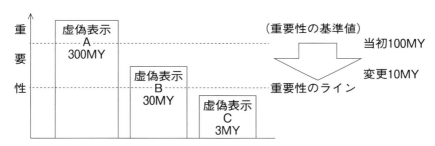

この場合，他の条件を一定とすれば，虚偽表示Aのみでなく虚偽表示Bも発見しなければ，監査人は「重要な」虚偽表示を看過したことになってしまう。

上図から，重要性のライン（監査上の重要性）を下げると，重要な虚偽表示を看過して誤った意見を形成する可能性（監査リスク）が高くなることがわかる。このことは，他の条件を一定とすれば重要性の基準値が100MYの場合の監査リスクよりも，重要性の基準値が10MYの場合の監査リスクの方が高いことを意味する。

（注） 逆に，重要性の基準値を当初100MYから1,000MYに上げた場合には，虚偽表示A～Cのすべてを監査人が看過したとしても，個別にも集計しても重要性の基準値（1,000MY）に満たないことから，「重要な虚偽表示」を看過したことにはならないと考えられる。

このような関係から，監査上の重要性と監査リスクとは，前者を高くすると後者が低くなり，前者を低くすると後者が高くなるという負の相関関係があることがわかる。

なお，下の実施基準では，特に監査計画の策定にあたって勘案すべきものとして監査上の重要性を位置付けている。

> 一　基本原則　1
> 　監査人は，監査リスクを合理的に低い水準に抑えるために，財務諸表における重要な虚偽表示のリスクを評価し，発見リスクの水準を決定するとともに，<u>監査上の重要性を勘案して監査計画を策定し</u>，これに基づき監査を実施しなければならない。　　　　　　　　　　　　　（下線は筆者による。以下同じ。）

> 二　監査計画の策定　1
> 　監査人は，監査を効果的かつ効率的に実施するために，監査リスクと<u>監査上の重要性を勘案して監査計画を策定し</u>なければならない。

2　監査上の重要性と重要性の基準値

(1)　監査上の重要性

　監査上の重要性は，財務諸表の利用者（監基報320：第4項）の意思決定への影響を考慮して，監査人が職業的専門家としての判断によって決定する。つまり，財務諸表の利用者の意思決定に影響を与えると合理的に見込まれる虚偽表示は「重要性がある」と判断されることになる。監査人は監査の過程で発見した虚偽表示について，「個別に」または「集計して」財務諸表全体にとって重要であるかどうかを判断する。

　ここで，「個別に」とは個々の虚偽表示について，「集計して」とは複数の虚偽表示を集計して，それぞれ例えば税引前利益に与える影響等を勘案して重要性の判断を行うことを意味する。

　この点，監基報200：第6項では監査上の重要性に関して，次のように規定している。

> 　監査人は，監査の計画と実施，及び識別した虚偽表示が監査に与える影響と未修正の虚偽表示が財務諸表に与える影響の評価において，重要性の概念を適用する。（中略）
> 　一般的には，脱漏を含む虚偽表示は，個別に又は集計すると，当該財務諸表の利用者の経済的意思決定に影響を与えると合理的に見込まれる場合に，重要性が

あると判断される。重要性の判断は、それぞれの状況を考慮して行われ、財務諸表の利用者の財務情報に対するニーズに関する監査人の認識、虚偽表示の金額や内容、又はそれら両者の組合わせによる影響を受ける。

なお、監基報には、重要性に関して次の2つの実務指針がある。「虚偽表示の発見」の時点を基準とすると、監基報320「監査の計画及び実施における重要性」は、虚偽表示を発見する「前」のタイミングでの重要性の判断に係る指針であり、監基報450「監査の過程で識別した虚偽表示の評価」は、虚偽表示を発見した「後」のタイミングでの重要性の判断に係る指針である。

（2） 重要性の基準値

すでに述べたとおり、監査上の重要性の高低は、監査リスクに影響を及ぼすことから、リスク・アプローチに基づいた監査計画の立案のためには、監査上の重要性をあらかじめ定めておく必要がある。また、監査上の重要性は、金額的影響と質的影響とに区別される（後述「（3）金額的影響および質的影響」参照）。その金額的影響に関して「財務諸表全体にとって重要」と判断する基準を「重要性の基準値」と呼ぶ。

監査計画の立案時点では、いかなる質の虚偽表示が財務諸表に含まれているかが必ずしも明らかでないことから、監査人はもっぱら金額的影響としての「重要性の基準値」を考慮する。なお、監査の実施過程で発見された虚偽表示の重要性を判断する際には、単に金額的影響のみでなく、その虚偽表示の原因や潜在的な影響の大きさ等の質的な影響をも考慮することが必要となる。

重要性の基準値は、一般的に予算数値や平均的な業績に基づいて「税引前利益の5％」とするケースが多い（監基報320：A7項）。予算数値や平均的な業績を使うのは、監査計画の策定時（3月決算の場合、その期中の6月～8月頃）では、監査対象となる財務諸表が確定していないことに起因する。

重要性の基準値に関連して、監基報では次の規定がある。

> 「重要性の基準値」；監査計画の策定時に決定した、財務諸表全体において重要であると判断する虚偽表示の金額（監基報320：第8項(1)）
> 監査人は、監査の基本的な方針を策定する際、重要性の基準値を決定しなけれ

> ばならない（同：第9項）。
>   例えば，監査人は，製造業を営む営利を目的とする企業において税引前利益を指標とする場合には5％が適切であると考えることがあるが，状況によっては，これとは異なる割合が適切であると判断することもある（同：A7項）。

　また，税引前利益が極端に少額である場合や，税引前損失の場合の他，必ずしも税引前利益が重要性の基準値の指標として適切ではないと判断する場合がある。この場合，総資産，純資産，売上高，経常利益等の指標に一定の割合を乗じて重要性の基準値を算出することもある。いずれにせよ，重要性の基準値が不合理であれば，それに基づく監査計画や監査の実施そのものが不合理なものとなりかねないため，重要性の基準値の決定に際しては，財務諸表の利用者の経済的意思決定に影響を与えると合理的に見込まれるかどうかを慎重に検討することが必要となる。

(3) 金額的影響および質的影響

　監査上の重要性の影響要因には，①金額的影響と②質的影響とがある。

　例えば，虚偽表示の金額が個別にまたは集計して，損益計算書の各段階損益や貸借対照表の総資産や純資産等に対して，相当な比重を占める場合には，「金額的に重要である」と判断することとなる。

　金額的に重要でなく，かつ質的に重要な虚偽表示のすべてを発見するように監査計画を策定することは想定されていないことから，監査計画の策定における重要性の基準値は，上述のとおり，もっぱら金額的重要性を考慮して決定することになる。

　また，監査の実施過程に虚偽表示を発見した場合には，その発生原因や他に同様の虚偽表示が生じていないかどうか等を検討することが通常であって，その結果，仮に発見した虚偽表示そのものが金額的に重要ではなくても，例えば下のように虚偽表示の質的影響を踏まえて，「重要である」＝「財務諸表の利用者の経済的意思決定に影響を与える可能性が高い」と判断することがある。

> ・少額であっても他の関連項目や次年度以降に重要な影響を与える可能性のある場合

- 意図的な虚偽表示である場合
- 経営者が不正に関与している場合
- 注記の文言や勘定科目等，表示形式上の誤りがある場合
- 法令の要求事項や財務制限条項その他の契約上の要求事項に影響を与えている場合

3　重要性の基準値と手続実施上の重要性

(1)　手続実施上の重要性

　重要性の基準値は，財務諸表全体において重要であると判断する虚偽表示の金額であるのに対して，「手続実施上の重要性」は，監査人が監査手続を実施する上で参考にする金額であり，重要性の基準値よりも低い金額として設定する。仮に，重要性の基準値1,000百万円＝手続実施上の重要性1,000百万円として「1,000百万円以上の取引種類，勘定残高，注記事項」を監査手続の対象としたとする。この場合，個別に重要な虚偽表示を発見することのみを意図した監査計画となり，個別には重要ではないが集計すると重要な虚偽表示があること（例えば800百万円の虚偽が2つあり，これらを集計すると1,600百万円＞1,000百万円の虚偽表示となること）を考慮していないことになる。また，監査は第7章で説明するように試査を原則とする以上，財務諸表上の未発見の虚偽表示が存在する可能性をも考慮する必要がある。そのため「財務諸表全体にとって重要」と判断される「重要性の基準値」をそのまま利用して，取引種類・勘定残高・注記事項または財務諸表項目ごとの監査要点に対して監査手続を実施することは，深度ある監査とはならないという点で問題なのである。

　手続実施上の重要性に関して，監基報では下の規定がある。

　「手続実施上の重要性」；合算リスク（未修正の虚偽表示及び未発見の虚偽表示の合計が，財務諸表全体としての重要性の基準値を上回る可能性）を適切な低い水準に抑えるために，監査人が重要性の基準値より低い金額として設定する金額をいう（監基報320：第8項(3)(4)）。

　手続実施上の重要性は，単純で機械的な計算により決定されるものではなく，その決定には職業的専門家としての判断を伴う（同：A10項）。

手続実施上の重要性の決定には，職業的専門家としての判断を伴うため，その決定プロセスを一律に示すことはできないが，例えば重要性の基準値の70％の金額を手続実施上の重要性とすることがある。この場合，下のように手続実施上の重要性を特定項目抽出（297頁参照）の基準として利用することが考えられる。

【手続実施上の重要性の適用例】
① 予算の損益計算書における税引前利益20,000百万円×5％＝1,000百万円を「重要性の基準値」とする。
② 重要性の基準値1,000百万円×70％＝700百万円を「手続実施上の重要性」とする。
③ 特定項目抽出によって試査を実施するに当たり，700百万円以上の残高を抽出項目とする。

（注）手続実施上の重要性の金額を小さくすれば，実施する監査手続の精度が高まるため，決定された発見リスクの程度に応じて，手続実施上の重要性を変更することも考えられる。こうした場合，手続実施上の重要性は複数設定されることになる。

（2）特定の取引種類，勘定残高または注記事項に対する重要性

関連当事者との取引や取締役および監査役等の報酬，製薬会社の研究開発費の他，新たに買収した事業の開示等は，その他の項目と比較して，財務諸表の利用者の注目度が高いことがある。こうした項目に係る虚偽表示は，たとえ重要性の基準値を下回る虚偽表示であっても，財務諸表の利用者の経済的意思決定に影響を与えることがある。

そこで，監査人は，このように注目度の高い特定の取引種類，勘定残高または注記事項については，例えば税引前利益の5％というような重要性の基準値を一律に適用せずに，それを下回る重要性の基準値を別途設定し，当該取引種類，勘定残高または注記事項に関しては，その重要性の基準値を超えた時点で「財務諸表全体にとって重要である」と判断することがある（監基報320：第9項，A8項）。

この場合，監査人は，特定の取引種類，勘定残高または注記事項に関する手続実施上の重要性を設定して，監査手続を実施することになる。

> **マメ知識 6 - 2** 　**明らかに僅少な虚偽表示**（監基報450：第4項，A2項）
>
> 　監査の過程で種々の虚偽表示を発見することがあるが，中には明らかに僅少と判断される虚偽表示もある。監査の過程で識別した虚偽表示は集計して財務諸表全体に与える影響を評価する必要があるが，こうした明らかに僅少な虚偽表示はその集計から外されることとなる。

III　事業上のリスク等を重視したリスク・アプローチ

1　リスク評価とリスク対応手続の基本的な考え方

（1）　リスク評価手続とリスク対応手続の意味

　リスク評価手続とリスク対応手続について，実施基準では次の規定がある。

一　基本原則　4
　監査人は，十分かつ適切な監査証拠を入手するに当たっては，財務諸表における重要な虚偽表示のリスクを暫定的に評価し，リスクに対応した監査手続を，原則として試査に基づき実施しなければならない。

（下線は筆者による。以下，同じ）

（注）「原則として試査」については第7章参照。

　リスク・アプローチは，リスク評価手続とリスク対応手続から構成される。
　リスク評価手続は，重要な虚偽表示リスク（固有リスク×統制リスク）の識別・評価のために，企業および企業環境等を理解する手続である。なお，リスク評価手続における統制リスクの評価は，内部統制の整備状況の評価に基づく暫定的評価とされる。
　またリスク対応手続は，リスク評価手続により識別・評価したアサーション・レベルの重要な虚偽表示リスクに対応するために実施する手続であり，内部統制の整備状況の評価に基づく暫定的評価を裏付けるための運用評価手続と，

評価された固有リスクと統制リスク（重要な虚偽表示リスク）に応じて決定された発見リスクの水準に基づき実施する実証手続からなる。さらに実証手続は、分析的実証手続と詳細テストからなる。

これらのリスク評価手続とリスク対応手続に係る用語の意味を整理すると図図表 6 -18となる。

〔図表 6 -18〕リスク評価手続とリスク対応手続の定義

リスク評価手続	不正か誤謬かを問わず、財務諸表全体レベルの重要な虚偽表示リスクとアサーション・レベルの重要な虚偽表示リスクを識別し評価するために立案され、実施される監査手続（監基報315：第11項(13)）
リスク対応手続	監査リスクを許容可能な低い水準に抑えるために、識別し評価したアサーション・レベルの重要な虚偽表示リスクに対応して、立案し実施する監査手続（監基報330：3項(3)）
運用評価手続	アサーション・レベルの重要な虚偽表示を防止又は発見・是正する内部統制について、その運用状況の有効性を評価するために立案し実施する監査手続（監基報330：3項(1)）
実証手続	アサーション・レベルの重要な虚偽表示を看過しないよう立案し実施する監査手続をいい、詳細テストと分析的実証手続の2つの手続で構成される（監基報330：3項(2)）

（注）アサーションについては261頁参照。なお、「アサーション・レベル」の重要な虚偽表示は、監査基準では「財務諸表項目レベル」の重要な虚偽表示としている。

前頁で示した実施基準一、4の下線部の「暫定的に評価」という用語は、リスク評価手続による重要な虚偽表示リスク（固有リスク及び統制リスク）の評価結果が監査の最終段階に至るまでに常に見直されていることを意味するが、特に統制リスクの評価については、次の監査基準の規定にあるとおり、リスク評価手続における整備状況の評価（暫定的評価）とリスク対応手続における運用状況の評価（裏付け調査）とに区分されている点に注意が必要である。

> 二　監査計画の策定　2
> 　監査人は、監査計画の策定に当たり、景気の動向、企業が属する産業の状況、企業の事業内容及び組織、経営者の経営理念、経営方針、内部統制の整備状況、

情報技術の利用状況その他企業の経営活動に関わる情報を入手し，企業及び企業環境に内在する事業上のリスク等がもたらす財務諸表における重要な虚偽表示のリスクを暫定的に評価しなければならない。

> 二　監査計画の策定　4（三文目）
> 　監査人は，財務諸表項目に関連して暫定的に評価した重要な虚偽表示のリスクに対応する，内部統制の運用状況の評価手続及び発見リスクの水準に応じた実証手続に係る監査計画を策定し，実施すべき監査手続，実施の時期及び範囲を決定しなければならない。

(2)　財務諸表全体と財務諸表項目の2つのレベル

　リスク評価手続の結果，識別された重要な虚偽表示リスクは，財務諸表全体レベルと財務諸表項目レベル（アサーション・レベル）の2つのレベルでの重要な虚偽表示リスクとして評価される。この点について，監査基準では次の規定がある。

> 二　監査計画の策定　3
> 　監査人は，広く財務諸表全体に関係し特定の財務諸表項目のみに関連づけられない重要な虚偽表示のリスクがあると判断した場合には，そのリスクの程度に応じて，補助者の増員，専門家の配置，適切な監査時間の確保等の全般的な対応を監査計画に反映させなければならない。

　監査基準でいう「財務諸表項目」は，売上高や売掛金，棚卸資産等の財務諸表を構成する項目を意味する（監基報では，財務諸表を構成する要素として，「取引種類，勘定残高，注記事項」という用語を使用している）。

　監査人がリスク・アプローチに基づいて監査を行う場合には，例えば「販売取引は粉飾に利用されやすい」「のれんの勘定残高が重要である」「関連当事者間取引の開示は漏れが生じやすい」というように，取引種類，勘定残高，注記事項（監査基準でいう「財務諸表項目」）といったミクロ的な視点に意識が向きやすいことが指摘されている。逆にいえば，「経営者の誠実性の問題」，「取締役会が機能していない」等の統制環境が脆弱な場合（マメ知識6-5（248頁）参

照)のように,いわばマクロ的な重要な虚偽表示リスクについては,必ずしも特定の取引種類,勘定残高,注記事項といった,いわばミクロ的な(アサーション・レベルの)重要な虚偽表示リスクに影響を及ぼすとは限らないことから,その対応が不十分となる傾向が懸念される。そこで,こうした財務諸表全体レベルの重要な虚偽表示リスクに対しては,全般的な対応が必要とされる(詳細は248頁参照)。

重要な虚偽表示リスクの2つのレベルに関して,図表6-18で示した用語の関係を図示すると図表6-19のようになる。

〔図表6-19〕リスク評価手続とリスク対応手続の全体像

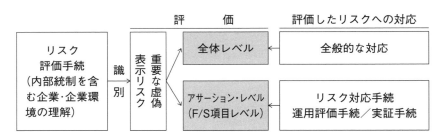

リスク評価手続は重要な虚偽表示リスクを識別・評価するための手続であるため「全体レベル」と「アサーション・レベル」のいずれのレベルのリスクも識別・評価の対象となる。しかし,リスク対応手続はアサーション・レベルまで落とし込まれた重要な虚偽表示リスクに対応する相当程度,具体性のある監査手続を意味することから,全般的な対応はリスク対応手続には該当しない点に注意を要する。

(3) リスク評価手続とリスク対応手続との関係

リスク評価手続の結果,評価した全体レベルの重要な虚偽表示リスクに応じて,全般的な対応を行うことになるが,評価したアサーション・レベルの重要な虚偽表示リスクに対応するためには,リスク対応手続(運用評価手続および実証手続)を実施することになる。

この点,本章I.にて示したとおり,仮に固有リスクが低い場合には特に問

題にはならないものの，固有リスクが相対的に高い場合には，そのままでは許容可能な低い水準に監査リスクを抑えることができない。そこで監査人は，基本的に①運用評価手続を実施して，内部統制に依拠することで統制リスクを低く評価する（図表6-12参照）か，または②発見リスクを低く決定して実証手続を強化する（図表6-13参照）かを選択することになる（一般的には両者を組み合わせて実施することが多い）。

この①または②の決定（いずれに力点を置くかの決定を含む）に際して，最も重視されるのがリスク評価手続における内部統制の整備状況の評価結果である。内部統制の整備状況は，内部統制のデザインおよび業務への適用（詳細は245頁参照）の理解によって評価されるが，その目的は「内部統制の有効性が想定されるかどうか」の評価にある。仮に内部統制の整備状況の評価手続の結果，内部統制の有効性が想定されるのであれば，監査人は①を選択する（または①に力点を置く）ことができるが，その有効性が想定されないのであれば②を選択する（または②に力点を置く）ことになる（図表6-20）。

上記のうち，特に内部統制の有効性の評価について，整備状況の評価手続は「リスク評価手続」の一環として，内部統制の運用状況の評価手続（運用評価手続）は「リスク対応手続」の一環として，それぞれ実施される点に注意が必要である。

〔図表6-20〕内部統制の整備状況の評価結果と運用評価手続との関係

内部統制の整備状況（デザイン・業務への適用）の理解の結果		
①有効性が想定される場合， →運用評価手続を実施する	統制リスク低	→発見リスク相対的高 （実証手続の簡略化）
②有効性が想定されない場合， →運用評価手続を実施しない	統制リスク高	→発見リスク相対的低 （実証手続の強化）

（注）　実務的には運用評価手続と実証手続をバランスよく実施することが多い。なお，監査人は運用評価手続の実施の費用とそれにより統制リスクを相対的に低く評価する効果（＝発見リスクを相対的に高く決定し実証手続を簡略化する効果）とを勘案し，運用評価手続を行うかどうかおよびその水準を決定すると考えられる。

上記②に関連して実施基準では次の規定がある。

> 三　監査の実施　2
> 　監査人は，ある特定の監査要点について，内部統制が存在しないか，あるいは有効に運用されていない可能性が高いと判断した場合には，内部統制に依拠することなく，実証手続により十分かつ適切な監査証拠を入手しなければならない。

（4）リスク評価手続とリスク対応手続の全体像

監査リスクの構成とリスク評価手続とリスク対応手続の全体像を図示すると**図表6-21**となる。特に統制リスクの評価手続について，リスク評価手続とリスク対応手続との両方に絡んでいる点に注意が必要である。

〔図表6-21〕監査リスクの構成とリスク評価手続・リスク対応手続の全体像

監基報	監基報315「重要な虚偽表示リスクの識別と評価」		監基報330「評価したリスクに対応する監査人の手続」		
手続の区分	リスク評価手続 （企業および企業環境等の理解）		リスク対応手続		
^^	^^		運用評価手続	実証手続	
^^	^^		^^	分析的実証手続	詳細テスト
対象となるリスクと関連する要素	重要な虚偽表示リスク　RMM			発見リスク DR	
^^	固有リスク IR	統制リスク　CR		^^	
^^	^^	内部統制の整備状況 （暫定的評価）	内部統制の運用状況裏付け	^^	
^^	^^	デザイン	業務への適用	^^	

（注）　監査基準委員会報告書315は「重要な虚偽表示リスクの識別と評価」として「リスク評価手続」について規定し，同330は「評価したリスクに対応する監査人の手続」として「リスク対応手続」について規定している。

上記のとおり，内部統制の整備状況の理解の結果は，リスク対応手続の内容に大きな影響を与えることになるが，実務的には運用評価手続と実証手続を組み合わせて実施することが多い。この点について**図表6-22**では，監査リスク

を許容可能な低い水準に抑える方法についての**図表 6 -14**（224頁参照）を更新して，内部統制の有効性の評価手続を「整備状況」と「運用状況」とに区分することで，リスク対応手続としての運用評価手続と実証手続とを組み合わせて実施することを示している。

〔図表 6 -22〕リスク評価手続とリスク対応手続との関連

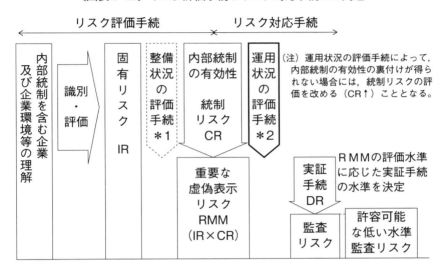

*1 「整備状況の評価手続」は，リスク評価手続における内部統制の理解に基づく暫定的評価を意味する（"暫定的評価"であるため，点線で表記している）。
*2 「運用状況の評価手続」は，*1の結果，想定される有効性を裏付ける調査（リスク対応手続の一環としての運用評価手続）を意味する。

2 リスク評価手続

(1) リスク評価手続において実施する監査手続

リスク評価手続では，下記 **(2)** で示すとおり企業および企業環境等を理解することが必要であるが，そのために監査人は次の手続を実施することが要求されている（監基報315：第13項）。

① 経営者への質問，及び内部監査の活動に従事する者を含む，その他の適切な

> 　　　企業構成員への質問
> ② 　分析的手続
> ③ 　観察及び記録や文書の閲覧

　このうち，「質問」「観察」「閲覧」といった監査手続は，いわば「見聞きする」という汎用性の高い基本的な情報収集手段である（監査手続については272頁参照）。監査人は，会社の担当者に不明事項を質問したり，現場・現物を観察したり，関係記録を閲覧したりすることで，種々の情報を収集して内部統制を含む企業および企業環境等の理解を深めることになる。

　また，分析的手続は，売上債権や棚卸資産の回転期間分析や前期比較，その他，財務諸表項目の数値の月次推移表の検討等により識別した異常点（非通例的・予期せぬ関係等）を重要な虚偽表示リスクの評価に役立たせることとなる（第8章Ⅶ2（377頁）参照）。

　監査人はこれらの監査手続により，下記（2）で示す事項を理解することを通じて重要な虚偽表示リスクを識別・評価することになる。

（2） リスク評価手続において理解すべき事項

　監基報315：第18項〜26項では，下記のとおりリスク評価手続において監査人の理解する事項についての詳細な規定がある。

> ＜企業及び企業環境並びに適用される財務報告の枠組みの理解＞
> 1）企業及び企業環境に関する事項
> 2）適用される財務報告の枠組み並びに企業の会計方針及び会計方針の変更がある場合にはその理由
> 3）1）及び2）で理解した内容に基づき，適用される財務報告の枠組みに従って財務諸表を作成する過程で，固有リスク要因がどのように及びどの程度，アサーションにおける虚偽表示の生じやすさに影響を及ぼすか。
> ＜企業の内部統制システムの構成要素の理解＞
> 1）統制環境，企業のリスク評価プロセス及び内部統制システムを監視する企業のプロセス
> 2）情報システムと伝達及び統制活動

3）企業の内部統制システムにおける内部統制の不備　　（下線は筆者による。）

　また，次の実施基準の規定は，特に監査人に事業上のリスクを含め，広く内部統制を含む企業および企業環境の理解を求めている。

一　基本原則　2
　監査人は，監査の実施において，内部統制を含む，企業及び企業環境を理解し，これらに内在する事業上のリスク等が財務諸表に重要な虚偽の表示をもたらす可能性を考慮しなければならない。　　　　　　　　　　（下線は筆者による。）

　そこで以下（3）では主に固有リスクに関連する要因として，①企業および企業環境，②事業上のリスク，③固有リスク要因について説明し，また（4）では統制リスクの暫定的評価に関連する要因として，①内部統制の整備状況の評価，②内部統制システムについて説明する。

(3) 主に固有リスクに関連する要因
① 企業および企業環境

　下記の**図表6-23**は，監査人が企業および企業環境を理解した結果として識別された固有リスク（または重要な虚偽表示リスク）の例である。

〔図表6-23〕企業および企業環境の例と固有リスクの例

企業・企業環境の例	固有リスクの例 （F/S項目ごとの監査要点への影響を考慮）
建設業界に属する	収益認識について見積の要素が多く恣意性の介入が問題となる（収益計上を誤るリスク）
得意先の業績の悪化	売上債権が滞留し，その評価の妥当性が問題となる（貸倒引当金を誤るリスク）
販売の低下	棚卸資産が滞留し，その評価の妥当性が問題となる（棚卸評価損を誤るリスク）
技術革新のテンポの速い産業	生産設備が陳腐化，その評価の妥当性が問題となる（減損損失の計上を誤るリスク）

| 取締役会・監査役の監視不十分 | 財務諸表全体レベルの重要な虚偽表示リスクが高い（広くF/S全体に関係し特定の財務諸表項目のみに関連づけられないリスク） |

（注） 一般に、「評価の妥当性」という監査要点は、会計上の見積りに関連し、主観性や不確実性といった「固有リスク要因」（243頁参照）の影響により、固有リスクが高いと評価されることが多い。

② 事業上のリスク

　企業および企業環境に内在する「事業上のリスク」とは、企業目的の達成や戦略の遂行に悪影響を及ぼし得る重大な状況、事象、環境および行動の有無に起因するリスク、または不適切な企業目的および戦略の設定に起因するリスク（監基報315：第11項(7)）を意味する。事業上のリスクは、「事業失敗の可能性」≒「事業が失敗して損失の生じるリスク」であり、重要な虚偽表示リスクよりも広い概念である。

　事業上のリスクのすべてが重要な虚偽表示リスクとなるわけではないが、例えば、「製品開発→製品の見込製造→市場への販売」といった事業を展開する企業では、それぞれの段階での事業上のリスクに関連して、図表6-24のような重要な虚偽表示リスクを識別することがある。

〔図表6-24〕事業上のリスクと重要な虚偽表示リスクの例

事業上のリスク	重要な虚偽表示リスク
製品開発失敗リスク（製品の開発）	製品開発に係る支出が網羅的に計上されないリスク（研究開発費の計上漏れの可能性）
販売不振リスク（製品の見込製造）	販売不振の製品についての評価を誤るリスク（製品の評価損が適時に計上されない可能性）
欠陥製品に係る法的責任リスク（市場への販売）	損害賠償に係る注記漏れ・引当金非計上のリスク（偶発債務に係る注記や引当計上漏れの可能性）

　このように事業上のリスクの理解を通じて、監査人はより適切に重要な虚偽表示リスクを識別・評価することが可能となると考えられる。

③　固有リスク要因

　固有リスク要因は，定性的または定量的な要因であり，アサーションにおける虚偽表示の生じやすさに影響を及ぼす。適用される財務報告の枠組みで要求される情報の作成に関する定性的な固有リスク要因およびそれによる重要な虚偽表示リスクの存在を示唆する事象または状況の例は，**図表6-25**のとおりである（監基報315：第11項(6)，A3項，A74項，付録2）。

〔図表6-25〕　固有リスク要因の具体例

固有リスク要因	重要な虚偽表示リスクの存在を示唆する事象または状況の例
複雑性	・複雑な業務提携および合弁企業の存在 ・複雑な計算プロセスを必要とする会計上の測定
→ 取引内容等が複雑な場合には，適切な会計処理を行ううえで困難さが伴う。	
主観性	・会計上の見積りにおいて，適用され得る広範な測定基準 ・投資不動産のような非流動資産の評価技法等
→ 主観的な判断では，恣意性が介入しやすく，様々な判断結果が生じる。	
変化	・市場の不安定性に晒されている事業運営（例，先物取引） ・大規模な買収，組織変更等の企業内の変化
→ 時の経過による影響が，適時に会計処理に反映されない可能性が高い。	
不確実性	・会計上の見積り等に係る測定の不確実性を伴う事象等 ・係争中の訴訟と偶発債務
→ 正確な計算ができず，仮定に基づく不確実な処理がなされる可能性が高い。	
経営者の偏向またはその他の不正リスク要因	・関連当事者との重要な取引 ・期末日近くに計上された巨額の収益等の非通例的取引
→ 利益目標の達成誘因等の経営者の中立性の欠如が生じる可能性が高い。	

　また，固有リスク要因について，実施基準では以下の規定がある。

> 二　監査計画の策定　4（二文目）
> 　固有リスクについては，重要な虚偽の表示がもたらされる要因を勘案し，虚偽の表示が生じる可能性と当該虚偽の表示が生じた場合の影響を組み合わせて評価

しなければならない。

　上記の「虚偽の表示の生じる可能性」と「影響」について図示すると**図表6-26**となる。特に図中の「●」のように両者が高い領域については，下記の実施基準の規定のとおり，特別な検討を必要とするリスクとして識別されることになる。

> 二　監査計画の策定　5 前段
> 　監査人は，虚偽の表示が生じる可能性と当該虚偽の表示が生じた場合の金額的及び質的影響の双方を考慮して，固有リスクが最も高い領域に存在すると評価した場合には，そのリスクを特別な検討を必要とするリスクとして取り扱わなければならない。

（注）　特別な検討を必要とするリスクの詳細については252頁参照。

〔図表6-26〕固有リスクの分布図

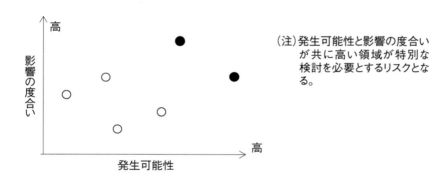

マメ知識6-3　　監査チーム内の討議（監基報315：第16～17項）

　リスク評価手続は，質問，分析的手続，観察，閲覧といった種々の情報収集活動により実施されるが，リスク評価手続に関連する活動として実施が要求されるのが「監査チーム内の討議」である。監査業務は，単独ではなく，監査チームで行われることが通常であるから，重要な虚偽表示リスクの評価結果およびその対応等については，監査チーム内での知識と洞察力の共有，

意見交換，情報伝達等が必要とされるのである。

(4) 統制リスクの暫定的評価に関連する要因
① 内部統制の整備状況の評価

内部統制の整備状況の評価手続は，図表6-27のとおり，「内部統制のデザイン」および「業務への適用」を理解することを意味し，内部統制の有効性が想定されるかどうかを評価することを目的としている。

〔図表6-27〕内部統制の整備状況の理解の内容

内部統制のデザイン	そのプロセスを構築する意図 （何のためのプロセスか？）	→	内部統制の 有効性が想定 されるか？
業務への適用	そのデザインが具現化されて 組織内に組み込まれているか？		

例えば，適正な財務諸表を作成する責任のある経営者が，「架空の売上」や「期間帰属を誤る売上が計上されるリスク」を識別した場合，経営者の「出荷の事実に基づき売上計上しなければならない」という意図（デザイン）が販売取引に係る内部統制を構築する基礎となる。その意図が具現化されて組織内に組み込まれている（業務に適用されている）ことを監査人が理解できれば，監査人は「内部統制の有効性が想定される」と評価することになる。

内部統制のデザインおよび業務への適用を理解するには，例えば以下で示すように，内部統制の基本的要素が組織内に組み込まれているかどうかを評価する必要がある（内部統制の基本的要素については〔図表1-8〕23頁参照）。

- リスク評価の結果，架空の売上や期間帰属を誤る売上が計上されるリスクが識別された。
- 物流部では，営業部からの出荷指図に基づいて出荷されており，出荷の事実は適時に経理部に伝達されている（情報が適時に伝達されている）
- 経理部では，出荷報告書と売上伝票を定期的に照合（統制活動）している。
- 内部監査部では，上記のプロセスをモニタリングしている（監視活動がある）

（注） 下線は内部統制の基本的要素を意味し，これらの基本的要素の基礎をなすのが経営者の誠実性

等を含む「統制環境」である。

　上記の結果，仮に内部統制のデザインが不明確である（何のためのプロセスなのかハッキリしない）場合や，デザインは適切であっても内部統制の基本的要素が組織に組み込まれずに具現化（すなわち業務に適用）されていない場合には，「内部統制は整備されていない（＝内部統制の有効性は想定されない）」との評価結果となる。この場合，一般に監査人は運用評価手続は実施せずに実証手続を強化（発見リスクを低く決定）することで監査リスクを許容可能な低い水準に抑えることになる。逆に内部統制の有効性が想定される場合には，リスク対応手続としての運用評価手続を実施して統制リスクを相対的に低く評価することを通じて，発見リスクを高く（実証手続の簡略化）を見込むことが通常である（運用評価手続の具体例は249頁参照）。

② **内部統制システム**

　監基報315では，内部統制概念を**図表6-28**のとおり，「内部統制」と「内部統制システム」とに区分し，監査基準よりも詳細な規定を置いている。この内部統制システムの理解により，監査人は，内部統制のデザインおよび業務への適用の理解（＝内部統制の整備場状況の評価）に役立たせることになると考えられる。なお，「内部統制」は，企業の「内部統制システム」の構成要素に組み込まれている（監基報315：A7項）。

〔図表6-28〕内部統制と内部統制システム

内部統制	企業が，経営者又は取締役会，監査役等の統制目的を達成するために策定する方針又は手続（監基報315：第11項(11)）。
内部統制システム	企業目的（注）を達成するために，経営者，取締役会，監査役等及びその他の企業構成員により，整備（デザインと業務への適用を含む）及び運用されている仕組み（監基報315：第11項(12)）。

（注）　企業目的については内部統制の目的参照（22頁〔図表1-7〕）。

　内部統制システムは，**図表6-29**のとおり主に間接的な内部統制である「統制環境」，「企業のリスク評価プロセス」，「内部統制システムを監視する企業の

プロセス」と，主に直接的な内部統制である「情報システムと伝達」，「統制活動」からなり，これらの5つの相互に関連した要素（内部統制の基本的要素については23頁参照のこと）から構成される。

ここで「間接的」というのは，アサーション・レベルの重要な虚偽表示を防止，発見または修正するのに十分な精度の内部統制ではないが，他の内部統制を支援することで，虚偽表示が適時に発見または防止される可能性に間接的に影響を与えることがある内部統制を意味する（監基報315：A84項）。

また「直接的」というのは，アサーション・レベルの虚偽表示を防止，発見または修正するのに十分な精度の内部統制を意味する（監基報315：A111項）。

監査人は，リスク評価手続において，こうした内部統制システム（それぞれ不備がある場合の注意点を含む）を理解することが要求されている。

〔図表6-29〕内部統制システムの構成

主に間接的な内部統制（A84～A86） （他の構成要素における内部統制の有効性に影響を与える）	主に直接的な内部統制（A111～A113） （アサーション・レベルの重要な虚偽表示リスクを識別し評価することに役立つ）
統制環境　20	情報システムと伝達　24
企業のリスク評価プロセス　21, 22	統制活動　25（デザイン・業務への適用を含む）
内部統制システムを監視する企業のプロセス　23	

（注）　図表中の番号は監基報315の各規定番号を意味する。

マメ知識6-4　監査人の理解すべき統制活動

監査人は，統制活動のうちアサーション・レベルの重要な虚偽表示リスクに対応する以下の内部統制を識別する必要がある（監基報315：第25項(1)）。

① 特別な検討を必要とするリスクに対応する内部統制（253頁参照）
② 非経常的な取引や通例でない取引の仕訳，又は修正仕訳といった非定型的な仕訳を含む，仕訳入力に関する内部統制
③ 実証手続の種類，時期及び範囲を決定するに当たり，監査人が運用評価手続の実施を計画している内部統制（実証手続のみでは，十分かつ適切な

監査証拠を入手できないリスク（256頁参照）に対応する内部統制を含む）
　④　監査人が評価することが適切であると考えるその他の内部統制
（注）　ITが内部統制に及ぼす影響の検討については第8章Ⅴ（363頁）参照のこと。

3　評価したリスクへの対応

（1）　財務諸表全体レベルの重要な虚偽表示リスクへの対応

　235頁で示したとおり，広く財務諸表全体に関係し特定の財務諸表項目のみに関連付けられない重要な虚偽表示リスクがあると監査人が判断した場合には，補助者の増員，専門家の配置，適切な監査時間の確保等の全般的な対応が必要となる。この点，監基報330：A1項では，次のとおり全般的な対応を詳細に規定している。

- 監査チームメンバーが職業的懐疑心を保持すること
- 豊富な経験を有する又は特定分野における専門的な知識や技能を持つ監査チームメンバーの配置，専門家の利用
- 監査チームメンバーに対する指示，監督及び監査調書の査閲の内容，時期及び範囲の変更
- 実施するリスク対応手続の選択に当たっての企業が想定しない要素の組込み
- 監査の基本的な方針又は計画された監査手続の変更

マメ知識 6-5　　脆弱な統制環境

　統制環境は，内部統制の基本的要素のうち最も重要なものであり，他の基本的要素の基礎をなす。次に示すような統制環境が脆弱な場合には，財務諸表全体レベルの重要な虚偽表示リスクを識別することがある。
- 経営者が企業内容開示制度の意義について十分な理解がない。
- 経理部の人員が不足しており適時・適切な開示体制に疑義がある。
- 取締役会や監査役等の有する機能に疑義がある。

（2） アサーション・レベルの重要な虚偽表示リスクへの対応（リスク対応手続）

リスク対応手続には，運用評価手続（内部統制の有効性の裏付けのための手続）と実証手続（重要な虚偽表示を看過しないための手続）がある。

① 運用評価手続を実施する場合

次の場合，監査人は運用評価手続を立案・実施する（監基報330：第7項）。

> (1) アサーション・レベルの重要な虚偽表示リスクを評価した際，内部統制が有効に運用されていると想定する場合
> (2) 実証手続のみでは，アサーション・レベルで十分かつ適切な監査証拠を入手できない場合

リスク評価手続における内部統制の整備状況の評価手続の結果，内部統制の有効性が想定される場合には，運用評価手続を実施して内部統制の有効性の裏付けに係る監査証拠を入手することで，統制リスクを相対的に低く評価することが見込まれる（237頁参照）。

（注） 実証手続のみでは，アサーション・レベルで十分かつ適切な監査証拠を入手できない場合については256頁参照。

② 運用評価手続の例

245頁の具体的な販売取引に係る内部統制の整備状況の理解に基づく場合，例えば次の**図表6-30**のような運用評価手続を実施することで，内部統制の有効性を裏付けることがある。

〔図表6-30〕 運用評価手続の例

運用評価手続において確かめるべき内容	具体的な手続
・物流部における出荷が出荷指図に基づいているか ・出荷の事実が適時に経理部に伝達されているか ・経理部での出荷報告書と売上伝票との照合は適切か	出荷現場の観察 出荷報告書の閲覧 照合の再実施

運用評価手続の目的は，内部統制の整備状況（デザインと業務への適用）が監査対象期間にわたって運用されていることを裏付けることにあり，いわば「整備状況」という定点的な評価を，「運用状況」という期間的な評価に更新することを意味する。また，運用評価手続を実施しない限り「内部統制が有効である（統制リスクが相対的に低い）」という裏付けは得られないことになる。

なお，理論的には「整備状況」と「運用状況」に区別して評価することとされるが，実務的には両者を同時に行うこともある（監基報330：A20）。

③ 実証手続

実証手続とは，重要な虚偽表示を看過しないための手続を意味し，「分析的実証手続」と「詳細テスト」の2つがある。分析的実証手続の詳細は第8章Ⅶ3（379頁）に記述があるが，取引量が多く予測可能な取引に対して適用される。一方，詳細テストは，分析的実証手続以外の実証手続を意味する。

固有リスクが高いことを前提とすれば，内部統制の有効性が運用評価手続によって裏付けられれば，統制リスクを低く評価する結果，発見リスクを高く（実証手続の簡略化；（例）分析的実証手続への依存）することが認められる。逆に，内部統制の有効性が運用評価手続によって裏付けられなければ，統制リスクを高く評価することとなり，発見リスクを低く（実証手続の強化；（例）詳細テストの強化）することが必要となる。こうした実証手続の具体例は，**図表6-31**のとおりである。

〔図表6-31〕分析的実証手続と詳細テストの具体例

監査要点の例	DR低の例(詳細テストの強化)	DR高の例(分析的実証手続のみ)
売掛金の実在性	得意先に対する残高確認，入金チェック，販売に係る証憑突合	売上高と売掛金の比率・回転期間を推定値とした分析的実証手続のみ
減価償却の期間配分の適切性	個別の償却資産ごとの再計算	平均耐用年数等を推定値とした分析的実証手続（オーバーオールテスト）のみ

| 販売費の実在性・網羅性 | 実在性（元帳→証憑チェック）網羅性（証憑→元帳チェック） | 予算実績比率や売上比率を推定値とした分析的実証手続のみ |

(注) 実証手続で虚偽表示を発見した場合，内部統制が有効に運用されていないかどうかに留意する。一方で，実証手続で虚偽表示が発見されなくとも内部統制が有効であることの監査証拠とはならない（監基報330：第15項，A39項）。また，実在性と網羅性については，262頁参照。

(3) 内部統制の有効性の評価と実証手続との関係

　CRとDRとの関係を含めた内部統制の有効性の評価と実証手続との関係をまとめると，図表6-32のようになる。

〔図表6-32〕内部統制の有効性の評価と実証手続との関係

区分	構成		内容	具体的手続（注1）	備考
内部統制の有効性を評価するための手続（CR評価）	内部統制	整備状況	デザイン	質問・観察・閲覧・ウォークスルー（注2）	内部統制の理解に基づき整備状況を評価し，運用評価手続によりその有効性を裏付ける。
^	^	^	業務への適用	^	^
^	^	運用状況（裏付け）	監査対象期間にわたって有効か	質問・観察・閲覧・再実施	^
実証手続（重要な虚偽の表示を看過しないための手続）（DR決定）	分析的実証手続		取引量が多く予測可能な取引に対して適用	期間比較・比率分析等（許容可能な差異に基づく）	内部統制の有効性が確かめられれば，実証手続を簡略化し，確かめられなければ実証手続を強化する。
^	取引種類，勘定残高，注記事項に対する詳細テスト		分析的実証手続以外の実証手続	閲覧，質問，確認，有形資産の実査や再計算等	^

(注1) 具体的手続については，272頁の監査手続参照のこと。
(注2) ウォークスルーは，財務報告目的の情報システムにおいて，取引の開始から財務諸表までを追跡することを意味する（監基報315：A124項）。

(4) 二重目的テスト（監基報330：A22項）

　例えば，「請求書の検討」という1つの監査手続を，内部統制の有効性の裏付け調査としての運用評価手続と，重要な虚偽表示を看過しないための手続としての詳細テストとして実施するように監査計画を立案・実施することがある。このように，実務的には運用評価手続と詳細テストの両方の目的を持つ手続を

1つの監査手続として実施することがあり，これを「二重目的テスト」と呼ぶ（図表6-33）。

〔図表6-33〕「請求書の検討」における二重目的テスト

	目的	具体的な検討内容
運用評価手続	内部統制の有効性の裏付け	請求書の承認・照合状況のチェック
詳細テスト	重要な虚偽表示を看過しない	請求書上の金額と仕訳の照合

4　特別な検討を必要とするリスク

　監査人は，特別な検討を必要とするリスクを決定することで，固有リスクが最も高い領域に存在すると評価したリスクにより重点を置いた監査を実施することができ，より適切に資源を配分することが可能になると考えられる。

　次の実施基準の規定では，「会計上の見積り」「収益認識」「不正」「特異な取引」といった例示により，ともすれば監査人が監査判断を誤る可能性の高い領域について，必要に応じて監査人に特段の注意を払うことを求めている。

> 二　監査計画の策定　5後段
> 　特に，監査人は，会計上の見積りや収益認識等の判断に関して財務諸表に重要な虚偽の表示をもたらす可能性のある事項，不正の疑いのある取引，特異な取引等，特別な検討を必要とするリスクがあると判断した場合には，そのリスクに対応する監査手続に係る監査計画を策定しなければならない。

(1)　特別な検討を必要とするリスクに係るリスク評価手続における注意点

　既述（244頁）のとおり，監査人は，虚偽表示が生じる可能性と当該虚偽表示が生じた場合の金額的および質的影響の双方を考慮して，固有リスクが最も高い領域に存在すると評価した場合には，そのリスクを特別な検討を必要とするリスクとして取り扱わなければならない（実施基準二5前段，監基報315：31項，A203項～A205項）。

　特別な検討を必要とするリスクの決定に際して，内部統制の影響を考慮しな

いのは，固有リスクのみであれば特別な検討を必要とするリスクとして識別されるはずの重要な虚偽表示リスクが，内部統制の影響を考慮することで，重要な虚偽表示リスクが固有リスクよりも相対的に低く評価される結果，特別な検討を必要とするリスクとして識別されなくなってしまう可能性への配慮，換言すれば，特別な検討を必要とするリスクを漏れなく識別するための配慮である。

特別な検討を必要とするリスクがあると判断される例は以下のとおりである（監基報315：A206項参照）。

- 複数の会計処理が認められる取引で，その選択に主観性が伴う取引
- 不確実性が高い又は複雑なモデルの会計上の見積り
- 勘定残高を記録するためのデータ収集と処理の複雑性
- 複雑な計算を伴う勘定残高や定量的な注記事項
- 異なる解釈をもたらす可能性がある会計基準
- 会計処理の変更を伴う企業の事業の変化（例えば，企業結合）

（2） 特別な検討を必要とするリスクに係る内部統制の理解

経営者は，上記のような固有リスクの高い領域について，実際に重要な虚偽表示が発生しないようにするため，相応の内部統制を構築しているケースが多い。そこで監査人は，特別な検討を必要とするリスクに対して，経営者がどのようなリスク低減策としての内部統制を整備しているかについて理解することが要求されている（監基報315；第25項(1)①，A146項）。

このように特別な検討を必要とするリスクについては，図表6-34で示すように，その決定にあたっては内部統制の影響を考慮せず，その決定後には内部統制を理解することが要求されていることに注意を要する。

〔図表6-34〕特別な検討を必要とするリスクに係るリスク評価手続

特別な検討を必要とするリスクの決定	左記の決定の後
内部統制の影響を考慮しない（固有リスクの最も高い領域） 監基報315：A203～A204項	内部統制の理解（経営者の当該リスクへの低減策を理解する） 監基報315：第25項(1)①

（3）特別な検討を必要とするリスクに係るリスク対応手続における注意点

（2）で示したとおり，決定された特別な検討を必要とするリスクに対して，経営者がどのようなリスク低減策を講じているかを理解し，仮に内部統制の有効性が想定されるのであれば，運用評価手続を実施する一方で，有効性が想定されない場合には，実証手続のみでリスク対応手続を実施することになる（この点は他の重要な虚偽表示リスクと同様の対応となる）。

ただし，特別な検討を必要とするリスクについては，監査人は，下の点に留意してリスク対応手続を実施する（監基報330：第14項，第20項）。

- 内部統制に依拠する場合，内部統制の運用状況の有効性について，過年度の監査証拠に依拠することはできない（当年度の運用評価手続が必要）
- 個別に対応する実証手続を実施しなければならない
- 実証手続のみを実施する場合には，詳細テストを含めなければならない

これらの点について，一般的な重要な虚偽表示リスクと特別な検討を必要とするリスクへの対応とを比較すると図表6-35のようになる。

〔図表6-35〕特別な検討を必要とするリスクに係る注意

	特別な検討を必要とするリスクの注意	通常のRMMの場合
運用評価手続	当年度の運用評価手続	過年度の運用評価手続でも可
実証手続	個別に対応する実証手続の実施	間接的な実証手続のみでも可
実証手続のみでの対応	詳細テストを含める（分析的実証手続のみは不可）	分析的実証手続のみでも可

また，特別な検討を必要とするリスクは，監査役等とのコミュニケーションが要求されている（監基報260：第13項）他，監査上の主要な検討事項となる可能性（監基報701：第8項）などの注意点がある（監基報315；A203項参照）。

なお，上記に関連して実施基準では，特別な検討を必要とするリスクに関して以下の規定を置いている。

> 三　監査の実施　3
> 　監査人は，特別な検討を必要とするリスクがあると判断した場合には，それが財務諸表における重要な虚偽の表示をもたらしていないかを確かめるための実証手続を実施し，また，内部統制の整備状況を調査し，必要に応じて，その運用状況の評価手続を実施しなければならない。

> **マメ知識6-6**　過年度情報の利用（監基報330：第12項，13項，Ａ53項）
>
> 　リスク評価手続において監査人が理解すべき企業および企業環境等は，毎年変更があるわけではない。そのため，リスク評価手続の結果は，毎年その適合性に影響を及ぼす変化の有無に注意する必要があるものの，過年度に得られた情報を当年度の監査において利用することが多い。
> 　一方，リスク対応手続（運用評価手続／実証手続）は，基本的に毎期実施する必要がある。特に，毎期更新作成される財務諸表について，その重要な虚偽表示を看過しないために実施する実証手続の結果は，ほとんどまたは全く前年度の監査証拠は当年度の監査証拠とはならない。
> 　また，販売プロセスといった主要な内部統制についても毎期，運用評価手続を行うことが通常である。ただし，運用評価手続は，経営者が整備・運用したプロセスを対象とするため，仮にそのプロセスに重要な変更がなければ，過年度の運用評価手続の結果を利用することが認められる場合もある。なお，変更がない場合でも，少なくとも3年に1回は運用評価手続を実施することが要求されている。

5　実証手続のみでは十分かつ適切な監査証拠を入手できないリスク

　高度に自動化されている処理の検証にあたって，その処理プロセスをブラックボックス化してしまうと，インプットデータとアウトプットデータの相互間の関連性の希薄化に起因して，両者の関連性を検討してもアウトプットデータの適否の検証には困難が伴う。こうした場合，監査人はそのプロセス（内部統制）の有効性の検証が必須と考えることになる。これが「実証手続のみでは十分かつ適切な監査証拠を入手できない」リスクの例である。

　この点，監基報315：A209項では次の規定がある。

> 　定型的な取引が，ほとんど又は全く手作業を介在させずに高度に自動処理されている場合には，実証手続のみを実施することで関連するリスクに対応することが不可能なことがある。また，ITアプリケーションを高度に統合した情報システムのように，企業の膨大な情報が，電子的な方法によってのみ開始，記録，処理，報告されるような状況において，監査人は実証手続のみを実施することでは関連するリスクに対応することができないと考えることがある。これらの状況では，利用可能な監査証拠は電子媒体のみでしか存在しないことがあり，その十分性と適切性は，一般に，正確性と網羅性に対する内部統制の有効性に依存している。

　実証手続のみでは十分かつ適切な監査証拠を入手できないリスクは，監査人の内部統制の有効性への依存度が高い（内部統制に依拠せざるを得ない）状況と考えられる。そこで監査人は，こうしたリスクに対して経営者の構築した内部統制を理解するととともに，その有効性を裏付ける運用評価手続の実施によって，十分かつ適切な監査証拠を入手することとなる。

　仮に，内部統制の理解によっても内部統制の有効性が想定されず，また有効性が想定されたとしても運用評価手続によってその裏付けが得られない場合には，十分かつ適切な監査証拠の入手に支障をきたすこととなるため，監査範囲の制約（434頁参照）として，監査意見への影響を検討することとなる。

> **マメ知識 6-7** 期中で入手した監査証拠の利用
>
>
>
> 運用評価手続の場合
>
> 内部統制の運用状況は，監査対象期間（期首から期末まで）を対象とするが，通常，期中のある時点で運用評価手続を行うことから，期末までの間に，その内部統制に重要な変更がないことや，その残余期間に対して，追加の検証を行う等の対応が必要となる。
>
>
>
> 実証手続の場合
>
> 一方，現金や受取手形等の実査や棚卸資産の立会，売掛金や銀行への残高確認といった残高の検証のための実証手続は，期末日近くまたは期末日を基準日として実施することが多い。しかし，期末の決算作業の集中を回避する等の目的で期末日前の一定の日に（またはその日を基準日として），実証手続を実施することがある。この期末日前の実証手続のみでは，期末日時点の残高検証のための実証手続は完了しておらず，期末日との間の増減分析やその間の取引の一部の証憑突合等の実証手続が必要となる（監基報330：第11項，第21項，A33項，A54項）。

Ⅳ　リスク・アプローチに係る意見形成と監査証拠

1　適正性命題と監査要点

　財務諸表監査の目的は，財務諸表に対して適正かどうかについての意見を表明することにある。「財務諸表の適正性」は直接的な検証が困難な抽象的命題であるため，監査人はその適正性命題を細分化した立証目標としての「監査要点」を設定する。

監査人は財務諸表項目ごとの監査要点を立証するために，財務諸表の作成の基礎となる証拠資料に対して種々の監査手続を実施することにより，監査証拠を入手することになる。ここで監査要点を立証する監査証拠の集合を「十分かつ適切な監査証拠」と呼ぶ。十分かつ適切な監査証拠は，設定された監査要点ごとに入手されるが，監査人は，その十分かつ適切な監査証拠によって立証した事項を積み上げて，統合化することで，財務諸表の適正性に係る意見の表明の基礎を形成することになる（上記の波線部については，2．監査要点（260頁～），3．監査証拠（264頁～），4．監査手続（272頁～）において詳述する。また，証拠資料については下記マメ知識6-8参照のこと）。

マメ知識 6-8　証拠資料と監査証拠の相違

　証拠資料は監査証拠の素材となるもので，形態別に，物理的証拠資料，文書的証拠資料，口頭的証拠資料に区分され，また入手源泉別には外部証拠資料や内部証拠資料に区分されることがある。一方，監査証拠は，これらの証拠資料に対して監査人が監査手続を実施した結果として，監査要点の立証に係る監査人の心証が含まれる概念である。

　なお，監査証拠は，監査要点との関連において，監査要点に個別に対応する監査証拠としての直接証拠と，監査要点とは補完的・間接的な対応しか有さない間接証拠とに区分されることがある。

　しかし，監査基準や監基報では，証拠資料と監査証拠とを区別して定義しておらず，本章でも「監査証拠」という用語で統一して使用している。

　監査要点の立証は個別的評価プロセスの結果であり，適正性命題の立証は総合的な判断プロセスの結果である。この監査人の意見表明の基礎を得るプロセスを図示したものが，図表6-36である。

　なお，参考までに，「健康診断」にて医者が患者の「健康性」に係る意見を表明する場合を例として，上記の適正性命題の立証プロセスに関連付けると，図表6-37のとおりとなる。

第6章　実施基準とリスク・アプローチ　259

〔図表6-36〕適正性命題の立証プロセス

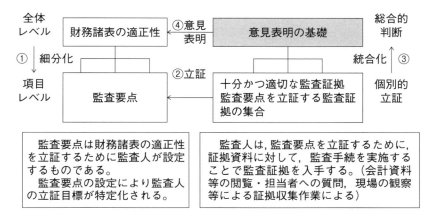

(注)　監査人は，財務諸表の適正性について意見を表明することを目的としており，一般に，個々の監査要点の立証プロセスとしての十分かつ適切な監査証拠の入手状況について，個別に意見を表明することは求められていない。

〔図表6-37〕健康性命題の立証プロセス

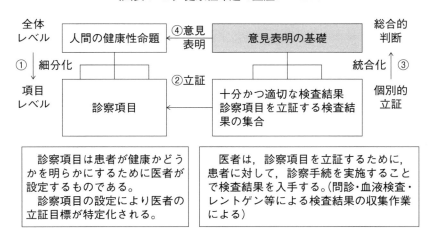

2　監査要点

(1)　監査基準上の監査要点

　監査要点は,「売掛金の実在性」「棚卸資産の評価の妥当性」「借入金の網羅性」というように，通常，監査人が財務諸表項目ごとに設定する。

　この点に関して，実施基準では次の規定があり，それぞれの監査要点の意味等を整理したものが，図表6-38である。

> 一　基本原則　3
> 　監査人は，自己の意見を形成するに足る基礎を得るために，経営者が提示する財務諸表項目に対して，実在性，網羅性，権利と義務の帰属，評価の妥当性，期間配分の適切性及び表示の妥当性等の監査要点を設定し，これらに適合した十分かつ適切な監査証拠を入手しなければならない。　　　　（下線は筆者による。）

　監査要点は，監査人が自己の意見形成の基礎となる十分かつ適切な監査証拠を入手するために，経営者が提示する財務諸表項目に対して設定する立証すべき目標である。上記のとおり，監査人は，財務諸表項目ごとに監査要点を設定するが，その設定に際して監査人は，「資産の架空計上はないか」「負債の計上漏れはないか」等の，それぞれの財務諸表項目に発生が危惧される虚偽表示を想定する。このことは下記（2）のとおり，監査人が経営者のアサーションを利用して監査要点を設定することを意味している。なお，図表6-38で示される監査要点は，あくまで例示であり，他の監査要点が設定されることもある。

〔図表6-38〕監査要点の意味

用　語	意　味	想定される虚偽
実在性	取引や事象・状況が実際に発生・存在していること	架空計上
網羅性	計上すべき取引や事象・状況をすべて記録していること	計上漏れ
権利と義務の帰属	計上されている資産に対する権利および負債に関する義務が会社に帰属していること	権利と義務の帰属主体の誤り

評価の妥当性	適切な価額で計上していること	評価損や引当金等の計上誤り
期間配分の適切性	収益および費用を適切な期間に配分していること	繰上計上・繰延計上の期間帰属誤り
表示の妥当性	取引や事象・状況を適切に表示・開示していること	開示漏れや不明瞭な開示

（2） アサーションの利用

　監査人は，財務諸表項目ごとに監査要点を設定するが，監査人が監査要点を設定する際に利用するのが，アサーションである。アサーションは，経営者が財務諸表において明示的か否かにかかわらず提示するもの（監基報315：第11項(4)）であり，その例は**図表6-39**のとおりである（同：A178項）。なお，「監査要点」は監査基準にて，「アサーション」は監査基準報告書にて使用されている概念である。

〔図表6-39〕監査人が利用するアサーション

区　分	アサーション	内　　容
(1)監査対象期間の取引種類と会計事象及び関連する注記事項に係るアサーション	①発生	記録又は注記された取引や会計事象が発生し，当該取引や会計事象が企業に関係していること
	②網羅性	記録すべき取引や会計事象が全て記録されていること，及び財務諸表に関連する注記事項が全て含まれていること
	③正確性	記録された取引や会計事象に関する金額や他のデータが正確に記録されていること，及び関連する注記事項に含まれる金額の測定及び記述が適切であること
	④期間帰属	取引や会計事象が正しい会計期間に記録されていること
	⑤分類の妥当性	取引や会計事象が適切な勘定科目に記録されていること
	⑥表示及び注記	取引及び会計事象が適切に集計又は細分化され，明瞭に記述されていること，並びに適用される財務報告の枠組みに照らして，関連する注記事項が目的適合性を有し，理解しやすいこと

(2)期末の勘定残高及び関連する注記事項に係るアサーション	①実在性	資産，負債及び純資産が実際に存在すること
	②権利と義務	企業は資産の権利を保有又は支配していること，また，負債は企業の義務であること
	③網羅性	記録すべき資産，負債及び純資産が全て記録されていること並びに財務諸表に関連する注記事項が全て含まれていること
	④評価と期間配分	資産，負債及び純資産が適切な金額で財務諸表に計上され，評価の結果又は期間配分調整が適切に記録されていること，並びに関連する注記事項に含まれる金額の測定及び記述が適切であること
	⑤分類の妥当性	資産，負債及び純資産が適切な勘定科目に記録されていること
	⑥表示及び注記	資産，負債及び純資産が適切に集計又は細分化され，明瞭に記述されていること，並びに適用される財務報告の枠組みに照らして，関連する注記事項が目的適合性を有し，理解しやすいこと

（出所）　監基報315：A178項をもとに作成

　アサーションは，例えば「売上取引が発生し，期間帰属は適切である（例；売上高は架空販売ではなく，その期間帰属に誤りはない）」や，「棚卸資産は期末に残高があり，評価は適切である（例；棚卸資産は架空在庫はなく，その評価に誤りはない）」といった経営者の言明を意味し，財務諸表はアサーションの集合と捉えることもできる。監査人は，このような経営者のアサーションを利用し，「経営者は財務諸表上，いかなる言明をしようとしているのか」またそれに関連して，「どのような虚偽表示が生じやすいのか」を考慮して監査要点を設定することになる。

（3）　監査要点間の関係
①　実在性と網羅性の相違
　実在性とは，架空計上の有無（実在 Existenceや発生 Occurrence）を確かめることを意味する。一方で，網羅性は，計上漏れや簿外処理の有無（網羅Completeness）を確かめることを意味する。両者は事実と帳簿の一致・不一致を検証する点で共通する面はあるが，図表6-40のとおり似て非なる概念である。

第6章 実施基準とリスク・アプローチ

〔図表6-40〕実在性と網羅性

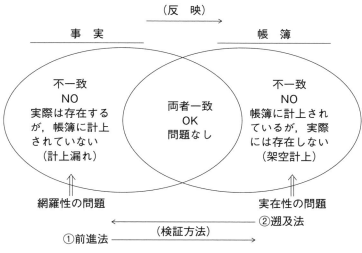

(出所) 南他『財務諸表監査の実務（第4版）』中央経済社，134頁

> **マメ知識6-9　　前進法と遡及法**
>
> ・前進法；網羅性の検証
>
> 　事実に基づいて帳簿上の記載の有無を検証する方法を「前進法」といい，網羅性の検証に有用とされる。例えば，実在する有形固定資産の現物に基づいて固定資産台帳の有無を検証する，または領収書や請求書等の取引発生の裏付けとなる証憑書類に基づいて仕訳帳や元帳上の記載の有無を検証することにより，仮に帳簿に記載がなければ「記載漏れ」＝「網羅性の問題」が明らかになる。
>
> ・遡及法；実在性の検証
>
> 　帳簿上の記載に基づいて事実の有無を検証する方法を「遡及法」といい，実在性の検証に有用とされる。例えば，固定資産台帳の記載に基づいて有形固定資産の現物の有無を検証する，または仕訳帳や元帳の記載に基づいて領収書や請求書等の取引発生の裏付けとなる証憑書類の有無を検証することにより，仮に有形固定資産の現物や証憑書類等がなければ「架空計上」＝「実在性の問題」が明らかになる。

② **実在性と評価の妥当性の相違**

　実在性に対して，評価の妥当性とは適切な金額（評価 Valuation）で財務諸表に表示されていることを確かめることを意味する。

　例えば，監査人は，有形固定資産や棚卸資産について実査や立会，売上債権や貸付金等については残高確認によって，その資産の実在性を裏付ける監査証拠を入手することができる。しかし，それらの手続によっても，資産の評価基準や評価方法を把握することは困難であり，その資産の取得価額や時価，減損の要否や回収可能性等の資産の評価に関する監査証拠を入手できるとは限らない（なお，実査や立会によって，資産の保管状況から陳腐化や型崩れ等の現況の把握が可能なことがある）。そこで，実在性と評価の妥当性とを区別し，それぞれに適合する監査証拠を入手することが重視される。

③ **実在性と権利と義務の帰属**

　実在性は，物理的に存在しているかどうかに焦点が当てられることが多い一方で，権利と義務の帰属（Rights and Obligations）は，法的・経済的実態に焦点が当てられている点で両者は異なる。

　例えば，有価証券や有形固定資産といった現物が実在していたとしても，その所有権が他者に帰属し，単に担保として預かっているに過ぎない場合も考えられる。そのため，「実在性」と「権利と義務の帰属」とを区別し，監査人にはそれぞれに適合する監査証拠を入手することが重視される。

（注）　いかなる監査要点を立証するかという立証目標によって，いかなる監査手続を選択するか（いかなる監査証拠が必要か）が異なる。これは後述する，十分かつ適切な監査証拠の「適切性」のうち「適合性」に関する論点である（詳細は266頁参照）。

3　監査証拠

(1)　監査証拠

　監査証拠とは，監査人が意見表明の基礎となる個々の結論を導くために利用する情報をいう。監査証拠は，以下で示すように財務諸表の基礎となる会計記録に含まれる情報およびその他の情報源から入手した情報からなる（監基報

500：第4項(2))。

① 会計記録に含まれる情報

会計記録に含まれる情報は会計データであり，一般に会計に係るアプリケーションソフトにより処理されることが多い。この会計データは，仕訳データの集合体としてデータベース化され，仕訳帳や総勘定元帳等として出力される。また，原価計算用のシートや連結財務諸表の作成プロセスといった財務諸表作成の基礎情報の他，会計記録の基礎資料となる証憑書類（領収書や請求書，契約書等），現金出納帳や預金通帳，手形記入帳等の管理資料も会計記録に含まれる。監査人はこのような会計記録の閲覧（照合等を含む）や，その記録内容の質問等により，会計記録を検証することで監査証拠を入手する。

② その他の情報源から入手した情報（会計記録に含まれない情報）

財務諸表の適正性を立証するには，監査人は，単に会計記録に含まれる情報を利用するだけではなく，会計記録以外の情報も利用する。例えば，監査人が独自に収集する情報として，取引先に対する確認状の他，分析的手続の際に利用する非財務データ（在庫や売掛金の回転期間に係る業界平均）や工事・工場の現場視察に関する情報等，多岐にわたって収集した情報が監査証拠となる。

（2） 十分かつ適切な監査証拠（監基報500：第5項）

十分かつ適切な監査証拠とは，監査要点を立証するに足る監査証拠の集合を意味する。監査人は立証目標としての監査要点ごとに十分かつ適切な監査証拠の入手に努めることとなる。その十分かつ適切な監査証拠によって立証された事項が統合化され，総合的な判断の下で監査人は意見表明の基礎を形成することは，すでに述べたとおりである（258頁参照）。

十分かつ適切な監査証拠は，その名のとおり①「十分性」と②「適切性」を備えた監査証拠の集合であり，それぞれの意味は次に示すとおりである。

① 十分性（監基報500：第4項(4)）

十分性とは，監査証拠の量的な尺度である。監査人が重要な虚偽表示を看過

するリスクは監査要点ごとに異なり，リスクが高い監査要点であれば，相対的に多くの監査証拠が必要となる。

② **適切性**（監基報500：第4項(5)）

適切性とは，監査証拠の質的尺度である。監査証拠の質は，監査要点との適合性（関連性）と監査証拠の証明力（信頼性）によって評価される。仮にリスクが高い監査要点であっても，質の高い監査証拠であれば，相対的に少ない監査証拠によっても十分かつ適切な監査証拠となる。

なお，入手された監査証拠の集合が十分かつ適切かどうかについては，監査人の職業的専門家の判断によるが，数多くの監査証拠を入手したとしても監査証拠の質の低さを補完しないことがあるため注意を要する（監基報500：A4項）。

（3） 適合性と信頼性（監基報500：A26項）

監査証拠の質は，監査証拠の基礎となる情報の適合性と信頼性により影響を受ける。

① **適合性**（監基報500：A27項～A30項）

263頁で示したとおり，実在性と網羅性とはその立証の際に必要となる監査証拠は異なり，監査手続の適用方法も異なる。買掛金を例に示せば，**図表6-41**のとおりである（監基報500；A27項）。

〔図表6-41〕買掛金を例にした実在性と網羅性

買掛金の過大計上の有無（実在性の検討）	帳簿に計上された買掛金を検討する。（その計上根拠となる仕入先からの請求書等の証憑書類により帳簿に計上された買掛金を裏付ける）
買掛金の過少計上の有無（網羅性の検討）	買掛金が存在している事実を示す資料（期末日後の支払い，仕入先からの請求書等，支払通知書等）を検討することで，帳簿に計上された買掛金以外の買掛金の有無を検討する。

また，実在性に関連して，例えば，得意先Ａの売掛金の実在性（架空計上かどうか）を確かめる場合に，期末日後のＡからの入金状況を確かめることがある。もちろん，他者が得意先Ａになりすまして入金を仮装している可能性に配慮すれば，その入金の事実のみで当該売掛金の実在性に係る「十分かつ適切な監査証拠」と判断することは早計としても，期末に得意先Ａに対する売掛金が存在していればこそ，期末日後にその入金があったと考えられることから，図表6-42のとおり，期末日後の入金の事実は期末日の売掛金の実在性に適合する証拠となる。

〔図表6-42〕期末日後の入金が実在性に適合する例

　さらに，得意先Ｂに対しては，数ヵ月分の売上高の計上に伴って計上された売掛金が滞留しており，その実在性や評価の妥当性が問題となっている場合に，その一部が期末日後に得意先Ｂから入金された場合を想定する。その入金は，少なくとも回収された売掛金の実在性に係る監査証拠を提供するとともに，その回収された部分の債権に係る貸倒引当金の計上は不要であったという評価の妥当性に関する監査証拠をも提供すると考えられる。

　しかし，その期末日後の一部入金が約定どおりでなければ，いつ計上された売掛金の回収なのかは必ずしも明らかにはならない（図表6-43）。そのため，その入金の事実は，売掛金の期間帰属の適切性については必ずしも監査証拠を提供しない（監基報500：Ａ28項）。

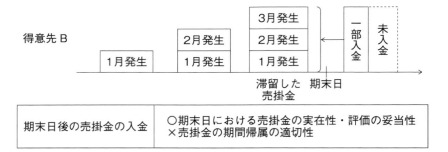

〔図表6-43〕滞留した売掛金の期末日後の回収

② 信頼性（監基報500：A31項～A33-2項）

　一般に，その証拠の「改ざんされる可能性」が高ければ信頼性（証明力）が低く評価され，その可能性が低ければ信頼性は高く評価される。

　具体的には，次の例が挙げられる（監基報500：A31項）。

- 情報源（企業から独立した情報源から入手した場合，証明力は強い）
- 入手経路（監査人が直接入手した監査証拠は，証明力が強い）
- 形態（文書の方が口頭よりも，原本の方がコピーよりも，証明力が強い）

　ただし，上記はあくまで一般例であり，企業の内部で入手した証拠であっても，内部統制が有効であれば信頼性は高いことがあり，口頭的な証拠であっても状況次第では信頼性が高いこともあるため，信頼性は画一的に評価されるわけではない。

　監査人は，企業の作成する情報の信頼性に留意することが要求されており，企業から提供された情報を鵜呑みにして監査証拠として利用することは，問題視されるので注意を要する（同：第8項，A49項～A51項）。

（4）　リスク・アプローチの下での十分かつ適切な監査証拠の入手の例示
①　リスク評価手続

　監査人は，内部統制を含む，企業および企業環境等の理解を通じて，重要な虚偽表示リスク（固有リスク×統制リスク）を暫定的に評価する。この際，監査

人は事業上のリスク等を重視しつつ「重要な虚偽表示リスクの高い監査要点は何か？」という点に注意して，立証すべき監査要点を決定していくことになる。

また，内部統制については，その整備状況の理解（デザインおよび業務への適用の理解）を通じて，内部統制の有効性が想定されるかどうかを評価し，その結果をリスク対応手続に反映することになる。内部統制の有効性が想定されれば，運用評価手続の実施を予定し，有効性が想定されなければ，運用評価手続を実施せずに，実証手続のみのリスク対応手続を予定することになる。

② **リスク対応手続**

リスク対応手続は，運用評価手続と実証手続からなり，監査人は①のリスク評価手続の結果を踏まえて，その組み合わせ（図表6-44のケース1～3）により重要な虚偽表示リスクに対応することになる。

〔図表6-44〕リスク対応手続の対応例

（ケース1）運用評価手続と実証手続とを組み合わせて実施する（通常）
（ケース2）運用評価手続のみを実施する（実証手続を実施しない）
（ケース3）実証手続のみを実施する（運用評価手続を実施しない）

ケース1による方法が一般的である。

ケース2は，実証手続を行わない対応である。この点，関連するアサーションを識別していない（重要な虚偽表示リスクを識別していない）が重要性のある取引種類，勘定残高または注記事項に対する実証手続を立案し実施することが要求されている。これは，リスク評価はあくまで監査人の判断であって，内部統制には種々の限界があることを配慮したものである（監基報330：第17項，A41項）。そのため，ケース2は重要性のない取引種類，勘定残高または注記事項への対応としてのみ認められることになる（マメ知識6-10参照）。

ケース3は，高度に自動化されている処理の適否の検証等，実証手続のみでの対応は不十分となることがあるので注意を要する（256頁参照）。

こうしたリスク評価手続とリスク対応手続との関連における十分かつ適切な

監査証拠の入手形態を図示すると，**図表6-45**および**図表6-46**のようになる。

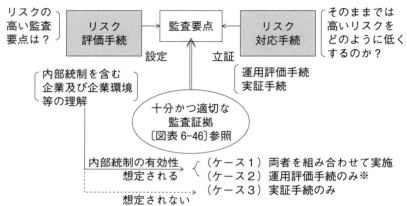

〔図表6-45〕リスク・アプローチにおける十分かつ適切な監査証拠の入手形態

※関連するアサーションを識別していない（重要な虚偽表示リスクを識別していない）が重要な取引種類，勘定残高または注記事項については，実証手続の立案，実施が要求されることから〔図表6-46〕では，実証手続を一部，実施していることとしている（マメ知識6-10参照）。

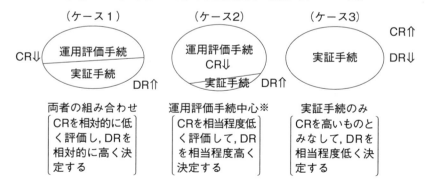

〔図表6-46〕十分かつ適切な監査証拠の構成（イメージ図）

第6章　実施基準とリスク・アプローチ　271

マメ知識 6-10　「重要性のある（material）」と「重要な（significant）の相違」

> 監査人は，関連するアサーションを識別していない（重要な虚偽表示リスクを識別していない）が重要性のある取引種類，勘定残高又は注記事項に対する実証手続を立案し実施しなければならない。なお，評価した重要な虚偽表示リスクの程度にかかわらず，重要な取引種類，勘定残高又は注記事項に対しても，実証手続を立案し実施しなければならない（監基報330：17）。　　　　　　　　　　　　　　　　　　（下線は筆者による。）

　上記の「関連するアサーション」は，取引種類，勘定残高または注記事項に係るアサーションのうち，重要な虚偽表示リスクが識別されたアサーション（監基報315：11(5)）を意味し，また「重要な取引種類，勘定残高又は注記事項」は，「関連するアサーション」が1つ以上存在する取引種類，勘定残高または注記事項を意味する（監基報315：11(8)）。

　一方，「重要性のある取引種類，勘定残高又は注記事項」は，これらの情報の省略，誤表示，または不明瞭な記載により，当該財務諸表の利用者の経済的意思決定に影響を与えると合理的に見込まれる場合をいい（監基報315：A218），「重要な取引種類，勘定残高又は注記事項」よりも広い概念とされる。これらの関係を図示すると以下のとおりとなる。

①重要性のある（material）取引種類，勘定残高又は注記事項
②重要な（significant）取引種類，勘定残高又は注記事項

　以上要するに，①は財務諸表の利用者の経済的意思決定への影響の程度に着目している一方で，②は監査人の重要な虚偽表示リスクの識別の有無に着目している点で両者は異なるが，いずれも実証手続の実施が要求されている点で共通する。

4　監査手続

(1)　監査手続の区分方法について

　監査手続とは，監査人が監査意見を形成するに足る基礎を得るための監査証拠を入手するために実施する手法である。**図表6-47**は，監基報500に示されている監査手続の例である。なお，この図表中の項数は，特に指示がない限り監基報500の項数を意味する。

〔図表6-47〕監査手続の知識の整理

監査手続	監査人が監査意見を形成するに足る基礎を得るための監査証拠を入手するために実施する手続
①記録や文書の閲覧　A14項	紙媒体，電子媒体又はその他の媒体による企業内外の記録や文書を確かめる監査手続
②実　査　A14項	資産の現物を実際に確かめる監査手続
③観　察　A17項	他の者が実施するプロセスや手続を確かめる手続
・立会	・棚卸資産の実地棚卸状況の観察（監基報501：第3項(1)）
④質　問　A22項	監査人が財務又は財務以外の分野に精通している企業内外の関係者に情報を求める監査手続
・経営者確認書	・経営者が監査人に提出する書面による陳述（監基報580）
⑤確　認　A18項	紙媒体，電子媒体又はその他の媒体により，監査人が確認先である第三者から文書による回答を直接入手する監査手続（監基報505）
⑥再計算　A19項	記録や文書の計算の正確性を監査人自らが計算し確かめる監査手続
⑦再実施　A20項	企業が内部統制の一環として実施している手続又は内部統制を監査人が自ら実施することによって確かめる監査手続
⑧分析的手続　A21項	監査人が財務データ相互間又は財務データ以外のデータと財務データとの間に存在すると推定される関係を分析・検討することによって，財務情報を評価する監査手続（監基報520）

リスク評価手続とリスク対応手続は，234頁で示したとおりリスク・アプローチの考え方に基づく「目的」を基準とした分類であるのに対して，上記の監査手続は，監査人の具体的な行為に基づく分類である。例えば質問や閲覧，観察といった汎用性のある監査手続は，「見聞きする」という情報収集のための行為であるため，リスク評価手続・リスク対応手続のいずれでも実施される。

一方，特定の監査対象項目のみに実施が想定される監査手続の例示としては，有形資産に対する実査，主に棚卸資産に対する立会，得意先や銀行といった取引先等の第三者に回答を求める確認などが考えられる。

> **マメ知識 6-11　監査技術と監査手続の相違**
>
> 　監査技術は，監査証拠を入手するための「手段・用具」とされ，監査手続はその監査技術の選択，適用した「プロセス」として両者を区別して議論することがある。しかし，監査基準および監基報では，監査技術と監査手続とを明確に区分して定義付けているわけではないため，本章では「監査手続」という用語で統一して使用している。

(2) 図表6-47の各監査手続の意味・内容

① 閲　覧

閲覧は，「記録や文書を見る」という一般的な用語である。汎用性の高い監査手続であって，単に紙媒体のみでなく，電子媒体その他の媒体のデータを見ることも意味する。

② 実　査

実査は，「実物検査」や「実地調査」の略語として，監査上の専門用語であり，その対象物の実際の状況（単に数量のみでなく，必要に応じて，実査対象物の保管状況，品質・陳腐化の程度等）を調べることを意味する。実査は，遡及法として適用することで実在性，前進法として適用することで網羅性に適合する実証手続（詳細テスト）として実施される（263頁参照）ことが多い。実査対象物の管理状況の検討を通じて，内部統制の有効性を確かめる手段にもなり得る。

実査の対象物には，現金，受取手形，有価証券，預金通帳・証書の他，未使用の小切手帳や手形帳，収入印紙等がある。有形固定資産や棚卸資産は，その数が多いことから通常は会社側の行う実地調査に立ち会うことが一般的である。実査は監査人が直接，監査証拠を形成することから，立会に比べてその得られる監査証拠の証明力は強い，（信頼性は高い）。

実査は，通常，期末日または期末日に近い時期に主要な事業所で行われる。

③ 観察（立会を含む）

観察も閲覧と同様「見る」ことを意味する一般的な用語であり，汎用性の高い監査手続である。会社の行っているプロセスや手続を「見る」ことを意味し，記録や文書を見る閲覧とは区別される。

工事現場や工場の視察，倉庫での出荷現場の観察や会計記録の保管状況の把握等，種々の局面で会社の行っているプロセスや手続を「見る」ことが想定される。このような観察は，会計記録の基礎となる実態を把握する上で重要なことがある。

立会は，観察の一種とされ，監査上の専門用語であって，広義には会社の行う実地調査の観察を意味し，狭義には会社の行う実地棚卸の観察を意味する。

立会は，確認と並んで伝統的に不正等の重要な虚偽表示を看過しないための監査手続として重視され，監基報501：第3項でも「実務的に不可能でない限り」次の目的で実地棚卸の立会を実施することが要求されている。

---
1) 実地棚卸結果を記録し管理するための経営者による指示と手続を評価すること
2) 実施されている棚卸手続を観察すること
3) 棚卸資産を実査すること
4) テスト・カウントを実施すること

以下，各々について説明する。

1) 経営者による指示と手続

実地棚卸は，限られた時間内に効率的かつ正確に棚卸資産の現況を把握するための工夫として，「実地棚卸要領」等の定められたルールに基づいて行われ

る。監査人はこうした指示や手続を事前に検討し，棚卸現場での実地棚卸状況の把握に役立たせるとともに，仮にその指示や手続について不明な点があれば質問し，また不備があればその改善を求めることになる。

2) 棚卸手続の観察

立会では，実地棚卸時にその現場を観察し，必要に応じて棚卸担当者に質問し，経営者による指示と手続に準拠して棚卸が行われていることを確かめる。この際，監査人は，会社が現に保有している棚卸資産について，漏れなく，正確に把握しているかについて注意を払うことになる。

3) 棚卸資産の実査

棚卸資産の実物の一部の状況を把握することで，棚卸資産の実在性を確かめるとともに，陳腐化品，破損品，または老朽品の識別にも役立つ。ただし，立会によっても棚卸資産の評価基準や評価方法，取得価額や販売見込価額等の評価の妥当性に係る情報の入手は限界がある。

4) テスト・カウント

テスト・カウントは，会社側の行うカウントの精度を確かめるための「抜き取り検査」を意味する。会社の実地棚卸担当者のカウント作業が適切に行われているかどうかを確かめるために，監査人も棚卸資産の一部をカウントする必要がある。テスト・カウントはなるべくカウントミスが生じやすい項目を抽出するものとされ，テスト・カウント結果は，棚卸資産の現物が適切に棚卸資産の一覧表に集計されていることの監査証拠となる。

④ 質　問

質問は，不明事項を問い合わせる手続であり，「聞く」という一般的な用語であり，汎用性のある監査手続である。監査手続の基本は，まず不明事項を会社担当者に問い合わせ，その回答を得たうえで，その裏付資料を入手することである。そのため，質問は会社担当者から必要な情報を聞き出すための基本的かつ重要な監査手続とされ，監査実務上，最も重視される監査手続である。

（注）　経営者からの書面による確認

経営者からの書面による確認は，質問の一種とされ，経営者に対する質問の回答を書面により入手する監査手続である。詳細は384頁参照。

⑤ 確　認

確認は,「第三者」から「文書」による回答を「直接」入手する監査手続であり, 監査上の専門的な用語である。確認は企業から独立した情報源から文書による回答を直接入手することから, 一般に証明力の高い監査証拠が得られる。確認は, 取引先等の第三者に対して行うこととされるが, 通常は, 以下で事例を示すとおり, 得意先や銀行等に対して行うことが多い。

なお, 確認の実施プロセスを簡単に図示すると, **図表6-48**のようになる。

〔図表6-48〕確認の実施プロセス

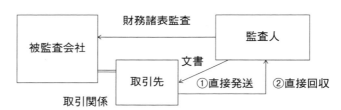

1) 得意先に対する残高確認

得意先に対する残高確認は, 監査人が, 期末日時点で会社が有する売掛金の残高を得意先に照会し, 一致していればその旨, 不一致の場合はその不一致の原因となる内容を必要に応じて記入してもらい, 監査事務所に直接返送を依頼する手続である。この手続より, 期末日時点の売掛金の実在性の検証に加えて, その売掛金の計上の根拠となった売上高の期間帰属の妥当性の検証にも有用となる。

一般に, 収益認識には不正リスクがあるものと推定される（監基報240：第25項）ことから, 売上高および売掛金については重要な虚偽表示リスクが高いと評価されることが多く, それに対して得意先に対する残高確認は, 証明力の高い外部証拠を入手する手段として多用されている。

なお, 確認の回答は記載金額が一致して返送される場合もあれば, 不一致で返送されることもあるが, 不一致であることが直ちに虚偽表示となるわけではない。例えば, 被監査会社が出荷基準で売上を計上し, 得意先が検収基準で仕

入計上していれば，日々取引がある得意先であれば，差異が生じるのは当然である。監査実務上，そのような差異について，出荷の事実を示す資料の閲覧等を通じて会社の売掛金計上の裏付け証拠を入手することが通常である。

2) 銀行に対する残高確認

銀行に対する残高確認も，期末日時点を基準として行うことが通常であるが，得意先に対する残高確認とは異なり，ブランク確認状の使用が一般的である。銀行間取引は，預金残高や借入金，担保に供している資産，為替予約等のデリバティブ等，種々の取引が想定されるが，それらを一覧にした様式の確認状を発送し，該当のある取引について銀行に記入してもらう形式とするのである。

ブランク確認状による場合，例えば，普通預金残高のみの金融機関に対する残高確認では，普通預金残高のみが回答され，その帳簿残高との照合によって会社の普通預金残高の実在性は立証されるが，その他の想定される取引に「該当なし」と記入されて返送されるため，監査人は「普通預金の残高以外に帳簿に記帳すべき銀行間取引がない」という網羅性に係る監査証拠を入手することが可能となる。

マメ知識 6-12　確認先・確認内容

売掛金（得意先）や預金や借入金等（銀行）以外にも，未収入金や貸付金，差入保証金，倉庫業者への預け在庫や証券会社への預け有価証券等の資産の残高について残高確認を行うことが通常である。また，必要に応じて，未払金や買掛金，預り金といった負債について残高確認を行うことがある。さらに残高確認の他，取引条件（支払サイト）や特殊な販売条件（買戻条件付や値引条項等）について確認する場合もある。

---

⑥ 再計算

再計算は，会社側が行っている計算を監査人が計算チェックする監査手続であり，計算の正確性を確かめる監査手続である。電卓で行う場合の他，表計算ソフトによりデータの検証が可能な場合には，そのデータの計算チェックは比

較的簡易に，しかも網羅的に行うことができる場合がある。

⑦ 再実施

再実施は，会社の手続やプロセスを監査人が自ら実施することを意味するが，この手続は，内部統制の運用評価手続として実施される。例えば，「会社が照合手続を行っている」という情報に基づいて監査人が改めて照合する場合や，「パスワードによってアクセス制限が課されている」ことを再現して確かめること等が該当する。この結果，「確かに照合は行われている」，「確かにアクセス制限が課されている」といった内部統制の有効性の裏付け証拠が得られることとなる。

⑧ 分析的手続

分析的手続は，複数の情報の間に存在する「推定される関係」を分析検討することで，財務情報を評価する手続である。分析的手続は，リスク評価手続の一環として実施される他，監査の実施段階として実証手続（分析的実証手続）として実施される場合や，監査の最終段階で実施される（第8章参照）。

V　リスク・アプローチに基づく監査計画と実施結果の見直し

1　監査計画

(1)　監査計画の必要性

監査の有効性と効率性を同時追求することを目的とするリスク・アプローチのもとでは，重要な虚偽表示リスクの高低に応じて監査の人員や時間を配分することが肝要となる。また，重要な虚偽表示リスクの識別と評価のためのリスク評価手続と，それに基づく重要な虚偽表示リスクへの対応関係は，有機的に関連付けられ，その手続の結果として得られた監査証拠および意見形成までの一連の監査業務は，適時，適切に管理することが必要となる。

このような監査資源の適切な配分および監査業務の管理のためには，予め監

査実施の全体像について，監査資源の配分を予定した監査計画が必要となる。
　なお，実施基準では，監査計画の策定について，次のように定めている。

> 二　監査計画の策定
> 1　監査人は，監査を効果的かつ効率的に実施するために，監査リスクと監査上の重要性を勘案して監査計画を策定しなければならない。

（2）　監査計画の定義と効果

　監査計画とは，効果的かつ効率的な方法で監査を実施するために，監査業務に対する監査の基本的な方針を策定し，詳細な監査計画を作成することをいう。
　適切な監査計画には，監査実施上，様々な利点があり，例えば次の事項が可能となる（監基報300：第2項）。

> ・監査の重要な領域に対して監査人が適切な注意を払うこと
> ・潜在的な問題を適時に識別し解決すること
> ・監査業務を適切に管理し，その結果，効果的かつ効率的な方法で監査を実施すること
> ・リスクに対応するために，適切な能力及び適性を有する監査チームメンバーを選任し，作業を適切に割り当てること
> ・監査チームメンバーに対する指示，監督及び監査調書の査閲を適切に行うこと
> ・必要に応じて，構成単位の監査人の作業や専門家の業務と連携すること

（注）　監査計画の策定に参画するのは，監査責任者と監査チームの主要メンバーである（同：4項）。

（3）　「計画活動」と監査計画の構成（監基報300：6項，8項，A1項）

　監査計画に係る活動を「計画活動」と呼ぶ。計画活動は，監査の特定の段階ではなく，むしろ前年度の監査終了直後，または前年度の監査の最終段階から始まり，当年度の監査終了まで継続する連続的かつ反復的なプロセスである。
　監査人は，詳細な監査計画を策定するための指針となるように，監査業務の範囲，監査の実施の時期および監査の方向性を設定した監査の基本的な方針を策定する。また，監査人は，リスク評価手続やリスク対応手続のそれぞれの種

類,時期および範囲を含む,詳細な監査計画を策定する。

なお,監査の基本的な方針と詳細な監査計画とは,必ずしも別個の,または前後関係が明確なプロセスではなく,一方に修正が生じれば他方にも修正が生じることがあり,相互に密接に関連するものである(監基報300：A10項)。

こうした計画活動について図示すると**図表6-49**のようになる。

〔図表6-49〕計画活動

```
┌─────────────────────────────────────────────────┐
│           計画活動（連続的・反復的）            │
│  ┌──────────────────────────────┐  ┌──────────┐ │
│  │      ①監査の基本的な方針    │←─│【継続的見直し】│
│  │  詳細な監査計画を策定するための指針│  │下記の場合の他,│
│  │(監査業務の範囲・監査の実施時期・監査の方向性)│  │必要に応じて修正│
│  │        相互に密接に関連      │  │・新事実発生│
│  │      ②詳細な監査計画        │←─│・状況の変化│
│  │  リスク評価手続・リスク対応手続・その他の手続│  │・想定外の手続結果│
│  │    (実施すべき監査手続,時期及び範囲)│  │          │
│  └──────────────────────────────┘  └──────────┘ │
└─────────────────────────────────────────────────┘
```

① 監査の基本的な方針

リスク評価手続の完了により,監査の基本的な方針の策定プロセスには以下の事項が含まれることがある(監基報300：A8項)。

> 1) 特定の監査の領域に配置すべき業務運営に関する資源の内容 (注)
> 2) 特定の監査の領域に配分すべき資源
> 3) 資源を配置すべき時期
> 4) 資源についての指揮,監督又は利用の方法

(注) ここでいう「資源」とは,人的資源(能力・適性を有する専門要員等),テクノロジー資源(ITアプリケーション等)又は知的資源(文書化された方針・手続,手法等)などを意味する。知的資源はテクノロジー資源を通して利用可能となることがある(品基報1：A86項,A103項)。

監基報300：付録では監査の基本的な方針を策定する際の考慮事項を示している。これをまとめると,**図表6-50**のようになる。

〔図表6-50〕監査の基本的な方針を策定する際の考慮事項

a）監査業務の特徴	財務報告の枠組み（国際会計基準・金融商品取引法・会社法等），産業特有の報告事項（財規2条；別記事業），連結の範囲，業界の特性等
b）報告の目的，監査の実施時期及びコミュニケーションの内容	企業の報告に関する日程，監査スケジュール，経営者及び監査役等，構成単位の監査人や監査チーム内でのコミュニケーションの時期や内容等
c）重要な要素，予備的な活動及び他の業務からの情報	監査上の重要性の決定，重要な虚偽表示リスクの程度が高い可能性のある領域の予備的な識別，重要な産業の情勢や会計基準，法令等の変更等
d）監査チームの編成	利用可能な資源と監査チームメンバーへの作業の割り当て，監査時間の配分等

マメ知識6-13　なるべく早めに考慮しておくべき事項（監基報300：A2項）

計画活動は，連続的・反復的プロセスであって，必ずしも前後関係が明確なプロセスではないものの，例えば，監査の基本的な方針が詳細な監査計画の指針となったり，リスク評価手続の結果に基づいてリスク対応手続が決定されるという「相応の順序」がある。

また，以下はリスク・アプローチ監査を進める上での基礎的な事項として，その後の監査手続に与える影響が大きいことから，なるべく早めに（重要な虚偽表示リスクの識別と評価の実施前）考慮しておく必要がある。

- リスク評価手続として実施する分析的手続
- 企業に適用される法令及び企業がこれをどのように遵守しているかについての全般的な理解
- 監査上の重要性の決定
- 専門家の業務の利用の程度の決定
- その他のリスク評価手続の実施

② **詳細な監査計画**

監基報300：第8項は，詳細な監査計画の内容について次のように規定して

いる。

> （1） 監査チームのメンバーへの指揮，監督及び作業の査閲の内容，時期及び範囲
> （2） 監基報315「重要な虚偽表示リスクの識別と評価」により計画するリスク評価手続の種類，時期及び範囲
> （3） 監基報330「評価したリスクに対応する監査人の手続」により計画するアサーション・レベルのリスク対応手続の種類，時期及び範囲
> （4） 他の監基報等における要求事項により計画する監査手続

　上記のうち，リスク・アプローチの要となる(2)リスク評価手続と(3)リスク対応手続について，詳細な監査計画の内容の例を簡単に整理すると，**図表6-51**のようになる。

〔図表6-51〕詳細な監査計画の内容例

(2)リスク評価手続 ～監査の初期の段階で計画策定			・企業及び企業環境等の理解のため質問，分析的手続，観察，閲覧等を実施する（IR×CRの暫定的評価）。 ・特にIRの高いところの有無／内容に注意する。 ・内部統制は整備状況（デザイン・業務への適用）を理解し，その有効性が想定されるかどうか検討（CRの暫定的評価）。	
(3)リスク対応手続 ～リスク評価手続の結果に基づき作成(注)	運用評価手続	内部統制の有効性が想定される場合 ・有効性の裏付け入手（暫定的評価○）CR↓ ・有効性の裏付け入手不可（暫定的評価×）CR↑		
	実証手続	IR×CR低 →DR高	実証手続の簡略化	・分析的実証手続のみ ・期末日離れて実施 ・実施範囲の縮小
		IR×CR高 →DR低	実証手続の強化	・詳細テストを含める ・期末日近く実施 ・実施範囲の拡大

（注）　ただし，監査人は，全てのリスク対応手続に係る詳細な監査計画を策定する前であっても，一部の取引種類，勘定残高，注記事項に関するリスク対応手続を実施することがある（監基報300：A12項）。

2　監査計画の実施結果

　立案された監査計画は，監査チームによって実施され，その結果は監査調書（第8章Ⅸ参照）に記載される。監査調書は適時に査閲され，必要に応じて監査計画の見直し・修正に役立てられる。こうした関係を図示すると，**図表 6 -52**のようになる。

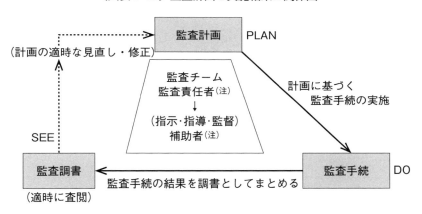

〔図表 6 -52〕監査計画と実施結果の関係図

(注)　監査責任者は，監査業務に係る最終的な責任を負う者で，監査報告書に署名する者をいい，補助者は，監査責任者の指示・指導・監督のもと，監査業務を補助する者をいう。

　また，リスク・アプローチに関する監基報として特に注目すべきものは次のとおりである。

- 監基報315「重要な虚偽表示リスクの識別と評価」
- 監基報320「監査の計画及び実施における重要性」
- 監基報330「評価したリスクに対応する監査人の手続」
- 監基報450「監査の過程で識別した虚偽表示の評価」

　これらの監基報において，監査調書に記載することが要求されている重要な事項を整理すると，**図表 6 -53**となる。

〔図表6-53〕監査の実施結果としての監査調書の記載事項

```
┌─────────────────────────────────────────────┐
│  監査の計画及び実施における重要性　監基報320：第13項  │
├─────────────────────────────────────────────┤
│ ・重要性の基準値                              │
│ ・特定の取引種類，勘定残高又は注記事項に対する重要性の基準値 │
│ ・手続実施上の重要性                          │
│ ・監査の進捗に伴う上記の項目の改訂            │
└─────────────────────────────────────────────┘
```

```
┌──────────────────────────┐  ┌──────────────────────────┐
│ 重要な虚偽表示リスクの識別と評価 │  │ 評価したリスクに対応する監査 │
│        監基報315：第37項     │  │   人の手続　監基報330：第27項 │
├──────────────────────────┤  ├──────────────────────────┤
│・監査チーム内の討議及び重要な結論 │  │・全般的な対応と実施したリスク │
│・企業及び企業環境並びに適用される財│  │ 対応手続の種類，時期及び   │
│ 務報告の枠組み，統制環境，企業のリ│  │ 範囲                     │
│ スク評価プロセス，内部統制システム│  │・アサーション・レベルの重要 │
│ を監視する企業のプロセス及び情報シ│  │ な虚偽表示リスクと実施した │
│ ステムと伝達について，監査人が理解│  │ リスク対応手続との関連性   │
│ した主な内容，監査に当たって利用し│  │・監査手続の結果／結論     │
│ た情報の情報源，及び実施したリスク│  │                          │
│ 評価手続                  │  │                          │
│・識別した内部統制のデザインの評価及│  │                          │
│ び内部統制が業務に適用されているか│  │                          │
│ どうかの判断              │  │                          │
│・財務諸表全体レベルおよびアサーショ│  │                          │
│ ン・レベルにおいて識別し評価したR │  │                          │
│ MM及び重要な判断の根拠    │  │                          │
└──────────────────────────┘  └──────────────────────────┘
```

```
┌─────────────────────────────────────────────┐
│  監査の過程で識別した虚偽表示の評価　監基報450：第14項  │
├─────────────────────────────────────────────┤
│ ・明らかに僅少な虚偽表示と取り扱う金額        │
│ ・監査の実施過程で発見した全ての虚偽表示と修正の有無 │
│ ・未修正の虚偽表示が個別に又は集計して重要であるかどうかに関する監査 │
│  人の結論及びその根拠                         │
└─────────────────────────────────────────────┘
```

3　監査計画の見直し

(1)　監査計画の修正

　実施基準二では，監査計画の修正について次の規定がある。

> 二　監査計画の策定　8
> 　監査人は，監査計画の前提として把握した事象や状況が変化した場合，あるいは監査の実施過程で新たな事実を発見した場合には，適宜，監査計画を修正しなければならない。

監査計画はあくまで「予定」であって、その策定の前提となった、内部統制を含む企業および企業環境等に変化がある場合、または合併や重要な営業の譲渡、災害や不正等、当初想定していなかった新たな事実を発見した場合には、それらに適時に対応できるように、監査計画を修正しなければならない。

(2) 全般的な対応の見直し

また、実施基準では、財務諸表全体レベルの重要な虚偽表示リスクに対応する全般的な対応について、次の規定がある。

> 三　監査の実施　4
> 　監査人は、監査の実施の過程において、広く財務諸表全体に関係し特定の財務諸表項目のみに関連づけられない重要な虚偽表示のリスクを新たに発見した場合及び当初の監査計画における全般的な対応が不十分であると判断した場合には、当初の監査計画を修正し、全般的な対応を見直して監査を実施しなければならない。

財務諸表全体レベルの重要な虚偽表示リスクについては、235頁参照。

(3) 重要な虚偽表示リスクの暫定的評価の見直し

重要な虚偽表示リスクの暫定的な評価の見直しに関して、実施基準は次の規定がある。

> 三　監査の実施　1
> 　監査人は、実施した監査手続及び入手した監査証拠に基づき、暫定的に評価した重要な虚偽表示のリスクの程度を変更する必要がないと判断した場合には、当初の監査計画において策定した内部統制の運用状況の評価手続及び実証手続を実施しなければならない。また、重要な虚偽表示のリスクの程度が暫定的な評価よりも高いと判断した場合には、発見リスクの水準を低くするために監査計画を修正し、十分かつ適切な監査証拠を入手できるように監査手続を実施しなければならない。

上の規定は、一文目（暫定RMM変更不要）と二文目（暫定RMM＜見直し後のRMM）とに区分できるが、それぞれ以下で説明する。

① 暫定的に評価したRMMの程度を変更する必要がないと判断した場合

　固有リスクと統制リスクからなるRMMは，当初は暫定的な評価とされ，継続的に見直されることとなる。その結果，暫定的に評価したRMMの程度を「変更する必要がない」と判断されれば，当初の監査計画どおりのリスク対応手続（運用評価手続および実証手続）を実施することとなる。

② RMMの程度が暫定的な評価よりも高いと判断した場合

　一方，計画はあくまで予定であって，その後の事象や状況の変化，新たな事象の発生等により，計画の変更が必要となることがある。RMMの程度が「暫定的な評価よりも高い」と判断するのは，固有リスクに影響を与える企業および企業環境等の変化や，内部統制の有効性の暫定的評価の見直し等が考えられる。その具体例は次のとおりである。

- 企業の事業内容の変化（新規事業への進出等）
- 企業環境の変化（産業の規制の強化や競合他社の出現等）
- 組織変更やシステムの改変等，内部統制に影響を及ぼす事象の発生
- 内部統制の有効性が想定されていたものの運用評価手続によってその裏付けが入手できなかった場合（内部統制が整備されているものの運用されていなかった場合）
- 実証手続を実施した結果，リスク評価時に想定したよりも多数・多額の虚偽表示を発見した場合

　こうした場合，固有リスクや統制リスクが暫定的評価よりも高い（RMMが高い）と評価されることがあるため，監査人は発見リスクを暫定的な評価よりも低く決定する「実証手続の強化」が必要となることがある。

4　監査上の重要性に係る監査計画の修正

（1）重要性の基準値の改訂と監査計画の修正

　重要性の基準値は，監査計画の策定時（3月決算の場合，その期中の6月～8月頃）に決定されるが，この時点では監査対象となる財務諸表が確定していないことから，例えば予算数値や平均的な業績に基づいて税引前利益の5％とす

ることになる（230頁参照）。

その後，監査の実施過程において，企業の実績が重要性の基準値を当初決定する際に使用した年度の業績予測と大幅に乖離する可能性が高まった場合には，監査人は重要性の基準値を改訂することになる（監基報320：A11項）。

特に，重要性の基準値を当初決定した金額よりも小さくすることが適切であると決定した場合には，他の条件を一定とすれば，重要な虚偽表示を看過して誤った意見を表明をする可能性としての監査リスクは高くなっている（227頁参照）と考えられる。この場合，監査人は，手続実施上の重要性を改定する必要があるか，さらに，リスク対応手続の種類，時期及び範囲が適切であるかを判断する必要がある（監基報320：12項）。

(2) 虚偽表示の識別による監査計画の修正

監査人は，次の場合，監査計画の修正の要否を判断する（監基報450：第5項）。

① 識別した虚偽表示から，重要な虚偽表示の存在が示唆される場合

監査の過程で識別した虚偽表示が他の虚偽表示の存在を示唆する場合がある。この場合，発見された虚偽表示のみでなく，「他にも同様の虚偽表示がないか」という視点での監査手続の実施が必要となる。「他にない」という網羅性の立証には自ずと限界があるものの，「他にない」という会社側の説明を鵜呑みにするのではなく，その説明の根拠となる調査方法や調査結果（識別した虚偽表示の原因究明を含む）の理解の他，監査人による追加的な調査等，当初計画していなかった監査手続の実施について検討が必要となる。

② 集計した虚偽表示の合計が，重要性の基準値に近づいている場合

監査人が発見し集計した虚偽表示の合計が重要性の基準値に近づいている場合には，発見した虚偽表示と未発見の虚偽表示との合計が，重要性の基準値を上回っている可能性が高まっている状況にある。そのため，この場合，監査人が誤った意見を表明しないようにするため，監査計画を修正してより慎重に監査手続を拡大して実施することが求められる。

虚偽表示の集計は，一般に監査人の意見表明の前段階で行われ，重要性の基準値と比較され，「重要性がない」との監査人の判断の上で，無限定適正意見が表明されることとなる。しかし監査の過程で虚偽表示を発見した場合には，集計した虚偽表示額が重要性の基準値に近づいていることがあるため，虚偽表示を適時に集計して重要性の基準値と照らすことが必要となることがある。
　これらをまとめると，**図表6-54**となる。

〔図表6-54〕監査計画の修正を検討する場合

虚偽表示の発見	・他に同様の虚偽表示はないか？ ・集計すると重要性の基準値に近づいていないか？	必要に応じ計画修正

マメ知識6-14　集計した虚偽表示の区分（監基報450：A6項）

- 確定した虚偽表示（事実が確かめられた虚偽表示）
- 判断による虚偽表示（合理的又は適切でないと考える財務諸表における認識，測定，表示及び注記事項に関する経営者の判断から生じる差異）
- 推定による虚偽表示（サンプリングにおいて識別した虚偽表示から母集団全体の虚偽表示を推定した額）
（注）上の区分は「有益な場合がある」とされ，必ずしも区分することが要求されるわけではない。

第 7 章 実施基準と試査

Summary

- 監査人が十分かつ適切な監査証拠を入手する方法には，項目の抽出を伴う方法と項目の抽出を伴わない方法がある。
- 項目の抽出を伴う方法には，精査と試査がある。
- リスク対応手続において，内部統制の運用評価手続あるいは詳細テストを実施する際に利用する方法は項目の抽出を伴う方法であり，分析的実証手続を実施する際に利用する方法は項目の抽出を伴わない方法である。
- 内部統制の運用評価手続においては，試査に基づく監査手続を実施し，通常，精査を採用しない。
- 詳細テストにおいては，原則として試査に基づく監査手続を実施するが，例外的に精査を採用することもある。そして，試査が原則として採用される理由は4つある。
- 試査には，監査サンプリングによる試査と特定項目抽出による試査がある。両者は主に項目の抽出方法，結論の形成方法，母集団に関して誤った結論を形成するリスクの点で異なる。
- 監査サンプリングによる試査を利用する場合には，内部統制の運用評価手続と詳細テストがあるが，①監査サンプリングの立案，②サンプルの抽出と監査手続の実施，③内部統制の逸脱率と虚偽表示額の推定，④結果の評価といった4つのステップに分けて考える。
- 監査サンプリングによる試査は，サンプルとして抽出されない項目に対して監査手続を実施しなくても，推定を経て母集団全体に対する結論を形成できる。
- 特定項目抽出による試査は，通常，詳細テストにおいて利用するが，母集団の中から特定項目として抽出されない残余部分に関する監査証

> 拠を提供しない。母集団全体に対する結論は，通常，当該残余部分に対して分析的実証手続等を実施し，その結果と総合的に勘案して判断する。

（注） 監査の基本的な用語である「重要な虚偽表示」，「重要な虚偽表示リスク」について，監査基準では「重要な虚偽の表示」，「重要な虚偽表示のリスク」と表現されている。他方，監査基準報告書では「重要な虚偽表示」「重要な虚偽表示リスク」と表現されている。本章は主に監査基準報告書の内容を解説していることから，監査基準の引用以外は，「重要な虚偽表示」，「重要な虚偽表示リスク」を用いて解説する。

　財務諸表監査の目的は，監査人が財務諸表の適正性について意見を表明することにある。『監査基準』第三 実施基準一 基本原則3は，財務諸表に対する適正性意見を形成するための論理構造として，経営者が提示する財務諸表項目に対して監査要点を設定し，監査要点に適合した**十分かつ適切な監査証拠**を入手し，財務諸表全体に関する自己の意見を形成するに足る基礎を得ることを求めている。

　本章では，意見表明の基礎となる十分かつ適切な監査証拠の入手方法について説明する。本章に関連して，監査基準報告書500「監査証拠」および監査基準報告書530「監査サンプリング」が公表されている。

　最初に，本章を理解する上で必要となる用語を定義しておくことにする。

母集団：監査人が項目（監査サンプリングによる試査では「サンプル」，特定項目抽出による試査では「特定項目」を指す）を抽出し，結論を導き出そうとする項目全体をいう（監基報530：第4項(5)）。例えば，保管されている小切手一式，納品書の綴り，注文請書の綴り，売掛金の得意先別補助元帳や買掛金の仕入先別補助元帳などがある。

項　目：監査人が監査手続を適用する具体的な対象となるものをいう。例えば，預金入金票に記載されている小切手，銀行取引明細書の入金取引，請求書，納品書，注文請書，貸付先や取引先ごとの債権・債務の残高のような金額単位などがある。

　なお，試査の種類によって監査手続を適用する対象となる項目の呼称が異なる。監査サンプリングによる試査では，母集団を構成する個々の項目をサンプリング単位といい，母集団から監査手続を適用する具体的な対象として抽出する項目をサンプルという。特定項

目抽出による試査では，母集団を構成する個々の項目について固有の呼称はないが，母集団から監査手続を適用する具体的な対象として抽出する項目は特定項目という。

⬤────Ⅰ　十分かつ適切な監査証拠の入手方法

　監査人は，意見表明の基礎となる十分かつ適切な監査証拠を入手するために監査手続を立案し，実施する。

　十分かつ適切な監査証拠の入手方法は，項目の抽出を伴う方法と項目の抽出を伴わない方法に分かれる。監査手続の実施対象である母集団に対して，監査の手法としての監査手続をどのように適用するかによって，十分かつ適切な監査証拠の入手方法をフローチャートで示すと**図表7-1**のように体系的に分類できる。

　財務諸表監査で実施されるリスク対応手続には，内部統制の運用評価手続と実証手続（詳細テスト，分析的実証手続）がある。監査人が内部統制の運用評価手続あるいは詳細テストを実施する際に利用する方法は，項目の抽出を伴う方法である。一方，分析的実証手続を実施する際に利用する方法は，項目の抽出を伴わない方法である。

1　項目の抽出を伴う方法

　図表7-1の**項目の抽出を伴う方法**とは，監査人が監査手続の実施対象である母集団から項目を抽出し，個々の項目を詳細に調査する方法である。

　項目の抽出を伴う方法は，監査人が母集団からどの範囲で項目を抽出するかによって，（1）**精査**と（2）**試査**に分類され，監査手続の対象項目の抽出方法には，以下のものがある。
（1）　精査
（2）　試査
　　①　監査サンプリングによる試査
　　　a）統計的サンプリング
　　　b）非統計的サンプリング

〔図表7-1〕十分かつ適切な監査証拠の入手方法の体系

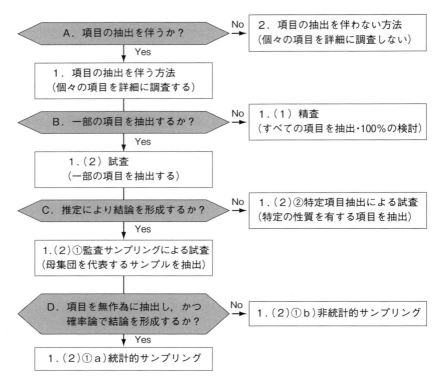

② 特定項目抽出による試査

　監査人は，リスク対応手続において，内部統制の運用評価手続および詳細テストを立案する際には，監査手続の対象項目について監査手続の目的に適う有効な抽出方法を決定しなければならない。

　監査手続の対象項目を抽出するという点では各方法に違いはないが，これらの方法のうちどの方法またはどのような組合せが適切かどうかは，特定の状況によって異なる。例えば，それはアサーションに関連する重要な虚偽表示リスクやそれぞれの方法の実行可能性と効率性などによる。

　内部統制の運用評価手続においては，試査に基づく監査手続を実施し，通常，精査を採用しない。詳細テストにおいては，原則として，試査に基づく監査手続を実施するが，例外的に精査を採用することもある。なお，監査手続の対象

項目の抽出に当たっては，監査人が監査証拠として利用する情報の信頼性を検討していることが前提となることに留意する。これは，監査人が十分かつ適切な監査証拠を入手することを求められていることによる。

第6章で説明したように，監査証拠の適切性は，監査証拠として利用する情報の適合性と監査証拠の証明力で構成され，当該証明力は監査証拠として利用する情報の信頼性の程度に依存するからである。監査人は，当該情報が監査の目的に照らして十分に信頼性を有しているかどうかを評価しなければならないが，この監査人による評価には，以下の2点が含まれる。

・企業が作成した情報の正確性および網羅性に関する監査証拠を入手する
・企業が作成した情報が監査の目的に照らして十分に正確かつ詳細であるかどうかを評価する

(1) 精　　査

精査（100％の検討）とは，特定の監査手続の実施に際して，取引種類または勘定残高を構成している項目の母集団全体または当該母集団における階層について，そのすべての項目を抽出して監査手続を実施することである（監基報（序）：付録5用語集）。

精査は，内部統制の運用評価手続には通常適用しない。しかし，精査は，詳細テストにおいては用いられることがある。

十分かつ適切な監査証拠を入手するうえでは，以下のように，精査が費用対効果の高い方法である場合には，例外的に精査が適合する状況も想定される（監基報500：A53項）。

●母集団が少数の金額的に大きい項目から構成されている場合

一般的に，土地や建物といった不動産は，固定資産として事業に供される資産であり，その売却は頻繁に行われるものではないが，売却されるとなるとその金額は大きくなることが多い。

例えば，年に3件しか不動産の売却取引がなく，いずれの取引も金額的に重要性が大きい場合には，不動産の売却取引という母集団から，乙工場，B店舗，F店舗の3件の売却取引すべてを抽出して監査手続を実施することが想定される（**図表7-2**）。

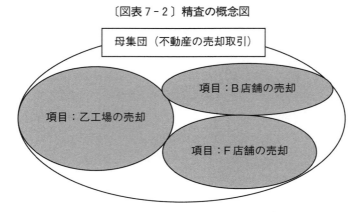

〔図表7-2〕精査の概念図

- 特別な検討を必要とするリスクが存在する場合で，精査以外の他の方法では十分かつ適切な監査証拠を入手することができない場合
- 情報システムによって自動的に行われる反復的な性質の計算等，精査が費用対効果の高い方法である場合

(2) 試　査

試査とは，特定の監査手続の実施に際して，母集団からその一部の項目を抽出して，それに対して監査手続を実施することである（監基報（序）：付録5用語集）。

試査は，母集団を構成する項目のうち，どのような項目を抽出するかによって，**①監査サンプリングによる試査，②特定項目抽出による試査**に分類される。一部の項目しか抽出しないという点では，両者に違いはない。

① 監査サンプリングによる試査

監査サンプリングによる試査とは，監査人が監査対象となった母集団全体に関する結論を導き出すための合理的な基礎を得るため，母集団の特性（特徴）を代表すると期待できるサンプルを抽出する方法，つまり母集団内のすべてのサンプリング単位に抽出の機会が与えられるような方法によって，母集団から一部（100％未満）の項目をサンプルとして抽出し，監査手続を実施することである（監基報530：第4項(1)）。

監査サンプリングの目的は，サンプルが抽出される母集団について，監査人が結論を導き出すための合理的な基礎を得ることにあるので，監査人は，母集団の特性を表すサンプルを選ぶことにより，偏向が回避された代表的なサンプルを抽出することになる（同：A12項）。

　監査サンプリングによる試査には，**a．統計的サンプリング，b．非統計的サンプリング**がある。いずれの方法によっても母集団から抽出される一部の項目は，母集団の特性を代表するサンプルであることが期待できる。

　a）　統計的サンプリング

　統計的サンプリングは，①各サンプリング単位が確率論に基づいて抽出の機会が与えられるような方法でサンプルを無作為に抽出し，②サンプリングリスクの測定を含めサンプルのテスト結果を評価するに当たって確率論を利用するサンプリング手法である。

　b）　非統計的サンプリング

　一方，上記の統計的サンプリングの要件のうち，①か②のいずれか1つでも満たさない場合は，非統計的サンプリングといい，監査人の判断も加味して母集団の特性を代表するサンプルが抽出される。

　いずれのサンプリング手法を用いるかは，監査人が個々の状況により，監査の有効性と効率性を考慮して判断することになる。抽出されるサンプル数自体は，統計的サンプリングまたは非統計的サンプリングの選択を決定付ける判断基準とはならないことに注意しなければならない。

　主なサンプルの抽出法には，無作為抽出法，系統的抽出法，金額単位抽出法および任意抽出法がある。

マメ知識 7-1　サンプルの抽出法

　サンプルの抽出法には多くの方法があり，その主なものは以下のとおりである（同：付録4）。

　1．無作為抽出法

　　乱数表などの乱数ジェネレーターを利用してサンプルを抽出する方法である。

　　乱数とは，出現する値に規則性のない数をいい，サイコロの出目のように規則性がなく予測不能な数値のことである。何度も生成した時に，すでに分

かっている値の列から次に現れる値を予測できないような数値の列を乱数列と呼び，その中の個々の値を乱数という。

Microsoft Excel のRAND関数，RANK関数を使って乱数表を作る方法を例示する。

- A1セルに「＝RAND()」と入力して，A100まで下にコピーする。
- B1セルに「＝RANK(A1, A1：A100)-1」と入力して，B100まで下にコピーする。

	A	B
1	0.0190203	98
2	0.7142669	28
3	0.4249892	57
4	0.8709486	18
5	0.528038	48
6	0.9801337	5
7	0.7668636	24
8	0.7558665	26
98	0.7188976	27
99	0.9796867	1
100	0.1599009	84

これで，B1セルからB100セルに「0〜99までの整数の乱数を100個生成」することができる。

2．系統的抽出法

母集団を構成するサンプリング単位数をサンプル数で割ることによってサンプル間隔が求められる。例えば，サンプル間隔が50である場合，初めの50項目の中から最初のサンプルを決定し，その後は50番目ごとにサンプルを抽出する。最初のサンプルは任意抽出により決定してもよいが，コンピュータによる乱数ジェネレーターまたは乱数表を利用して決定された場合，サンプルは真に無作為である可能性がより高くなる。

3．金額単位抽出法

詳細テストを実施する場合，サンプリング単位を，母集団を構成する個々の金額単位とみなすことが効率的であることがある。売掛金残高のような母集団の中から特定の金額単位を抽出して，監査人は，当該金額単位を含む項目，例えば，個別の残高などを検討することがある。金額単位をサンプリング単位として定義するこの方法の1つの利点は，金額が多額の項目に抽出機会がより多くなるので，それらの項目に監査の重点を置き，結果としてより少ないサンプル数とすることができる点にある。金額単位抽出法は項目の金額を重視した方法の一種であり，そのサンプル数，抽出および評価は，金額

によって結論付けられる。この方法は，系統的抽出法と一緒に用いられることがある。また，無作為に項目を抽出する場合，最も効率的になる。

4．任意抽出法

ある定まった手法に従わずにサンプルを抽出する。定型化した手法を利用しないが，それでもなお，すべての意識的な偏向や予測（例えば，捜すのが難しい項目を避けたり，常にページの最初もしくは最後の項目を選択したりまたは選択しないようにすること）を避けて，母集団におけるすべての項目に抽出の機会があることを確かめるようにする。任意抽出法は，統計的サンプリングを使う場合には適切でない。

② 特定項目抽出による試査

特定項目抽出による試査とは，特定の監査手続の実施に際して，監査人が自らの判断によって母集団に含まれる特定の性質を有する項目を識別して抽出し，監査手続を実施することである。なお，監査人の判断による特定項目の抽出は，ノンサンプリングリスク（Ⅳ1(2)参照）を伴う。

特定項目抽出による試査は，通常，詳細テストにおいて利用するが，内部統制の運用評価手続の実施に当たり，特定項目を抽出する場合もある。

母集団から特定項目を抽出することを決定するに当たっては，監査人は企業の理解，評価した重要な虚偽表示リスク，およびテストする母集団の特性などを考慮するが，抽出される特定項目には，以下のものを含むことがある（監基報500：A54項）。

a）高額の項目または他の特性を示す項目

母集団に含まれる潜在的な内部統制の逸脱や虚偽表示の多くが一定の特性を持つ項目に存在する可能性が高い場合，高額の項目または他の特性を示す項目（疑いのある項目，通例でない項目，特にリスクが高い項目，または過去に内部統制の逸脱や虚偽表示が発生した項目など）を，母集団の中から特定項目として抽出することを決定することがある。

例えば，売掛金残高に含まれる滞留売掛金など，異常で特に虚偽表示が発生しやすい項目または虚偽表示の発生の経験のある項目を特定項目として抽出し，その回収可能性を検証する場合がある。

b）一定金額以上のすべての項目

　母集団に含まれる少数の項目が母集団全体の金額の大部分を占めている場合，取引種類または勘定残高の合計金額の大きな割合を検討するため，一定金額を超える項目を抽出することを決定することがある。

　例えば，売掛金残高に一定金額以上の得意先の占める割合が大きい場合に，当該一定金額以上の得意先，A社，G社，L社の売掛金残高を特定項目として抽出し，売掛金の確認状を送付しその回答を検証する場合がある（**図表7-3**）。

　また，手続実施上の重要性として設定した金額以上の項目を，母集団から特定項目として抽出することもある。

〔図表7-3〕特定項目抽出による試査の概念図
〈b）一定金額以上のすべての項目〉

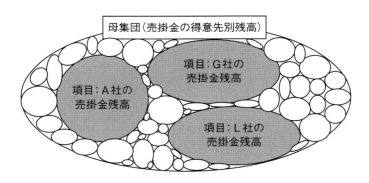

c）情報を入手するための項目

　企業の特徴または取引の性質などの情報を入手するために，項目を検討することがある。

　このような状況のうち，a）はリスクが高い項目を母集団から特定項目として抽出することを意味し，b）は金額的重要性が大きい項目を母集団から特定項目として抽出することを意味する。これらa）とb）に関して，監査人が十分にその状況を把握していない場合には，監査人は自らの判断によって母集団に含まれる特定項目を識別して抽出できないので，通常，監査サンプリングによる試査を採用することが適当である。

　つまり，監査サンプリングによる試査は，あらゆる監査局面で適用すること

が可能である。一方，特定項目抽出による試査を適用する監査局面は限定される。

2　項目の抽出を伴わない方法

　図表7-1で示したように，精査と試査は，母集団から一部の項目を抽出するか，あるいはすべての項目を抽出するかという点において異なる。しかし，両者は項目を抽出し個別的に詳細な検証を実施する方法であるという点においては共通している。

　これに対して，項目の抽出を行わずに十分かつ適切な監査証拠を入手する方法もある。**この項目の抽出を伴わない方法**とは，監査手続の実施対象である母集団から項目の抽出を行わずに，母集団全体に対して監査手続を実施する方法である。したがって，監査人が個々の項目を詳細に調査することはない。例えば，質問や分析的手続などの監査の手法としての監査手続は，項目の抽出を行わずに母集団全体に対して調査を実施する方法である。

　なお，質問や分析的手続の深度は，年度監査と期中レビュー手続で異なる。年度監査においては，質問に対する回答を裏付ける監査証拠の入手が要求される。しかし，期中レビューにおいては，質問に対する回答を裏付ける証拠の入手は要求されず，質問に対する回答が合理的であり，かつ，整合的であるかについて十分に注意を払うことで足りる。また，年度監査において実施する分析的手続は，期中レビューにおける分析的手続と特段異なる手法を用いるものではない。しかし，年度監査においては実証手続としての分析的手続が求められ，矛盾または異常な変動の調査において質問を行った結果に対して回答の合理性を確かめるための手続を行う必要がある。一方，期中レビューにおいて実証手続は求められていないので，実証手続として分析的手続を行うわけではなく，矛盾または異常な変動の調査において質問を行った結果に対して回答の合理性を確かめるための手続を行う必要はない。

マメ知識 7-2　母集団の選択

十分かつ適切な監査証拠を入手するためには，母集団を選択する必要がある。その選択にあたり，監査人は以下の2点に留意しなければならない。
- 監査要点との適合性…監査要点の立証にとって適切な母集団であること
- 母集団の完全性…結論づけに必要な項目をすべて含む母集団であること

【問題】
　売掛金に関する証拠資料として，例えば，注文書綴り，物品受領書綴り，売掛金の得意先別補助元帳がある。売掛金の実在性や網羅性の立証にとって適切な母集団を選択しなさい。なお，売上の計上基準は検収基準を採用しているものとする。

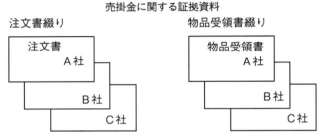

【解答】
　実在性の立証は，帳簿上の記載をもとに取引事実等を調査する方法（これを，遡及法という）を採用することになるので，売掛金の実在性という監査要点に適合する母集団は「売掛金の得意先別補助元帳」である。もちろん「売掛金の得意先別補助元帳」は得意先の売掛金残高をすべて含んでおり，母集団の完全性という要件を満たしている必要がある。
　一方，網羅性の立証は，取引事実等の根拠をもとに帳簿上の記載の有無を調査する方法（これを，前進法という）を採用することになるので，売掛金の網羅性という監査要点に適合する母集団は「物品受領書綴り」になる。もちろん，「物品受領書綴り」は当該事業年度に顧客から入手した物品受領書をすべて含んでおり，母集団の完全性という要件を満たしている必要がある。
　なお，注文書を入手していても，欠品等を理由に注文を受けないこともあり，必ずしも売上取引に結びついていないこともあるので，「注文書綴り」は売掛金の網羅性を立証する際の母集団にはならない。

II 原則として採用される試査

『監査基準』第三 実施基準一 基本原則4は，試査が監査要点に適合した十分かつ適切な監査証拠を入手する原則的な方法であることを明示している。

> **実施基準一 基本原則4**
> 　監査人は，十分かつ適切な監査証拠を入手するに当たっては，財務諸表における重要な虚偽表示のリスクを暫定的に評価し，リスクに対応した監査手続を，原則として試査に基づき実施しなければならない。

　財務諸表監査において，リスクに対応した監査手続として詳細テストを実施する際は，監査人は原則として試査に基づき監査手続を実施する。試査の採用はあくまで原則であり，例外的に精査が行われることもある。財務諸表監査において試査が原則的な方法とされるのは，一般的に以下のような4つの理由による。

《試査が原則的な方法とされる理由》

① **監査資源の制約（限られた時間，費用，人員）**
　監査人が精査によってすべての項目を抽出して監査手続を実施することを要求した場合，被監査会社にとって許容できない費用負担が生じ，財務諸表監査は制度として社会に受け入れられないおそれがある。そのため，財務諸表監査は，監査人の側からすると限られた時間，費用，人員のもとで行うことになり，試査を採用せざるを得ない。

② **有効な内部統制の存在**
　被監査会社において有効な内部統制が存在し，財務報告の信頼性が相当程度確保されていることが財務諸表監査の実施の前提になっている。そのため，財務諸表の信頼性を保証する上で，内部統制の有効性に依拠する試査を採用することには合理性がある。

③ 統計技術や統計理論の発達

統計技術や統計理論の発達により，監査人の判断の確からしさが向上したため，試査を採用することに合理性がある。

④ 財務諸表監査の目的に関する社会的合意

財務諸表監査の目的が，監査の制約条件がある中で，財務諸表の虚偽表示が皆無であることを絶対的な水準で保証するものではなく，重要な虚偽表示の不存在を合理的な水準で保証するものであることは社会的に合意ができている。そのため，その目的を果たす上で試査を採用することには合理性がある。

上記の試査採用理由のうち，①は精査が非現実的であるから試査を採用せざるを得ないという消極的な理由である。他方，②〜④は試査によっても十分かつ適切な監査証拠を入手できるという積極的な理由である。

III 試査による母集団に対する結論の形成

試査には，監査サンプリングによる試査と特定項目抽出による試査の2つがある。それぞれについて母集団全体に関する結論を形成する方法について説明する。

1 監査サンプリングによる試査における結論の形成

監査サンプリングによる試査は，母集団の特性を代表すると期待できる方法，つまり母集団内のすべてのサンプリング単位に抽出の機会が与えられるような方法によって，監査人は母集団から一部（100％未満）の項目をサンプルとして抽出する。そして，それに対して実施した監査手続の結果から母集団全体の一定の特性を推定することにより，監査人は母集団全体に関する結論を形成する。

運用評価手続においては，サンプルの逸脱率を母集団全体に対する推定逸脱率とみなし，監査人は母集団全体に対する結論を形成できる。そのため，監査人は，母集団全体に対する逸脱率について推定する必要はない。

詳細テストにおいては，抽出したサンプルに虚偽表示が含まれていた場合に

は，発見された虚偽表示に基づいて母集団全体に存在する虚偽表示を推定し結論を形成する。つまり，サンプルとして抽出されない項目に対して監査手続を実施しなくても，監査人は推定を経て母集団全体に対する結論を形成することができる。推定による結論の形成を可能にしているのは，有効な内部統制の存在である。財務報告の信頼性を確保することを目的として経営者が整備・運用している内部統制が有効である場合には，財務諸表の重要な虚偽表示は内部統制によって防止または発見・是正される可能性が高く，会計記録の全般的な信頼性が認められることになる。有効な内部統制が存在するという間接（状況）証拠が，非サンプルに対する推定的立証を可能にしているのである。

以上の説明を図表にしたのが**図表7-4**である。

〔図表7-4〕監査サンプリングによる試査により結論を形成する方法（詳細テスト）

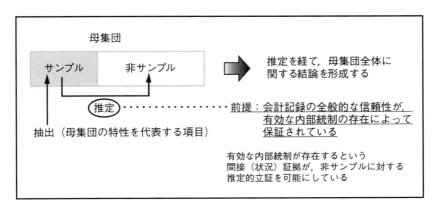

2　特定項目抽出による試査における結論の形成

母集団から抽出される特定項目は，監査人の判断によって抽出される特定の性質を有する項目のみであり，母集団全体の特性を代表しない。したがって，特定項目抽出による試査は，母集団の中から抽出されない母集団の残余部分に関する監査証拠を提供していないことになる。そのため，特定項目に対して実施した監査手続の結果から母集団全体にわたる一定の特性を推定することは予定されていないし，また，監査人はこのような推定をしてはならない。

監査サンプリングによる試査のように母集団への推定が認められていない特定項目抽出による試査においては，監査人は母集団全体に関する結論をどのように形成するのであろうか。

特定項目抽出による試査においては，監査人が自らの判断によって母集団に含まれる特定の性質を有する項目を識別して抽出し，それに対して監査手続を実施する。母集団の中から特定項目として抽出されない項目に関する監査証拠を提供しない。そこで，特定項目として抽出されない項目に重要性がある場合には，それらの項目に重要な虚偽表示が含まれている可能性が無視できるほど低いと考えられる場合を除いて，監査人は分析的実証手続等を実施し，その結果と特定項目に対する詳細テストの結果を総合的に勘案して母集団全体についての結論を形成する。つまり，監査サンプリングによる試査と異なり，特定項目として抽出されない項目に対して，分析的実証手続等を実施することにより，監査人は推定を経ることなく母集団全体に関する結論を形成する。

以上の説明を図表にしたのが**図表7-5**である。

〔図表7-5〕 特定項目抽出による試査により結論を形成する方法（詳細テスト）

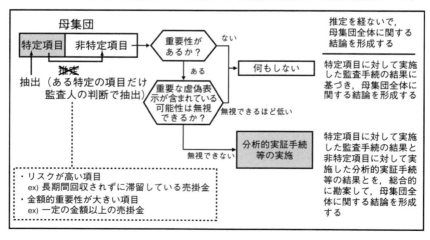

Ⅳ　試査における監査判断を誤るリスク

1　監査サンプリングによる試査において監査判断を誤るリスク

　監査サンプリングによる試査において，監査人が母集団に関して誤った結論を形成するリスクは，サンプルの抽出行為に起因するサンプリングリスクと，それ以外のノンサンプリングリスクに分類される（**図表7-6**）。

〔図表7-6〕監査判断を誤るリスク

```
          監査判断を誤るリスク
         /              \
   サンプリングリスク    ノンサンプリングリスク
```

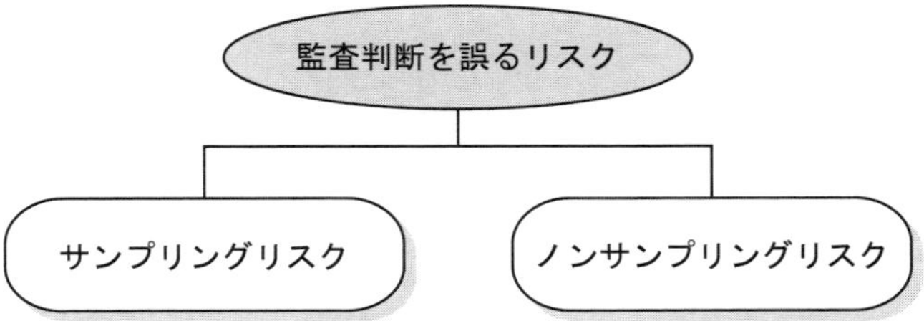

(1)　サンプリングリスク

　サンプリングリスクとは，抽出したサンプルが母集団の特性を正確に反映していないために，監査人が母集団について誤った結論を形成するリスクである。

　サンプリングリスクは，サンプルの抽出行為に起因するリスクである。抽出したサンプルが母集団の特性を正確に反映しない場合，推定によって得られた結論は，母集団を構成するすべての項目に対して同じ監査手続を実施した場合に得られる結論とは異なる可能性がある。

　このように母集団の特性を代表する項目のすべてをサンプルとして抽出できない場合にサンプリングリスクは生じる。サンプリングリスクは，一般に，サンプル数の増加によって低くすることができる。サンプル数を増加させれば抽出漏れを防止できるからである。

　サンプリングリスクは，次のような2種類の誤った結論をもたらす可能性がある（監基報530：第4項(2)）。

① 運用評価手続において，内部統制が実際の状態よりも有効であるとする結論，または，詳細テストにおいて，実際に存在している重要な虚偽表示が存在していないとする結論。このような誤った結論は，監査の有効性に影響を与え，誤った監査意見を形成する可能性が高い。
② 運用評価手続において，内部統制が実際の状態よりも有効でないとする結論，または，詳細テストにおいて，実際に存在していない重要な虚偽表示が存在しているとする結論。このような誤った結論は，通常，当初の結論が正しくなかったことを確かめるための追加の作業が必要となるため，監査の効率性に影響を与える。

(2) ノンサンプリングリスク

ノンサンプリングリスクとは，サンプリングによる抽出行為に起因しないリスクであり，サンプリングリスクに関連しない他の理由によって，監査人が母集団について誤った結論を形成するリスクである（同：第4項(3)）。具体的には，不適切な監査手続の適用，または監査証拠の誤った解釈により，虚偽表示または内部統制の逸脱を識別できないことなどを原因として母集団について誤った結論を形成するリスクである（同：A1項）。

ノンサンプリングリスクは，適切な監査計画，補助者に対する適切な指導監督および監査実務の適切な遂行などによって低くすることができる。ノンサンプリングリスクに相当するリスクは，監査手続の実施において常に生じるものであり，特定項目抽出による試査のみならず精査や項目の抽出を伴わない方法においても生じる。

2　特定項目抽出による試査において監査判断を誤るリスク

特定項目抽出リスクとは，監査人が特定項目抽出による試査において，母集団について誤った判断を形成するリスクである。

ノンサンプリングリスクに相当するリスクのほか，非抽出項目に潜在し得る内部統制の逸脱もしくは虚偽表示について判断を誤ったこと，非抽出項目に対して実施された他の監査手続が非抽出項目について誤った結論を導いたことなどが主な原因である。

〔図表7-7〕監査サンプリングによる試査と特定項目抽出による試査の比較

異同点	監査サンプリングによる試査	特定項目抽出による試査
項目の抽出	母集団から一部の項目を抽出して，それに対して監査手続を実施するという点は共通している。	
項目の抽出方法	サンプルの抽出方法としては，統計的サンプリングと非統計的サンプリングがあり，いずれにしても母集団の特性を代表する項目を抽出する。	監査人が自らの判断によって母集団に含まれる特定の性質を有する項目（リスクが高い項目や金額的重要性が大きい項目）を識別して抽出する。
推定の有無	サンプルに対して実施した監査手続の結果から，母集団全体にわたる一定の特性を推定する。	特定項目に対して実施した監査手続の結果から，母集団全体にわたる一定の特性を推定することはない。
非抽出項目	非抽出項目に対して監査手続は実施しない。	通常，非抽出項目に対して監査手続を実施する。
結論の形成方法	詳細テストにおいては，抽出したサンプルに対して実施した監査手続の結果から，母集団全体の一定の特性を推定し，母集団全体に対する結論を形成する。 運用評価手続においては，サンプルの逸脱率を母集団全体に対する推定逸脱率とみなし，母集団全体に対する結論を形成できるので，母集団全体に対する逸脱率について推定する必要はない。	推定を経ずに，母集団全体に対する結論を形成する。通常，特定項目に対して実施した詳細テストの結果と非特定項目に対して実施した分析的実証手続等の結果とを，総合的に勘案して，母集団全体に関する結論を形成する。

母集団に対して結論を誤るリスク	リスク	原因	低減手法	リスク	原因	低減手法
	サンプリングリスク	抽出行為に起因する。	サンプル数を増加する。	特定項目抽出リスク	ノンサンプリングリスクに相当するリスクがある。	
	ノンサンプリングリスク	不適切な監査手続の適用，または監査証拠の誤った解釈により，虚偽表示または内部統制の逸脱を識別できないこと等に起因する。	適切な監査計画の策定，補助者に対する適切な指導監督，監査実務の適切な遂行等を行う。		非抽出項目に潜在し得る内部統制の逸脱もしくは虚偽表示についての判断を誤る。	非抽出項目全体を小さくする。
					非抽出項目に対する他の監査手続が有効ではない。	他の監査手続の有効性を高める。

特定項目抽出リスクは，適切な監査計画，補助者に対する適切な指導監督および監査実務の適切な遂行などのほか，抽出項目を増加させて非抽出項目全体を小さくすることや，非抽出項目に実施される他の監査手続の有効性を高めることによって低減することができる。

図表7-7は，監査サンプリングによる試査と特定項目抽出による試査を比較する形でまとめたものである。

V　リスク対応手続における監査サンプリングによる試査の利用

監査サンプリングによる試査は，リスク対応手続，すなわち**運用評価手続**および**実証手続（詳細テスト）**において利用される。いずれの場合も母集団を代表するサンプルに対する監査手続の結果から母集団の特性を推定する点において共通している。以下のように運用評価手続と実証手続での目的は異なる。

〈運用評価手続における監査サンプリングによる試査の利用〉

運用評価手続において，監査サンプリングによる試査を利用する目的は，内部統制が依拠を予定する程度に有効に運用されているという暫定的に評価した統制リスクの程度の当否を確かめることにある。

運用評価手続を実施した結果，サンプルから発見された内部統制の逸脱率（**サンプルの逸脱率**）が，母集団全体に存在すると推定される内部統制の逸脱率となる。これが当初の評価の当否が確かめられたと判断できる許容限界として定めた所定の内部統制の逸脱率（**許容逸脱率**）を下回っていると判断できる場合，監査人は，内部統制が依拠を予定する程度に有効に運用されているという暫定的に評価した統制リスクの程度の当否を確かめられたと判断する。

〈**実証手続（詳細テスト）**における監査サンプリングによる試査の利用〉

実証手続（詳細テスト）において，監査サンプリングによる試査を利用する目的は，取引種類，勘定残高または注記事項に重要な虚偽表示が含まれていないという当初の評価の当否を確かめることにある。

〔図表7-8〕 各種の逸脱率および虚偽表示額の定義と利用方法

種類	定　義	評価・決定・推定方法	利用方法
予想逸脱率	監査人が母集団の中に存在すると予想する内部統制の逸脱率である。	過去の監査から得られた知識や内部統制を含む企業および企業環境の理解に基づいて、または母集団から抽出した少数の項目の調査をもとに評価する。	サンプル数の決定に利用する。予想逸脱率が高い場合や予想虚偽表示額が大きい場合は、サンプル数は増加する。
予想虚偽表示額	監査人が母集団の中に存在すると予想する虚偽表示額である。		
許容逸脱率	母集団における実際の逸脱率が一定の率を上回らないような適切な保証水準を得るために、監査人が設定した所定の内部統制の逸脱率をいい、監査人が受け入れることのできる内部統制からの逸脱率である。	許容逸脱率は、内部統制が依拠を予定する程度に有効に運用されているという統制リスクの暫定的評価の水準をもとに決定する。	内部統制が依拠を予定する程度に有効に運用されているという当初の評価の当否が確かめられたと判断できる許容限界として利用する。
許容虚偽表示額	母集団内の実際の虚偽表示額が一定の金額を上回らないような適切な保証水準を得るために、監査人が設定した虚偽表示額をいい、監査人が受け入れることのできる虚偽表示額である。	許容虚偽表示額は、個別には重要でない虚偽表示を集計すると財務諸表に重要な虚偽表示となるリスクと未発見の虚偽表示の可能性を考慮して、重要性の基準値を基礎として手続実施上の重要性と同額か、それより少額の金額として決定する。	取引種類、勘定残高または注記事項に重要な虚偽表示が含まれていないという当初の評価の当否が確かめられたと判断できる許容限界として利用する。
推定逸脱率	サンプルから発見された内部統制の逸脱率をもとに、母集団全体に存在すると推定する内部統制の逸脱率である。	運用評価手続においては、サンプルの逸脱率が母集団全体に対する推定逸脱率とみなすことができるので、母集団全体に対する逸脱率について明確に推定する必要はない。	サンプルの逸脱率を母集団全体の逸脱率とみなし、当該逸脱率が許容逸脱率の範囲内であれば、依拠を予定する程度に内部統制が有効に運用されていると当初に評価した統制リスクの程度が確かめられたと判断する。
推定虚偽表示額	サンプルから発見された虚偽表示額をもとに、母集団全体に存在すると推定する虚偽表示額である。	詳細テストにおいては、サンプルから発見された虚偽表示額をもとに、母集団全体の虚偽表示額を推定する。	推定虚偽表示額に例外的な虚偽表示額を加えた額が、許容虚偽表示額の範囲内であれば、取引種類、勘定残高または注記事項に重要な虚偽表示が含まれていないという当初の評価の当否が確かめられたと判断する。
例外的事象	抽出したサンプルに対して実施した手続の結果、特別の事態により単発的に発生し、特定した母集団を明らかに代表していない内部統制の逸脱または虚偽表示である。	極めて稀な状況であり、例外的事象と判断するためには、その内部統制の逸脱または虚偽表示が残りの母集団に影響を及ぼさないという、十分かつ適切な監査証拠を入手するための追加的な監査手続を実施し、相当に高い心証を得なければならない。	内部統制の逸脱または虚偽表示が例外的事象であることが確かめられた場合は、推定から除外する。ただし、例外的な虚偽表示の影響については、それが修正されなかった場合、推定虚偽表示額に加えて、許容虚偽表示額と比較することになる。

実証手続(詳細テスト)を実施した結果,サンプルから実際に確かめられた虚偽表示の金額をもとに母集団全体の虚偽表示額(**推定虚偽表示額**)を推定する。これが当初の評価の当否が確かめられたと判断できる許容限界として定めた虚偽表示額(**許容虚偽表示額**)を下回っていると判断できる場合,監査人は,取引種類,勘定残高または注記事項に重要な虚偽表示が含まれていないという当初の評価の当否を確かめられたと判断する。

以下,リスク対応手続における監査サンプリングによる試査の利用に関する説明を理解する上で,各種の逸脱率および虚偽表示額の定義やその利用方法について予め理解しておく必要があるので,**図表7-8**でまとめておくことにする。

監査サンプリングによる試査は,複雑な考慮を伴う。以下,運用評価手続および実証手続における監査サンプリングの立案から監査手続の実施によって得られる結果を監査人が評価するまでの一連の流れを,4つのステップに分けて説明する(**図表7-9**)。

〔図表7-9〕監査サンプリングによる試査の4ステップ

```
┌─────────┐    ┌─────────┐    ┌─────────┐    ┌─────────┐
│監査サンプ│ ⇒ │サンプルの│ ⇒ │内部統制の│ ⇒ │結果の評価│
│リングの │    │抽出と監査│    │逸脱率と虚│    │         │
│立案     │    │手続の実施│    │偽表示額の│    │         │
│         │    │         │    │推定     │    │         │
└─────────┘    └─────────┘    └─────────┘    └─────────┘
 ステップ1     ステップ2     ステップ3     ステップ4
```

1 ステップ1——監査サンプリングの立案

ステップ1は監査サンプリングの立案であり,監査人は監査手続の目的とサンプルを抽出する母集団の特性を考慮しなければならない(同:第5項)。以下①~⑥の6つの考慮事項に分解できる(**図表7-10**)。

〔図表7-10〕ステップ1：監査サンプリングの立案における考慮事項

① 監査手続の組合せの検討（サンプリングによる試査の実施だけでよいか？）
② 想定される虚偽表示と内部統制の逸脱の明確化と適切な母集団の設定（何が虚偽表示か？　何が内部統制の逸脱か？　母集団は適切か？）
③ 母集団の階層化（サンプリングリスクを高めることなく，サンプル数を減らせるか？）
④ 運用評価手続に係る監査サンプリングの立案（予想逸脱率・統制リスクの程度の暫定的評価，許容逸脱率の決定）
⑤ 詳細テストに係る監査サンプリングの立案（予想虚偽表示額の暫定的評価，許容虚偽表示額の決定）
⑥ サンプル数の決定（サンプリングリスクを許容できる水準まで軽減できるか？）

以下，図表7-10について説明する。

① 監査手続の組合せの検討

監査サンプリングによる試査は，項目の抽出を伴う方法である。それは項目の抽出を伴わない方法に比べて，重要な虚偽表示の発見に効果的ではあるが効率的ではなく，十分かつ適切な監査証拠の入手方法として，監査サンプリングによる試査だけを実施することは，監査の効率性を害するおそれがある。

そこで，監査サンプリングの立案に当たっては，監査人は監査サンプリングによる試査と項目の抽出を伴わない方法の組合せを検討することになる。

例えば，減価償却費の計算の正確性を確かめる場合を考えてみる。監査人は監査サンプリングによる試査に基づく詳細テスト（例えば，減価償却費の再計算を行う）と項目の抽出を伴わない方法（例えば，固定資産全体の帳簿価額と平均償却率を使用して減価償却費の推定値を算出し実績値と比較検討する分析的実証手続を行う）の組合せを検討する。より高水準の保証を要求する場合は，監査サンプリングによる試査に基づく詳細テストに依存する程度が高くなり，低水準の保証で十分な場合は，項目の抽出を伴わない分析的実証手続に依存する程度が高くなる。

② 想定される虚偽表示と内部統制の逸脱の明確化と適切な母集団の設定

　監査サンプリングの立案に当たって，監査人は監査手続の目的に関連する状況のみを網羅的に対象とし，虚偽表示の推定または内部統制の逸脱の評価を行う必要がある。

　そのため，監査人は入手すべき監査証拠の性質と，当該監査証拠に関連する可能性のある虚偽表示もしくは内部統制の逸脱の発生の状況またはその他の特徴について考慮して，想定される虚偽表示または内部統制の逸脱の定義を明確にするとともに適切な母集団を設定する。

　例えば，売掛金の実在性を確かめるための確認手続においては，確認基準日前に行われた顧客の支払を会社が確認基準日直後に入金処理した場合，確認先から残高がゼロの回答を得たとしても，これを虚偽表示とみなさない。また，得意先勘定間の転記誤りがあったとしても，売掛金の残高合計に影響を与えない。したがって，当該転記誤りが不正リスクの評価または貸倒引当金の妥当性等の他の領域に重要な影響を及ぼすことがあるとしても，売掛金の実在性を確かめる監査手続に係るサンプルのテスト結果の評価においては，虚偽表示と考えることは適切でない（同：A6項）。

　母集団に対して監査手続を実施することにより，十分かつ適切な監査証拠を入手するために，母集団の設定に際しては，サンプルを抽出する母集団の網羅性に関する監査証拠を入手するための監査手続を実施する必要がある。母集団の網羅性とは，結論づけに必要な項目をすべて含む母集団であることを意味する。

③ 母集団の階層化

　母集団の階層化とは，母集団を類似した特性（多くの場合，金額）を持ったサンプリング単位の集団であるいくつかの下位母集団に分けるプロセスである（監基報（序）：付録5用語集）。

　母集団を識別した特性ごとの下位母集団に分けることにより，母集団の階層化を行った場合，各階層に含まれる項目の持つ特性のバラツキを抑え，それによってサンプリングリスクを高めることなくサンプル数を減少させることができ，監査人は監査の効率性を高めることができる。ただし，これによってサン

プリングリスクを低くできるわけではない。

　詳細テストを実施する場合，母集団は金額によって階層化されることが多い。階層化により，過大計上という潜在的な虚偽表示の発生する可能性が高いと考えられる金額的に重要な項目に重点を置いた監査が可能となる。同様に，母集団は，例えば，売掛金の評価において貸倒引当金を検討する場合に，その残高を年齢により階層化するなど，高い虚偽表示リスクを示唆する特定の特性に従って階層化されることがある（図表 7 -11）。

〔図表 7 -11〕下位母集団に階層化して監査の効率性を高める例

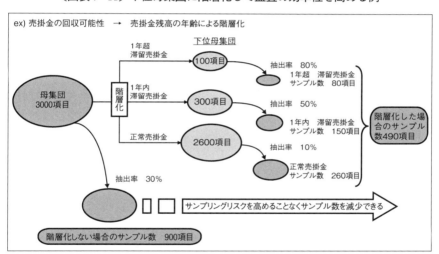

　図表 7 -11は母集団を階層化することにより，抽出サンプル数を減少できる事例を示したものである。ある階層に属するサンプルに監査手続を実施した結果は，当該階層化された下位母集団に対する推定のみに利用される。各階層について推定された虚偽表示額は，取引種類または勘定残高の合計に与える影響の可能性を考慮する際に合計される。

　監査人は，母集団全体について結論を得るために，母集団全体を構成する他のすべての階層に関して，重要な虚偽表示リスクを考慮することが必要になる。例えば，母集団のうち20％の件数に当たる項目が勘定残高の90％を構成していることがある。監査人は，その20％の件数に当たる項目に対してサンプルの検

討を決定することがある。監査人は，このサンプルの結果を評価し，残りの10％とは別に，勘定残高の90％について結論を得る。なお，残りの10％の残高については，追加のサンプルや他の方法を利用して監査証拠を入手するか，または，その残高を重要でないと考えることもある。

④ 運用評価手続に係る監査サンプリングの立案

運用評価手続に係る監査サンプリングの立案に際しては，監査人は監査サンプリングによる試査の対象となる母集団に含まれる予想逸脱率と統制リスクの程度を暫定的に評価する。

予想逸脱率とは，監査人が母集団に存在すると予想する所定の内部統制の逸脱率をいい，**統制リスク**とは，財務諸表の重要な虚偽表示が内部統制によって防止または発見・是正されない可能性をいう。

予想逸脱率は，監査人が過去の監査から得た知識や内部統制を含む企業および企業環境の理解に基づいて，または母集団から抽出した少数の項目の調査を基礎として評価され，サンプリングリスクを許容できる水準まで軽減し得るサンプル数を事前に判定するために用いられる。予想逸脱率が高くなるとサンプル数を増加することになる。しかし，監査人が受け入れられないほど予想逸脱率が高くなる場合には，依拠を予定する程度に内部統制が有効に運用されていないと判断し，監査人が当該内部統制への依拠を断念し運用評価手続を実施しない。

監査人は，予想逸脱率の暫定的評価を踏まえて，統制リスクの程度を暫定的に評価する。予想逸脱率が低いからといって必ずしも統制リスクの程度を低く評価するわけではない。

例えば，予想逸脱率が低いと評価されても，統制リスクの程度を中程度と評価することもある。それは，統制リスクの程度を低いと裏付けるための運用評価手続の負荷が，そのことによって軽減できる実証手続の負荷を上回っている場合には，かえって監査効率を阻害することになるからである。

また，母集団における実際の逸脱率が一定の率を上回らないような適切な保証水準を得るために，監査人が設定した所定の内部統制の逸脱率を，監査人が受け入れることのできる内部統制の逸脱率（**許容逸脱率**）として決定しておく

必要がある。許容逸脱率は，内部統制が依拠を予定する程度に有効に運用されているという統制リスクの暫定的評価の水準をもとに決定されることになり，内部統制が依拠を予定する程度に有効に運用されているという当初の評価の当否が確かめられたと判断できる許容限界として利用することになる。

⑤ 詳細テストに係る監査サンプリングの立案

詳細テストに係る監査サンプリングの立案に際しては，監査サンプリングによる試査の対象となる母集団に含まれる予想虚偽表示額について暫定的に評価する。

予想虚偽表示額とは，監査人が母集団の中に存在すると予想する虚偽表示額をいい，監査人が過去の監査から得た知識または母集団から抽出した少数の項目の調査を基礎として評価され，サンプリングリスクを許容できる水準まで軽減し得るサンプル数を事前に判定するために用いられる。予想虚偽表示額が大きくなるとサンプル数は増加する。

また，母集団内の実際の虚偽表示額が一定の金額を上回らないような適切な保証水準を得るために，監査人が設定した虚偽表示額を，監査人が受け入れることのできる虚偽表示額（**許容虚偽表示額**）として決定しておく必要がある。許容虚偽表示額は，個別には重要でない虚偽表示を集計すると財務諸表に重要な虚偽表示となるリスクと未発見の虚偽表示の可能性を考慮して，重要性の基準値を基礎として手続実施上の重要性と同額か，それより少額の金額として決定されることになる。監査人は取引種類，勘定残高または注記事項に重要な虚偽表示が含まれていないという当初の評価の当否が確かめられたと判断できる許容限界として利用することになる。

⑥ サンプル数の決定

監査人は，サンプリングリスクを許容可能な低い水準に抑えるために，十分なサンプル数を決定しなければならない（同：第6項）。監査人が許容できるサンプリングリスクは，必要とされるサンプル数に影響を与える。監査人が許容できるサンプリングリスクの程度が低ければ低いほど，より多くのサンプル数が必要になる。サンプル数は，統計的手法の適用や職業的専門家としての監査

人の判断によって決定される。

図表7-12の2つの表は母集団から抽出するサンプル数の決定に影響を与える諸要因を示したものである。これらの諸要因は，監査サンプリングを適用する状況が同様であれば，統計的サンプリングまたは非統計的サンプリングのいずれであっても，サンプル数に同様の影響を与える。

〔図表7-12〕サンプル数の決定に影響を与える諸要因の例示
〈運用評価手続におけるサンプル数の決定に影響を与える諸要因〉

これらの諸要因は総合的に考慮する必要があり，監査人が，運用評価手続の種類または時期および実証手続のアプローチを一定にして評価したリスクに対応することを想定している。

要　　因	サンプル数に与える影響
1．監査人のリスク評価において，関連する内部統制を考慮に入れる程度が増加する，つまり，監査人が内部統制の運用状況の有効性に依拠しようとする程度が高い	増加する
2．監査人が受け入れることのできる内部統制の逸脱率（許容逸脱率）が低い	増加する
3．監査人が母集団の中に存在すると予想する所定の内部統制の逸脱率（予想逸脱率）が高い	増加する ※予想逸脱率が受け入れられないほど高い場合，通常，運用評価手続を実施しない
4．母集団における実際の逸脱率が許容逸脱率を上回っていないということについて監査人が得ようとする保証水準が高くなる，つまり，監査人が必要とするサンプリングの信頼度が高い	増加する
5．母集団におけるサンプリング単位数が増加し，大きな母集団になる	母集団を構成する項目数が一定以上（一般に1,000件）あれば，それ以上増えても，統計的に一定以上の信頼度を得るのに必要なサンプル数は変わらない。サンプル数に与える影響は無視でき

	るほど小さい
6．母集団におけるサンプリング単位数が減少し，小さな母集団になる	監査サンプリングは十分かつ適切な監査証拠を入手するための他の方法に比べて効率的でないことがある

〈詳細テストにおけるサンプル数の決定に影響を与える諸要因〉

　これらの諸要因は総合的に考慮する必要があり，監査人が，運用評価手続のアプローチや実証手続の種類または時期を一定にして，評価したリスクに対応することを想定している。

要　　因	サンプル数に与える影響
1．監査人の重要な虚偽表示リスクの評価が高くなる	増加する
2．同一のアサーションに対してより多くの他の実証手続が実施される	減少する
3．監査人が受け入れることのできる許容虚偽表示額が小さい	増加する
4．監査人が母集団の中に存在すると予想する虚偽表示額（予想虚偽表示額）が大きい	増加する
5．母集団の適切な階層化	減少する
6．許容虚偽表示額が母集団における実際の虚偽表示額を上回らないことについて監査人が得ようとする保証水準が高くなる，つまり，監査人が必要とするサンプリングの信頼度が高い	増加する
7．母集団におけるサンプリング単位数が増加し，大きな母集団になる	母集団を構成する項目数が一定以上（一般に1,000件）あれば，それ以上増えても，統計的に一定以上の信頼度を得るのに必要なサンプル数は変わらない。サンプル数に与える影響は無視できるほど小さい

8．母集団におけるサンプリング単位数が減少し，小さな母集団になる	監査サンプリングは十分かつ適切な監査証拠を入手するための他の方法に比べて効率的でないことがある

2 ステップ2――サンプルの抽出と監査手続の実施

　ステップ2はサンプルの抽出と監査手続の実施であり，2つの点を考慮する必要がある（図表7-13）。

〔図表7-13〕ステップ2：サンプルの抽出と監査手続の実施の考慮事項

① 母集団の特性を代表するサンプルを抽出する
② 目的に照らして適切な監査手続を実施する

① 母集団の特性を代表するサンプルの抽出

　監査サンプリングによる試査においては，母集団の中のすべてのサンプリング単位に抽出の機会が与えられるような方法で，母集団の特性を代表するサンプルを抽出しなければならない。サンプルは，統計的サンプリングか非統計的サンプリングによって抽出される。いずれの方法を用いるかは，どちらがより効果的かつ効率的に十分かつ適切な監査証拠を入手できるかにより判断する。

　なお，抽出したサンプルが監査手続の適用対象として適当でない場合，代わりのサンプルを抽出して手続を実施しなければならない。例えば，支払承認の証拠を入手するために実施するテストにおいて，書き損じ等のため無効にされた小切手が抽出される場合がある。監査人は，当該抽出した小切手が適切に無効処理されており，内部統制の逸脱にならないと判断した場合，適切に再抽出した代わりのサンプルを検討する。

② 目的に照らして適切な監査手続の実施

　抽出した各サンプルに対して，監査人は目的に照らして適切な監査手続を実施しなければならない。抽出したサンプルに対して計画した監査手続を適用で

きない場合は，適切な代替手続を実施する。

　計画した監査手続を抽出したサンプルに適用できない場合の例としては，当該サンプルに関連する証拠書類が紛失している場合がある。

　適切な代替手続の例としては，積極的確認の依頼に対する回答がない場合に，その後の入金状況の検討時に相手先と対象取引等についても確かめる場合がある（同：A15-16項）。

　抽出したサンプルに対して計画した監査手続が適用できず，適切な代替手続も実施できない場合は，当該サンプルを，運用評価手続においては内部統制の逸脱として，詳細テストにおいては虚偽表示として扱わなければならない。

　抽出したサンプルに対して監査手続を実施した結果，内部統制の逸脱または虚偽表示を識別した場合，監査人はその内容と原因を調査して，それらが監査手続の目的と監査の他の領域に及ぼす影響を評価しなければならない。

　識別した内部統制の逸脱と虚偽表示を分析するに当たり，その多くに，例えば，取引の種類，地域，製品種目または期間に共通の特徴があることに気付く場合がある。そのような状況では，母集団の中から共通の特徴をもつ項目をすべて識別して，これらについて監査手続を拡大して実施することを決定する場合がある。さらに，そのような内部統制の逸脱または虚偽表示は意図的であり，不正の可能性を示唆することもある（同：A17項）。

3　ステップ3——内部統制の逸脱率と虚偽表示額の推定

　ステップ3は，内部統制の逸脱率と虚偽表示額の推定である。監査人は2つの点を考慮する必要がある（図表7-14）。

〔図表7-14〕ステップ3：内部統制の逸脱率と虚偽表示額の推定における考慮事項

---

① 　運用評価手続を実施する場合
　サンプルから発見した内部統制の逸脱率（例外的事象は除外する）が，推定することなく母集団全体の逸脱率となる。
② 　詳細テストを実施する場合
　サンプルから発見した虚偽表示額（例外的事象は除外する）をもとに，母集団全体の虚偽表示額を推定する。

監査手続の実施過程で，抽出したサンプルに対して監査手続を実施した結果，特別の事態により単発的に発生したため，特定した母集団を明らかに代表しない内部統制の逸脱または虚偽表示が発見されることがある。このような内部統制の逸脱または虚偽表示を**例外的事象**という。

　サンプルについて発見した内部統制の逸脱または虚偽表示が例外的事象であると考えるのは，極めて稀な状況であり，その判断に当たっては相当に高い心証を得なければならない（同：第12項）。そもそも，母集団の特性を代表するサンプルを抽出することが適切であると判断して，母集団を決定しサンプルを抽出しており，抽出された項目が母集団を代表していないと判断するのは矛盾する。例えば，内部統制の運用評価手続を実施した際に，あるサンプルがデザインされた内部統制から逸脱していた場合，それが母集団を代表していないと結論付けることは極めて稀な状況であり，通常は，そのサンプルは母集団を代表する逸脱と考え，その逸脱を考慮に入れて当該内部統制の運用状況の有効性の程度を評価することになる。

　この心証を得るために，その内部統制の逸脱または虚偽表示が，再発しない事象または状況の結果であり，残りの母集団に影響を及ぼさないという，十分かつ適切な監査証拠を入手するための追加的な監査手続を実施しなければならない。

　例えば，通常発生しないようなコンピュータの故障による虚偽表示が挙げられる。この場合，監査人は，故障当日に処理された取引を調査するなどによって故障の影響を評価するとともに，監査人は故障の原因が監査手続や結論に及ぼす影響を慎重に検討する必要がある。

① 運用評価手続を実施する場合

　サンプルから発見した逸脱率が，そのまま母集団全体の**逸脱率**となる。サンプルに対する運用評価手続によって判明した内部統制の逸脱率が，そのまま母集団全体に含まれる内部統制の逸脱率とみなすことができるので，母集団全体の逸脱率を推定する必要はない。ただし，例外的事象は，特別の事態により単発的に発生し，母集団における他の内部統制の逸脱を代表しない内部統制の逸脱であり，母集団全体の逸脱率の決定に際しては除外する必要がある。

以下にイメージを示すことにする。

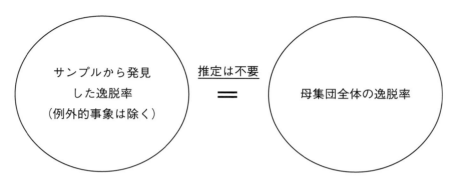

例えば、統計的サンプリングにより運用評価手続を実施した場合に、その結果に基づき算定される母集団の逸脱率について、アメリカ公認会計士協会の

〔図表7-15〕統計的サンプリングの場合の上限逸脱率

発見された逸脱数

サンプル数	0	1	2	3	4	5	6	7	8	9	10
20	10.9	18.1	*	*	*	*	*	*	*	*	*
25	8.8	14.7	19.9	*	*	*	*	*	*	*	*
30	7.4	12.4	16.8	*	*	*	*	*	*	*	*
35	6.4	10.7	14.5	18.1	*	*	*	*	*	*	*
40	5.6	9.4	12.8	16.0	19.0	*	*	*	*	*	*
45	5.0	8.4	11.4	14.3	17.0	19.7	*	*	*	*	*
50	4.6	7.6	10.3	12.9	15.4	17.8	*	*	*	*	*
55	4.1	6.9	9.4	11.8	14.1	16.3	18.4	*	*	*	*
60	3.8	6.4	8.7	10.8	12.9	15.0	16.9	18.9	*	*	*
70	3.3	5.5	7.5	9.3	11.1	12.9	14.6	16.3	17.9	19.6	*
80	2.9	4.8	6.6	8.2	9.8	11.3	12.8	14.3	15.8	17.2	18.6
90	2.6	4.3	5.9	7.3	8.7	10.1	11.5	12.8	14.1	15.4	16.6
100	2.3	3.9	5.3	6.6	7.9	9.1	10.3	11.5	12.7	13.9	15.0
120	2.0	3.3	4.4	5.5	6.6	7.6	8.7	9.7	10.7	11.6	12.6
160	1.5	2.5	3.3	4.2	5.0	5.8	6.5	7.3	8.0	8.8	9.5
200	1.2	2.0	2.7	3.4	4.0	4.6	5.3	5.9	6.5	7.1	7.6

（*の箇所は、上限逸脱率が20％を超えるため記載が省略されている）

(出所) AICPA ; Audit and Accounting Guide/Audit Sampling を基に作成

Audit Samplingのテーブルを用いて説明する（**図表7-15**）。このテーブルはサンプリングリスク10％（信頼度90％）における上限逸脱率を表している。この表の利用から得られる逸脱率は，逸脱の上限値であることに留意する。

このAudit Samplingのテーブルを使って具体的に説明する。

サンプルを25件抽出し，逸脱数が0の場合に，監査人が依拠を予定する程度に内部統制が有効に運用されていると判断できるとするなら，このテーブル上のサンプル数が25件で発見された逸脱数が0で示されている8.8％が，監査人が受け入れることのできる内部統制の逸脱率（許容逸脱率）となる。

例えば，サンプル数25件に対しテストを実施した結果，逸脱数が2件あり，うち1件が例外的事象であった場合，上限逸脱率は14.7％となる。上限逸脱率が14.7％というのは，サンプル数25件に対して1件のエラーがあったテスト結果から，サンプリングリスクを考慮すると母集団全体の逸脱率は14.7％よりは小さいと90％の信頼度で評価できることを意味している。この14.7％がサンプルから発見した逸脱率であり，母集団全体の逸脱率となる。

この場合，許容逸脱率8.8％を上回っているので，当初の評価を裏付ける追加の監査証拠が入手されない限り，統制リスクの程度を当初の想定より高く評価する必要がある。サンプル数をさらに20件追加し逸脱が発見されなかった場合には，このテーブル上のサンプル数が45件で発見された逸脱数が1で示されている8.4％が上限逸脱率となり，許容逸脱率8.8％を下回っていることから，当初想定した統制リスクの程度が確かめられたことになる。

抽出したサンプルの中で発見された逸脱数から「単純に計算した逸脱率（逸脱数1÷サンプル数25＝4.0％）」よりも大きな数字となるのは，単純に計算した逸脱率に加えてアローワンスとしてのサンプリングリスクを考慮しているからである。これは，抽出したサンプルが母集団の特性を正確に反映していないために，たまたま逸脱数が1件という少ない結果になってしまっている可能性があるからである。このケースで母集団全体の逸脱率を単純に計算した逸脱率4.0％で評価することは，内部統制が実際よりも効果的に運用されていると誤った結論を導いてしまうことになる。

② 詳細テストを実施する場合

詳細テストにおいては，サンプルで発見した虚偽表示額から母集団全体の虚偽表示額を推定しなければならない（同：第13項）。これを**推定虚偽表示額**といい，推定に際して虚偽表示が例外的事象であると確かめられた場合，当該虚偽表示は母集団における虚偽表示額の推定から除外される。しかし，母集団を代表しない例外的な虚偽表示の影響については，それが修正されなかった場合，推定された虚偽表示額とは別に考慮する必要がある。

監査人は，虚偽表示の大きさに関する全体的な見解を得るために，母集団における虚偽表示額を推定することが必要であるが，この推定は，計上されるべき金額を確定するには十分でないことがある。

以下にイメージを示すことにする。

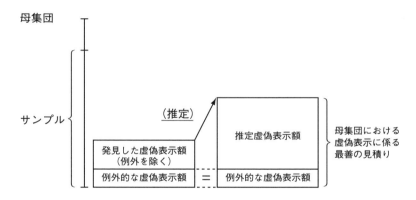

母集団からサンプルを抽出し，サンプルから発見した虚偽表示額のうち例外的事象を除外して推定虚偽表示額を算出する。当該虚偽表示額に例外的な虚偽表示額を加えた額が，母集団における虚偽表示に係る最善の見積りとなる。

4 ステップ 4 ——サンプリング結果の評価

ステップ 4 は，サンプルに対して監査手続を実施した結果を評価することである。監査人は，サンプルのテスト結果および母集団に関する結論について合理的な基礎を得たかどうかを評価しなければならない（同：第14項）。監査人は評価を行う際に①～③の 3 つの点を考慮する必要がある（**図表 7 -16**）。

〔図表 7 -16〕ステップ 4 ：結果の評価を行う際の考慮事項

① 運用評価手続を実施した結果の評価
　サンプルの逸脱率が許容逸脱率を下回っているか？　近似している場合や上回っている場合の対応は？
② 詳細テストを実施した結果の評価
　推定虚偽表示額と例外的な虚偽表示額の合計が許容虚偽表示額を下回っているか？　近似している場合や上回っている場合の対応は？
③ 母集団に関する結論に対して合理的な基礎を得られなかったと判断した場合の対応
　経営者に対する調査依頼・修正要請，計画されていた監査手続の修正を検討する。

① **運用評価手続を実施した結果の評価**

　サンプルにおける予想を超えた高い逸脱率は，当初の評価を裏付ける追加の監査証拠が入手されない限り，評価した重要な虚偽表示リスクの程度をより高くすることにつながる可能性がある（同：A21項）。

　運用評価手続においてはサンプルの逸脱率が母集団全体に対する推定逸脱率とみなすことができるので，母集団全体に対する逸脱率について明確に推定する必要はない。

| サンプルの逸脱率＝母集団全体の逸脱率
（例外的事象を除く） |
比較 | 許容逸脱率 |

● **サンプルの逸脱率が許容逸脱率を下回っていると判断する場合**
　暫定的に評価した統制リスクの程度が確かめられたと考える。

● **サンプルの逸脱率が許容逸脱率を下回っているが，これに近似している場合**
　サンプルの逸脱率が許容逸脱率に近づくほど，母集団における実際の逸脱率が許容逸脱率を上回る可能性は高くなる。サンプリングリスクを考慮すれば実際には許容逸脱率を超えている可能性があるので，監査人は慎重に検討する必要があり，追加的な監査証拠を入手することが必要となる場合もある。

- サンプルの逸脱率が許容逸脱率を上回っていると判断する場合

　暫定的評価を裏付ける追加の監査証拠が入手されない限り，統制リスクの程度を当初の想定より高く評価することになり，評価した重要な虚偽表示リスクの程度を当初の想定より高くすることにつながる可能性がある。

② 詳細テストを実施した結果の評価

　サンプルにおける予想を超えた多額の虚偽表示は，重要な虚偽表示がないという追加の監査証拠を入手できない限り，取引種類，勘定残高または注記事項に重要な虚偽表示があると監査人が判断する原因になることがある（同：A21項）。

　実証手続（詳細テスト）においては，推定虚偽表示額と例外的な虚偽表示額の合計が，母集団における虚偽表示に係る最善の見積りとなる。

- 推定虚偽表示額と例外的な虚偽表示額の合計が許容虚偽表示額を下回っていると判断する場合

　当該虚偽表示の金額的重要性はないと考える。

- 推定虚偽表示額と例外的虚偽表示額の合計が許容虚偽表示額を下回っているが，これに近似している場合

　推定虚偽表示額と例外的な虚偽表示額の合計が許容虚偽表示額に近づくほど，母集団における実際の虚偽表示額が許容虚偽表示額を上回る可能性は高くなる。サンプリングリスクを考慮すれば実際には許容虚偽表示額を超えている可能性があるので，監査人は慎重に検討する必要があり，追加的な監査証拠の入手が必要となる場合もある。

- 推定虚偽表示額と例外的な虚偽表示額の合計が許容虚偽表示額を上回っていると判断する場合

　テストされたサンプルは，母集団に関する結論に対して合理的な基礎を提供しない。ただし，推定虚偽表示額が，サンプル数の決定に用いられた予想

虚偽表示額を上回った場合，母集団における実際の虚偽表示額が許容虚偽表示額を上回っているという受け入れられないサンプリングリスクが存在すると結論付けることはある。

　母集団の中の実際の虚偽表示額が許容虚偽表示額を上回っていると判断する場合，実際の虚偽表示額は金額的に重要であり，取引種類，勘定残高または注記事項に重要な虚偽表示があると監査人が判断する原因になることがある。

　母集団の中の実際の虚偽表示額が許容虚偽表示額を上回っているかどうかを評価する際に，他の監査手続の結果を考慮し，追加的な監査証拠の入手が必要な場合がある。その場合，実際の虚偽表示額が許容虚偽表示額を上回っていないという追加の監査証拠を入手できない限り，取引種類，勘定残高または注記事項に重要な虚偽表示があると監査人が判断する原因になることがある。

③ 母集団に関する結論に対して合理的な基礎を得られなかったと判断した場合の対応

　監査サンプリングによって，母集団に関する結論に対して合理的な基礎を得られなかったと判断した場合，例えば監査人は以下のように対応する（同：A23項）。

a．経営者に対して，識別した虚偽表示および他の虚偽表示が存在する可能性について調査を依頼し，すべての必要な修正を要請する。
b．合理的な基礎を得るために必要なリスク対応手続の種類，時期および範囲を見直す。例えば，運用評価手続の場合，監査人は，サンプル数を増やしたり，代替的な内部統制をテストしたり，または関連する実証手続を修正する。

第8章 実施基準と監査基準報告書

Summary

- 連結財務諸表をはじめとするグループ財務諸表の監査にあたっては，グループ財務諸表全体の監査人と，その構成単位の監査人とが適切なコミュニケーションを図ることが必要となる。グループ監査責任者は，構成単位の監査人の業務の信頼性を勘案し，自らの責任においてその業務を利用しなければならない。
- 監査の過程で専門家の業務を利用する場合には，当該専門家の適性，能力および客観性を評価した上で，専門家の業務の適切性を評価し，監査人の責任において専門家の業務を利用しなければならない。
- 内部監査の結果を利用する場合には，内部監査の目的および手続が監査人の監査の目的に適合するかどうか，内部監査の方法および結果が信頼できるかどうかを評価し，監査人の責任において内部監査の結果を利用しなければならない。
- 会計上の見積りは，経営者が恣意的な会計処理を行うリスクがより高いため，リスク評価手続およびリスク対応手続の各段階において，追加的な監査手続を実施する必要がある。
- 被監査会社が利用する IT は，内部統制の構成要素の全てに対して影響を与えるため，監査人は内部統制の評価にあたり IT の影響を考慮する必要がある。
- 監査役等とのコミュニケーションには①双方の連携の促進，②監査役等からの情報入手，③重要な虚偽表示リスクの軽減といった役割が期待されており，必要な項目についてコミュニケーションしなければならない。
- 分析的手続は，①リスク評価手続，②実証手続，③監査の最終段階での全般的な結論の形成のために利用される。実証手続として分析的

> 手続を実施する場合には，その適切性を判断し，使用するデータの信頼性および推定値の精度を評価することが求められる。
> ➢ 監査人は，財務諸表の作成責任の所在や，財務諸表の作成に関する基本的な事項，重要な会計方針，資料の網羅的な提示といった財務諸表監査の前提となる事項や重要な経営者の見解について，経営者から書面をもって確認しなければならない。
> ➢ 監査人は，監査の過程を監査調書に記録し保存しなければならない。監査調書は，経験豊富な監査人が理解可能なように，一定の要件を満たす必要がある。
> ➢ 監査人が監査意見を表明する前には，監査事務所の品質管理の方針および手続に従った適切な意見表明に関する審査を受けなければならない。また，監査事務所は適切な審査が行われていることをモニタリングしなければならない。

(注) 監査の基本的な用語である「重要な虚偽表示」，「重要な虚偽表示リスク」について，監査基準では「重要な虚偽の表示」，「重要な虚偽表示のリスク」と表現されている。他方，監査基準報告書では「重要な虚偽表示」「重要な虚偽表示リスク」と表現されている。本章は主に監査基準報告書の内容を解説していることから，監査基準の引用以外は，「重要な虚偽表示」，「重要な虚偽表示リスク」を用いて解説する。

I　グループ監査

1　総　論

　わが国では，戦後処理における財閥の解体および独占禁止法の下での純粋持株会社の設立禁止により，企業集団としての活動に一定の制限が行われてきた。このような事情を反映し，わが国における企業内容の開示制度は，長らく単体決算中心であった。しかしながら企業活動の拡大や複雑化に対応するため，事業持株会社のもとであっても子会社や関連会社を用いた事業展開が活発になってきたことや，1997（平成9）年の独占禁止法改正によって純粋持株会社設立が解禁されたこと等を背景として，2000（平成12）年3月期より企業集団全体の財政状態等を示すため連結決算中心の開示に制度改正が行われた。その後，2014（平成26）年3月期には単体開示の簡素化が行われ，連結財務諸表の重要

性はますます高まってきている。

　今や財務報告制度の中心に位置づけられる連結財務諸表であるが，その監査を行う際には，連結財務諸表の監査を行う監査チームと，連結財務諸表を構成する個別財務諸表の監査を行う監査チームとが別の監査事務所に所属していることも珍しくない。このような場合，連結財務諸表の監査を行う監査チームは，個別財務諸表の監査結果を他の監査人の監査結果として利用することになる。『監査基準』第三　実施基準　四　他の監査人等の利用1には，次のように記載されている。

> 1　監査人は，他の監査人によって行われた監査の結果を利用する場合には，当該他の監査人によって監査された財務諸表等の重要性，及び他の監査人の品質管理の状況等に基づく信頼性の程度を勘案して，他の監査人の実施した監査の結果を利用する程度及び方法を決定しなければならない。

　当該監査基準の具体的な要求事項が，監基報600「グループ監査における特別な考慮事項」において実務上の指針として示されている。監基報600は，主に①連結財務諸表の監査チームである「グループ監査人」，②企業集団を構成する個々の企業等（構成単位）の監査チームである「構成単位の監査人」とのコミュニケーションの方法等について定めた実務指針である。

　なお，連結財務諸表の監査において，監基報600は適用すべき実務指針である。しかし，監基報600は連結財務諸表の監査に限らず，複数の構成単位からなるグループが作成する財務諸表に対する監査一般に対して適用される。例えば個別財務諸表が本店，支店のそれぞれで財務情報を作成している場合や，単一の構成単位から作成される財務諸表であっても他の監査人の関与がある場合には適用されることがある。

2　グループ監査の実施体制

　グループ財務諸表の監査チームであるグループ監査人と，連結財務諸表を構成する連結子会社等の監査人である構成単位の監査人は，相互にコミュニケーションをとりながらグループ監査を進めていく必要がある。このコミュニケーションは，主としてグループ監査人が構成単位の監査人に対して作業指示を行

〔図表8-1〕グループ監査人と構成単位の監査人

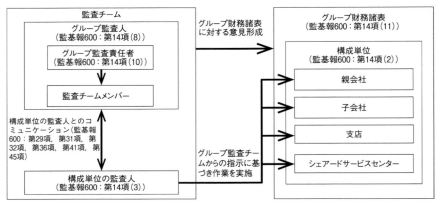

(出所) 監基報600に基づき作成

い、構成単位の監査人が作業の結果をグループ監査人に報告するというものになる。このようなグループ監査におけるグループ監査人と、構成単位の監査人およびグループ財務諸表との関係を図示すると図表8-1のとおりとなる。

なお、主な用語の定義を図表8-2に記載した。前述の連結財務諸表監査の例であれば、「グループ財務諸表」を「連結財務諸表」に、「構成単位」を「連結子会社または関連会社」と読み替えることで理解が容易になるが、「構成単位」は企業単位には限らず、事業単位や機能もしくは事業活動またはこれらの組み合わせによって決定されることがある点に留意する必要がある。

〔図表8-2〕グループ監査に関連する主な用語

用　語	定　義
グループ監査責任者（監基報600：第14項(10))	グループ監査に責任を負う、監基報220第12項(1)に定める監査責任者。
グループ監査人（監基報600：第14項(8))	グループ監査責任者及び監査チームのメンバー（構成単位の監査人を除く。）をいう。グループ監査人は以下の責任を負う。 ① グループ監査の基本的な方針の策定及び詳細なグループ監査計画の作成

	② 構成単位の監査人への指揮，監督及びその作業の査閲 ③ グループ財務諸表に対する意見形成のための基礎として入手した監査証拠から導かれた結論についての評価
グループ財務諸表 （監基報600：第14項(1)）	複数の企業または事業単位の財務情報を含む，以下の連結プロセスを通じて作成された財務諸表をいう。 ① 連結または持分法による会計処理 ② 親会社を有しないが共通の支配下にある，または共通の経営者の下にある企業または事業単位の財務情報に係る結合財務諸表の表示 ③ 企業または事業単位（例えば，支店または部門）に関する財務情報の集計
構成単位（監基報600：第14項(2)）	グループ監査における監査手続の計画及び実施を目的として，グループ監査人により決定される企業，事業単位，機能もしくは事業活動またはそれらの組合せ。
構成単位の監査人 （監基報600：第14項(3)）	グループ監査の目的で構成単位に関連する監査の作業を実施する監査人。構成単位の監査人は，グループ監査における監査チームの一員である。

（出所）　監基報600に基づき作成

　グループ財務諸表に対する監査意見に責任を持つのはグループ監査責任者であり，構成単位に対する作業は構成単位の監査人が実施する。構成単位の監査人が重要な構成単位に対して実施する作業は，構成単位の財務諸表に対して監査意見を表明することを目的とした監査（例えば会社法に基づく監査）であることもあれば，構成単位の監査人は監査意見の表明は行わずにグループ監査人から指示された作業（一般にリファードワークやリファーラル業務とよばれる業務）を実施するだけのこともある。

　構成単位に対して作業を実施するのは構成単位の監査人であっても，あくまでグループ財務諸表に対する監査意見に責任を持つのはグループ監査責任者である。そのためグループ監査責任者は，法令により義務付けられていない限りグループ財務諸表に対する監査報告書において，構成単位の監査人の利用に関して言及してはならない（監基報600：第53項）。

　グループ監査責任者は，グループ財務諸表に対する監査契約の締結および更新に関する責任も有している。グループ監査責任者は，監基報220「監査業務

における品質管理」の適用にあたり，グループ財務諸表の意見を形成するための基礎となる十分かつ適切な監査証拠を入手することを合理的に見込めるかどうかを判断しなければならない（監基報600：第17項）。

この点，グループ監査人はグループ財務諸表の作成に関連するすべての情報や人にアクセスできることをグループ経営者と合意する必要がある（監基報600：第19項）が，グループ経営者の管理が及ばないため，監査チームに対して情報や人への制限のないアクセスを提供できない場合には，グループ監査への影響を評価しなければならない（監基報600：第20項）。さらに，グループ経営者によって課される情報または人へのアクセスに関する制限により，グループ監査人が十分かつ適切な監査証拠を入手できず，かつ，それによって見込まれる影響が，グループ財務諸表に対する意見を表明しないことにつながると判断した場合，グループ監査責任者は，監査契約の新規の締結または更新を行ってはならない（監基報600：第21項(1)）。もし法令等により監査契約の辞退や解除が不可能な場合は，可能な範囲で監査を実施した上でグループ財務諸表に関する意見を表明しないこととなる（監基報600：第21項(2)）。

3　グループ監査の基本的な方針および詳細な監査計画

グループ監査人は，監基報300「監査計画」に従って，グループ監査の基本的な方針およびその詳細な監査計画を策定し，また必要に応じて見直さなければならない（監基報600：第22項）。グループ財務諸表の監査計画の策定にあたっては，監査の作業を実施する構成単位（監基報600：第22項(1)）の他，構成単位の監査人の関与の内容，時期および範囲を含むグループ監査の実施に必要な資源（監基報600：第22項(2)）を決定しなければならない。

グループ監査に構成単位の監査人が関与する場合には，グループ監査人が構成単位の監査人の作業に十分かつ適切に関与できるかどうかを評価する（監基報600：第23項）他，以下の事項を実施する必要がある。

(1) 適用される職業倫理に関する規定を構成単位の監査人に認識させ，構成単位の監査人が当該規程を理解および遵守していることを確認すること
(2) 構成単位の監査人が監査手続を実施するための資源（十分な時間，適性およ

(3) 特別な検討を必要とするリスク等を考慮して，構成単位の監査人への指揮，監督等に対する責任を負うこと
(4) グループ監査人と構成単位の監査人のそれぞれの責任と，グループ監査人の構成単位の監査人への期待に関するコミュニケーションを行うこと

　構成単位の監査人の適性および能力に関する判断は，グループ監査人と構成単位の監査人が同一の東京事務所やネットワーク・ファームに所属している場合は，東京事務所やネットワーク・ファームによる品質管理の監視の結果を評価することで可能となることもある。また，このような手段による評価ができない場合は，構成単位の監査人との討議や，書面による質問等により判断する（監基報600：A65項）。その結果，前記(1)と(2)に関して重大な懸念がある場合，グループ監査人は，当該構成単位の監査人に作業の実施を依頼せずに，当該構成単位の財務情報に関する十分かつ適切な監査証拠を入手しなければならない（監基報600：第27項）。

4　グループおよびグループ環境，適用される財務報告の枠組み並びにグループの内部統制システムの理解

　グループ監査においても当然に監基報315が適用されることから，グループ監査人は以下の事項を理解する責任を負う（監基報600：第30項）。

(1) グループおよびグループ環境（組織構造，ビジネスモデル，規制，業績評価の指標等）
(2) 適用される財務報告の枠組みおよびグループ全体における会計方針と実務との一貫性
(3) グループの内部統制システム（内部統制の共通化，集約化の状況，連結プロセス，情報伝達の方法等）

　グループ監査に構成単位の監査人が関与する場合には，構成単位の監査人が実施するグループ監査目的でのリスク評価手続の立案・実施に係ることや関連当事者に関すること，継続企業の前提に関すること，重要な虚偽表示を示唆する状況について適時に構成単位の監査人とコミュニケーションを行う必要があ

るとともに，これらの事項に関する気づき事項等があれば構成単位の監査人から適時にコミュニケーションをとるよう要請する必要がある（監基報600：第31～32項）。

5　重要な虚偽表示リスクの識別と評価

監基報315に沿って重要な虚偽表示リスクの識別と評価を行うにあたって，グループ監査人は，監基報第30項により得られた理解に基づき，連結プロセスを含むグループ財務諸表の重要な虚偽表示リスクの識別と評価に責任を負わなければならない（監基報600：第33項）。

このとき，グループ監査人は，グループ監査人および構成単位の監査人によって実施されたリスク評価手続から得られた監査証拠が，グループ財務諸表の重要な虚偽表示リスクの識別および評価のための適切な基礎を提供しているかどうかを評価しなければならない（監基報600：第34項）。

6　重要性

監査人は，監査の基本的な方針を策定する際に重要性の基準値を決定し（監基報320：第9項），手続実施上の重要性を決定する（監基報320：第10項）とともに，識別した虚偽表示を集計するにあたって「明らかに僅少」な虚偽表示と取り扱う金額を決定する（監基報450：第4項）。グループ監査においては，手続実施上の重要性および「明らかに僅少」な金額の基準値に関し，構成単位の存在により特別な考慮が必要となる。

グループ監査人は，グループ財務諸表の取引種類，勘定残高または注記事項が構成単位ごとに細分化されている場合，監査手続を計画および実施するために，以下の事項を決定しなければならない（監基報600：第35項）。

> (1) 構成単位の手続実施上の重要性
> (2) 構成単位の財務情報において識別された虚偽表示についてグループ監査人とコミュニケーションを行う金額の基準値

これら金額はいずれもグループ・レベルの金額よりも低く設定することが求められている。

構成単位の手続実施上の重要性は，単純で機械的な計算により決定されるものではなく，その決定には職業的専門家としての判断を伴うものである（監基報600：A118項）。個々の構成単位の手続実施上の重要性の合計は，グループ・レベルの手続実施上の重要性と一致する必要はなく，それを超える場合もある（監基報600：A116項）。

また，グループ監査人は，上記(1)および(2)の金額について構成単位の監査人とコミュニケーションを行わなければならない（監基報600：第35項）。

7 評価した重要な虚偽表示リスクへの対応

グループ監査人は，監基報330「評価したリスクに対応する監査人の手続」の適用に当たり，実施するリスク対応手続の種類，時期および範囲に責任を負う。これには，リスク対応手続を実施する構成単位およびその構成単位で実施する作業の種類，時期および範囲の決定も含まれる（監基報600：第37項）。

リスク対応手続の立案および実施にあたり，例えばシェアード・サービス・センターのような会計記録が集約的に処理・保管されるような拠点がある場合には，当該監査手続を集約的に実施することがある（監基報600：A124項）。また，例えば同じ商品を取り扱う販売会社を複数子会社に有している場合のように，複数の構成単位の取引が同質であると考えられる場合，これらの構成単位の財務情報を1つの母集団と考えることができる場合もある（監基報600：A125項）。

また，グループ監査にあたっては，個々の取引に係る会計処理のみならず，連結プロセスにおける会計処理に対する監査手続も必要となる。ここで，監基報600における連結プロセスという用語は，グループ財務諸表を作成するために用いられるプロセス一般を指しており，必ずしも「連結財務諸表」の作成手続に限られるものではない点に留意が必要である（監基報600：A27項）。

連結プロセスの詳細は，グループの構造やシステムに依存するためグループごとに異なるものであるが，グループ内取引および残高の消去や，各企業等の決算日等の相違の調整手続が含まれる（監基報600：A28項）。

（1） 連結プロセス

　前述の通り，グループ監査にあたっては連結プロセスに係る監査手続が必要となる。ここで，グループ監査人は，連結プロセスから生じるグループ財務諸表の重要な虚偽表示リスクに対応するためのリスク対応手続を立案し実施する責任を負う。連結プロセスに係るリスク対応手続には，以下のものが含まれることになる（監基報600：第38項）。

> ⑴　全ての企業及び事業単位がグループ財務諸表に含まれているかどうかを評価すること。
> ⑵　連結のための修正及び組替の適切性，網羅性及び正確性を評価すること
> ⑶　連結プロセスにおける経営者の判断が，経営者の偏向が存在する兆候を示していないかどうかを評価すること。
> ⑷　連結プロセスから生じる不正による重要な虚偽表示リスクに対応すること。

　この他，グループ監査人は，企業または事業単位が適用する会計方針が統一されていない場合，同一の会計方針に従って作成されていない場合，適切な修正が行われているかどうかの評価（監基報600：第39項）や，グループ財務諸表と報告期間の末日が異なる企業または事業単位についての適切な修正が行われたかどうかの評価を行う（監基報600：第40項）。

（2）　構成単位の監査人が関与する場合の考慮事項

　リスク対応手続の立案または実施に構成単位の監査人を関与させる場合，グループ監査人は，グループ監査人または構成単位の監査人がグループ財務諸表の重要な虚偽表示リスクへの対応の立案に関連すると判断した事項について，構成単位の監査人とコミュニケーションを行わなければならない（監基報600：第41項）。

　グループ財務諸表における重要な虚偽表示リスクが高いと評価された領域または特別な検討を必要とするリスクについて，実施するリスク対応手続を構成単位の監査人が決定している場合，グループ監査人は，そのリスク対応手続の立案および実施の適切性を評価しなければならない（監基報600：第42項）。これには，構成単位の監査人が専門家の業務を利用する場合に，その業務の内容，

範囲，目的とその業務の適切性についての構成単位の監査人との討議を行うことが含まれる（監基報600：A142項）。

構成単位の監査人が連結プロセス（サブグループの連結プロセスを含む）に関してリスク対応手続を行う場合，グループ監査人は，構成単位の監査人への指揮，監督およびその作業の査閲の内容および範囲を決定しなければならない（監基報600：第43項）。グループ監査人の関与の程度については，構成単位の監査人に関するグループ監査人の過去の経験や，企業グループ全体の会計方針の統一の状況等の諸状況を勘案して決定される（監基報600：A143項）。

また，グループ監査人は，構成単位の監査人とのコミュニケーションにおいて識別された財務情報（監基報600：第45項(1)）がグループ財務諸表に組み込まれている財務情報であるかどうかを判断しなければならない（監基報600：第44項）。

8 構成単位の監査人とのコミュニケーションおよびその作業の妥当性の評価

グループ監査人は，構成単位の監査人に対して，グループ監査に関するグループ監査人の結論に関連する以下の事項について，コミュニケーションを行うよう要請する（監基報600：第45項）。

(1) 構成単位の監査人が監査手続の実施を依頼された財務情報の特定
(2) 構成単位の監査人がグループ監査人に依頼された作業を実施したかどうか。
(3) 構成単位の監査人が，グループ監査業務に適用される独立性を含む職業倫理に関する規定を遵守したかどうか。
(4) 違法行為に関する情報
(5) 構成単位の監査人によって識別された構成単位の財務情報の修正済み及び未修正の虚偽表示で，「明らかに僅少」となる金額を上回るもの
(6) 経営者の偏向が存在する兆候
(7) 内部統制システムの不備に関する説明
(8) 以下の不正又は不正の疑い
 ● 構成単位の経営者によるもの
 ● 構成単位においてグループの内部統制システムに重要な役割を果たしている

　　　　従業員によるもの
　●不正が構成単位の財務情報の重要な虚偽表示となる場合には，上記以外の者によるもの
(9)　構成単位の監査人が，構成単位の経営者又は構成単位のガバナンスに責任を有する者に報告した，又は報告を予定しているその他の重要な事項
(10)　グループ監査に関連する，又は構成単位の監査人がグループ監査人の注意を喚起することが適切であると判断するその他の事項
(11)　構成単位の監査人の発見事項又は結論

　グループ監査人は，上記のコミュニケーションによって識別した重要な事項について，構成単位の監査人，構成単位の経営者またはグループ経営者と適宜協議するほか，当該コミュニケーションが十分であったかどうかを評価する（監基報600：第46項）。この上で，グループ監査人は，構成単位の監査人が実施する作業の種類，時期および能力や構成単位の監査人の適性および能力等を勘案し，追加的に構成単位の監査人の監査調書を査閲する必要があるかどうかを判断することとなる（監基報600：第47項）。

　これらの手続等によりグループ監査人が，構成単位の監査人の作業が十分ではないと結論付けた場合，追加すべき監査手続と，当該手続を構成単位の監査人またはグループ監査人のいずれが実施するかを決定する必要がある（監基報600：第48項）。

9　後発事象

　グループ監査人は，監基報560「後発事象」を適用にあたり，必要に応じて構成単位の監査人に手続の実施を依頼することを含め，グループ財務諸表における修正または開示が要求される可能性のある事象を識別するために立案された手続を実施する責任を負わなければならない（監基報600：第49項）。

　また，グループ監査人は，構成単位の監査人に，グループ財務諸表上で修正または開示することが要求される可能性のある後発事象に気づいたときにはグループ監査チームへ通知するように依頼しなければならない（監基報600：第50項）。

10 入手した監査証拠の十分性および適切性の評価

グループ監査人は，実施した監査手続（構成単位の監査人が実施した作業を含む）から，グループ財務諸表についての意見表明の基礎を得るために十分かつ適切な監査証拠が入手されたかどうかを評価しなければならない（監基報600：第51項）。

グループ監査責任者は，未修正の虚偽表示，および十分かつ適切な監査証拠を入手することができなかった状況が，グループ財務諸表の監査意見に与える影響を評価しなければならない（監基報600：第52項）。

11 グループ経営者およびグループ・ガバナンスに責任を有する者とのコミュニケーション

グループ監査チームはグループ財務諸表の作成責任を負うグループ経営者およびグループ・ガバナンスに責任を有する者とコミュニケーションを行うことが求められている。グループ経営者に対するコミュニケーションと，グループ・ガバナンスに責任を有する者に対するコミュニケーションとでは，その目的および内容が異なる。そのため，以下ではこれらを分けて説明する。

（1） グループ経営者とのコミュニケーション

グループ監査人は，計画した監査の範囲とその実施時期の概要について，グループ経営者とコミュニケーションを行わなければならない（監基報600：第54項）。

グループ監査人は，不正を識別した場合，構成単位の監査人から不正について報告された場合，または不正が存在する可能性があることを示す情報を入手した場合，不正の防止および発見に対する責任を有する者に知らせるため，適切な階層のグループ経営者に適時にこれらの事項を報告しなければならない（監基報600：第55項）。

構成単位の監査人が構成単位の財務諸表に対して監査意見を表明する場合，構成単位の財務諸表に重要な影響を及ぼす可能性がある事項で構成単位の経営者が把握していない事項にグループ監査人が気づいた場合，グループ監査人は，

当該事項を構成単位の経営者に伝達するようにグループ経営者に依頼しなければならない。

　グループ経営者が構成単位の経営者に伝達することを拒否した場合には，グループ監査人は，グループ・ガバナンスに責任を有する者と協議しなければならない。これらによっても解決しない場合には，グループ監査人は，法律上および職業専門家としての守秘義務に従った上で，構成単位の監査人に対して，当該事項が解決するまでは構成単位の財務諸表に対する監査報告書を発行しないように助言するかどうかを考慮しなければならない（監基報600：第56項）。

（2） グループ・ガバナンスに責任を有する者とのコミュニケーション

　グループ監査人は，監基報260「監査役等とのコミュニケーション」の要求事項に加えて，次の事項についてグループ・ガバナンスに責任を有する者とコミュニケーションを行わなければならない（監基報600：第57項）。

---

(1) 構成単位において実施する作業等についてグループ監査人が予定している関与の内容の概要
(2) 構成単位の監査人の作業を査閲したことによって判明した作業の品質に関する懸念事項とその対処方法
(3) グループ監査の範囲に関する制約
(4) 以下の不正又は不正の疑い
　● グループ経営者または構成単位の経営者による不正又は不正の疑い
　● グループの内部統制システムに重要な役割を担っている従業員による不正又は不正の疑い
　● 不正がグループ財務諸表の重要な虚偽表示となる場合における上記以外の者による不正又は不正の疑い

（3） 識別された内部統制の不備に関するコミュニケーション

　グループ監査人は，監基報265「内部統制の不備に関するコミュニケーション」に従い，識別されたグループの内部統制システムの不備をグループ・ガバナンスに責任を有する者またはグループ経営者に報告する必要があるかどうか

を判断しなければならない。この判断に当たり、グループ監査人は、構成単位の監査人から知らされた内部統制の不備を考慮しなければならない（監基報600：第58項）。

II 専門家の業務の利用

1 専門家の業務の利用の意義

　企業活動は常に進歩し複雑さを増していくとともに、会計基準も年々複雑化しさらに将来の見積りを多分に含んだものになってきている。このような監査人を取り巻く環境変化により、監査人が会計上・監査上の判断を行うにあたって公認会計士としての専門領域外の知識を必要とされる場面も増えてきている。例えば、退職給付会計における退職給付債務の金額、金融商品会計における複雑な金融商品の公正価値、土地建物の評価額などは必ずしも公認会計士がその見積りを実施することを想定しているものではない。このように会計または監査以外の領域における技能、知識、経験を必要とされる場合、監査人は適切な専門家の業務を利用しつつ業務を行うこととなる。

　監査人が専門家を利用するのは、実証手続によって入手した監査証拠の十分性と適切性を評価する場面に限られず、企業および企業環境の理解からリスク評価、リスク対応手続の立案の場面まで広範に及ぶ。

　なお、ここで取り扱う「専門家の業務の利用」とは、監査人が会計または監査以外の専門分野における個人または組織の業務を利用することであり、次のような場合は含まない（下線は筆者による）。

- 監査チームが<u>会計又は監査の特殊な領域で</u>専門知識を有するメンバーを含む場合や同領域で専門知識を有する個人若しくは組織に専門的見解の問合せを実施する場合（監基報620：第2項(1)）
- <u>経営者の利用する専門家の業務を</u>監査人が利用する場合（監基報620：第2項(2)）

　監査チームを取り巻く専門家を**図表8-3**に示している。それぞれその知見

〔図表 8-3〕監査チームを取り巻く専門家

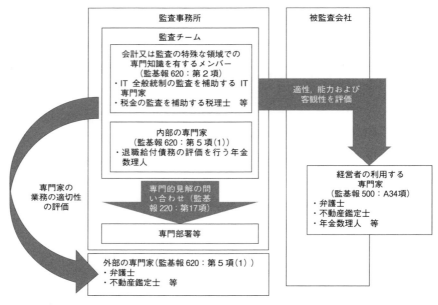

(出所) 監基報220,500,620に基づき作成

を利用するにあたっての要求事項は異なるので，留意する必要がある。

2 専門家の業務を利用する場合の監査人の責任

監査人は専門家の業務を利用したとしても，監査意見に対する責任は軽減されず，監査人は監査意見に対して単独で責任を負う必要がある（監基報620：第3項）。『監査基準』第三 実施基準 四 他の監査人等の利用 2 には，次のように記載されており，専門家の業務の利用にあたっては，専門家としての能力および業務の客観性を評価することを求めている。

> 2 監査人は，専門家の業務を利用する場合には，専門家としての能力及びその業務の客観性を評価し，その業務の結果が監査証拠として十分かつ適切であるかどうかを検討しなければならない。

監査人は上記の手続を実施し当該専門家の業務が監査人の目的に照らして適

切であると結論づけた場合に，当該専門家による当該専門分野での指摘事項または結論を適切な監査証拠として受け入れることができる。しかし，無限定意見の監査報告書において，専門家の業務を利用したことを記載してはならない。これは，あくまでも監査人は監査意見に対して単独で責任を負うためである（『監査基準』第三 実施基準 四 他の監査人等の利用2）。

しかし，限定事項付意見の理由を説明するために専門家の業務を利用している旨を記載することが適切であると判断した場合には，監査報告書上でその旨の記載をすることがある。例えば，重要性のある資産の時価評価にあたって，専門家の業務が監査人の目的に対して適切であると結論づけた場合の専門家の評価額が，経営者の主張する時価とは大きく乖離しており監査人が意見を限定する必要があると判断した場合などが考えられる。

この場合には，必要に応じて当該専門家の同意を得るとともに，専門家の業務を利用したことで監査意見に関する監査人の責任は軽減されない旨を監査報告書に記載する必要がある（監基報620：第14項）。

3　専門家の業務を利用するための監査手続

監査人は，十分かつ適切な監査証拠を入手するにあたって，会計または監査以外の分野の専門知識が必要な場合，専門家の業務を利用するかどうかを判断しなければならない（監基報620：第6項）。

専門家の業務を利用するという判断を行った場合は，次の各項の手続を実施する必要がある（監基報620：第8～11項）。

- 専門家の適性，能力および客観性を評価する（第8項）
- 専門家の専門分野を理解する（第9項）
- 専門家と合意する（第10項）
- 専門家の業務の適切性を評価する（第11項）

以下，各項目について説明する。

4　専門家の適性，能力および客観性の評価（第8項，A14～15項）

専門家の業務を利用するという判断を行った場合，まず，利用する専門家が

適性，能力および客観性を備えているかどうかを評価しなければならない（監基報620：第8項）。

専門家は，監査人自身が求められるような**独立性を保持していることまでは求められない**ものの，業務にあたって客観性を保っていることについて十分な心証を得る必要がある。

専門家の適性，能力および客観性の検討を行うにあたり，監査人は専門家の過去の実績の調査や専門家との討議，専門家の有する資格，業界団体への加入状況，業務実施基準の遵守状況等を検討する（監基報620：A15項）。専門家によっては隣接する専門分野ではあるものの，監査人が利用しようとする専門分野そのものの知識に関しては限定的である場合や，適合していないこともあるので留意する必要がある。例えば損害保険を専門とする保険数理人は，年金数理計算に関して限られた知識しかもち合わせていないことがあり，このような場合，監査人が退職給付債務に関して利用する専門家としては適合していない可能性がある。

5　専門家の専門分野の理解（第9項，A21～22項）

監査人は専門家の業務の内容，範囲および目的を決定し，専門家の業務の適切性を評価するために専門家の専門分野を十分に理解する必要がある（監基報620：第9項）。理解すべき内容としては，監査人が専門家を利用しようとしている事項への適合性や，職業的専門家としての基準および法令等が適用される業務かどうか，どのような仮定やモデルが利用されているかといった事項が含まれる（監基報620：A21～22項）。

6　専門家との合意（第10項，A23～31項）

監査人は次の事項について専門家と合意する必要がある。特に(4)の守秘義務に関しては，専門家も監査人と同等の守秘義務を負うことが必要である点に留意する（監基報620：第10項）。

(1) 専門家の業務の内容，範囲および目的
(2) 監査人および専門家のそれぞれの役割と責任

(3) 専門家が提出する報告書の様式を含め，監査人と専門家との間のコミュニケーションの内容，時期および範囲
(4) 専門家が守秘義務を遵守する必要性

7　専門家の業務の適切性に係る評価（第11～12項，A32～40項）

　監査人は，実施された専門家の業務が，監査人の目的に照らして適切か否かを評価しなければならない（監基報620：第11項）。その理由は，専門家が必要な適性，能力および客観性を有していると判断でき，その業務の内容を理解しており，かつ業務内容等について合意ができていたとしても，専門家の業務の結果を監査人が鵜呑みにすることは許されないからである。

　専門家の業務の適切性の評価にあたっては，少なくとも次の事項の検討を行う（監基報620：A32～39項）。

(1) 専門家の指摘事項または結論の適合性や合理性，および他の監査証拠との整合性（監基報620：A33～34項）
(2) 専門家の利用した重要な仮定の適合性と合理性（監基報620：A35～37項）
(3) 専門家の利用した重要な基礎データの目的適合性，網羅性および正確性（監基報620：A38～39項）

　監査人は，専門家の業務が監査人の目的に照らして適切ではないと判断した場合，専門家に追加業務を依頼するか，監査人自らが追加的な監査手続を実施するかを決定しなければならない。このような手続によってもなお問題事項を解消できなかった場合，十分かつ適切な監査証拠を入手できなかったことになるため，監査人は限定付意見の表明もしくは意見不表明とすることを検討する（監基報620：第12項，A40項）。

●────Ⅲ　内部監査人の作業の利用

1　内部監査機能および内部監査人

　内部監査機能とは，企業のガバナンス・プロセス，リスク管理および内部統

制の有効性を評価・改善するために，保証・助言活動を行う企業内部の機能をいう。内部監査機能の活動に従事する者を内部監査人という（監基報610：第10項）。

　内部監査は，経営者の経営管理目的に資するために経営者直属の内部監査部門により実施されるものであり，その目的や監査の手法はさまざまである。しかしながら，内部監査は経営者の整備・運用する内部統制の一部であり財務諸表監査に関連する可能性があるため，会計監査人は内部監査を利用できる可能性がある。『監査基準』第三　実施基準　四　他の監査人等の利用3では次のように規定されている。

> 3　監査人は，企業の内部監査の目的及び手続が監査人の監査の目的に適合するかどうか，内部監査の方法及び結果が信頼できるかどうかを評価した上で，内部監査の結果を利用できると判断した場合には，財務諸表の項目に与える影響等を勘案して，その利用の程度を決定しなければならない。

　また，監査人は内部監査人の作業の利用の可否にかかわらず，被監査会社が内部監査機能を有している場合には，その組織上の位置づけおよび内部監査によって実施された，または実施される業務を理解する必要がある。

> **マメ知識8-1　内部監査部門の組織上の位置づけ**
> 　内部監査部門の組織上の位置づけは，経営者直轄組織として他の部門から独立しているか，監査役（会）や監査委員会等への報告ラインや直接の質問の機会を持っているかといったことを勘案して判断する。

2　内部監査の目的と監査人の目的（財務諸表監査）との適合性の評価

　経営者が設定する内部監査の目的および範囲には，一般的に，ガバナンス・プロセス，リスク管理および内部統制の有効性の評価・改善のための保証・助言活動が含まれ，必ずしも財務報告目的には限られない（監基報610：A1項）。そのため，企業が内部監査機能を有していたとしてもその責任および活動が

監査人が実施する財務諸表監査に関連しないこともあり，このような場合には，内部監査人の作業を利用することはできない（監基報610：第3項(1)）。なお，内部監査機能の責任および範囲が財務諸表監査に関連している場合でも，監査人は内部監査人の作業を利用しなければならないわけではなく，たとえば監査の効率性の観点から内部監査人の作業を利用しないと決定することもある（監基報610：第3項(2)）。

　上記の検討を行った結果，内部監査の目的が監査人の目的と一致する部分があったとしても，実際に内部監査人の特定の作業を利用する際には，次のように当該作業の信頼性を評価する手続が必要である（監基報610：第11項）。

> 11. 監査人は，以下の事項を評価した上で，内部監査人の作業が監査の目的に照らして利用できるかどうかを判断しなければならない。
>   (1) 内部監査機能の組織上の位置付け並びに関連する方針及び手続により確保されている，内部監査人の客観性の程度
>   (2) 内部監査機能の能力の水準
>   (3) 内部監査機能が，品質管理を含め，専門職としての規律ある姿勢と体系的な手法を適用しているかどうか。

　上記の検討の結果，内部監査人の客観性や内部監査機能の能力，規律，採用する手法が必ずしも十分なものでない場合，監査人は内部監査人の作業を利用してはならない（監基報610：第12項）。このほか，監査証拠の評価に高度な判断が求められる場合や，特別な検討を必要とするリスクなどのアサーション・レベルの重要な虚偽表示リスクが高い場合においては，監査人は内部監査人の作業を利用する範囲を縮小し，自ら作業を実施する範囲を拡大する（監基報610：第14項）。

　内部監査人の客観性を評価するにあたって，内部監査部門は経営者等の指示に従って業務を行う組織であるため，監査人と同等の独立性は有していない点に留意する必要がある（監基報610：第8項）。特に内部監査部門が，監査役等のガバナンスに責任を有する者に対する直接の報告ラインを有していないような場合には，内部監査人の作業の利用に際しては相当程度慎重に対応する必要がある。

なお，わが国においては米国の統合監査におけるダイレクト・アシスタンス（内部監査機能等による監査手続の直接支援）は想定されておらず，会社法第396条第5項においても会計監査人が被監査会社の従業員を使用して監査を行うことを禁じている点に留意する必要がある（監基報610：第2項）。

3 内部監査人の作業の利用と監査人の責任

内部監査人の作業を利用しうると監査人が判断し，利用を計画している場合，以下の手続を実施した上で利用する。

- ✓ 内部監査人との協議（監基報610：第17項）
- ✓ 内部監査人の作業に関連する報告書の通読（監基報610：第18項）
- ✓ 内部監査人の作業が監査の目的に照らして適切であるかどうかの評価（監基報610：第19項）
- ✓ 内部監査人の実施した作業に対する監査手続（監基報610：第20項）

ただし監査人は表明した監査意見に単独で責任を負うものであり，その責任は内部監査を利用したとしても軽減されない点に留意する必要がある（監基報610：第8項）。換言すれば，内部監査の結果が誤っていた場合には，監査人は誤った内部監査結果を利用したことに関する責任を負うことになる。

Ⅳ 会計上の見積りの監査

1 会計上の見積りの性質

わが国において一般に「会計ビッグ・バン」とよばれる一連の会計制度の改革によって，連結会計，退職給付会計，金融商品会計，税効果会計，減損会計，継続企業の前提に関する開示，企業結合会計等の一連の会計基準の整備がすすめられた。その結果，「会計ビッグ・バン」の時代以前と比較して，財務諸表を作成する際に経営者が見積りを行う場面が飛躍的に増加することとなり，財務諸表においてこれらの見積りが適切に行われているか否かが，監査人が財務諸表の適正性を判断するにあたっての重要な要素となることが多くなってきている。

会計上の見積りには，①将来の結果を予測（将来の貸倒れや，棚卸資産の売却見込み等）することにより測定されるものと，②測定時点における状況に基づいた現在の項目の価値として表されるもの（金融商品や固定資産の価値等）とがあり，公正価値に関する見積りの多くは後者に含まれる。会計上の見積りが必要となる項目のうち，代表的なものとして**図表8-4**の事項が挙げられる（監基報540：A1項）。

〔図表8-4〕会計上の見積りが必要となる項目の例

✓ 滞留または処分見込等の棚卸資産 ✓ 固定資産の減価償却 ✓ インフラ資産の評価 ✓ 金融商品の評価 ✓ 係争中の訴訟の結果 ✓ 貸倒引当金 ✓ 保険契約負債の評価 ✓ 製品保証引当金 ✓ 従業員の退職給付債務	✓ 株式に基づく報酬 ✓ のれんおよび無形資産を含む，企業結合により取得した資産または負債の公正価値 ✓ 固定資産の減損 ✓ 独立した事業当事者間で行われる金銭的対価を伴わない資産または負債の交換取引 ✓ 長期契約に関する収益認識

（出所）　監基報540に基づき作成

このように会計上の見積りが財務諸表の作成にあたって重要な役割を果たしているという状況を反映し，『監査基準』第三　実施基準　三「監査の実施」5は，監査人に対して，次のように，会計上の見積りの合理性を判断するための十分かつ適切な監査証拠の入手を求めている。

> 5　監査人は，会計上の見積りの合理性を判断するために，経営者が行った見積りの方法の評価，その見積りと監査人の行った見積りや実績との比較等により，十分かつ適切な監査証拠を入手しなければならない。

これは，経営者が行った会計上の見積りについて，それが将来の予測であることや，市場価格等の外部データを入手できないことなどを理由として監査人は判断を避けることなく，その会計上の見積りの合理性を判断することが求められていることを示している。しかし，会計上の見積りは正確に測定することができない事象に対して行われるため，当然のことながら会計数値も一意に定まるものではないことが多い。また，期末時点における見積り額と確定額とは

財務諸表に虚偽表示がなくとも乖離することも多く，さらに当該乖離が判明するのは，多くの場合，監査報告書の提出後である。

　このような会計上の見積りの性質は，経営者にとっては会計上の見積りを恣意的に行うことによる利益操作を行う誘因と手段を提供することになるとともに，監査人にとっては監査を失敗するリスクを増大させる要因となる。そのため，監査人は会計上の見積りに対してより深度ある監査を実施することが求められるのである。

　会計上の見積りおよび関連する開示が，正確に測定することができないという性質に影響される程度を「見積りの不確実性」といい（監基報540：第11項(3)），監査人は見積りの不確実性がもたらす重要な虚偽表示リスクを適切に判断し，当該リスクに対応した監査手続を実施しなければならない。

　見積りの不確実性は，財務諸表において認識または注記が要求される金額を，直接的な観察によって測定できない場合に生じる。この場合，関連する評価属性についての観察可能なデータを使用し，利用可能な知識を反映することで金額を見積ることとなる。しかしながら，使用する知識またはデータの制約によって，測定プロセスにおけるインプットの検証可能性に限界が生じ，そのため測定結果の正確性にも限界を生じる場合がある。このような限界に起因する測定の正確性の欠如は，会計上の見積りから排除することができず，見積りの不確実性の原因となる（監基報540：付録1第4項～第5項）。また，見積りの不確実性が，資産または負債から最終的に生じる経済的便益の将来における不確実な流入または流出によるものである場合，その結果は期末日後でなければ観察できず，さらにその結果を全く観察できない場合もある（監基報540：付録1第6項）。

　重要な虚偽表示リスクを評価する方法は①監基報315「重要な虚偽表示リスクの識別と評価」に，リスク対応手続については②監基報330「評価したリスクに対応する監査人の手続」に一般的な記載があるが，会計上の見積りに関してはこれらに加え③監基報540「会計上の見積りの監査」に従った監査手続を実施することになる。

2 リスク評価手続とこれに関連する活動

　監査人は，企業の内部統制を含め，企業および企業環境を理解する際，企業の会計上の見積りに関連する**図表8-5**の事項を理解しなければならない（監基報540：第12項参照）。

〔図表8-5〕監査人が理解すべき会計上の見積りに関連する事項

企業および企業環境の理解	(1) 会計上の見積りの認識または注記が必要となる取引や状況等 (2) 会計上の見積りに関連して財務報告の枠組みにおいて要求されている事項とその適用状況 (3) 企業の会計上の見積りに関連する規制要因 (4) 監査人が企業の財務諸表に含まれると予想する会計上の見積りの性質および関連する注記事項の内容
企業の内部統制の理解	(5) 会計上の見積りに関連する企業の監督およびガバナンスの性質および範囲 (6) 会計上の見積りに関連する専門的技能等の必要性に関する経営者の認識と適用状況（専門家の利用を含む） (7) 企業のリスク評価プロセスにおいて，会計上の見積りに関連するリスクがどのように識別され対処されているか (8) 会計上の見積りに関連する企業の情報システム (9) 経営者が会計上の見積りを行うプロセスのうち，監査に関連する統制活動 (10) 経営者は過年度の会計上の見積りの確定額をどのように検討し，検討結果にどのように対応しているか

(1) 会計上の見積りに関するリスク評価手続

　これらの事項の理解にあたって，監査人は，リスク評価手続を実施する必要があるが，その種類，時期および範囲は状況に応じて変わってくる。

　会計上の見積りが必要となるような取引や状況がほとんどない場合や，会計上の見積りに関連して会計基準上の要求事項が複雑ではない場合等は，経営者への質問や見積りプロセスの単純なウォークスルーなどの簡略なものとすることがある（監基報540：A20項）。

　反対に経営者の重要な判断が必要な場合，見積りに複雑なモデルを使用する

場合，高度な情報システムや広範な内部統制を有している場合がある。そのような状況では，会計上の見積りは，見積りの不確実性，複雑性，主観性またはその他の固有リスク要因の影響を大きく受ける可能性がある。そのような場合，リスク評価手続の種類または時期は，より広範なものとなる（監基報540：A21項）。

なお，小規模企業のような，単純な事業のみを営む企業においては，見積りのプロセスが単純であることも多いが，内部統制の有効性が限定的である，見積りに強い影響を与えるオーナー経営者が存在することがある，といった点に留意する必要がある。特にオーナー経営者の存在は，経営者の偏向のリスクに影響を与える場合がある（監基報540：A22項）。ここで，「経営者の偏向」とは，「情報の作成における経営者の中立性の欠如」であり，経営者が有する（例えば，望ましい利益目標や自己資本比率を達成したいという）動機により，会計上の見積りが歪められることである。経営者の偏向の影響を受ける可能性は，会計上の見積りを行う際に経営者の主観性に依存する程度が高いほど増加することになる（監基報540：A17項）。

（2） 会計上の見積りに関する企業および企業環境の理解

会計上の見積りに関する企業および企業環境を理解することは，経営者が会計上の見積りを適切に行っているかどうかを監査人が判断するための基礎となる。

会計上の見積りが，それを規定する財務報告の枠組みによって測定の方法を定められている場合には，その方法に従うことが求められる。経営者は見積額を直接に算定できることもあれば，代替的な仮定や結果を検討した上で信頼性の高い見積額を算定できることもある。

開示に関しては，2021年3月期より「会計上の見積りの開示に関する会計基準」によって包括的に開示することになったほか，退職給付会計における割引率や長期期待運用収益率の記載のように，会計上の見積りに特に影響を与える重要な仮定について個別に開示を要求していることがある。また，保証債務による損失の発生可能性など見積りの不確実性が高い場合には，会計上の見積りを財務諸表において認識することを認めず，注記により一定の開示を要求して

いることもある。これらの要求される開示事項についても，監査人は適切に理解しておく必要がある。

外部環境として，例えば銀行の自己資本比率規制や，保険会社のソルベンシー・マージン比率規制のような，規制要因を理解することも必要である。経営者がこのような規制を満たすため，見積りに偏向を生じさせる可能性があるからである。

（3） 会計上の見積りに関する企業の内部統制の理解

監査人は，リスク評価手続として会計上の見積りに関する企業の内部統制を理解する必要がある。会計上の見積りを行う経営者のプロセスに対する企業の監督およびガバナンスの性質および範囲を監査人が理解することは，①誠実性と倫理的な行動を尊重する企業文化の醸成・維持の状況，②統制環境の各要素の有効性に関する監査人の評価に重要となることがある。

また，経営者の見積りプロセスに対する監督等を実施する機関である取締役会および監査役会等に関しては，以下のような事項を理解する（監基報540：A29項）。

- 会計上の見積りを行う方法，モデルの特徴および関連するリスクを理解し，経営者が行った見積りの方法を理解するための技能と知識があるか
- 経営者から独立しており，必要な情報と経営者に異議を唱える権限を有しているか
- 経営者の見積りプロセスを監視しているか
- 経営者による監視活動を監督しているか

また，これら取締役会および監査役会等に関する理解は，以下のような会計上の見積りが存在する場合に重要であることがある（監基報540：A30項）。

- <u>主観性が高く経営者の判断が求められる</u>会計上の見積り
- <u>不確実性が高い</u>会計上の見積り
- <u>複雑性のある</u>会計上の見積り
- 見積手法，仮定又はデータについて<u>過年度から変更されている</u>，又は変更が必要となる会計上の見積り

● <u>重要な仮定に基づく会計上の見積り</u> 　　　　　　　　（下線は筆者による）

　見積りを要する事項の性質が専門的（例えば鉱物資源等の埋蔵量の見積り等）である場合や，使用するモデルの性質が複雑（例えばレベル3の公正価値の測定等）である場合，見積りを要する取引や状況が通例でないような場合には，経営者が専門家を利用して見積りを行うことがある。監査人は，経営者がこのような専門家の利用を含めた専門的技能や知識の必要性を，どのように識別して適用しているかについて理解する必要がある（監基報540：A31項）。

　企業のリスク評価プロセスの理解は，会計基準上の要求事項の改正や，見積りに使用する情報源の利用可能性や性質の変化，企業の情報システム等の変更，企業側の担当者の変更などを検討する際に役立つことがある（監基報540：A32項）。企業のリスク評価プロセスの理解にあたっては，以下のような事項を検討する（監基報540：A33項）。

- 経営者が見積手法，仮定及びデータの選択と適用に特段の注意を払っているかどうか，注意を払っている場合にはその方法
- 経営者が，想定していない又は矛盾する業績を示す可能性のある主要な業績指標を監視しているかどうか，監視している場合にはその方法
- 経営者が，偏向をもたらす可能性のある金銭的誘因等を識別しているかどうか，識別している場合にはどのように識別しているか。
- 経営者が，見積手法，重要な仮定又はデータの変更の必要性を監視しているかどうか，監視している場合にはその方法
- 経営者が，使用するモデルを適切に監視しているかどうか，監視している場合にはその方法
- 経営者が，重要な判断の根拠の文書化又は第三者による検討を要求しているかどうか，要求している場合にはその方法

　会計上の見積りに関連する企業の情報システムを理解するにあたっては，まず，監査人が，財務諸表上の重要な見積り項目を理解する。これらの見積り項目に対し，以下のとおり，<u>経営者が適切な見積手法，仮定またはデータをどのように適用しているかを理解する</u>（下線は筆者による）。

> (ｱ) モデルの使用を含め，使用する<u>見積手法をどのように選択又はデザイン</u>したか，及びそれらをどのように適用したか
> (ｲ) 代替的な仮定の検討を含め，<u>使用する仮定をどのように選択</u>したか，及び重要な仮定をどのように識別したか
> (ｳ) 使用する<u>データをどのように選択</u>しているか

さらに，経営者による見積の不確実性の程度の理解と，その対処方法について理解する必要がある。

3 重要な虚偽表示リスクの識別と評価

監査人は，会計上の見積りおよび関連する注記事項に関する重要な虚偽表示リスクを識別し評価する際に，固有リスクと統制リスクを分けて評価しなければならない。さらに，固有リスクを評価する際には，見積りの不確実性，複雑性，主観性およびその他の固有リスク要因の影響を受ける程度を考慮する（監基報540：第15項）。

〔図表8-6〕重要な虚偽表示リスクにおける評価の分類

```
                              ┌─ 固有リスク要因
                              │  （監基報540：第15項）
                    ┌─ 固有リスク ─┼─ 見積りの不確実性
                    │             │  （監基報540：A72～75項）
                    │             ├─ 複雑性
重要な虚偽表示リスク ─┤             │  （監基報540：A76～77項）
                    │             ├─ 主観性
                    │             │  （監基報540：A78項）
                    │             └─ その他の固有リスク要因
                    └─ 統制リスク       （監基報540：A79項）
```

監査人は，上記のように評価した重要な虚偽表示リスクが，特別な検討を必要とするリスクであると判断した場合，当該リスクに関連する内部統制を理解しなければならない（監基報540：第16項）。

4　評価した重要な虚偽表示リスクへの対応

監査人は，評価したアサーション・レベルの重要な虚偽表示リスクの評価の根拠を考慮し，当該リスクに対応するリスク対応手続を立案し実施しなければならない。リスク対応手続の立案・実施にあたっては，経営者の見積りを裏付ける監査証拠の入手に偏ることなく，矛盾する監査証拠を排除しないようにしなければならない。

また，リスク対応手続には，以下のアプローチのうち，少なくとも1つを含める必要がある（監基報540：第17項）。

(1) 監査報告書日までに発生した事象からの監査証拠の入手
(2) 経営者がどのように会計上の見積りを行ったかの検討
(3) 監査人の見積額又は許容範囲の設定

以下では，上記の手続について説明する。

(1)　監査報告書日までに発生した事象からの監査証拠の入手（監基報540：第20項）

期末日後，監査報告書日までに発生した事象から，会計上の見積りに関する金額の確定額等を得ることにより，会計上の見積りに関する比較的強い監査証拠を入手できることがある。例えば，生産中止となった製品在庫が期末日後すぐにすべて販売された場合は，期末日時点の正味売却価額の見積りに関する十分かつ適切な監査証拠を入手できることがある（監基報540：A91項）。この他にも，賞与引当金に対する実際の賞与の支払額や，訴訟事件に関する確定判決など，このような形で会計上の見積りに関する監査証拠を得られることは珍しいことではない。

このように，リスク対応手続として監査報告書日までに発生した事象から監査証拠を入手している場合，監査人は，入手した監査証拠が会計上の見積りに関連する重要な虚偽表示リスクに対応する上で十分かつ適切であるかどうかを評価しなければならない（監基報540：第20項）。

その際，測定日から当該事象までの期間における状況やその他の関連する条

件の変化が，適用される財務報告の枠組みに照らして監査証拠の適合性に及ぼす影響を考慮しなければならない（監基報540：第20項）。例えば，公正価値に関する会計上の見積りの場合，期末日後の情報は，期末日に存在する事象または状況を反映していない可能性があるため，公正価値に関する会計上の見積りの測定に関連しないことがある（監基報540：A92項）。

（2） 経営者がどのように会計上の見積りを行ったかの検討（監基報540：第21項）

監査人は，経営者がどのように会計上の見積りを行ったかを検討する場合，以下の事項に関連する重要な虚偽表示リスクについて，十分かつ適切な監査証拠を入手する（監基報540：第21項）。

> (1) 経営者が会計上の見積りを行う際に使用した見積手法，重要な仮定及びデータの選択及び適用
> (2) 経営者による見積額の選択方法及び見積りの不確実性に関する注記事項

◆見積手法（監基報540：第22項）

見積手法に関するリスク対応手続は，以下の事項に対応するものでなければならない。

> (1) 見積手法が適用される財務報告の枠組みに照らして適切か（監基報540：A95項およびA97項参照）
> (2) 見積手法の選択に関する判断が，経営者の偏向が存在する兆候を示していないか（監基報540：A96項参照）
> (3) 計算が見積手法に従って実施されており，正確であるか
> (4) 見積手法の適用に際して複雑なモデルが使用されている状況にある場合，判断が整合的か（監基報540：A98項～A100項参照）
> (5) 見積手法の適用において，重要な仮定及びデータの完全性が維持されているか（監基報540：A101項参照）

◆重要な仮定（監基報540：第23項）

重要な仮定に関するリスク対応手続は，以下の事項に対応するものでなけれ

ばならない。

> (1) 重要な仮定が，適用される財務報告の枠組みに照らして適切であるか（監基報540：A95項，A102項およびA103項参照）
> (2) 重要な仮定の選択に関する判断が経営者の偏向が存在する兆候を示していないか（監基報540：A96項参照）
> (3) 重要な仮定が相互に整合しているかどうか（監基報540：A104項参照）
> (4) 該当する場合，経営者が特定の行動方針を実行する意思とその能力を有しているか（監基報540：A105項参照）

◆データ（監基報540：第24項）

データに関するリスク対応手続は，以下の事項に対応するものでなければならない。

> (1) データが，適用される財務報告の枠組みに照らして適切であるか（監基報540：A95項およびA106項参照）
> (2) データの選択に関する判断が，経営者の偏向が存在する兆候を示していないか（監基報540：A96項参照）
> (3) データが状況に応じた適合性と信頼性を有しているか（監基報540：A107項参照）
> (4) 契約条件に関するデータを含め，経営者がデータを適切に理解または解釈しているか（監基報540：A108項参照）

◆経営者による見積額の選択および見積りの不確実性に関する注記事項（監基報540：第25～26項）

経営者は，見積りの不確実性を適切に理解し対処する必要がある。この対処は，適切な見積額の選択と見積りの不確実性に関する注記により行われる。

このため経営者による見積額の選択および見積りの不確実性に関する注記事項についてのリスク対応手続は，経営者が見積りの不確実性への理解および対処を適切に行っているかどうかに対応する必要がある。

監査人は，入手した監査証拠に基づき，経営者が見積りの不確実性に関して適切に理解または対処していないと判断した場合，以下を実施しなければなら

ない。

> (1) 経営者に対し，見積額の再検討又は見積りの不確実性に関する追加的な注記事項の検討を要請する。
> (2) 実施可能な範囲で監査人の見積額又は許容範囲を設定する。
> (3) 内部統制に不備があるかどうかを評価する。

（3） 監査人の見積額または許容範囲の設定（監基報540：第27〜28項）

　経営者による見積額および見積りの不確実性に関する注記事項を評価するために監査人の見積額または許容範囲を設定する場合，監査人は，リスク対応手続に，使用した見積手法，仮定およびデータが適用される財務報告の枠組みに照らして適切であるかどうかを評価する手続を含めなければならない。すなわち，監基報540第17項にある3つのリスク対応手続のうち，監査人の見積額または許容範囲を設定する手続を実施する場合は，当該手続のみでリスク対応手続を終了させることができない点，留意する必要がある。

　また，監査人は，監査人の許容範囲を設定する場合，以下を実施しなければならない。

> (1) 十分かつ適切な監査証拠により裏付けられ，適用される財務報告の枠組みにおける測定目的及び他の要求事項に照らして合理的であると評価した金額のみが含まれるように許容範囲を決定すること（監基報540：A124項およびA125項参照）
> (2) 見積りの不確実性の注記事項に関連する重要な虚偽表示リスクに対して，十分かつ適切な監査証拠を入手するためのリスク対応手続を立案し実施すること

　上記(1)では，許容範囲を設定する際に，十分かつ適切な監査証拠により裏付けられた金額のみを含めることを求めている。この点，許容範囲内で生じ得るそれぞれの測定結果を裏付ける監査証拠を個別に入手する必要はなく，許容範囲の上限と下限がその状況において合理的であると判断するための証拠を入手し，これらの間の金額も合理的であると判断できることがある（監基報540：A124項）。

また，損益計算書に比して貸借対照表の金額が大きくなる業種における見積りの不確実性の大きな見積りなどでは，監査人の許容範囲が重要性の基準値の数倍になることがある。この場合，見積りの不確実性に関する注記事項の合理性についての監査人による評価がより重要となる。特に，見積りの不確実性の程度が高いことと生じ得る結果の範囲がその注記によって適切に伝わるかどうかという点が重要である（監基報540：A125項）。

（4） 監査証拠に関するその他の検討事項（監基報540：第29項）

経営者の利用する専門家の業務を監査人が利用する場合，当該専門家の業務について，監査証拠としての適切性を関連するアサーションに照らして評価する必要がある（監基報500：第7項(3)）。

経営者の利用する専門家の業務の適切性を評価する際，リスク対応手続の種類，時期および範囲は，監査人による当該専門家の適性，能力および客観性に関する評価，専門家が実施する業務の内容についての監査人の理解，ならびに専門家の専門分野に関する監査人の知識に影響を受ける。

5 会計上の見積りに関する注記事項

監査人は，会計上の見積りに関する注記事項（見積りの不確実性に関する注記事項を除く）について，アサーション・レベルで評価した重要な虚偽表示リスクに関する十分かつ適切な監査証拠を入手するためのリスク対応手続を立案し実施しなければならない（監基報540：第30項）。

6 経営者の偏向が存在する兆候

監査人は，財務諸表に含まれる会計上の見積りに関する経営者の判断および決定について，それらが個々には合理的であっても，経営者の偏向が存在する兆候を示していないかどうかを評価しなければならない（監基報540：第31項）。

経営者の偏向とは，「情報の作成における経営者の中立性の欠如」であると定義されている（監基報540：第11項(4)）。経営者は，一般的に，企業の財政状態，経営成績およびキャッシュ・フローの状況をどのように表示すべきかについて一定の意図を有しており，完全に中立な立場を維持することは難しく，経営者の偏向のすべてが不正に該当するものではない。しかしながら，意図的に

誤解を与えることを目的とした経営者の偏向は、不正に該当する。
　なお、経営者の偏向が存在する兆候があったとしても、それだけでは虚偽表示とはならないが、状況によっては、監査証拠が単なる経営者の偏向の兆候ではなく、虚偽表示を示すこともある。
　会計上の見積りに関連する経営者の偏向が存在する兆候の例示には、以下の事項がある（監基報540：A134項）。

- 経営者が、状況の変化があったとの主観的な評価に基づいて、会計上の見積り又は見積手法を変更していること
- 経営者の目的にとって都合の良い見積額となるような重要な仮定やデータを選択又は設定していること
- 見積額の選択が、楽観的又は悲観的な傾向を示していること

　経営者の偏向は、勘定科目レベルでは見出すのは困難なことがあり、監査人が複数の会計上の見積りを検討したり、すべての会計上の見積りを総括的に検討したり、または複数の会計期間にわたって観察した場合にのみ識別されることがある。例えば、財務諸表に含まれる会計上の見積りが個々には合理的であっても、経営者の見積額が、合理的な監査人の許容範囲において経営者にとってより有利となる方向に一貫して偏っている場合、そのような状況は、経営者の偏向が存在する兆候を示していることがある（監基報540：A133項）。
　経営者の偏向が存在する兆候を識別した場合、以下のような事項をはじめとして、監査への影響を評価しなければならない（監基報540：A135項，A136項）。

- 監査人のリスク評価および関連する対応
- 経営者の判断の適切性についてさらに疑問を持つ必要があるかどうか
- 財務諸表全体に重要な虚偽表示が無いかどうか
- 経営者の偏向が存在する兆候が不正リスク要因となっていないか

　不正な財務報告は、例えば固定資産の減損損失の計上回避、棚卸資産の過大評価、貸倒引当金の過少計上など、会計上の見積りに関する意図的な虚偽表示を通じて行われることが多い。経営者の偏向が存在する兆候は、不正リスク要因となる場合があり、監査人は、監査人のリスク評価、特に不正リスクの評価、

および関連するリスク対応手続が依然として適切であるかどうかを再評価することがある（監基報540：A136項）。

7　実施した監査手続に基づく総括的評価

監査人は，会計上の見積りに関する総括的評価として，実施した監査手続および入手した監査証拠に基づき，以下を評価しなければならない（監基報540：第32項）。

> (1)　重要な虚偽表示リスクに関する評価が依然として適切であるかどうか
> (2)　会計上の見積りに関する経営者の決定が，適用される財務報告の枠組みに準拠しているかどうか
> (3)　十分かつ適切な監査証拠を入手したかどうか

監査人は，十分かつ適切な監査証拠を入手したかどうかについて評価を行う場合，裏付けとなるか矛盾するかにかかわらず，入手したすべての関連する監査証拠を考慮しなければならない（監基報500：第10項）。

十分かつ適切な監査証拠を入手できない場合，監査人は，監査報告書における意見への影響を含め，監査への影響を評価しなければならない（監基報540：第33項）。

8　経営者確認書

監査人は，経営者に対し，会計上の見積りを行う際に使用された見積手法，重要な仮定およびデータ並びに関連する注記事項が，適用される財務報告の枠組みに準拠した認識，測定および注記を達成する上で適切であるかどうかについて，経営者確認書に記載することを要請しなければならない（監基報540：第36項）。

監査人は，使用された見積手法，仮定およびデータに関連するものを含め，特定の会計上の見積りに関する記載を要請する必要性についても検討しなければならない（監基報540：第36項）。

9 監査役等，経営者または他の関係する者とのコミュニケーション

　監査人は，監基報260や監基報265に基づき監査役等とコミュニケーションを行う場合，会計上の見積りに関してコミュニケーションを行うべき事項があればその検討を行う（監基報540：第37項）。

　重要な虚偽表示リスクの原因が見積りの不確実性に関するものかどうか，または会計上の見積りおよび関連する注記を行う上での複雑性，主観性もしくはその他の固有リスク要因の影響に関するものかどうかについて考慮しなければならない（監基報540：第37項）。

10 監査調書

　監査人は，以下の事項を監査調書に記載しなければならない（監基報540：第38項）。

- 会計上の見積りに関連する企業の内部統制を含む，企業及び企業環境に関し監査人が理解した主な内容
- 重要な虚偽表示リスクと実施したリスク対応手続との関連性
- 経営者が見積りの不確実性を適切に理解し対処するための措置を講じていない場合の監査人の対応
- （該当がある場合）会計上の見積りに関する経営者の偏向が存在する兆候及び監基報540第31項により求められる，監査への影響に関する監査人の評価
- 会計上の見積り及び関連する注記事項が，適用される財務報告の枠組みに照らして合理的であるか虚偽表示であるかの監査人の決定における重要な判断

V 情報技術（IT）が監査に及ぼす影響の検討

1 総　論

　企業の活動が大規模化・複雑化した現代では，財務諸表の作成に大量のデー

タ処理が必要になるため，財務諸表の作成過程に情報技術（Information technology, IT）を利用することが必須となっている。したがって，監査人が財務諸表の適正性を判断するにあたっても，企業が利用するITに対する適切な理解が必要であるとともに，監査人自らもITを駆使して監査を実施する必要がある。

上記のような状況を反映し，『監査基準』第三 実施基準 二「監査計画の策定」6は，以下のように，監査計画の策定にあたって「情報技術が監査に及ぼす影響」を検討することを求めている。

> 6 監査人は，企業が利用する情報技術が監査に及ぼす影響を検討し，その利用状況に適合した監査計画を策定しなければならない。

より具体的には，監基報315「重要な虚偽表示リスクの識別と評価」の他，日本公認会計士協会IT委員会実務指針第6号「ITを利用した情報システムに関する重要な虚偽表示リスクの識別と評価及び評価したリスクに対応する監査人の手続について」（以下，「IT指針6号」という）に基づき監査計画を立案することとなる。

2 企業および企業環境の理解と企業のITの活用状況

監査人は，企業および企業環境を理解するにあたり，被監査会社のビジネスモデルを理解する必要があるが，これには被監査会社のビジネスモデルがITをどの程度活用しているかが含まれる（監基報315：第18項(1)①）。

例えば，同じ小売業であっても①実店舗で商品を販売しており，在庫管理システムやPOSシステムを利用する形でITを活用している場合と，②すべての商品をオンラインで販売しており，ウェブサイト上での受注を含め，すべての販売取引処理がIT環境で実施されている場合とでは，ビジネスモデルが大きく異なるため，事業上のリスク（在庫リスク，サイバー攻撃に関するリスク等）も大きく異なる（監基報315：A55項）。このため，被監査会社が活用するITを理解することは，リスク評価手続全体から見ても重要な監査手続であるということができる。

3　被監査会社が利用する IT の統制リスクへの影響の評価

　被監査会社が利用する IT は，内部統制の構成要素（統制環境，リスク評価プロセス，情報システムと伝達，統制活動，監視活動）の全てに対して影響を与える。そのため，監査人は内部統制の評価にあたり，**図表 8-7** のように IT の影響を考慮する必要がある。

〔図表 8-7〕IT が内部統制の構成要素に与える影響

内部統制の構成要素	IT に関して考慮すべき影響
統制環境 （第10～11項）	・企業の事業活動に IT が利用されている程度 ・経営者の IT に関連する関心，理念および倫理観 ・IT に関する戦略・計画および組織等 ・情報セキュリティの確保の状況
リスク評価プロセス （第12～21項）	・内部統制における IT の利点とリスク ・自動化された内部統制の特徴 ・情報システムの特性
情報システムと伝達 （第22～28項）	・財務報告に関連する情報システム ・関連する業務システムと仕訳入力の方法
統制活動 （第29～41項）	・統制活動の理解 ・業務処理統制と全般統制の理解およびこれらの評価 ・IT によって作成された情報の信頼性
監視活動 （第42項）	・監視活動に利用されている IT とその信頼性

（出所）　IT 指針 6 号第10～42項に基づき作成

4　IT を利用した内部統制の特徴

　監査人は，被監査会社のリスク評価プロセスを理解するにあたり，IT を利用した内部統制の特徴を考慮する必要がある。業務に IT を利用している場合，あらかじめ規定した処理を組み込んだコンピュータ・プログラムが処理を行うことから，あらかじめ規定した処理が適切であれば大量の取引やデータを処理する場合であっても，処理の一貫性が保持されるという利点がある（IT 指針 6

号：第13項)。

　他方，入力データが誤っている場合にはそのまま誤ったデータを処理し，誤った処理結果を出力してしまうというリスクや，あらかじめ規定した処理が適切でない場合には正しいデータを入力しても誤った処理結果を出力するというリスクがある（IT指針6号：第15項）。

　適切な職務分掌の観点からは，ユーザーごとにITに対するアクセス権を適切に定めることで，適切な職務の分離を確保することができる（IT指針6号：第14項）。例えば，売上データの入力にあたり，営業担当者は売価マスターに登録された売価を変更することができないように権限を制限することで，売価の入力間違いというリスクを抑制することができるとともに，営業担当者による権限外の値引きの防止にも有用である。他方，アクセス権の管理・運用が適切に行われていない場合には，権限外の取引が可能になる等，さまざまなリスクが発生することになる（IT指針6号：第16項）。

　被監査会社が内部統制にITを利用している場合，内部統制は以下のように3つに分類されることとなる（IT指針6号：第17項）。

- 手作業による内部統制
- 自動化された内部統制
- 手作業による内部統制と自動化された内部統制の組み合わせ

　手作業による内部統制は，作業の承認，査閲，調整項目の調整手続や追跡調査等のように，人間による判断が求められるような場面で有効となることが多い。また，コンピュータ・プログラムやデータに対する監視および必要な対策の構築は手作業による内部統制が中心となる。他方，手作業による内部統制は容易に回避，無視または無効化することができ，また，単純な間違いを起こしやすいため，一般的に，自動化された内部統制よりも逸脱が多くなる（IT指針6号：第18項）。

　これに対し，自動化された内部統制は，コンピュータ・プログラムによって実行されることから，組み込まれた内部統制は同一の水準で運用され，一般に逸脱は少なくなる。しかし，予定していない状況やあらかじめ処理対象としていないデータには対応できず，これらの機能を臨機応変に追加することは一般的に困難である（IT指針6号：第19項）。

5　統制活動の理解における業務処理統制と全般統制の評価

　ITによる内部統制の構築状況が，特に影響を与える内部統制の構成要素は統制活動である。監基報315では，統制活動の理解にあたり，識別した内部統制について，ITの利用から生じるリスクの影響を受けるITアプリケーションおよび関連するその他のIT環境を識別することを求めている（監基報315：第25項(2)）。

　ここで識別されたITアプリケーションおよび関連するその他のIT環境については，ITの利用から生じるリスクおよびITの利用から生じるリスクに対応するIT全般統制を識別することが必要である（監基報315：第25項(2)）。

　ITを利用した情報システムに対する内部統制には，①業務処理統制と②全般統制が含まれており，両者の機能と関係を理解することが内部統制の有効性を判定する際に重要となる。

　全般統制は，多くのアプリケーションに関係する方針および手続であり，業務処理統制が有効に機能することを支えるものである。全般統制には，通常，以下の事項に対する内部統制が含まれる。

- データ・センターとネットワークの運用
- システム・ソフトウェアの取得，変更および保守
- プログラム変更
- アクセス・セキュリティ
- アプリケーションの取得，開発および保守

　業務処理統制は，通常，業務プロセスにおいて，個々のアプリケーションによる取引の処理に適用される手続であり，プログラムに組み込まれて自動化されている場合と，ITから自動生成される情報を利用して実施される手作業による場合とがある。**図表8-8**はこれを例示したものである。

〔図表8-8〕ITを利用した内部統制の例示（IT指針6号）

ITを利用した内部統制	例　　示
自動化された業務処理統制（第31項）	・事前に登録されているマスター・ファイル上の項目と入力された項目との突合機能

	・取引データの入力時の項目網羅性チェック ・システム間のデータ転送における整合性チェック ・パスワード等による権限設定 ・利息，減価償却，外貨換算等の自動計算
ITから自動生成される情報を利用して実施される手作業による内部統制（第32項）	・自動化された業務処理統制によって作成した一定の傾向を有するデータを出力した資料（例外リストやエラーリスト）を，手作業により確認しデータの修正等の必要な対応を行う内部統制 ・売掛金等の債権データの年齢調べ表を手作業により確認し，貸倒引当金が適切に計上されていることを確認する内部統制 ・事前に登録された仕訳パターン以外の仕訳データを出力した情報を閲覧し，誤った仕訳が行われていないことを確認する内部統制

（出所）IT指針6号に基づき作成

　上記のITから自動生成される情報や，自動化された会計処理手続は，自動化された業務処理統制と同様に全般統制により支援されるITにより自動化された機能であるため，必要な評価作業を行う。ここでいう自動化された会計処理手続とは，計算，分類，見積り，その他，会計処理を手作業に代わりアプリケーションが行う手続である（IT指針6号：第33項）。

　全般統制と業務処理統制は，業務処理統制が監査対象期間にわたって有効に運用されることを全般統制が担保する，という関係になっている。業務処理統制が監査対象期間にわたって有効であることを確認する際に，全般統制が有効であることが確認されていれば，業務処理統制の運用評価手続の範囲を縮小することが可能になるが，全般統制が有効ではないと判断される場合，業務処理統制の運用評価手続を拡大する，または，業務処理統制が有効ではないと判断することを検討する（IT指針6号：第48項）。

6　ITを利用した実証手続

　監査人は，実証手続の実施にあたって自らITを利用することも多い。大規模化，複雑化した現代の企業の監査にあたっては，被監査会社が利用しているITから出力される電子的なデータを利用することが，監査手続の有効性およ

び効率性の確保に資するからである。監査のツールとして，コンピュータを利用して監査手続を実施するための技法を，コンピュータ利用監査技法（Computer-assisted audit techniques, CAAT）という。

監査人は，CAATを用いることにより，電子的な取引ファイルと勘定ファイルに対するより広範な手続の実施が可能となる。CAATにより，監査人は母集団の定義の妥当性の検討，母集団の網羅性の検討，特定の性質に基づく母集団の分割，母集団からのサンプルの抽出等を確実かつ迅速に実施することが可能となる。

さらに監査人は，CAATにより総勘定元帳，補助元帳等の再計算，集計の再実施や電子ファイル間の突合を実施することがある。

分析的手続にCAATを利用することにより，効率的，効果的に手続を実施できることがある。例えば，製品別の回転期間分析，拠点別の収益性分析，顧客別売上高推移比較等が該当する（IT指針6号：第56項）。

Ⅵ 監査役等とのコミュニケーション

1 監査役等とのコミュニケーションの役割

監査人は被監査会社に対して外部の第三者としての立場で財務諸表監査を実施するため，被監査会社に関連する情報の入手の機会や発見した問題事項に対する是正等には限界がある。そのため，監査役等と適切にコミュニケーションを図り連携をとる必要がある。『監査基準』第三 実施基準 一 基本原則7では，次のように記載されている。

> 7 監査人は，監査の各段階において，監査役等と協議する等適切な連携を図らなければならない。

監査役等とのコミュニケーションの役割として，監査基準報告書260第4項では，次の3点を挙げている。

> (1) 監査人と監査役等が，監査に関する事項を理解し，効果的な連携をもたらすような関係を構築すること

(2) 監査人が，監査役等から監査に関連する情報を入手すること
(3) 監査役等が，財務報告プロセスを監視する責任を果たし，それによって，財務諸表の重要な虚偽表示リスクを軽減すること　　　　（下線は筆者による）

　すなわち，監査人と監査役等とのコミュニケーションによって，①双方の連携が図られ，②監査人はより多くの情報を入手し，③監査役等は財務報告プロセスを監視する責任を果たすことが可能となり，重要な虚偽表示リスクの軽減につながる。

　ここで「監査役等」とは，監査役もしくは監査役会，監査等委員会または監査委員会を想定している（監基報260：第9項なお書き）。会社法に基づく組織形態のうち会計監査人が設置されるものとして，監査役設置会社，監査役会設置会社，指名委員会等設置会社，監査等委員会設置会社が挙げられるため，これらの組織形態における監査人のコミュニケーションの対象として「監査役等」という呼称を用いている。2015（平成27）年の会社法改正により，会計監査人の選解任等に関する議案の内容の決定権を有する機関が，取締役または取締役会から監査役または監査役会に変更された（会社法第344条）こともあり，監査人と監査役等とのコミュニケーションの重要性は双方にとってますます大きくなってきているといえる。

　なお，海外における会社の組織形態はさらに多様であることから，「ガバナンスに責任を有する者（Those charged with governance）」という用語を用いる（監基報260：第9項(2)）が「監査役等」も「ガバナンスに責任を有する者」も企業の戦略的方向性と説明責任を果たしているかどうかを監視する責任を有する者または組織である点では同一の概念である。さらに，独立行政法人や一般社団（財団）法人等の非営利組織形態においてしばしばみられる「監事」という役職も「ガバナンスに責任を有する者」に該当するものと考えられる（図表8-9参照）。

　誰が，あるいはどの組織が「ガバナンスに責任を有する者」であるかは，監査人の判断事項であるが，株式会社の会計監査人としての監査であれば「監査役等」がコミュニケーションを行うべき「ガバナンスに責任を有する者」であると想定される（監基報260：第10項）。しかし，これはコミュニケーションの

対象を「監査役等」に限る趣旨ではなく，必要に応じて社外取締役や非業務執行取締役ともコミュニケーションを行うことが有用なことがある（監基報260：A2項）。

〔図表8-9〕組織形態別のガバナンスに責任を有する者

		組織形態	ガバナンスに責任を有する者の名称
ガバナンスに責任を有する者（監基報260：第9項(2)）	監査役等（監基報260：第9項なお書き）	監査役設置会社	監査役
		監査役会設置会社	監査役もしくは監査役会
		指名委員会等設置会社	監査委員会
		監査等委員会設置会社	監査等委員会
		独立行政法人	監事
		国立大学法人	
		信用金庫	

（出所）監基報260に基づき作成。なお，監査役等以外のガバナンスに責任を有する者の範囲は筆者による。

監査人が監査役会，監査等委員会，監査委員会と行った会議体を構成する一部の個人とコミュニケーションを行う場合，当該コミュニケーションの内容，コミュニケーションの対象とする個人の責任および権限や関連法令を検討することでその適否を判断するとともに，会議体全体に対して再度コミュニケーションを行う必要があるかどうかを判断する必要がある（監基報260：第11項）。

2　コミュニケーションを行うことが要求される事項

監基報260では，次の項目について監査役等とのコミュニケーションを行うことが要求されている。

---

(1) 財務諸表監査に関連する監査人の責任（第12項）
(2) 計画した監査の範囲とその実施時期（第13項）
(3) 監査上の重要な発見事項（第14項）
(4) 監査人の独立性（第15項）
(5) 品質管理のシステムの整備・運用状況（第16項）

以下では各項目について説明する。

(1) 財務諸表監査に関連する監査人の責任（第12項）

監査人は，財務諸表監査に関連する監査人の責任について，監査役等と，以下の事項を含むコミュニケーションを行わなければならない（監基報260：第12項）。

① 監査人は，経営者が作成する財務諸表に対して監査意見を形成し，表明する責任を有すること
② 財務諸表監査は，経営者または監査役等の責任を代替しないこと

上記の事項は経営者と監査人との間に存在する二重責任の原則のうち，監査人が負う責任について監査役等に明示的に伝えるとともに，監査役等との関係においても監査役等が負う責任が財務諸表監査によって代替されるものではない旨を確認する趣旨である。

(2) 計画した監査の範囲とその実施時期（第13項）

監査人は，計画した監査の範囲とその実施時期の概要について，監査役等とコミュニケーションを行わなければならない（監基報260：第13項）。このコミュニケーションは，通常，監査の初期段階において年度の監査計画の説明として実施される。

当該コミュニケーションにより，監査役等は監査人の業務やリスク評価の状況を理解し，監査人に追加手続を依頼する可能性のある領域を識別することが可能になる。他方，監査役等から入手した情報に基づき監査の範囲とその実施時期を計画したとしても，監査人の責任は軽減されない。

当該コミュニケーションの際に，監査人が識別した特別な検討を必要とするリスクについて説明することが求められている（監基報260：第13項）。特別な検討を必要とするリスクの内容および識別した理由を監査役等に伝達することは，監査役等が財務報告プロセスを監視する責任を遂行するにあたって役立つことがある。

(3) 監査上の重要な発見事項（第14項）

監査人は，監査上の重要な発見事項について，監査役等とコミュニケーションを行わなければならない。重要な発見事項に関するコミュニケーションは，

監査結果の報告とあわせて実施されることも多いが，重要な発見事項があれば期中において随時実施すべきものでもある。例えば，重要な発見事項に関して監査役に質問し回答を得ることで，入手した監査証拠を補強することが可能になる場合（監基報260：A16項）や，直面した困難な状況の解消に関して連携を図る場合などが挙げられる。

　監基報260第14項では，次の事項を監査上の重要な発見事項として監査役等とコミュニケーションを行わなければならないとしている。
　①　会計実務の重要な質的側面に関する監査人の見解
　②　監査期間中に困難な状況に直面した場合は，その状況
　③　監査の過程で発見され，経営者と協議または伝達した重要な事項
　④　監査人が要請した経営者確認書の草案
　⑤　監査報告書の様式および内容に影響を及ぼす状況
　⑥　財務報告プロセスに対する監査役等による監視にとって重要と判断したその他の事項

（4）　監査人の独立性（第15項）

　監査役等が監査人の監査の方法と結果の相当性を判断するにあたって，監査人が独立性を保持して監査を実施しているか否かは，重大な判断要素となる。そのため監査人は，「倫理規則」に準拠して策定された監査事務所の方針および手続に従い，独立性に関して監査役等とコミュニケーションを行う必要がある（監基報260：第15項）。通常，監査の開始時に当該コミュニケーションを行い，監査結果の報告時に独立性について再確認することが多いが，独立性に関して阻害要因が識別された場合などは，随時にコミュニケーションを行うこともある。

　特に被監査会社が上場企業の場合，監査人は，次の事項について，監査役等とコミュニケーションを行わなければならない。
　①　監査チームおよびネットワーク・ファーム等が，独立性についての職業倫理に関する規定を遵守した旨
　②　監査事務所およびネットワーク・ファーム等と企業の間の関係およびその他の事項で，独立性に影響を与えると合理的に考えられる事項（非監

査業務に係る報酬金額をふくむ）。

> **マメ知識 8 - 2　監査事務所の国際的ネットワーク**
>
> 　ネットワーク・ファームとは，ネットワークに所属する監査事務所または事業体であり，ネットワークとは監査事務所よりも大きな組織体であって，所属する事業体の相互の協力を目的としており，利益分配機能や共通の支配組織，品質管理方針等を備えている組織体をいう（監基報220：第 6 項(14)）。
>
> 　具体的にわが国の主な監査法人は，いずれも以下のようなネットワークに属するネットワーク・ファームの 1 つになっている。
>
> 　　有限責任あずさ監査法人……KPMG（Klynveld Peat Marwick Goerdeler）
> 　　PwC Japan 有限責任監査法人……PwC（PricewaterhouseCoopers）
> 　　EY 新日本有限責任監査法人……EY（Ernst & Young）
> 　　有限責任監査法人トーマツ……DTT（Deloitte Touche Tohmatsu）

（5）　品質管理システムの整備・運用状況（第16項）

　監査人は，少なくとも以下のいずれかに該当する監査の場合は，監査事務所の品質管理システムの整備・運用状況の概要を監査役等に書面で伝達しなければならない（監基報260：第16項）。これには，規制当局または日本公認会計士協会による懲戒処分等の内容，監査事務所の品質管理のシステムの外部のレビューまたは検査の結果が含まれる。

- 公認会計士法上の大会社等の監査
- 会計監査人設置会社の監査
- 信用金庫，信用協同組合および労働金庫の監査

　特に会社法に基づく会計監査人設置会社の場合，会社計算規則に基づいて特定監査役に対して会計監査人の職務の遂行に関する事項を通知する必要がある（会社計算規則第131条）。

3　コミュニケーションの方法

　監査人は，監査役等と適時にコミュニケーションを行う必要がある（監基報260：第20項）。監査役等とのコミュニケーションの実施時期や方法について，監査人は，監査の開始時に監査役等と合意しておくことが多い。しかしながら，

次のような場合には該当事項の発生または発見後，速やかにコミュニケーションを行うことが適切であることがある（監基報260：A48～49項）。
- 監査期間中に直面した困難な状況への対処
- 内部統制の重要な不備
- 独立性の阻害要因およびセーフガードについての重要な判断
- 違法行為

　上記の他，監査役等の要望によって適宜コミュニケーションの実施時期や方法を検討することもある。

　監査人は，監査人と監査役等の間の双方向のコミュニケーションが，監査の目的に照らして適切に実施されたかどうかを評価しなければならない（監基報260：第21項）。

　監査役等と監査人との間で行われる双方向のコミュニケーションが十分でなく，その状況を解消できない場合，監査人は，法律専門家の助言や株主とのコミュニケーションを行うことを検討する他，監査報告書において監査範囲の制約に関する除外事項を付すことや，監査契約を解除することも検討する。

4　内部統制の不備に関するコミュニケーション（監基報265）

　監査人は，監査の過程で発見した内部統制の不備が監査役等の注意を促すに値するほど重要であると判断した場合，監査役等に対して適時に，書面によって当該不備を報告する必要がある（監基報265：第8項）。また，このような内部統制の重要な不備は，適切な階層の経営者に対しても適時に報告する必要がある（監基報265：第9項）。

　内部統制の不備の程度は，実際に虚偽表示が発生しなかった場合であっても，虚偽表示の発生可能性および潜在的な虚偽表示の影響の大きさに影響を受ける。例えば，監査人が実証手続を実施した結果として，特定の勘定科目に特段の虚偽表示はないと結論づけた場合であっても，内部統制の重要な不備が存在する可能性はある（監基報265：A5項）。

　なお，監査人が内部統制を検討する目的は，重要な虚偽表示リスクを評価し適切な監査手続を立案することにあるため，監査人自身は被監査会社の内部統制の不備を是正する責任や権限を有しない。内部統制の不備の是正は経営者の

責任のもと実施されるべき事項であるが，経営者は費用対効果の観点から，内部統制の不備を是正しないことがある。経営者が内部統制の重要な不備を合理的な理由なく是正しない場合は，そのこと自体が重要な不備を示していることがある。

VII 分析的手続

1 分析的手続総論

分析的手続とは，財務データ相互間または財務データと非財務データとの間に存在すると推定される関係を分析・検討することによって，財務情報を評価することをいう。分析的手続には，他の関連情報と矛盾，または監査人の推定値と大きく乖離する変動や関係についての必要な調査も含まれる。分析的手続を実施する際に着目する指標として，**図表8-10**のようなものが挙げられる。

〔図表8-10〕分析的手続に利用される指標の例

分析の視点	具体例
財務データ相互間の関係	●各種利益率分析 ●回転期間分析　等
財務データと非財務データの関係	●顧客単価分析 ●売場面積あたり売上高分析 ●従業員一人あたり人件費分析　等

(出所)　監基報520に基づき作成

分析的手続は，①リスク評価手続，②実証手続，③監査の最終段階での全般的な結論の形成のために利用される。特に実証手続として実施する分析的手続を分析的実証手続といい，監基報520に詳細な要求事項が定められている。他方，リスク評価手続および全般的な結論を形成するための分析的手続に関しては，多くの要求事項は定められていないものの，それぞれの場面において**必ず実施すること**が要求されている。

> **マメ知識 8-3　分析的手続の手法**
>
> 　旧監査基準委員会報告書第1号「分析的手続」(平成24年3月31日廃止)第6項では，具体的な分析的手続の手法として以下の項目が記載されていた。分析の手法はこれらに限られるものではないが，今日でもなお参考となるものである。
> (1) 趨勢分析……財務情報の変動分析であり，一般的に，財務情報の変動に係る矛盾または異常な変動の有無を確かめるために効果的な手法である。
> (2) 比率分析……財務データ相互間または財務データと財務データ以外のデータとの関係を用いる手法である。
> (3) 合理性テスト……監査人が算出した金額または比率による推定値と財務情報を比較する手法である。合理性テストの適用例としては，平均借入金残高および平均借入利率を用いた支払利息の妥当性の検討，減価償却資産の残高（増減を含む），平均耐用年数および減価償却方法を用いた減価償却費の妥当性の検討がある。
> (4) 回帰分析……統計的手法による合理性テストの一種であり，統計的なリスク比率と精度の水準を利用して求めた金額による推定値と財務情報を比較する手法である。

2　リスク評価としての分析的手続（監基報315：第13項）

　以下に抜粋したとおり，監基報315第13項では，リスク評価手続にあたって必ず実施する事項として分析的手続を定めている（傍点は筆者による）。

> 13. リスク評価手続には以下を含めなければならない。
> (1) 経営者への質問，及び内部監査の活動に従事する者（内部監査機能がある場合）を含む，その他の適切な企業構成員への質問
> (2) 分析的手続
> (3) 観察及び記録や文書の閲覧

　このように企業の全般的な状況を把握し，リスクの所在を突き止めるための手続として財務諸表全体に対して分析的手続を実施することは，監査人が気付いていなかった企業の状況変化を把握しリスクの網羅的な把握をするために必須の作業とされている。

監基報315では，リスク評価手続として分析的手続を実施することを求めるのみで，実施方法については詳細な要求事項を定めてはおらず，その実施方法は監査人の判断によるところとなる。リスク評価手続として実施する分析的手続は，過年度の財務諸表，期中の財務情報（中間財務諸表等），経営者が策定した当期の予算数値や決算予想等の相互比較や，勘定科目間の比率分析，財務情報と非財務情報の関係性の分析など多岐にわたる。

分析の着眼点を決める際に，経営者がどのような指標を重視し経営を行っているかを理解しておくことは有用である。さらに，経営者が重視する指標のみならず，外部のアナリストによる被監査会社の分析内容や金融機関が被監査会社に課した財務制限条項等を理解しておくことで，経営者が受けているプレッシャーを想定し，不正による重要な虚偽表示リスクが発生しているか否かを検討することも重要である。内部で決定した目標であるか，外部から設定された目標であるかにかかわらず，経営者が目標達成のプレッシャーを強く感じる状況は，不正による重要な虚偽表示の誘因となるのである。

> **マメ知識 8 - 4　財務制限条項**
>
> 　財務制限条項とは金融機関が債務者との融資の交渉の結果として金銭消費貸借契約書に追加することがある条項であり，債務者の財政状態，経営成績が一定の条件に該当する場合に，債務者が借入金について期限の利益を失い直ちに一括返済の義務を負うこととするものである。例えば，「自己資本比率が○○％を下回らないこと」といった純資産維持条項や，「経常利益が○期連続して赤字にならないこと」といった利益維持条項が付されることが多いが，これらの他にもさまざまなパターンが存在する。

また，リスク評価手続として実施した分析的手続の段階で，通例でない取引（例えば新事業の開始や企業買収による売上高の増加など）や，予期せぬ関係（例えば売上高総利益率の著しい増減や，一部事業を廃止しているにもかかわらず当該事業相当の売上高が減少していない等）を監査人が識別した場合は，重要な虚偽表示リスク，特に不正による重要な虚偽表示リスクの兆候を示している可能性があるので留意し，適切にリスク評価に反映させる必要がある。

なお，小規模企業の場合は，必ずしも上記のような分析を実施できるだけの

財務情報等が期中にそろっているとは限らない。この場合には，期中においては限定的な分析的手続を実施するか，または質問により情報を得ることができるが，当該企業の財務諸表の初期段階の草案を入手した時点で分析的手続の実施を計画することが必要な場合がある。

3　分析的実証手続（監基報520：第4項）

　リスク対応手続のうち，実証手続として実施する分析的手続を分析的実証手続という。分析的手続が有効な場面では，詳細テストのみによって十分かつ適切な監査証拠を得ようとするよりも効率的であることが多いため，監査人は実証手続を設計するにあたって分析的実証手続の実施を検討する。さらに，経営者が実施した分析的手続の結果および利用したデータが適切であるという心証を得た場合，当該分析結果を利用することも可能である。

　他方，監査人は，他の場面における分析的手続とは異なり分析的実証手続を必ず実施することを求められているわけではない。しかし，詳細テストのみを実施した場合，「木を見て森を見ず」という状況に陥る危険性もある点に留意すべきである。特に循環取引のような，各取引に関する証憑が適切に備わっていることが多いタイプの虚偽表示を詳細テストのみで発見することは困難である。監査人の推定値と，被監査会社の集計した実績値とを比較し，その乖離や矛盾等を検討することをふくめて分析的実証手続を構成しており，この段階の検討により発見される重要な虚偽表示も多い。そのため監査人は分析的実証手続を常に効率性の観点から実施するわけではなく，有効性の観点から実施することもある。

　監基報520第4項では分析的実証手続を実施する際の要求事項として，以下の手続を定めている（第4項(1)〜(4)）。

(1)　分析的実証手続が適切であるかどうかを判断すること
(2)　監査人の推定に使用するデータの信頼性を評価すること
(3)　推定値の精度を評価すること
(4)　追加的監査手続を実施しないことを許容できる推定値との差異の金額を決定すること

以下，各項目について説明する。

（1） 分析的実証手続の適切性の評価（A 6 ～10項）

監査人は分析的実証手続の適切性を評価するにあたって，その評価は検証対象とした勘定科目に重要な虚偽表示があった場合に，それを発見できる監査手続となっているかどうか（適切性）という観点から実施する（監基報520：A 6項）。分析的手続はデータ間に推定される関係を分析・検討する手続であるため，より密接な因果関係を有する複数のデータを監査人が適切に理解することが適切な分析的実証手続を立案するために必要となる。

例えば，多くの場合，従業員の人数と給与総額の関係や小売業における売上高と売上原価の関係などはシンプルかつ密接な因果関係を有する。しかし，前者の関係は従業員数が少ない場合に，後者の関係はサービス業など一部の業種において，必ずしも密接な因果関係を有しているとまではいえない。このように，個別の被監査会社の属する業種の状況や個別企業の状況に関する適切な理解が求められる。

また，2つ以上のパラメータを利用し，1つの財務諸表項目の推定を行うことが求められる場合も当然に存在する。例えば，①固定資産総額と加重平均耐用年数を用いた減価償却総額の推定や，②平均借入金額と加重平均借入金利から支払利息を推定する，といったことが行われる。どのようなデータ間の関係を利用するかの判断は監査人の知識・経験に負うところが大きいが，一般的に，損益計算書項目のような一定期間の取引が累積される勘定科目は予測可能性が高く，貸借対照表科目のような一定期間の取引が相殺された結果のみが残高として残っている科目は予測可能性が低くなる傾向がある。貸借対照表項目については詳細テスト中心の監査手続を立案し，検証済みの貸借対照表科目を利用して損益計算書項目の分析的実証手続を立案することも多い。

分析的実証手続を利用することの適切性は，検討しようとする勘定科目のアサーションの種類と重要な虚偽表示リスクの評価に影響を受ける（監基報520：A 9項）。重要な虚偽表示リスクが大きい状況（特に内部統制が有効に機能していない状況）では，分析的実証手続により十分かつ適切な監査証拠を入手することはできないと判断することが多く，この場合は詳細テストに依拠する度合い

を高めることになる(監基報520：A 9項)。

(2) 推定に使用するデータの信頼性の評価（A11〜13項）

監査人は分析的実証手続を実施するにあたり，次の要素を考慮に入れて，推定に使用するデータの信頼性を評価することが求められている（監基報520：A11項）。

① 利用可能な情報の情報源
② 利用可能な情報の比較可能性
③ 利用可能な情報の性質および目的適合性
④ 作成に関する内部統制

分析的実証手続に利用する基礎データの信頼性に問題がある場合，分析的実証手続の結果として監査人の推定値からの乖離がなかった場合であっても，その結論をもって十分かつ適切な監査証拠を得たとは判断できない可能性がある。特に，分析的実証手続のために使用したデータがすべて被監査会社の内部で生成されたものである場合，当該データ生成に係る内部統制のテストや当該データ自体の検証をふくめた慎重な検討が必要である。データの信頼性を確かめるために実施する監査手続の立案は，勘定残高の監査手続を立案する場合と同様に監基報500「監査証拠」を参照することとなる（監基報520：A12項）。

(3) 推定値の精度の評価（A14項）

監査人は算定した推定値が重要な虚偽表示を識別するための十分な精度を有するかどうか評価を行う必要がある。

推定値の精度が十分ではないと判断した場合は，詳細テストの追加や分析的実証手続に依拠しないなどの対応が必要になる。

(4) 推定値との許容可能な差異の決定（A15項）

監査人が算定した推定値と財務諸表の計上金額との差異に対して，追加的な調査を行うか否かは，当該差異が重要な虚偽表示を原因として発生している可能性を考慮に入れて判断する。すなわち，①被監査会社の重要性の基準値が大きい場合，②監査人が重要な虚偽表示リスクを低いと評価しているアサーショ

ンに関して発生している差異である場合，③詳細テストを同時に実施するなどして分析的実証手続から得るべき監査証拠の必要な保証水準が低い場合などに，追加的な調査の必要性は相対的に低くなるため，**図表 8-11**の許容可能な差異の金額は大きくなる。

　分析的実証手続によって監査人が算定する推定値が財務諸表計上金額と一致するような精度をもって算定されることはまれであること，必ずしも分析的実証手続のみによって十分かつ適切な監査証拠を得る必要はないこと，そもそも財務諸表監査制度そのものが合理的保証を行うものであることから，上記のようなアローアンスを設定することが合理的な手法となるのである。

　このようにして決定した許容可能な差異の金額を超える推定値からの乖離等を識別した場合，監査人は以下のような追加的な調査を実施する必要がある（監基報520：第6項）。

①　経営者への質問および経営者の回答に関する適切な監査証拠の入手
②　状況に応じて他の必要な監査手続の実施

　上記の調査にあたっては経営者への質問のみで終了させるのではなく，「経

〔図表 8-11〕許容可能な差異の金額の範囲の検討要素

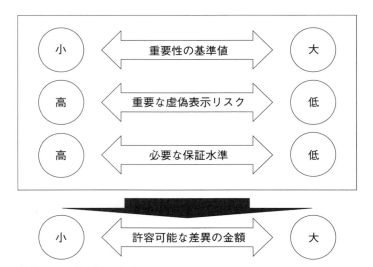

（出所）　監基報520 A 15項に基づき作成

営者の回答に関する適切な監査証拠」を入手することが求められている点に留意する必要がある。

また，監査人による推定値と被監査会社の作成した実績値とを比較する分析的実証手続は，多くの場合複数のアサーションを同時に検討することができるが，その反面推定値との乖離を解釈するにあたっては原因がどのアサーションにあるのかについて慎重な検討が必要になる。例えば売掛金の回転期間が異常に長期化していることが分析的実証手続により判明した場合，実在性と評価のいずれのアサーションの問題であるかは他の監査証拠もあわせて検討しなければ判明しないことが多い。

4　全般的な結論を形成するための分析的手続（監基報520：第5項，A16～18項）

監査人は，監査の最終段階において，被監査会社に関する監査人の理解と財務諸表が整合していることについて全般的な結論を形成するために実施する分析的手続を立案し，実施しなければならない（監基報520：第5項）。この監査手続は，監査人がこれまでの監査手続を通じて形成してきた結論を裏づけることを意図したものであり，意見表明の基礎となる結論を導くのに役立つことになる（監基報520：A16項）。

また，この段階においてこれまで認識していなかった重要な虚偽表示リスクを認識することもあり，その場合は監基報315に従い適切にリスク評価を修正するとともに，リスク対応手続も修正する必要がある（監基報520：A17項）。

Ⅷ　経営者確認書

1　経営者確認書とは

『監査基準』第三　実施基準　三　監査の実施9には以下のように記載されており，経営者の責任の所在，財務諸表作成にあたっての基本的な事項や会計方針，提出資料の網羅性について書面をもって確認することとされている。当該書面を**経営者確認書**という。

> 9 監査人は，適正な財務諸表を作成する責任は経営者にあること，財務諸表の作成に関する基本的な事項，経営者が採用した会計方針，経営者は監査の実施に必要な資料を全て提示したこと及び監査人が必要と判断した事項について，経営者から書面をもって確認しなければならない。

経営者確認書とは，特定の事項を確認するためまたは他の監査証拠を裏づけるため，経営者が監査人に提出する書面による陳述をいう（監基報580：第6項）。経営者確認書は，財務諸表，財務諸表におけるアサーションまたはこれらの基礎となる帳簿および記録を含まない。また経営者確認書は，監査人を宛先とする書簡でなければならず，口頭による回答は認められない。これは，書面による陳述を要請することで，記載事項をより厳密に検討することを経営者に促し，結果として陳述の質が高まることを意図している。

なお，この場合の経営者とは，取締役または執行役のうち企業における業務の執行において責任を有する者をいい，適用される財務報告の枠組みに準拠して財務諸表を作成する責任を有する者である。企業の最高経営責任者や最高財務責任者に対して経営者確認書を要請することが通常であるが，役職名はこれらの名称に限られず，企業内の同等の役職者に要請することとなる。

マメ知識8-5　「最高経営責任者」の名称

監基報580では「最高経営責任者」や「最高財務責任者」に対して確認書を要請することが通常とされている。この名称そのものを使用する企業はあまり多くはなく，多くの企業で最高経営責任者は「社長」とよばれている。また，新興企業や外国人株主の多い企業で「CEO（Chief Executive Officer）」，「COO（Chief Operating Officer）」といった英語での略称を用いることも見られる他，銀行では「頭取」，新聞社では「社主」，大学等では「総長」，非営利組織では「理事長」，政府系機関では「総裁」といった業界や組織形態独特の呼称も存在する。

いずれにしても被監査会社に対する適切な理解の下，財務諸表作成に関する最終的な責任を有する役職者に対して，経営者確認書を要請することが必要である。

2 経営者確認書入手の目的と性質

　監査人は，①経営者が財務諸表の作成責任および監査人に提供した情報の網羅性に対する責任を果たしたと判断していることを確認すること，②他の監査手続によって入手した監査証拠の裏づけをとることを目的として，経営者確認書を入手する。

　経営者確認書は財務諸表に対する意見表明の基礎を構成する必要な監査証拠であるが，経営者確認書自体は記載されている事項に対する十分かつ適切な監査証拠とはならず，特定のアサーションに関して監査人が入手する他の監査証拠の種類または範囲には影響を及ぼさない点に留意する必要がある（監基報580：第4項）。

　経営者確認書は必要な監査証拠であるため，その日付は監査報告書日よりも後になってはならない一方で，経営者確認書には後発事象の有無に関する確認事項も含まれることから，通常，監査報告書日と同日付で入手する（監基報580：第13項）。しかし，特定のアサーションについて経営者確認書を入手する場合などは，監査報告書日よりも前の日付の経営者確認書を入手することがある。この場合，監査報告書日に経営者確認書を更新することが必要となる場合がある。

　経営者確認書には，「確認書」という名称は付されているが，経営者確認書の入手の監査手続の種類は「確認」ではなく「質問」になる。監査手続の種類としての「確認」は，第三者から回答を得る監査手続である（監基報505：第5項(1)）からである。

3 経営者確認書における確認事項

　経営者確認書には，経営者の責任に関する事項として，次の事項が監査契約書に記載されているとおりに記載されなければならない（監基報580：第9～10項）。

- 適用される財務報告の枠組みに準拠して財務諸表を作成し適正に表示する責任を果たした旨（第9項）

- 経営者が財務諸表の作成に関連すると認識しているまたは監査に関連して監査人が依頼したすべての情報及び情報を入手する機会を監査人に提供した旨（第10項(1)）
- すべての取引が記録され，財務諸表に反映されている旨（第10項(2)）

また，上記を補完する記載事項として，会計方針の選択および適用の適切性や，経営者が気づいたすべての内部統制の不備を監査人に伝達している旨の陳述を要請することがある。

さらに，他の監査基準報告書において経営者確認書の入手が要求されている事項について，経営者確認書において確認を求めることがある。該当する記載事項としては，次の項目が挙げられる。

- 不正を防止し発見する内部統制を整備及び運用する責任は，経営者にあることを承知している旨（監基報240：第38項(1)参照）
- 不正による財務諸表の重要な虚偽表示の可能性に対する経営者の評価を監査人に示した旨（監基報240：第38項(2)参照）
- 企業に影響を与える不正または不正の疑いがある事項に関する情報が存在する場合，当該情報を監査人に示した旨（監基報240：第38項(3)参照）
- 従業員，元従業員，投資家，規制当局またはその他の者から入手した財務諸表に影響する不正の申立てまたは不正の疑いがある事項に関する情報を監査人に示した旨（監基報240：第38項(4)参照）
- 重要な違法行為またはその疑いを全て監査人に示している旨（監基報250：第16項参照）
- 未修正の虚偽表示に重要性はないと判断している旨（監基報450：第13項参照）
- 重要な訴訟事件を監査人に開示し，財務報告の枠組みに従って処理している旨（監基報501：第11項参照）
- 会計上の見積りを行う際に使用された見積手法，重要な仮定およびデータ並びに関連する注記事項が，適用される財務報告の枠組みに準拠した認識，測定および注記を達成する上で適切である旨（監基報540：第36項参照）
- 関連当事者の名称，関係及び取引を監査人に開示し，当該関係及び取引を財務諸表において適切に処理し開示した旨（監基報550：第25項参照）
- 重要な後発事象を適切に修正または開示している旨（監基報560：第8項参照）
- 継続企業の前提に重要な疑義を生じさせるような事象または状況を識別した場

合の対応策及び当該対応策の実行可能性（監基報570：第15項参照）
- 比較情報に影響を及ぼす前年度の財務諸表の重要な虚偽表示を解消するために行われた全ての修正再表示に関する確認事項（監基報710：第8項参照）
- 中間監査における経営者確認書の入手（監基報910：第24項参照）

4　経営者確認書の信頼性に疑義がある場合の監査人の対応

　経営者確認書の記載事項が他の監査証拠と矛盾する場合，監査人は問題を解消するための監査手続を実施することが求められる（監基報580：第16項）。この監査手続としては，例えば経営者が経営者確認書記載事項の趣旨を誤解していないか確かめるための質問や，他の監査証拠の解釈の再検討などが考えられる。

　これらの手続を実施しても問題が解消しない場合，経営者の能力，誠実性もしくは倫理観，またはこれらに対する経営者の取組みもしくは実践についての評価を再検討し，それが経営者の陳述や監査証拠全体に及ぼす影響を判断しなければならない（監基報580：第16項）。また，当初のリスク評価が依然として適切であるかを検討し，必要に応じてリスク評価およびリスク対応手続を修正する（監基報580：A19項）。

　上述の手続の結果，経営者確認書の記述のうち，財務諸表を適正に作成する責任を果たした旨の記述や，監査人に提供した情報および記録した取引の網羅性に関する記述について信頼性がないと判断した場合は，監査人は財務諸表に対する意見を表明してはならない（監基報580：第19項）。なぜならば，これらの確認事項に関する監査人の心証は経営者確認書以外の手段のみから得ることはできないため，これらの事項の確認が得られない場合には，監査人は十分かつ適切な監査証拠を得ることができないからである（監基報580：A22項）。この場合，監査証拠の入手が不可能であることの財務諸表への影響は広範なものとなるため，監査人は財務諸表に対する意見を表明することができないこととなる（監基報580：第19項）。

5　確認が得られない場合の監査人の対応

　監査人が確認を要請した事項の一部または全部について確認を得られない場合，監査人は経営者との協議を行った上で経営者の誠実性を再評価し，経営者の陳述や監査証拠の証明力への影響を評価しなければならない（監基報580：第18項）。上記の検討を行った結果として経営者の誠実性について深刻な疑義があると判断した場合や，経営者の財務諸表の作成責任に関する項目または監査人に提供した情報の網羅性に関する項目について経営者から確認が得られない場合は，監査人は財務諸表に対する意見を表明してはならない（監基報580：第19項）。

IX　監査調書

1　監査業務における監査調書の意義

　監査調書とは，実施した監査手続，入手した関連する監査証拠および監査人が到達した結論の記録をいう。なお，紙媒体，電子媒体等に記録された特定の監査業務に関する監査調書を取りまとめたファイルを，監査ファイルという（監基報230：第5項）。

　『監査基準』第二「一般基準」5において，監査人は監査調書を作成し，保存することが求められている。

> 5　監査人は，監査計画及びこれに基づき実施した監査の内容並びに判断の過程及び結果を記録し，監査調書として保存しなければならない。

　監査調書は大きく分けて2つの意義を有しており，第1には監査人が監査意見を形成するための証拠資料となることであり，第2には監査人が一般に公正妥当と認められる監査の基準および適用される法令等に準拠して監査計画を策定し監査を実施したということを示す証拠資料となることである（監基報230：第2項(1)(2)）。すなわち，監査人自身が監査意見の適否を判断するための証拠資料であることはもちろんであるが，例えば，裁判所，監督官庁，日本公認会計

士協会のような外部者に対して，監査人が適切に監査業務を行っていることを示すための証拠資料ともなるのである（図表8-12）。

〔図表8-12〕監査調書の閲覧主体

（出所）　監基報230に基づき作成

　監査証拠の大部分は絶対的なものではなく，心証的なものである（監基報200：第5項）以上，監査人が監査手続を実施した結果として得た心証を，適切に記録しておくことが求められる。

2　監査調書の目的

　監査調書を作成する目的として，監基報230第3項では次の6つの目的を掲げている。

> (1) 監査計画を策定する際及び監査を実施する際の支援とすること
> (2) 監査責任者が指示，監督及び査閲を実施する際の支援とすること
> (3) 実施した作業の説明根拠にすること
> (4) 今後の監査に影響を及ぼす重要な事項に関する記録を保持すること
> (5) 監査業務に係る審査及び監査業務の定期的な検証の実施を可能にすること
> (6) 法令等に基づき実施される外部による検査の実施を可能にすること

　上記の目的は，(1)と(4)を除き監査調書の作成者以外の者が監査調書を閲覧することを前提としたものとなっている。また，(1)と(4)についても現在の大規模化，組織化された監査業務を想定した場合，やはり監査調書の作成者以外の者が監査調書を閲覧することによってその目的が達成される。そのため，監査調書は作成者が理解できれば良いというものではなく，経験豊富な監査人が理解可能となるための要件を備えた監査調書を作成する必要がある。

3　監査調書に記載すべき事項

　目的に沿った監査調書を作成するため，監基報230では監査調書に記載すべき事項が定められており，それは前述のとおり外部の者の閲覧を想定した要求事項となっている。ただし，監査調書を閲覧する全ての者がその内容を理解できるように記載することまでは求められておらず，監査人は監査調書を「経験豊富な監査人」が理解できるように記載することを求められている（監基報230：第7項）。

　ここで「経験豊富な監査人」とは，監査実務の経験を有し，①監査のプロセス，②一般に公正妥当と認められる監査の基準及び適用される法令等，③企業の事業内容に関連する経営環境，④企業の属する産業における監査及び財務報告に関する事項について相当程度理解している監査事務所内外の者をいう（監基報230：第5項(3)）。

　経験豊富な監査人が監査調書を閲覧した際に理解できるようにしておくべき事項として，次の3点が定められている（監基報230：第7項）。

> (1)　実施した監査手続の種類，時期及び範囲
> (2)　監査手続を実施した結果及び入手した監査証拠
> (3)　監査の過程で生じた重要な事項とその結論及びその際になされた職業的専門家としての重要な判断

　このため，監査調書には入手した証拠資料（証憑書類や確認状等）やそれに基づいて検討した事項や結論のみならず，監査手続書，経営者および監査役等との議事録，重要な事項に関するやりとりを示した文書（電子メールを含む）も含まれる。ただし監査において検討された事項または職業的専門家としての判断のすべてを文書化することを求めているものでもない（監基報230：A7項）。

4　監査報告書日後の取扱い

　監査調書は適時に作成する必要があるため，そのほとんどは監査報告書の発行前に作成されることとなるが，事後判明事実が生じた場合など監査報告書日

後に監査手続を実施し，監査調書を作成しなければならないことがある。この場合，監査調書に次の事項を追加する必要がある（監基報230：第12項）。

> (1) 発生した状況の内容
> (2) 新たに又は追加的に実施した監査手続の内容，その結果入手した監査証拠，到達した結論及びそれらが監査報告書に及ぼす影響
> (3) 監査調書に追加・変更を実施した者及び実施日並びにそれらを査閲した者及び査閲日

また，監査報告書の発行後，通常60日を超えない期限内に，監査ファイルにおける監査調書を最終的に整理することが求められており，さらに，整理後の監査ファイルはその保存期間が終了するまで，いかなる監査調書であっても削除または廃棄することが禁じられる。他方，監査調書の修正・追加を行った場合には，①それが必要となった具体的理由，②それを実施した者および実施日，③それらを査閲した者および査閲日を文書化する必要がある（監基報230：第15項）。

監査調書の保存期間については明確な規定はなく，会社法における会計帳簿の保存期間である10年が参考となるが，これより短い保存期間や長い保存期間とすることもある（監基報230：A23項）。

5 監査事務所としての監査調書の管理

『品質管理基準』第八 業務の実施 一 監査業務の実施1において，監査業務に関する文書に関して監査事務所が品質目標を設定しなければならないことが規定されている。

> 1 監査事務所は，より質の高い監査の実施を目指すために，監査業務の実施に関する品質目標を設定しなければならない。当該品質目標には，(1)監査実施の責任者及び監査業務に従事する補助者による責任ある業務遂行，(2)補助者に対する適切な指揮，監督及び監査調書の査閲，(3)職業的専門家としての適切な判断並びに懐疑心の保持及び発揮，(4)監査業務に関する文書の適切な記録及び保存に関する目標を含めなければならない。

6　個々の監査業務における監査調書の管理

『品質管理基準』第八　業務の実施　一　監査業務の実施第2～3項において，個々の監査業務の監査責任者の責任が規定されている。

> 2　監査実施の責任者は，監査事務所の定める方針又は手続を遵守し，補助者の指揮，監督及び監査調書の査閲を適切に行い，監査調書が適切に作成及び保存されているかを確かめなければならない。
> 3　監査実施の責任者は，監査意見の表明に先立ち，監査調書の査閲等を通して，十分かつ適切な監査証拠が入手されていることを確かめなければならない。

　監査責任者は補助者に対する適切な指示および監督を行うとともに，十分かつ適切な監査証拠が入手されていることを確かめる責任を負っているが，これらはいずれも監査調書の査閲等を通じて実施されることになる。監査調書の査閲に関して最終的な責任を負うのは監査責任者であるが（監基報220：第29項），監査責任者は必ずしもすべての監査調書を査閲する必要はない。

　監査責任者は，監査事務所の方針および手続に従って監査調書を査閲する必要がある。当該監査事務所の方針および手続は監査チームのより経験のあるメンバーが経験の浅いメンバーの作成した監査調書を閲覧するという原則に基づいて定められたものである必要がある（監基報220：A81項）。

X　意見表明に関する審査

1　審査の意義

　監査人は，監査意見を表明するにあたり原則として審査を受ける必要があり，監査責任者は審査担当者が選任されていることを確かめる必要がある。この審査は監査意見が一般に公正妥当と認められる監査の基準に準拠して適切に形成されていることを確かめるために受けるものであり，監査報告書日またはそれ以前に，監査チームが行った監査手続，監査上の重要な判断および監査意見の形成を客観的に評価するために実施する手続である。なお，審査の文書化は，

当該監査報告書日後の監査調書の整理期間に行うことができる。

　審査担当者によって審査が行われたとしても，監査意見に関する全ての責任は，あくまでも監査責任者が負うのであって，審査が行われたことをもって監査責任者の責任が軽減されることはない。

　『監査基準』第四　報告基準　一　基本原則5は，審査について次のように定めている。

> 5　監査人は，意見の表明に先立ち，自らの意見が一般に公正妥当と認められる監査の基準に準拠して適切に形成されていることを確かめるため，意見表明に関する審査を受けなければならない。この審査は，品質管理の方針及び手続に従った適切なものでなければならない。品質管理の方針及び手続において，意見が適切に形成されていることを確認できる他の方法が定められている場合には，この限りではない。

　上述のとおり，『監査基準』は審査が品質管理の方針および手続に従ったものであることを求めている。品質管理の方針および手続は『監査に関する品質管理基準』に従ったものである必要がある。審査に関する品質管理の方針に関しては，『品質管理基準』第八　業務の実施　四　監査業務に関する審査において，監査事務所が定めるべき事項として次のように記載されている。

> 四　監査業務に係る審査
> 1　監査事務所は，原則として全ての監査業務について，監査チームが行った監査上の重要な判断及び監査意見を客観的に評価するために，審査に関する方針又は手続を定めなければならない。なお，監査報告の対象となる財務諸表の社会的影響が小さく，かつ，監査報告の利用者が限定されている監査業務については，審査に関する方針又は手続において，意見が適切に形成されていることを確認できる他の方法が定められている場合には，審査を要しないとすることができる。
> 　当該審査に関する方針又は手続には，審査の担当者の選任，審査の担当者及び監査チームの責任，審査の実施並びに審査の記録及び保存を含めなければならない。

　上記のとおり『品質管理基準』上，監査事務所は審査に関する方針および手

続を定めるのみならず，審査が適切に行われていることをモニタリングする必要がある。また，審査の内容および結論は，次のとおり監査調書として記録および保存することが求められている（『品質管理基準』第八　業務の実施　四　監査業務に関する審査）。

> 四　監査業務に係る審査
> 5　監査事務所及び審査の担当者は，審査に関する方針又は手続に従って，監査業務に係る審査の内容及び結論を，監査調書として記録及び保存しなければならない。

品基報第2号第25項では，審査担当者が実施すべき事項を以下のように定めている。

> (1) 監査業務と企業の性質及び状況に関する情報および，監査事務所の品質管理システムに関する不備に関する情報の理解
> (2) 監査業務の計画，実施及び報告における重要な事項，および重要な判断に関する監査責任者等との討議
> (3) 監査チームが行った重要な判断に関する監査調書の査閲，および評価
> (4) 独立性に係る職業倫理に関する規定を遵守していると監査責任者が判断した根拠の評価
> (5) 専門性が高く判断に困難が伴う事項等について，必要に応じて適切な専門的な見解の問合せが行われたか，および当該専門的な見解の問合せから生じた結論の評価
> (6) 監査責任者の関与が監査業務の全過程を通じて十分かつ適切であると判断した根拠の評価
> (7) 財務諸表及び監査報告書の検討

通常，監査計画が立案された段階で監査計画の審査（計画審査）を受け，監査手続の大部分が終了した後の監査意見表明前に監査意見の審査（監査意見審査）を受けることとなる。監査計画に重要な修正が行われた場合には，適時に監査計画の修正に関する審査（計画修正審査）を受ける。

また，監査上の重要な判断が行われた場合には，随時に審査担当者に対して専門的見解の問い合わせ（事前審査）を依頼し，監査責任者と審査担当者間の

判断の相違の有無を確認するとともに，判断の相違があればこれを解決する。

さらに，不正による重要な虚偽表示の疑義があると判断された場合には，修正後のリスク評価及びリスク対応手続が妥当であるかどうか，入手した監査証拠が十分かつ適切であるかどうかについて，以下の事項を含めて検討しなければならない（品基報第 2 号：F25-3 JP 項）。

■**不正による重要な虚偽表示の疑義があると判断された場合に検討すべき事項**
（品基報第 2 号：FA35-3 JP 項）
- 修正後の監査の基本的な方針と詳細な監査計画の内容
- 監査上の判断，特に重要性及び重要な虚偽表示の発生可能性に関して行った判断
- リスク対応手続の種類，時期及び範囲
- 入手した監査証拠が十分かつ適切かどうか
- 専門的な見解の問合せの要否及びその結論
- 不正による重要な虚偽表示の疑義に関する監査調書には，実施した手続とその結論が適切に記載されているかどうか

2 審査担当者の役割および適格性

審査を行う者を審査担当者といい，監査チームが行った監査手続，監査上の重要な判断および監査意見の形成を客観的に評価するのに十分かつ適切な経験と職位等の資格を有する者（会議体を含む）が担当する。通常，当該監査業務の監査責任者になることができる程度の経験や職位を有する社員等が，審査担当者として想定される。

審査担当者の適格性に関し，『品質管理基準』第八 業務の実施 四 監査業務に関する審査では次のように定めている。

> 四　監査業務に係る審査
> 2　監査事務所は，審査に関する方針又は手続に従って，審査の担当者が，十分な審査時間の確保を含めて，適性，能力及び適切な権限を有すること，並びに審査の担当者として，客観性及び独立性を保持するとともに，職業倫理を遵守することを確かめなければならない。
> 3　監査事務所は，審査に関する方針又は手続に従って，審査における審査の担

> 当者及び監査チームの責任が果たされていることを確かめなければならない。
> 4　監査事務所は，審査に関する方針又は手続に従って，審査の担当者が監査の計画，実施及び報告における重要な事項，判断及び結論について，適時に適切な審査を行っていることを確かめなければならない。

3　監査責任者と審査担当者の判断が相違する場合の対応

　監査意見が一般に公正妥当と認められる監査の基準に準拠して適切に形成されているものと監査責任者が判断し，審査担当社員の審査を受けた際に，審査担当社員が監査責任者の見解に同意せず，両者の判断が相違することはしばしば発生する。

　『品質管理基準』第八　業務の実施　三　監査上の判断の相違には，次のとおり，監査責任者と審査担当者の判断が相違する場合には，当該相違が解決されるまでは監査報告書を発行してはならない旨が定められている（なお，監基報220第37項にも同様の規定がある）。

> 三　監査上の判断の相違
> 1　監査事務所は，より質の高い監査の実施を目指すために，業務の実施における監査上の判断の相違に関する品質目標を設定しなければならない。当該品質目標には，監査チーム内又は監査チームと審査の担当者等との間の判断の相違を適切に解決することに関する目標を含めなければならない。
> 2　監査実施の責任者は，監査事務所の定める方針又は手続に従って，監査チーム内又は監査チームと審査の担当者等との間の判断の相違を解決しなければならない。
> 3　監査事務所は，監査実施の責任者と監査業務に係る審査の担当者等との間の判断の相違が解決しない限り，監査報告書を発行してはならない。
> （注）審査の担当者等とは，審査の担当者及び監査チーム外で専門的な見解を含む監査上の判断について見解を提供する者をいう。

　前述のとおり審査担当者は，監査チームからの監査上の判断に関する専門的な見解の問い合わせに対して回答することもある。これは，業務が進行した段階で監査チームとの判断の相違が生じることを回避するためのものである。し

かしながら，審査担当者の客観性を損なうほどに重要な事項であれば，別の審査担当者（合議体を含む）を監査事務所の内外を問わず選任することとなる。

参考までに監査チームと審査担当者との関係を図示すると図表8-13のとおりとなる。審査担当者は，監基報220第12項(4)で定義される「監査チーム」は構成しないが，独立性に関する指針において定義される「監査業務チーム」を構成するため，被監査会社に対して独立性を保持することが求められる。

〔図表8-13〕監査業務チームの構成

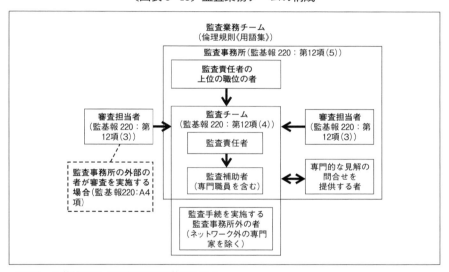

（出所）　監基報220および倫理規則に基づき作成

4　審査の簡素化

　監査事務所は監査報告の対象となる財務諸表の社会的影響が小さいなどの一定の要件を満たす監査業務について，審査を要しないとすることができる（『品質管理基準』第八　業務の実施　四　監査業務に関する審査）。

　審査を省略する監査業務につき，監査責任者は，監査意見が適切に形成されていることを確認できる他の方法（監査責任者が意見表明前に実施し文書化した自己点検等）が，監査事務所の定める方針および手続に従って適切に行われていることを確かめなければならない（監基報220：第36-3 JP項）。

第 9 章 継続企業の前提の監査

Summary

- 継続企業の前提の監査における監査人の責任は，仮に継続企業の前提に重要な疑義が認められる場合でも，企業の存続を保証することにはなく，適切な開示が行われているかの判断，すなわち，会計処理や開示の適正性に関する意見の表明の枠組みの中で対応することにある。
- 監査人は，経営者が継続企業を前提として財務諸表を作成することの適切性について十分かつ適切な監査証拠を入手し，継続企業の前提に関する重要な不確実性が認められるか否かを結論付ける責任がある。
- 継続企業の前提に関する経営者の評価は，経営者が継続企業を前提として財務諸表を作成することに関する監査人の重要な検討対象である。監査人は，継続企業の前提に関して経営者が行った評価を検討しなければならない。
- 監査人は，継続企業の前提に重要な疑義を生じさせるような事象または状況を識別した場合，追加的な監査手続を実施することにより，継続企業に関する重要な不確実性が認められるかどうかを判断するための十分かつ適切な監査証拠を入手しなければならない。
- 監査人は，継続企業を前提として財務諸表が作成されている場合に，継続企業を前提として経営者が財務諸表を作成することが適切でないと判断したときには，不適正意見を表明しなければならない。

I 制度化の背景

　財務諸表は，一般に公正妥当と認められる企業会計の基準に準拠して作成される。そしてこの企業会計の基準は，企業が将来にわたって事業活動を継続するとの前提（以下，「**継続企業の前提**」という）に立って設定されている。

　しかし，企業はさまざまなリスクにさらされながら事業活動を営んでいるため，企業が将来にわたって事業活動を継続できるかどうかは，もともと不確実性を有する。特に，1990年代後半，わが国では企業破綻の事例が相次ぎ，その中には，監査人が監査報告書において適正意見を表明した直後に倒産する事例も存在した。そのため，継続企業の前提について監査人が検討しその疑義について監査人が関与することに対する社会の期待が高まった。すでに，アメリカをはじめとする主要国の監査基準（アメリカでは1988年（SAS59号））や国際監査基準（1999年（ISA570））は，継続企業の前提に関して監査人が検討を行うことを義務づけていた。

　以上の状況を背景として，企業会計審議会は2002（平成14）年改訂の『監査基準』で初めて，継続企業の前提の監査に係る規定を導入し，継続企業の前提の監査は2003（平成15）年3月決算の財務諸表監査から適用された。また，この改訂に応じる形で，財務諸表等規則および同ガイドライン等の関連府令が改正され，日本公認会計士協会は関連する実務指針の新設および改正を行った。そして，この継続企業の前提の監査に関する規定は，2005（平成17）年改訂の『監査基準』にもそのまま引き継がれた。

　ところが，2009（平成21）年4月には，継続企業の前提の監査に係る規定の改訂に特化した形で，『監査基準』の改訂がなされた。この改訂は，①サブプライム・ショックを原因とする経済環境の急激な悪化を背景に四半期財務諸表に対して継続企業の前提の疑義に関する注記および追記情報の記載が急増したこと，②継続企業の前提に関する国際的な開示・監査基準や実務との整合性を確保することを目的になされたものである。継続企業の前提に関する開示を規制する財務諸表等規則および同ガイドライン等の関連府令もそれに応じて改正された。

さらに，2010（平成22）年3月には，2009年3月に明瞭化プロジェクトを完了させた国際監査基準との整合性を図るために，『監査基準』が改訂された。そして，日本公認会計士協会が公表する監査基準委員会報告書は，この改訂を受けて2011（平成23）年12月に全面的に刷新され，新たな監査基準委員会報告書として体系づけられた。この新たに体系づけられた監査基準委員会報告書のなかに，監査人による継続企業の前提の監査に関する実務指針が含まれている。

　本節では，日本公認会計士協会が公表した次の2つの報告書に従い，継続企業の前提に係る開示と監査について詳しく説明する。

- 経営者による継続企業の前提に係る開示：監査・保証実務委員会報告第74号「継続企業の前提に関する開示について」（最終改正2009年4月）
- 監査人による継続企業の前提の監査：監査基準報告書570「継続企業」（2023年1月）

II　継続企業の前提に係る開示

1　経営者の責任

　一般に公正妥当と認められる企業会計の基準に準拠して財務諸表を作成する責任は経営者にある。したがって，経営者には，継続企業の前提に基づいて財務諸表を作成することが適切であるか否かを評価することが求められる。なぜなら，企業会計の基準が継続企業の前提に立って設定されているからである。

　この継続企業の前提に関する評価は，経営者が**継続企業の前提に重要な疑義を生じさせるような事象または状況**を解消し，または改善するための対応策を含み，**合理的な期間（少なくとも貸借対照表日の翌日から1年間）**にわたり企業が継続できるかどうかについて，入手可能なすべての情報に基づいて行うことが求められる。

　経営者は，継続企業の前提に関する評価の結果，貸借対照表日において，単独でまたは複合して継続企業の前提に重要な疑義を生じさせるような事象または状況が存在する場合であって，当該事象または状況を解消し，または改善するための対応をしてもなお**継続企業の前提に関する重要な不確実性**が認められ

〔図表9-1〕注記開示のプロセス

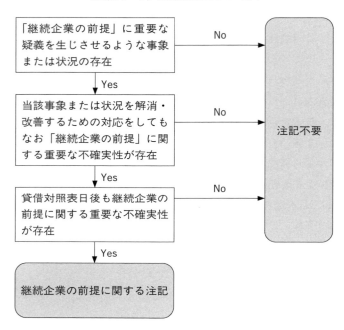

るときは，継続企業の前提に関する事項を財務諸表に注記することが必要となる。

以下で，注記開示のプロセスをより詳しく説明する（図表9-1参照）。

2 継続企業の前提に重要な疑義を生じさせるような事象・状況の識別

経営者による継続企業の前提の評価は，継続企業の前提に重要な疑義を生じさせるような事象または状況の存在の有無の検討から始まる。継続企業の前提に重要な疑義を生じさせるような事象または状況として，4つに類型化して以下のような項目が例示されている（監査・保証実務委員会報告第74号第4項）。

〈財務指標関係〉
・売上高の著しい減少

- 継続的な営業損失の発生又は営業キャッシュ・フローのマイナス
- 重要な営業損失，経常損失又は当期純損失の計上
- 重要なマイナスの営業キャッシュ・フローの計上
- 債務超過

〈財務活動関係〉
- 営業債務の返済の困難性
- 借入金の返済条項の不履行又は履行の困難性
- 社債等の償還の困難性
- 新たな資金調達の困難性
- 債務免除の要請
- 売却を予定している重要な資産の処分の困難性
- 配当優先株式に対する配当の遅延又は中止

〈営業活動関係〉
- 主要な仕入先からの与信又は取引継続の拒絶
- 重要な市場又は得意先の喪失
- 事業活動に不可欠な重要な権利の失効
- 事業活動に不可欠な人材の流出
- 事業活動に不可欠な重要な資産の毀損，喪失又は処分
- 法令に基づく重要な事業の制約

〈その他〉
- 巨額な損害賠償金の負担の可能性
- ブランド・イメージの著しい悪化

　継続企業の前提に重要な疑義を生じさせるような事象または状況は，本来，非常に広範かつ多岐にわたるものと考えられる。上記の項目は例示列挙にすぎない。また，これらの項目には，単独で継続企業の前提に重要な疑義を生じさせるものもある。しかし通常は，複数の事象または状況が密接に関連して発生または発現することによって継続企業の前提に重要な疑義を生じさせると考えられる。経営者にとっては，継続企業の前提の評価という観点のみならず，企業の**リスク・マネジメント**の観点からも，これらの事象または状況をいかに適時かつ適切に識別するかは重要な課題といえる。

> **マメ知識9-1** 『会社四季報』と継続企業の前提に関する注記開示
>
> 投資家が熟読する本に『会社四季報』がある。2010年から継続企業の前提に関する疑義の注記開示をしている会社名が記載されることになった。この情報をもとに注記開示を調べてみた。開示会社数は，2010年130社，2011年101社，2019年34社，2021年26社，2023年24社であった。

3　対応策の検討

　経営者には，識別した継続企業の前提に重要な疑義を生じさせるような事象または状況を解消させ，または改善するための対応策を策定することが求められる。そして，この対応策は，財務諸表作成時現在計画されており，効果的で実行可能であることが必要である。
　具体的な対応策の内容としては，次のようなものが考えられる。
- 借入金の契約条項の履行が困難であるという状況：
　　資産の処分，返済条件の見直し，または増資計画など
- 重要な市場または得意先の喪失：
　　他の同等な市場または得意先の開拓といった計画など

　もっとも，経営者の策定した対応策の有効性や実行可能性に係る判断は，将来予測を含んだ主観的判断の側面を色濃く持っている。当該判断について経営者と監査人との間で意見が対立する場合も多いと考えられる。当該判断の妥当性をいかに見極めるかは，継続企業の前提に係る開示と監査の制度において最も重要かつ困難な課題といえよう。

4　継続企業の前提の適切性に係る判断

　さて，継続企業の前提の適切性に関する経営者の判断については，2つのケースが考えられる。貸借対照表日において継続企業の前提に重要な疑義を生じさせるような事象または状況が識別された場合であっても，それが対応策によって解消し，または改善したため，貸借対照表日後において継続企業の前提に関する重要な不確実性が認められなくなったと判断した場合，経営者は継続企

業の前提の適切性に係る評価を注記開示する必要はない。また，当初識別されたが，対応策によって解消あるいは改善された当該事象または状況を注記開示する必要もない。つまり，識別された継続企業の前提に重要な疑義を生じさせるような事象または状況が対応策によって解消あるいは改善されたと経営者が判断した時点で，継続企業の前提に係る経営者の評価は終了することになる。

一方，貸借対照表日において，継続企業の前提に重要な疑義を生じさせるような事象または状況が存在し，その後，当該事象または状況を解消し，または改善するための対応をしてもなお継続企業の前提に関する重要な不確実性が認められるときは，経営者は，次に，その影響の程度を総合的に評価して，継続企業の前提に基づき，財務諸表を作成することの適否について判断しなければならない。

5　継続企業の前提に関する注記開示

貸借対照表日において，継続企業の前提に重要な疑義を生じさせるような事象または状況が存在し，継続企業の前提に関する重要な不確実性が認められるとしても，継続企業を前提として財務諸表を作成することが適切であると判断した場合，経営者は継続企業の前提に関する事項を財務諸表に注記する。すなわち，経営者は，貸借対照表日において，継続企業の前提に重要な疑義を生じさせるような事象または状況が存在する場合であって，当該事象または状況を解消し，または改善するための対応をしてもなお継続企業の前提に関する重要な不確実性が認められるときは，次に掲げる事項を注記しなければならない（財務諸表等規則第8条の27）。

① 当該事象又は状況が存在する旨及びその内容
② 当該事象又は状況を解消し，又は改善するための対応策
③ 当該重要な不確実性が認められる旨及びその理由
④ 当該重要な不確実性の影響を財務諸表に反映しているか否かの別

なお，貸借対照表日後において，当該重要な不確実性が認められなくなった場合は継続企業の前提に関する注記を行う必要はない。財務諸表が公表される

時点ですでに認められなくなった過去の重要な不確実性に関する情報を注記開示すれば，それにより投資者の意思決定が誤導される可能性があるためである。

●———III　継続企業の前提の監査

1　監査人の責任

　監査人は，経営者が継続企業を前提として財務諸表を作成することの適切性について十分かつ適切な監査証拠を入手し結論づけるとともに，入手した監査証拠に基づき，継続企業の前提に重要な疑義を生じさせるような事象又は状況に関する重要な不確実性が認められるか否かを結論づける責任がある。すなわち，監査人は，財務諸表監査において，経営者が継続企業を前提として財務諸表を作成することに関連して，次のような責任を負う（監基報570：第6項）。
- 経営者が継続企業を前提として財務諸表を作成することの適切性について十分かつ適切な監査証拠を入手し結論づけること。
- 入手した監査証拠に基づき，継続企業の前提に関する重要な不確実性が認められるか否かについて結論づけること。

　もっとも，監査には固有の限界があり，企業が継続企業として存続できない状態を引き起こす可能性のある将来の事象または状況に関しては，この限界による影響がより大きくなる。監査人はそのような将来の事象または状況を予測することはできないため，継続企業の前提に関する重要な不確実性についての記載が監査報告書にないことをもって，企業が将来にわたって事業活動を継続することを保証するものではない。

　このような監査人の責任の基礎には，**二重責任の原則**が存在する。

　経営者は，財務諸表の作成責任者として，財務諸表の作成に当たって継続企業の前提が適切であるかどうかを評価することが求められる。そして，継続企業の前提に関する重要な不確実性が認められると判断したときは，継続企業を前提として財務諸表を作成することが適切であると判断したとしても，継続企業の前提に関する事項を財務諸表に注記しなければならない。

　他方，監査人の責任は，仮に継続企業の前提に関する重要な不確実性が認め

られると判断した場合でも，企業の事業継続能力そのものを認定し，企業の存続を保証することにはなく，継続企業の前提に関する適切な開示が行われているかの判断，すなわち，会計処理や開示の適正性に関する意見表明の枠組みの中で対応することにある。

以下，主として，経営者が継続企業を前提として財務諸表を作成することに関連して，財務諸表監査において監査人に実施が要求される事項について説明する。

2　リスク評価手続における要求事項

監査人は，リスク評価手続を実施する際，継続企業の前提に重要な疑義を生じさせるような事象または状況が存在するか否かについて考慮しなければならない。その際，監査人は，経営者が継続企業の前提に関する予備的な評価を実施しているかどうかを判断しなければならない。経営者が継続企業の前提に関する予備的な評価を実施しているか否かにより，監査人に求められる事項は次のように異なる（同：第9項）。

- 経営者が予備的な評価を実施している場合：当該評価について経営者と協議し，単独でまたは複合して継続企業の前提に重要な疑義を生じさせるような事象または状況を経営者が識別したかどうかを判断する。さらに，経営者がそのような事象または状況を識別している場合，当該事象または状況に対する経営者の対応策について経営者と協議する。
- 経営者が予備的な評価をいまだ実施していない場合：経営者が継続企業を前提として財務諸表を作成しようとする根拠について経営者と協議する。さらに，単独でまたは複合して継続企業の前提に重要な疑義を生じさせるような事象または状況が存在するかどうかについて経営者に質問する。

以上のリスク評価手続の実施を通して，監査人は，経営者が継続企業を前提として財務諸表を作成することが重要な検討事項になる可能性があるかどうかおよびそれによる監査計画への影響を判断することができる。なお，監査人には，リスク評価手続の段階のみならず監査の過程を通じて，継続企業の前提に重要な疑義を生じさせるような事象または状況に関する監査証拠に留意するこ

とが求められる。

3　経営者の評価の検討

　継続企業の前提に関する経営者の評価は，経営者が継続企業を前提として財務諸表を作成することに関する監査人の重要な検討対象である。監査人は，継続企業の前提に関して経営者が行った評価を検討しなければならない（同：第11項）。監査人は，継続企業の前提に関して経営者が行った評価の検討に当たって，経営者と同じ評価期間を対象としなければならない。わが国においては，財務諸表の表示に関する規則に従って，経営者は少なくとも期末日の翌日から１年間にわたり，企業が事業活動を継続できるかどうかを評価することになる。

　仮に，経営者の評価期間が期末日の翌日から12カ月に満たない場合には，監査人は，経営者に対して，評価期間を少なくとも期末日の翌日から12カ月に延長するよう求めなければならない（同：第12項）。また，監査人は，経営者の評価期間を超えた期間に発生する可能性がある継続企業の前提に重要な疑義を生じさせるような事象または状況に関して経営者が有する情報について質問しなければならない（同：第14項）。

　なお，監査人は，経営者が行った評価の検討に当たって，監査の結果として気づいたすべての関連する情報が経営者の評価に含まれているかどうかを検討しなければならない（同：第13項）。この評価の検討には，経営者が当該評価を行うためのプロセス，評価の基礎とした仮定，ならびに経営者の対応策及び当該対応策がその状況において実行可能であるかどうかについての評価を含むことがある。

4　継続企業の前提に重要な疑義を生じさせるような事象または状況を識別した場合の監査人の対応

　監査人は，継続企業の前提に重要な疑義を生じさせるような事象または状況を識別した場合，追加的な監査手続（当該事象または状況を解消する，または改善する要因の検討を含む）を実施することにより，継続企業の前提に関する重要な不確実性が認められるかどうかを判断するための十分かつ適切な監査証拠を入手しなければならない（同：第15項）。

監査人は，この追加的な監査手続に以下の手続を含めなければならない。
- 継続企業の前提に関する経営者の評価が未了の場合には，評価の実施を経営者に求める。
- 継続企業の評価に関連する経営者の対応策が，当該事象または状況を解消し，または改善するものであるかどうか，およびその実行可能性について検討する。

なお，経営者の対応策の評価においては，例えば，次のような質問をすることが含まれる（同：A16項）。

〈資産の処分による対応策〉
- 資産処分の制限（抵当権設定等）
- 処分予定資産の売却可能性
- 売却先の信用力
- 資産処分による影響（生産能力の縮小等）

〈資金調達による対応策〉
- 新たな借入計画の実行可能性（与信限度，担保余力等）
- 増資計画の実行可能性（割当先の信用力等）
- その他資金調達の実行可能性（売掛債権の流動化，リースバック等）
- 経費の節減又は設備投資計画等の実施の延期による影響

〈債務免除による対応策〉
- 債務免除を受ける計画の実行可能性（債権者との合意等）

- 企業が資金計画を作成しており，当該計画を分析することが経営者の対応策を評価するに当たって事象または状況の将来の帰結を検討する際の重要な要素となる場合，以下を行う。
  ・資金計画を作成するために生成した基礎データの信頼性を評価する。
  ・資金計画の基礎となる仮定に十分な裏づけがあるかどうか判断する。
- 経営者が評価を行った日の後に入手可能となった事実または情報がないかどうか検討する。
- 経営者に，経営者の対応策およびその実行可能性に関して記載した経営者確認書を要請する。

5 監査人の結論と監査報告書への影響

(1) 監査人の結論

　監査人は，経営者が継続企業を前提として財務諸表を作成することの適切性について十分かつ適切な監査証拠を入手し結論づけなければならない（同：第16項）。また，監査人は，入手した監査証拠に基づき，単独でまたは複合して継続企業の前提に関する重要な不確実性が認められるか否かについて実態に即して判断し，結論づけなければならない（同：第17項）。

　ここにおける「重要な不確実性」という用語は，わが国の財務諸表の表示に関する規則において，継続企業の前提に重要な疑義を生じさせる事象または状況に関連して，財務諸表に注記しなければならない不確実性を説明する場合に用いられる（同：A20項）。つまり，継続企業の前提に関する重要な不確実性は，当該不確実性がもたらす影響の大きさおよびその発生可能性により，不確実性の内容および影響について適切な注記が必要であると監査人が判断した場合に存在していることになる（同：第17項）。

(2) 監査報告書への影響

　ここでは，①継続企業を前提として財務諸表を作成することが適切であるが重要な不確実性が認められる場合，②継続企業を前提として財務諸表を作成することが適切でない場合，③経営者が継続企業の前提に関する評価を実施しないまたは評価期間を延長しない場合，の3つの場合に分けて，それぞれの場合における監査報告のあり方について説明する。

① 継続企業を前提として財務諸表を作成することが適切であるが重要な不確実性が認められる場合（同：第18項，第21項）

　まず，監査人は，経営者がその状況において継続企業を前提として財務諸表を作成することが適切であるが，重要な不確実性が認められると結論づける場合に，以下について，判断しなければならない。

　　●継続企業の前提に重要な疑義を生じさせるような事象または状況，および

当該事象および状況に対する経営者への対応策について，財務諸表における注記が適切であるかどうか。
- 通常の事業活動において資産を回収し負債を返済することができない可能性があり，継続企業の前提に関する重要な不確実性が認められることについて，財務諸表に明瞭に注記されているかどうか。

次に，重要な不確実性について財務諸表に適切な注記がなされている場合，無限定適正意見を表明する（適正表示の枠組みの場合）とともに，財務諸表における注記事項について注意を喚起するために，監査報告書に「継続企業の前提に関する重要な不確実性」という見出しを付した区分を設け，継続企業の前提に関する重要な不確実性が認められる旨及び当該事項は監査人の意見に影響を及ぼすものではない旨を記載しなければならない。

他方，財務諸表における注記が適切でないと判断した場合，監査人は，監査基準報告書705「独立監査人の監査報告書における除外事項付意見」に従い，適正表示の枠組みの場合，状況に応じて限定付適正意見または不適正意見を表明しなければならない。また，この場合，監査人は，「限定付適正意見の根拠」または「不適正意見の根拠」の区分において，継続企業の前提に関する重要な不確実性が認められる旨，および財務諸表に当該事項が適切に注記されていない旨を記載しなければならない。

② 継続企業を前提として財務諸表を作成することが適切でない場合（同：第20項）

監査人は，継続企業を前提として財務諸表が作成されている場合に，継続企業を前提として経営者が財務諸表を作成することが適切でないと判断したときには，不適正意見を表明しなければならない（適正表示の枠組みの場合）。なお，このとき，経営者が継続企業の前提に基づき財務諸表を作成することが不適切である旨を財務諸表に注記している場合でも，監査人は不適正意見を表明しなければならない（同：A25項）。

継続企業を前提として財務諸表を作成することが適切でない場合には，例えば，次のような一定の事実が存在する場合がある。

- 更生手続開始決定の取消し,更生計画の不認可
- 再生手続開始決定の取消し,再生計画の不認可
- 破産手続開始の申立て
- 会社法の規定による特別清算開始の申立て
- 法令の規定による整理手続によらない関係者の協議等による事業継続の中止に関する決定
- 規制当局による事業停止命令

③ **経営者が継続企業の前提に関する評価を実施しないまたは評価期間を延長しない場合**（同：第23項）

　監査人は，監査人が評価の実施または評価期間の延長を求めたにもかかわらず経営者がこれを行わない場合に，監査報告書への影響を考慮しなければならない。この場合，監査人が監査報告書において限定意見の表明または意見不表明とすることが適切なときがある。なぜなら，経営者が進めている対応策または改善するその他の要因の存在についての監査証拠等，継続企業を前提として財務諸表を作成することに関する十分かつ適切な監査証拠を入手することができないからである（同：A34項）。

　フローチャートを用いて，監査意見の変化を類型化したのが**図表 9-2**である。

〔図表9－2〕「継続企業の前提」に関する監査手続と監査意見のパターン

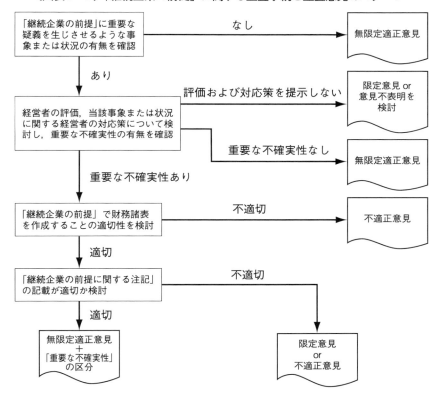

（出所）　企業会計審議会総会（平成21年4月9日開催）議事録，資料1—3一部修正

第10章 報告基準

Summary

- 監査人は，実施した監査の結果を監査報告書によって報告しなければならない。
- 財務諸表の表示の適正性あるいは作成基準への準拠性に関する監査人の結論は，監査意見によって財務諸表の利用者に伝達される。
- 監査人は，財務諸表が，すべての重要な点において適用される財務報告の枠組みに準拠して作成されているかどうかを評価する。
- 監査人は，監査報告書に適切な意見を記載することによって，財務諸表に対する利用者の信頼の程度を高めることになる。
- 監査報告書には，「監査人の意見」「意見の根拠」「経営者及び監査役等の責任」ならびに「監査人の責任」が明瞭かつ簡潔に，それぞれを区分して記載されなければならない。
- 監査報告書には，「継続企業の前提に関する重要な不確実性」「監査上の主要な検討事項」ならびに監査人が強調する必要があるかまたは説明を付す必要があると判断した事項（追記情報）が記載される場合がある。
- 監査報告書の冒頭には，「監査意見」区分が設けられ，表明される意見の類型に応じて適切な見出しが付けられなければならない。
- 除外事項付意見には，その原因の性質およびそれが及ぼす影響の範囲によって，「限定意見」「否定的意見」および「意見不表明」の3種類がある。
- 監査人は，当年度の財務諸表の監査の過程で監査役等と協議した事項の中から「特に注意を払った事項」を決定し，その中から，当年度の財務諸表の監査において，職業的専門家として特に重要であると判断した事項を「監査上の主要な検討事項」として決定しなければなら

> ない。
> ➢ 監査人は，「監査上の主要な検討事項」の内容，決定した理由および監査における対応を監査報告書に記載しなければならない。
> ➢ 監査人は，「準拠性に関する意見」を表明するとき，作成された財務諸表が，すべての重要な点において適用された会計基準に準拠して作成されているかどうかについて意見を表明しなければならない。
> ➢ 個別の財務表または財務諸表項目等に対する意見の形成および監査報告は，財務諸表に対する意見の形成および監査報告に準じて行われなければならない。
> ➢ 監査人は，「追記情報」を記載する場合には，監査報告書に「強調事項」区分および／または「その他の事項」区分を設けなければならない。
> ➢ 監査人は，原則として，対応数値として示される比較情報自体には意見を表明しない。
> ➢ 監査人は，「その他の記載内容」を通読し，財務諸表および監査の過程で得た知識と重要な相違がないか検討しなければならない。

Ⅰ　監査意見の本質

　監査人は，財務諸表に対して監査証明を必要とする企業と監査契約を結んで監査を実施し，実施した監査の結果を報告しなければならない。このとき，報告の手段として作成されるのが**監査報告書**である。監査報告書に記載される事項のうち最も重要なものは，財務諸表の表示の適正性に関する監査人の意見である。

　『監査基準』第四　報告基準一　基本原則１には，監査人が「**適正性に関する意見**」を表明する場合と，「**準拠性に関する意見**」を表明する場合について，それぞれ次のように規定されている。

> 　監査人は，適正性に関する意見を表明する場合には，経営者の作成した財務諸表が，一般に公正妥当と認められる企業会計の基準に準拠して，企業の財政状態，経営成績及びキャッシュ・フローの状況をすべての重要な点において適正に表示しているかどうかについて意見を表明しなければならない。
>
> 　監査人は，準拠性に関する意見を表明する場合には，作成された財務諸表が，すべての重要な点において，財務諸表の作成に当たって適用された会計の基準に準拠して作成されているかどうかについて意見を表明しなければならない。

　監査人が表明する意見は**監査意見**と呼ばれる。監査意見は，監査人が監査を実施した結果として，財務諸表の表示の適正性あるいは作成基準への準拠性について得た結論を伝達する手段である。財務諸表の利用者は，監査意見によって，財務諸表の信頼性の程度を判断することができるのである。

　財務諸表の表示の適正性に関する意見が表明される監査は，経営者が作成する財務諸表を主題情報として実施される保証業務である。それは，財務諸表の表示の適正性，すなわち財務諸表に全体として重要な虚偽表示がないということについて，合理的な保証を提供するものである。財務諸表の監査はいわゆる合理的保証業務であり，最も高い水準の保証を提供するものである。しかし，監査といえども絶対的保証を提供することはできず，十分かつ適切な監査証拠に裏づけられた，**合理的な保証**を提供するに過ぎない。

　合理的な保証の裏づけとなる監査証拠は，適切に実施された監査手続によって収集される。監査人は，収集した監査証拠を総合的に評価し，そこから財務諸表が企業の財政状態，経営成績およびキャッシュ・フローの状況を適正に表示しているかどうか，換言すれば，財務諸表に全体として重要な虚偽表示がないかどうかについて判断するのである。

　財務諸表監査における監査意見は，十分かつ適切な監査証拠に裏づけられているが，財務諸表監査には，**図表10-1**に示すような固有の限界があるため，監査証拠の大部分は絶対的というよりも心証的なものとならざるを得ない（日本公認会計士協会・監査基準報告書200「財務諸表監査における総括的な目的」（監基報200：A44〜47項））。

〔図表10-1〕財務諸表監査の固有の限界

財務報告の性質	●財務諸表の作成には経営者の判断を伴い，また，主観的な判断や評価，不確実性が関連するため，一部の財務諸表項目は，財務諸表項目の残高に影響を与える固有の変動要因があり，その影響は追加の監査手続を実施してもなくすことはできない。
監査手続の性質	●監査人は，関連するすべての情報を入手したという保証を得るための監査手続を実施しても，情報の網羅性について確信を持つことはできない。 ●監査証拠を入手するために実施する監査手続は意図的な虚偽表示を発見するために有効でないことがある。 ●監査人は，法令違反の疑いについて公式な捜査を行うために必要な特定の法的権限を有していない。
監査を合理的な期間内に合理的なコストで実施する必要性	●財務諸表の利用者は，監査人が合理的な期間内に合理的な費用の範囲で財務諸表に対する意見を形成することを想定しており，監査人が存在する可能性のあるすべての情報を考慮したり，すべての事項を徹底的に追及したりすることは実務上不可能であるということを認識している。

　財務諸表の表示の適正性に関する監査意見が表明される監査では，金額の誤りや意図的な虚偽記載などの事実を，個別・具体的に指摘することは意図されていない。監査人は，財務諸表が会計基準にしたがって作成されており，全体として企業の財政状態などを適正に表示しているかどうかについて，職業的専門家としての判断に基づいて結論を導き出さなければならない。単に事実を認識・認定してそれを指摘するのではなく，認識した事実に基づいて，全体としての財務諸表の表示の適正性に関する推論的判断を下さなければならないのである。

II　監査意見の形成

　日本公認会計士協会の『監査基準報告書』700「財務諸表に対する意見の形成と監査報告」（監基報700）は，「監査人は，財務諸表が，すべての重要な点において，適用される財務報告の枠組みに準拠して作成されているかどうか（適

正表示の枠組みの場合は，すべての重要な点において適正に表示されているかどうか）について意見を形成しなければならない」と規定している（第8項）。その際，監査人は，十分かつ適切な監査証拠を入手したかどうか，また未修正の虚偽表示が個別にまたは集計した場合に重要であるかどうかを勘案して，財務諸表に全体として重要な虚偽表示がないということについて合理的な保証を得たかどうかを判断する（監基報700：第9項）。

そして，監査人は，財務諸表が，すべての重要な点において，適用される財務報告の枠組みに準拠して作成されているかどうかを評価するのである（監基報700：第10項）。

監査の対象となる財務諸表の作成と表示において，経営者が採用する**財務報告の枠組み**には，「**適正表示の枠組み**」と「**準拠性の枠組み**」がある（監基報200：第12項(13)）。

適正表示の枠組みとは，財務報告の枠組みにおいて要求されている事項の遵守が必要とされ，かつ，財務諸表の表示の適正性を達成するために，①財務報告の枠組みで具体的に要求されている以上の注記を行うことが必要な場合があるということが，当該枠組みにおいて明示的または黙示的に認められているか，または，②枠組みにおける要求事項からの離脱が必要な場合があることが，当該枠組みにおいて明示的に認められている枠組みである。

準拠性の枠組みとは，その財務報告の枠組みで要求される事項の遵守が要求されるのみで，要求以上の開示も離脱も必要とされない枠組みである。

監査人は，財務諸表の作成に当たって適用される財務報告の枠組みにより要求される事項に基づいて，次の事項について評価しなければならない（監基報700：第11項）

> i．経営者が採用した重要な会計方針が財務諸表に適切に注記されているかどうか
> ii．当該会計方針が適用される財務報告の枠組みに準拠しており，かつ適切であるかどうか
> iii．経営者の行った会計上の見積りが合理的であるかどうか
> iv．財務諸表において表示及び注記された情報が目的適合性，信頼性及び比較可

> 　能性を有し，かつ理解可能なものであるかどうか
> ⅴ．重要な取引や会計事象が財務諸表に与える影響について，財務諸表の利用者が理解するために適切な注記がなされているかどうか
> ⅵ．財務諸表の名称を含め，財務諸表で使用されている用語が適切かどうか

　これらの事項を評価した結果，財務諸表が，すべての重要な点において，適用される財務報告の枠組みに準拠して作成されていると認められる場合には，無限定意見が表明される（監基報700：第14項）。一方，入手した監査証拠に基づき，全体としての財務諸表に重要な虚偽表示があると認められる場合，または全体としての財務諸表に重要な虚偽表示がないと認めるための十分かつ適切な監査証拠を入手できない場合には，除外事項付意見が表明される（監基報700：第15項）。

Ⅲ　監査報告書の機能と構成要素

1　監査報告書の機能

　1957（昭和32）年1月1日以降に始まる事業年度から，現在行われている財務諸表の表示の適正性に関する監査と同様の年度財務諸表監査である「**正規の財務諸表監査**」を実施するために，1956（昭和31）年に『監査基準』が改訂された。このときの前文には，「監査報告書は，監査の結果として，財務諸表に対する監査人の意見を表明する手段であるとともに，監査人が自己の意見に関する責任を正式に認める手段である」と記されていた。監査報告書に対するこうした認識は，今日でも基本的に変わっていない。

　監査人は，監査を実施した結果として得られた財務諸表の表示の適正性に関する結論，あるいは財務諸表の作成基準への準拠性に関する結論を監査意見として監査報告書に記載して，財務諸表の利用者に伝達する。財務諸表の利用者は，監査人の意見に基づいて財務諸表の信頼性の程度について判断し，当該財務諸表を，投資意思決定や信用供与などを行う際の資料として利用するかどうかを決定するのである。

もし監査人が監査報告書に誤った意見を記載し，これによって財務諸表の利用者に損害を与えれば，監査人は，利用者から損害賠償を求められる可能性がある。このとき，監査人は，職業的専門家としての正当な注意を払って監査を実施したことを，自ら立証しなければならない。それができなければ，損害の賠償を命じられることもある。また，故意に誤った意見を記載した場合には，刑事罰や行政処分を課せられることにもなる。

　このように，監査人は，監査報告書に適切な意見（特に適正意見）を記載することによって，利用者の財務諸表に対する信頼の程度を高めることになる。そして，それは同時に，監査人が，自らに課せられた責任を果たしたことを宣言することにもなるのである。

2　監査報告書の構成要素

　監査人は，監査報告書において，「**監査人の意見**」「**意見の根拠**」「**経営者及び監査役等の責任**」ならびに「**監査人の責任**」を明瞭かつ簡潔に，それぞれを区分して記載しなければならない（報告基準二１）。

　また，継続企業の前提に関する事項，**監査上の主要な検討事項**，ならびに財務諸表の記載について強調したり説明を付したりする必要がある事項を監査報告書に記載する場合には，別に区分を設けて，意見の表明とは明確に区別しなければならない（報告基準二２）。

マメ知識10-1　監査報告書の様式の変更

　企業会計審議会は，2010（平成22）年3月に，『国際監査基準』（International Standards on Auditing: ISA）の明瞭性プロジェクト（クラリティ・プロジェクト）に対応するために，『監査基準』第四　報告基準について改訂を行った。この改訂によって，監査報告書の記載区分が変更された。

　さらに，2018（平成30）年7月には，国際監査保証基準審議会（International Auditing and Assurance Standards Board: IAASB）によって，2006年から2015年にかけての監査報告書改革プロジェクトを経て行われた，監査報告書にかかわるISAの改訂および新設に対応するために報告基準が改訂された。

この改訂によって，監査報告書の記載区分が再度変更され，特に，これまで報告書の最後に記載されていた「監査人の意見」が，冒頭に記載されるようになった点が注目される。この変更は，監査報告書の利用者が最も知りたい事項をはじめに記載すべきである，との考え方に基づくものである。また，監査プロセスの透明性を向上させることを目的として，新たに「監査上の主要な検討事項」と呼ばれる事項の記載が求められることになった。

　監査人が無限定適正意見を表明する場合に，監査報告書の4つの区分に記載されるべき事項は，**図表10-2**に示すとおりである（報告基準三）。

〔図表10-2〕無限定適正意見監査報告書の各区分における記載事項

区分の名称	記載事項
監査人の意見	●監査対象とした財務諸表の範囲 ●経営者の作成した財務諸表が，一般に公正妥当と認められる企業会計の基準に準拠して，企業の財政状態，経営成績及びキャッシュ・フローの状況を，すべての重要な点において適正に表示していると認められること
意見の根拠	●一般に公正妥当と認められる監査の基準に準拠して監査を行ったこと ●監査の結果として入手した監査証拠が，意見表明の基礎を与える十分かつ適切なものであること
経営者及び監査役等の責任	●経営者には， 　・財務諸表の作成責任があること 　・財務諸表に重要な虚偽の表示がないように内部統制を整備及び運用する責任があること 　・継続企業の前提に関する評価を行い，必要な開示を行う責任があること ●監査役等には，財務報告プロセスを監視する責任があること
監査人の責任	●監査人の責任は，独立の立場から財務諸表に対する意見を表明することにあること ●監査の基準は，監査人に重要な虚偽の表示がないかどうかの合理的な保証を得ることを求めていること ●監査は，財務諸表項目に関する監査証拠を得るための手続を含むこと ●監査は，経営者が採用した会計方針及びその適用方法並びに経営

> 者によって行われた見積りの評価も含め全体としての財務諸表の表示を検討していること
> ● 監査手続の選択及び適用は監査人の判断によること
> ● 財務諸表監査の目的は，内部統制の有効性について意見を表明するためのものではないこと
> ● 継続企業の前提に関する経営者の評価を検討すること
> ● 監査役等と適切な連携を図ること
> ● 監査上の主要な検討事項を決定して監査報告書に記載すること

　財務諸表監査では，経営者と監査人の責任を明確に分けることとされている。これを「**二重責任の原則**」という。監査報告書においては，これらの責任が，財務諸表に対する経営者の責任と，監査意見に対する監査人の責任とに明確に区分して表示される。それぞれの記載区分の見出しに「責任」の文字を付すことで，利用者に経営者と監査人の責任範囲についての正確な理解を促すものとなっている。

　また，財務諸表に対する経営者の責任として，「財務諸表に重要な虚偽の表示がないように内部統制を整備及び運用する」ことに言及されている点には注意が必要である。この責任は，経営者に当然に帰属するものと認識されるべきである。財務諸表の表示の適正性は，その作成に係る内部統制の整備・運用を前提として，はじめて可能となるものだからである。

　経営者が継続企業の前提に関する評価を行うことは，一般に公正妥当と認められる企業会計の基準に準拠して財務諸表を作成できるかどうかを確認することを意味し，財務諸表の作成責任の一部を構成するものである。そして，評価の結果，継続企業の前提に重要な不確実性が認められる場合には，経営者の責任において適切な情報開示が行われなければならない。

　経営者の責任に加えて，財務報告プロセスを監視する監査役等の責任にも言及されている点に注意する必要がある。監査役等とは監査役（会），監査等委員会または監査委員会を指し，これらは，企業のガバナンスを担う機関である。監査役等は，経営者が適切なプロセスで財務諸表を作成しているかどうかを監視することを通じて，財務諸表の表示の適正性を実現する責任を負っているのである。

監査人の責任のなかで，監査手続と監査証拠との関係，また，監査証拠と監査意見との関係が明示されていることにも注意しなければならない。監査においては，財務諸表項目の金額や開示が適正であることを裏づけるための証拠（監査証拠）を入手するための手続が実施される。このとき実施される手続（監査手続）は，監査人による重要な虚偽表示リスクの評価に基づいて，監査人自身の判断によって選択・適用される。監査手続によって入手された監査証拠が，意見表明の基礎として十分かつ適切であると認識されたとき，監査人は財務諸表に対して意見を表明する責任を果たすことができるのである。

監査対象企業の継続企業の前提に重要な不確実性が認められ，経営者によって情報開示が行われる場合には，監査人は，当該開示情報を含めて，財務諸表の表示の適正性を判断しなければならない。このため，監査人は，経営者が行った継続企業の前提に関する評価を検討する責任を負うことになる。

監査人は，監査の各段階において，監査役等と必要に応じて協議を行うなど，適切に連携することが求められている。とりわけ，後に詳しく説明するように，「監査上の主要な検討事項」を決定して監査報告書に記載する責任を果たすためには，監査役等との協議が前提となることから，緊密な連携が不可欠となるのである。

3　監査報告書の様式と記載事項

(1)　監査報告書の様式

財務諸表に対する監査人の意見を含む監査報告は，文書によらなければならない（監基報700：第18項）。監査報告を行うための文書である監査報告書に記載されるべき事項は，「財務諸表等の監査証明に関する内閣府令」（**監査証明府令**）に規定されている（第4条）。また，監基報700は，監査証明府令の規定に基づいて，監査報告書の具体的な作成指針ならびに文例を示している。その他にも，**図表10-3**に示すようないくつかの監基報等が，監査報告に関連する規定を含んでいる。

〔図表10-3〕監査報告に係る報告書等

監基報700	財務諸表に対する意見の形成と監査報告
監基報701	独立監査人の監査報告書における監査上の主要な検討事項の報告
監基報705	独立監査人の監査報告書における除外事項付意見
監基報706	独立監査人の監査報告書における強調事項区分とその他の事項区分
監基報710	過年度の比較情報 － 対応数値と比較財務諸表
監基報720	監査した財務諸表が含まれる開示書類におけるその他の記載内容に関連する監査人の責任
監基報200	財務諸表監査における総括的な目的
監基報560	後発事象
監基報570	継続企業
監基報800	特別目的の財務報告の枠組みに準拠して作成された財務諸表に対する監査
監基報805	個別の財務表又は財務諸表項目等に対する監査
監査基準報告書700実務指針第15号　監査報告書の文例	

　監査報告書には，独立監査人の報告書であることを明瞭に示す表題を付さなければならない（監基報700：第19項）。また，監査人は企業との契約に基づいて監査を行うため，契約内容に応じた宛先を記載する必要がある（監基報700：第20項）。監査報告書には，公認会計士または監査法人の業務執行社員が，作成の年月日を付して署名する（監査証明府令第4条第1項，公認会計士法第34条の12第2項）。

　監査報告書には，①監査意見，②監査意見の根拠，③財務諸表に対する経営者並びに監査役及び監査役会の責任（指名委員会等設置会社の場合は監査委員会，また，監査等委員会設置会社の場合には監査等委員会の責任）ならびに④財務諸表監査における監査人の責任という見出しを付した，4つの区分を設けなければならない（監基報700：第21，26，30，34項）。

（2）　監査報告書の記載事項

　監査報告書には，上で示した4つの区分の他に，状況に応じて設けられる区分がある。以下では，追加的に設けられる区分を含めて，そこに記載すべき事

項を記載順に説明する。

① 「監査意見」区分

監査報告書の冒頭に設けられる「監査意見」区分には，監査意見が記載されなければならないが（監基報700：第21項），あわせて，ⅰ）監査対象である財務諸表を作成している企業の名称，ⅱ）財務諸表の監査を行った旨，ⅲ）財務諸表の名称，ⅳ）重要な会計方針を含む財務諸表に関連する注記事項，ならびにⅴ）財務諸表が対象とする日付又は期間を記載しなければならない（監基報700：第22項）。

適正表示の枠組みに準拠して作成された財務諸表に対して無限定適正意見を表明する場合には，監査意見の区分には，「財務諸表が，［適用される財務報告の枠組み］に準拠して，…をすべての重要な点において適正に表示している」と記載されなければならない（監基報700：第23項）。この場合の適用される財務報告の枠組みとしては，例えば，「我が国において一般に公正妥当と認められる企業会計の基準」が考えられる（監基報700：A28項）。

一方，準拠性の枠組みに準拠して作成された財務諸表に対して無限定意見を表明する場合には，「財務諸表が，すべての重要な点において，［適用される財務報告の枠組み］に準拠して作成されている」と記載される（監基報700：第24項）。この場合，適用される財務報告の枠組みとしては，例えば，「財務報告の基準及び××法の規定」といった記載が考えられる（監基報700：A29項）。

② 「監査意見の根拠」区分

「監査意見の根拠」区分には，ⅰ）我が国において一般に公正妥当と認められる監査の基準に準拠して監査を実施した旨，ⅱ）監査人の責任に関し，監査報告書の「財務諸表監査における監査人の責任」区分に記載がある旨，ⅲ）監査人は，我が国における職業倫理に関する規定に従って，会社から独立しており，また，監査人としてのその他の倫理上の責任を果たしている旨，ならびにⅳ）意見表明の基礎となる十分かつ適切な監査証拠を入手したと判断した旨が記載されなければならない（監基報700：第26項）。

「監査意見の根拠」区分の名称は，除外事項付意見が表明される場合には，

のちに説明する意見の類型に応じて、「限定意見の根拠」「否定的意見の根拠」に変更され、除外事項付意見を表明する原因となった事項が記載されることになる（監基報705：第19項）。

なお、適正表示の枠組みに準拠して作成された財務諸表に対して限定付適正意見を表明する場合には、「監査意見の根拠」区分の名称は、「限定付適正意見の根拠」に変更される。そして、そこには、除外した不適切な事項および当該事項が財務諸表に与えている影響（意見に関する除外の場合）、または実施できなかった監査手続および当該事実が影響する事項（監査範囲の制約の場合）とともに、これらを踏まえて、不適正意見または意見不表明ではなく、除外事項を付した限定付適正意見とした理由が記載されなければならない（「報告基準」四1および五1）。

マメ知識10-2　意見表明の基礎

2010（平成22）年に『監査基準』が改訂される以前の監査報告書では、「実施された監査の概要」を記載する区分（「範囲区分」と呼ばれていた）の最後に、「監査の結果として意見表明のための合理的な基礎を得たと判断している」と記載されていた。合理的な基礎は、監査人が入手した十分かつ適切な監査証拠を総合的に評価することによって得られるものとされていた。

現行の監査の基準の下では、「合理的な」という修飾語がなくなり、「監査意見の根拠」区分において、監査人が意見表明の基礎となる十分かつ適切な監査証拠を入手したと判断している旨が記載される形になっている。

記載される文言は異なるが、監査意見が、監査人が自ら入手した監査証拠に基づいて判断した結果であることに違いはない。

---

③　「継続企業の前提に関する重要な不確実性」区分

この区分は、経営者が継続企業を前提として財務諸表を作成することが適切ではあるが、継続企業の前提に重要な不確実性が認められる場合で、当該不確実性について、財務諸表に適切な注記がなされているときに設けられる。そして、継続企業の前提に関する重要な不確実性が認められる旨、ならびに当該事項は監査人の意見に影響を及ぼすものではない旨が記載される（監基報700：第

27項，監基報570：第21項）。

④ 「監査上の主要な検討事項」区分

この区分は，法令によって「監査上の主要な検討事項」の記載が求められる場合に設けられなければならず（監基報700：第28項），また，それを任意で報告することが契約条件により合意されている場合に設けられる（監基報700：第29項）。金融商品取引法に基づく開示を行っている企業の財務諸表の監査報告書には，監査上の主要な検討事項の記載が要求されている（監基報700：A38項）。

⑤ 「財務諸表に対する経営者並びに監査役及び監査役会の責任」区分

この区分の名称は，監査対象会社の機関設計によって，「監査役及び監査役会」の部分が「監査等委員会」または「監査委員会」となる。

経営者の責任として，ⅰ）適用される財務報告の枠組みに準拠して財務諸表を作成すること（適正表示の枠組みに準拠している場合には，財務諸表を作成し適正に表示すること），不正または誤謬による重要な虚偽表示のない財務諸表を作成するために経営者が必要と判断した内部統制を整備および運用すること，また，ⅱ）継続企業を前提として財務諸表を作成することが適切であるかどうかを評価し，財務報告の枠組みに基づいて継続企業に関する事項を開示する必要がある場合は，当該事項を開示することが記載されなければならない（監基報700：第31項）。

監査役等の責任は，財務報告プロセスの整備および運用における取締役等の職務の執行を監視することである旨が記載される（監基報700：第32項）。

⑥ 「財務諸表監査における監査人の責任」区分

この区分には，ⅰ）監査人の責任は，実施した監査に基づき，全体としての財務諸表に不正または誤謬による重要な虚偽表示がないかどうかについて合理的な保証を得て，監査報告書において，独立の立場から財務諸表に対する意見を表明することであること，およびⅱ）虚偽表示は不正または誤謬により発生する可能性があること，および虚偽表示は個別にまたは集計すると，財務諸表

の利用者の意思決定に影響を与えると合理的に見込まれる場合に、重要性があると判断されることが記載される（監基報700：第35項）。

また、この区分には、iii）監査の過程を通じて、職業的専門家としての判断を行い、職業的懐疑心を保持すること、iv）不正または誤謬による重要な虚偽表示リスクの識別および評価ならびに評価したリスクへの対応、内部統制の理解、会計方針および会計上の見積りの評価、継続企業の前提の評価ならびに表示および注記事項の検討に関する監査人の責任、ならびにv）グループ監査に関わる監査人の責任について記載される（監基報700：第36項）。

さらに、vi）監査役等に対して、計画した監査の範囲とその実施時期、監査の実施過程で識別した監査上の重要な発見事項などについて報告すること、vii）監査役等に対して、独立性について報告すること、ならびにviii）監査役等と協議を行った事項に基づいて、監査上の主要な検討事項を決定することなどが記載されなければならない（監基報700：第37項）。

日本公認会計士協会の倫理規則において、監査証明業務の依頼人が社会的影響度の高い事業体（PIE）である場合、報酬関連情報（監査報酬、非監査報酬及び報酬依存度）の開示が要求事項として新設されたことを受け、2022年10月に監査基準報告書700が改正された。また、2023年3月に監査証明府令が改正され、同年4月1日以降に開始する事業年度に係る監査報告書から、監査を実施した公認会計士または監査法人が、被監査会社等またはその連結子会社もしくは非連結子会社から受け取ったか、または受け取るべき報酬に関する事項を記載することとされた（監査証明府令第4条第1項第1号リ）。

図表10-4 は、以上の記載事項を反映した、適正表示の枠組みに準拠して作成された連結財務諸表に対する監査報告書の文例である。監査役会設置会社に対する監査報告書であり、表明される意見は無限定適正意見で、継続企業の前提に不確実性は存在せず、また、財務諸表の記載について強調する必要がある事項も説明を付す必要がある事項も記載されていない場合の監査報告書である。

〔図表10-4〕適正表示の枠組みに準拠して作成された連結財務諸表に対する監査報告書

独立監査人の監査報告書

×年×月×日

○○株式会社
　取締役会　御中

○○監査法人
　△△事務所
　　指定社員
　　業務執行社員　公認会計士　○○○○
　　指定社員
　　業務執行社員　公認会計士　○○○○

〈連結財務諸表監査〉
監査意見

　当監査法人は，金融商品取引法第193条の2第1項の規定に基づく監査証明を行うため，「経理の状況」に掲げられている○○株式会社及び連結子会社の×年×月×日から×年×月×日までの連結会計年度の連結財務諸表，すなわち連結貸借対照表，連結損益計算書，連結包括利益計算書，連結株主資本等変動計算書，連結キャッシュ・フロー計算書，連結財務諸表作成のための基本となる重要な事項，その他の注記及び連結附属明細表について監査を行った。

　当監査法人は，上記の連結財務諸表が，我が国において一般に公正妥当と認められる企業会計の基準に準拠して，○○株式会社及び連結子会社の×年×月×日現在の財政状態並びに同日をもって終了する連結会計年度の経営成績及びキャッシュ・フローの状況を，すべての重要な点において適正に表示しているものと認める。

監査意見の根拠

　当監査法人は，我が国において一般に公正妥当と認められる監査の基準に準拠して監査を行った。監査の基準における当監査法人の責任は，「連結財務諸表監査における監査人の責任」に記載されている。当監査法人は，我が国における職業倫理に関する規定に従って，会社及び連結子会社から独立しており，また，監査人としてのその他の倫理上の責任を果たしている。当監査法人は，意見表明の基礎となる十分かつ適切な監査証拠を入手したと判断している。

監査上の主要な検討事項

　監査上の主要な検討事項とは，当連結会計年度の連結財務諸表の監査において，監査人が職業的専門家として特に重要であると判断した事項である。監査上の主要な検討事項は，連結財務諸表全体に対する監査の実施過程及び監査意見の形成において対応した事項であり，当監査法人は，当該事項に対して個別の意見を表明するものではない。
〔監基報701に従った監査上の主要な検討事項の記載例〕
（表形式にする場合の記載例）

○○○○（監査上の主要な検討事項の見出し及び該当する場合には連結財務諸表の注記事項への参照）	
監査上の主要な検討事項の内容及び決定理由	監査上の対応

……（監査上の主要な検討事項の内容及び決定理由の内容を記載）……。	……（監査上の対応を記載）……。

その他の記載内容

　その他の記載内容は，有価証券報告書に含まれる情報のうち，連結財務諸表及び財務諸表並びにこれらの監査報告書以外の情報である。経営者の責任は，その他の記載内容を作成し開示することにある。また，監査役及び監査役会の責任は，その他の記載内容の報告プロセスの整備及び運用における取締役の職務の執行を監視することにある。

　当監査法人の連結財務諸表に対する監査意見の対象にはその他の記載内容は含まれておらず，当監査法人はその他の記載内容に対して意見を表明するものではない。

　連結財務諸表監査における当監査法人の責任は，その他の記載内容を通読し，通読の過程において，その他の記載内容と連結財務諸表又は当監査法人が監査の過程で得た知識との間に重要な相違があるかどうか検討すること，また，そのような重要な相違以外にその他の記載内容に重要な誤りの兆候があるかどうか注意を払うことにある。

　当監査法人は，実施した作業に基づき，その他の記載内容に重要な誤りがあると判断した場合には，その事実を報告することが求められている。

　その他の記載内容に関して，当監査法人が報告すべき事項はない。

連結財務諸表に対する経営者並びに監査役及び監査役会の責任

　経営者の責任は，我が国において一般に公正妥当と認められる企業会計の基準に準拠して連結財務諸表を作成し適正に表示することにある。これには，不正又は誤謬による重要な虚偽表示のない連結財務諸表を作成し適正に表示するために経営者が必要と判断した内部統制を整備及び運用することが含まれる。

　連結財務諸表を作成するに当たり，経営者は，継続企業の前提に基づき連結財務諸表を作成することが適切であるかどうかを評価し，我が国において一般に公正妥当と認められる企業会計の基準に基づいて継続企業に関する事項を開示する必要がある場合には当該事項を開示する責任がある。

　監査役及び監査役会の責任は，財務報告プロセスの整備及び運用における取締役の職務の執行を監視することにある。

連結財務諸表監査における監査人の責任

　監査人の責任は，監査人が実施した監査に基づいて，全体としての連結財務諸表に不正又は誤謬による重要な虚偽表示がないかどうかについて合理的な保証を得て，監査報告書において独立の立場から連結財務諸表に対する意見を表明することにある。虚偽表示は，不正又は誤謬により発生する可能性があり，個別に又は集計すると，連結財務諸表の利用者の意思決定に影響を与えると合理的に見込まれる場合に，重要性があると判断される。

　監査人は，我が国において一般に公正妥当と認められる監査の基準に従って，監査の過程を通じて，職業的専門家としての判断を行い，職業的懐疑心を保持して以下を実施する。

- 不正又は誤謬による重要な虚偽表示リスクを識別し，評価する。また，重要な虚偽表示リスクに対応した監査手続を立案し，実施する。監査手続の選択及び適用は監査人の判断による。さらに，意見表明の基礎となる十分かつ適切な監査証拠を入手する。
- 連結財務諸表監査の目的は，内部統制の有効性について意見を表明するためのものではないが，監査人は，リスク評価の実施に際して，状況に応じた適切な監査手続を立

案するために，監査に関連する内部統制を検討する。
- 経営者が採用した会計方針及びその適用方法の適切性，並びに経営者によって行われた会計上の見積りの合理性及び関連する注記事項の妥当性を評価する。
- 経営者が継続企業を前提として連結財務諸表を作成することが適切であるかどうか，また，入手した監査証拠に基づき，継続企業の前提に重要な疑義を生じさせるような事象又は状況に関して重要な不確実性が認められるかどうか結論付ける。継続企業の前提に関する重要な不確実性が認められる場合は，監査報告書において連結財務諸表の注記事項に注意を喚起すること，又は重要な不確実性に関する連結財務諸表の注記事項が適切でない場合は，連結財務諸表に対して除外事項付意見を表明することが求められている。監査人の結論は，監査報告書日までに入手した監査証拠に基づいているが，将来の事象や状況により，企業は継続企業として存続できなくなる可能性がある。
- 連結財務諸表の表示及び注記事項が，我が国において一般に公正妥当と認められる企業会計の基準に準拠しているかどうかとともに，関連する注記事項を含めた連結財務諸表の表示，構成及び内容，並びに連結財務諸表が基礎となる取引や会計事象を適正に表示しているかどうかを評価する。
- 連結財務諸表に対する意見を表明するために，会社及び連結子会社の財務情報に関する十分かつ適切な監査証拠を入手する。監査人は，連結財務諸表の監査に関する指示，監督及び実施に関して責任がある。監査人は，単独で監査意見に対して責任を負う。

　監査人は，監査役及び監査役会に対して，計画した監査の範囲とその実施時期，監査の実施過程で識別した内部統制の重要な不備を含む監査上の重要な発見事項，及び監査の基準で求められているその他の事項について報告を行う。

　監査人は，監査役及び監査役会に対して，独立性についての我が国における職業倫理に関する規定を遵守したこと，並びに監査人の独立性に影響を与えると合理的に考えられる事項，及び阻害要因を除去するための対応策を講じている場合又は阻害要因を許容可能な水準にまで軽減するためのセーフガードを適用している場合はその内容について報告を行う。

　監査人は，監査役及び監査役会と協議した事項のうち，当連結会計年度の連結財務諸表の監査で特に重要であると判断した事項を監査上の主要な検討事項と決定し，監査報告書において記載する。ただし，法令等により当該事項の公表が禁止されている場合や，極めて限定的ではあるが，監査報告書において報告することにより生じる不利益が公共の利益を上回ると合理的に見込まれるため，監査人が報告すべきでないと判断した場合は，当該事項を記載しない。

〈報酬関連情報〉
　当監査法人及び当監査法人と同一のネットワークに属する者に対する，当連結会計年度の会社及び子会社の監査証明業務に基づく報酬及び非監査業務に基づく報酬の額は，それぞれ××百万円及び××百万円である。

〈利害関係〉
　会社及び連結子会社と当監査法人又は業務執行社員との間には，公認会計士法の規定により記載すべき利害関係はない。

以　上

（出所）　日本公認会計士協会，監査基準報告書700実務指針第1号「監査報告書の文例」の文例1
　　　　（2024年2月最終改正）に一部加筆

Ⅳ 除外事項付意見と監査報告書

1 除外事項付意見の原因と類型

　財務諸表監査は，経営者が採用した財務報告の枠組みに準拠して財務諸表が作成されていることを前提に行われる。このため，財務諸表監査においては，基本的に，財務諸表が，すべての重要な点において，適用される財務報告の枠組みに準拠して作成されていると認める旨の意見，すなわち無限定意見が表明されることになる。

　監査人が無限定意見を表明するためには，十分かつ適切な監査証拠を入手した上で，財務諸表に全体として重要な虚偽表示がないということについての合理的な保証を得る必要がある。もし，入手した監査証拠に基づいて，全体としての財務諸表に重要な虚偽表示があると判断する場合，または，全体としての財務諸表に重要な虚偽表示がないと判断するために十分かつ適切な監査証拠を入手できない場合には，監査人は，除外事項付意見を表明しなければならない（監基報705：第5項）。

　除外事項とは，監査意見の表明に当たってその影響の重要性および広範性を考慮することが必要となる事項であり，経営者が採用した会計方針の選択およびその適用方法，財務諸表の表示方法に関する不適切な事項および重要な監査手続を実施できなかったことによる監査範囲の制約をいう（監基報(序)：付録5）。

　「報告基準」は，適正表示の枠組みの下で作成された財務諸表に対して，監査人が除外事項付意見を表明すべき場合を，「**意見に関する除外**」（四）と「**監査範囲の制約**」（五）に分けて規定している（図表10-5）。

〔図表10-5〕報告基準による除外事項付意見の分類

意見に関する除外	1　監査人は，経営者が採用した会計方針の選択及びその適用方法，財務諸表の表示方法に関して不適切なものがあり，その影響が無限定適正意見を表明することができない程度に重要ではあるものの，財務諸表を全体として虚偽の表示に当たるとするほどではないと判断したときには，除外事項を付した限定付適正意見を表明しなければならない。この場合には，意見の根拠の区分に，除外した不適切な事項，財務諸表に与えている影響及びこれらを踏まえて除外事項を付した限定付意見とした理由を記載しなければならない。 2　監査人は，経営者が採用した会計方針の選択及び適用方法，財務諸表の表示方法に関して不適切なものがあり，その影響が財務諸表全体として虚偽の表示に当たるとするほどに重要であると判断した場合には，財務諸表が不適正である旨の意見を表明しなければならない。この場合には，意見の根拠の区分に，財務諸表が不適正であるとした理由を記載しなければならない。
監査範囲の制約	1　監査人は，重要な監査手続を実施できなかったことにより，無限定適正意見を表明することができない場合において，その影響が財務諸表全体に対する意見表明ができないほどではないと判断したときには，除外事項を付した限定付適正意見を表明しなければならない。この場合には，意見の根拠の区分に，実施できなかった監査手続，当該事実が影響する事項及びこれらを踏まえて除外事項を付した限定付適正意見とした理由を記載しなければならない。 2　監査人は，重要な監査手続を実施できなかったことにより，財務諸表全体に対する意見表明のための基礎を得ることができなかったときには，意見を表明してはならない。この場合には，別に区分を設けて，財務諸表に対する意見を表明しない旨及びその理由を記載しなければならない。

　除外事項付意見は，「**限定意見**」「**否定的意見**」および「**意見不表明**」の3つに分類されている。「報告基準」によれば，限定意見は，意見に関する除外および監査範囲の制約による「**限定付適正意見**」である。否定的意見は「**不適正**

意見」，また，意見不表明は，監査範囲の制約により意見を表明してはならないとされる場合に対応している。

そして，これらのうちどの意見を表明すべきかの決定は，財務諸表に重要な虚偽表示があるのか，あるいは十分かつ適切な監査証拠が入手できず，重要な虚偽表示の可能性があるのか，また，除外事項が財務諸表に及ぼす影響の範囲，または及ぼす可能性のある影響の範囲が広範なものかどうかについての監査人の判断に基づいて行われる（監基報705：第2項）。**図表10-5**に示した報告基準における「財務諸表全体として虚偽の表示に当たるとするほど」や「財務諸表全体に対する意見を表明できないほど」といった表現は，除外事項の財務諸表に及ぼす影響の範囲の広範性の判断に対応するものである。

除外事項付意見の類型とその選択基準の関係を示したのが，**図表10-6**である（監基報705：A1項）。

〔図表10-6〕除外事項付意見の類型と選択基準

除外事項付意見を表明する原因の性質	除外事項付意見を表明する原因となる事項が財務諸表に及ぼす影響の範囲，又は及ぼす可能性のある影響の範囲が広範なものかどうかという監査人の判断	
	重要だが広範でない	重要かつ広範である
財務諸表に重要な虚偽表示がある	限定意見 （限定付適正意見）	否定的意見 （不適正意見）
十分かつ適切な監査証拠が入手できず，重要な虚偽表示の可能性がある	限定意見 （限定付適正意見）	意見不表明

＊（　）内は適正表示の枠組みの場合の意見の類型を示す。

2　除外事項付意見の類型とその意味

(1)　限定意見

限定意見が表明されなければならないのは，①監査人が，十分かつ適切な監査証拠を入手した結果，虚偽表示が財務諸表に及ぼす影響が，個別にまたは集

計したときに，重要であるが広範ではないと判断した場合，または②監査人が，無限定意見表明の基礎となる十分かつ適切な監査証拠を入手できず，かつ，未発見の虚偽表示がもしあるとすれば，それが財務諸表に及ぼす可能性のある影響が，重要であるが広範ではないと判断する場合である（監基報705：第6項）。

限定意見は，監査人が重要な虚偽表示の影響またはその可能性を認識しているが，それによって財務諸表全体の表示の適正性が否定されるほどではないと判断した場合に表明される意見である。一部に無視できない重要な虚偽表示またはその可能性が認められるが，それが及ぼす影響を除けば，財務諸表は，適用される財務報告の枠組みに準拠して作成されていると認められるという，監査人の結論を伝える意見である。限定意見は，適正表示の枠組みにおいては「**限定付適正意見**」となる。

（2） 否定的意見

否定的意見は，監査人が十分かつ適切な監査証拠を入手した結果，虚偽表示が財務諸表に及ぼす影響が，個別にまたは集計したときに，重要かつ広範であると判断された場合に表明される（監基報705：第7項）。重要な虚偽表示の影響によって，財務諸表が，全体として適用される財務報告の枠組みに準拠して作成されていないと認められるという，監査人の結論を示す意見である。

否定的意見は，適正表示の枠組みでは「**不適正意見**」となり，財務諸表の表示の適正性を否定する意見である。

（3） 意見不表明

監査意見の表明には，十分かつ適切な監査証拠の裏付けが必要である。このため，意見表明の基礎となる十分かつ適切な監査証拠を入手できず，かつ，未発見の虚偽表示がもしあるとすれば，それが財務諸表に及ぼす可能性のある影響が重要かつ広範であると判断するときには，監査人は意見を表明してはならないとされている（監基報705：第8項）。

また，稀な状況ではあるが，複数の不確実性があり，それらについて個々には十分かつ適切な監査証拠を入手したとしても，それらが財務諸表に及ぼす可能性のある累積的な影響が複合的かつ多岐にわたるため，財務諸表に対する意

見を形成できないと判断する場合には，監査人は意見を表明してはならない（監基報705：第9項）。

意見の不表明は，監査人が，財務諸表に全体として重要な虚偽表示がないということについての合理的な保証を得ることができない場合に講じられる，例外的な措置であるということができる。

> **マメ知識10-3　上場廃止と監査意見**
>
> 　上場会社は，株主数，流通株式数，時価総額等が一定の基準を下回ったり，債務超過の状態が一定期間継続したりした場合に上場廃止になる。
>
> 　会計・監査との関係では，上場会社が有価証券報告書等に虚偽記載を行った場合，監査報告書または四半期レビュー報告書に「不適正意見」または「意見の表明をしない」旨が記載された場合で，直ちに上場を廃止しなければ市場の秩序を維持することが困難であることが明らかであると取引所が認めるときなどに，当該会社は上場廃止となる（日本証券取引所グループ「上場廃止基準概要（各市場共通）」）。

3　除外事項付意見の表明

監査人は，除外事項付意見を表明する場合には，監査報告書の「監査意見」区分において，「限定意見」「否定的意見」または「意見不表明」という見出しを付けて適切に記載しなければならない（監基報705：第15項）。

(1)　限定意見

すでに説明したように，限定意見には，財務諸表に及ぼす影響が重要だが広範ではない虚偽表示の存在を理由とするものと，無限定意見の基礎となる十分かつ適切な監査証拠を入手できなかったことを理由とするものがある。

重要な虚偽表示の存在を理由とする限定意見の表明に際しては，①適正表示の枠組みでは，財務諸表が，「限定付適正意見の根拠」区分に記載した事項の及ぼす影響を除き，適用される財務報告の枠組みに準拠して，すべての重要な点において適正に表示している旨が，また，②準拠性の枠組みでは，財務諸表

が、「限定意見の根拠」区分に記載した事項の及ぼす影響を除き、すべての重要な点において、適用される財務報告の枠組みに準拠して作成されている旨が、それぞれ「監査意見」区分に記載される（監基報705：第16項）。

一方、監査証拠を入手できなかったことを理由とする限定意見の場合には、上記の①、②の文言のうち、「～に記載した事項の及ぼす影響を除き」とされている部分を、「～に記載した事項の及ぼす可能性のある影響を除き」とした上でそれぞれの意見が記載される（監基報705：第16項）。

「報告基準」は、限定付適正意見を表明する場合には、「限定付適正意見の根拠」区分に、不適正意見または意見不表明ではなく限定付適正意見とした理由を記載しなければならないと規定している（四1および五1）。

これに基づいて、監査人は、限定意見を表明する場合には、「監査意見の根拠」区分の見出しを「**限定意見の根拠**」（適正表示の枠組みの場合には、「**限定付適正意見の根拠**」）に変更した上で限定意見（限定付適正意見）を表明する原因となった事項、ならびに除外した不適切な事項およびそれが財務諸表に与えている影響を踏まえて、限定意見（限定付適正意見）とした理由を記載する必要がある（監基報705：第19項）。財務諸表の特定の金額に関連する重要な虚偽表示が存在する場合には、原則として、当該虚偽表示による金額的な影響額とそれに関する説明が記載される。金額的影響を測定できない場合には、その旨が記載されることになる（監基報705：第20項）。加えて、限定意見表明の基礎となる十分かつ適切な監査証拠を入手したと判断した旨も記載される（監基報705：第24項）。

一方、無限定意見表明の基礎となる十分かつ適切な監査証拠を入手できなかった場合には、「限定意見の根拠」区分にその理由が記載される（監基報705：第23項）。

図表10-7は、適正表示の枠組みに基づいて作成された財務諸表に対して、重要な虚偽表示の存在を理由として「**限定付適正意見**」を表明する際の、「監査意見」区分と「監査意見の根拠」区分の文例である。

〔図表10-7〕限定付適正意見の文例

限定付適正意見

　当監査法人は，金融商品取引法第193条の2第1項の規定に基づく監査証明を行うため，「経理の状況」に掲げられている○○株式会社の×年×月×日から×年×月×日までの事業年度の財務諸表，すなわち貸借対照表，損益計算書，株主資本等変動計算書，キャッシュ・フロー計算書及び重要な会計方針を含む財務諸表の注記について監査を行った。

　当監査法人は，上記の財務諸表が，「限定付適正意見の根拠」に記載した事項の財務諸表に及ぼす影響を除き，我が国において一般に公正妥当と認められる企業会計の基準に準拠して，○○株式会社の×年×月×日現在の財政状態並びに同日をもって終了する事業年度の経営成績及びキャッシュ・フローの状況を，すべての重要な点において適正に表示しているものと認める。

限定付適正意見の根拠

　被監査会社は，貸借対照表上，棚卸資産をXXXで計上している。会社は，棚卸資産を取得原価と正味売却価額のうちいずれか低い方の価額ではなく，取得原価で計上している。これは，我が国において一般に公正妥当と認められる企業会計の基準に準拠していない。財務諸表に計上されている棚卸資産を取得原価と正味売却価額のうちいずれか低い方の価額で評価していたならば，棚卸資産を正味売却価額までXXX切り下げることが必要であった。この結果，営業利益，経常利益及び税引前当期純利益はそれぞれXXX過大に，当期純利益及び純資産はXXX過大に表示されている。しかし，棚卸資産残高における過大表示額の割合はx％であり重要だが，利益及び純資産に対する過大表示の割合はy％であり，当該過大表示の財務諸表への影響は広範ではないと判断した。

　当監査法人は，我が国において一般に公正妥当と認められる監査の基準に準拠して監査を行った。監査の基準における当監査法人の責任は，「財務諸表監査における監査人の責任」に記載されている。当監査法人は，我が国における職業倫理に関する規定に従って，会社から独立しており，また，監査人としてのその他の倫理上の責任を果たしている。当監査法人は，限定付適正意見表明の基礎となる十分かつ適切な監査証拠を入手したと判断している。

(出所) 監基報705：付録・文例1に一部加筆

(2) 否定的意見

否定的意見は，適正表示の枠組みの場合には「不適正意見」，準拠性の枠組みの場合には「否定的意見」となり，「監査意見の根拠」区分の見出しもそれぞれ「**不適正意見の根拠**」および「**否定的意見の根拠**」へと変更される。

その上で，監査人が不適正意見を表明する場合には，「不適正意見」区分に，財務諸表が，「不適正意見の根拠」区分に記載した事項の及ぼす影響の重要性に鑑み，適用される財務報告の枠組みに準拠して，適正に表示していない旨を，また，否定的意見を表明する場合には，「否定的意見」区分に，財務諸表が，「否定的意見の根拠」区分に記載した事項の及ぼす影響の重要性に鑑み，適用される財務報告の枠組みに準拠して作成されていない旨を，それぞれ記載しなければならない（監基報705：第17項）。

なお，監査人が否定的意見を表明する場合には，不適正意見または否定的意見の根拠の区分に，入手した監査証拠が否定的意見の基礎を得るために十分かつ適切なものであると判断した旨が記載されなければならない（監基報705：第24項）。

図表10-8 は，適正表示の枠組みに基づいて作成された連結財務諸表に対して，不適正意見を表明する場合の「監査意見」区分と「監査意見の根拠」区分の記載文例である。

〔図表10-8〕不適正意見の文例

不適正意見

　　当監査法人は，金融商品取引法第193条の2第1項の規定に基づく監査証明を行うため，「経理の状況」に掲げられている○○株式会社及び連結子会社の×年×月×日から×年×月×日までの連結会計年度の連結財務諸表，すなわち連結貸借対照表，連結損益計算書，連結包括利益計算書，連結株主資本等変動計算書，連結キャッシュ・フロー計算書及び重要な会計方針を含む連結財務諸表の注記について監査を行った。

　　当監査法人は，上記の連結財務諸表が，「不適正意見の根拠」に記載した事項の連結財務諸表に及ぼす影響の重要性に鑑み，我が国において一般に公正妥当と認められる企業会計の基準に準拠して，○○株式会社及び連結子会社の×

年×月×日現在の財政状態並びに同日をもって終了する連結会計年度の経営成績及びキャッシュ・フローの状況を，適正に表示していないものと認める。

不適正意見の根拠

　　注記Xに記載されているとおり，会社は，×年×月×日にXX株式会社の支配を獲得したが，支配獲得日においてXX株式会社が保有する重要な資産及び負債の一部の時価を確定することができないことを理由に，子会社XX株式会社を連結の範囲に含めていない。そのため，当該投資は連結貸借対照表上，取得原価により計上されているが，我が国において一般に公正妥当と認められる企業会計の基準に従えば，会社は当該子会社を連結し，また，暫定金額に基づいて当該取得を会計処理しなければならない。XX株式会社を連結の範囲に含めた場合，連結財務諸表上，多岐にわたる重要な影響を及ぼすため，XX株式会社を連結の範囲に含めなかったことによる影響金額を算定できなかった。

　　当監査法人は，我が国において一般に公正妥当と認められる監査の基準に準拠して監査を行った。監査の基準における当監査法人の責任は，「連財務諸表監査における監査人の責任」に記載されている。当監査法人は，我が国における職業倫理に関する規定に従って，会社及び連結子会社から独立しており，また，監査人としてのその他の倫理上の責任を果たしている。当監査法人は，不適正意見表明の基礎となる十分かつ適切な監査証拠を入手したと判断している。

（出所）　監基報705：付録・文例2に一部加筆

（3）　意見不表明

　監査人が十分かつ適切な監査証拠を入手できずに意見を表明しない場合には，監査報告書において別に区分を設けて，財務諸表に対する意見を表明しない旨およびその理由を記載しなければならない（報告基準五2）。

　意見不表明の場合の監査報告書には，監査人の責任が「財務諸表監査における監査人の責任」区分に記載されている旨，および意見表明の基礎となる十分かつ適切な監査証拠を入手したと判断した旨を記載してはならない（監基報705：第25項）。代わりに，監査人は，財務諸表に対する意見表明の基礎となる十分かつ適切な監査証拠を入手することができなかった旨を記載しなければならない（監基報705：第27項）。

図表10-9は，適正表示の枠組みに基づいて作成された連結財務諸表に対して，監査人が意見を表明しない場合の「監査意見」区分と，「監査意見の根拠」区分ならびに「連結財務諸表における監査人の責任」区分の記載文例である。

〔図表10-9〕意見不表明の文例

意見不表明

　当監査法人は，金融商品取引法第193条の2第1項の規定に基づく監査証明を行うため，「経理の状況」に掲げられている○○株式会社及び連結子会社の×年×月×日から×年×月×日までの連結会計年度の連結財務諸表，すなわち連結貸借対照表，連結損益計算書，連結包括利益計算書，連結株主資本等変動計算書，連結キャッシュ・フロー計算書及び重要な会計方針を含む連結財務諸表の注記について監査を行った。

　当監査法人は，「意見不表明の根拠」に記載した事項の連結財務諸表に及ぼす可能性のある影響の重要性に鑑み，連結財務諸表に対する意見表明の基礎となる十分かつ適切な監査証拠を入手することができなかったため，監査意見を表明しない。

意見不表明の根拠

　会社の共同支配企業XYZ社に対する投資は，会社の連結貸借対照表上XXXで計上されており，これは，×年12月31日現在の会社の純資産の90%超に相当する。当監査法人は，XYZ社の経営者及び監査人とのコミュニケーションが認められず，また，XYZ社の監査人の監査調書の閲覧も認められなかった。その結果，当監査法人は，共同支配企業であるXYZ社の資産，負債及び損益に係る持分相当額，並びに連結株主資本等変動計算書と連結キャッシュ・フロー計算書を構成する数値に修正が必要となるか否かについて判断することができなかった。

連結財務諸表に対する経営者並びに監査役及び監査役会の責任

　（省略）

連結財務諸表に対する監査人の責任

　当監査法人の責任は，我が国において一般に公正妥当と認められる監査の基準に準拠して監査を実施し，監査報告書において意見を表明することにある。

> しかしながら，本報告書の「意見不表明の根拠」に記載されているとおり，当監査法人は連結財務諸表に対する意見表明の基礎となる十分かつ適切な監査証拠を入手することができなかった。当監査法人は，我が国における職業倫理に関する規定に従って，会社及び連結子会社から独立しており，また，監査人としてのその他の倫理上の責任を果たしている。

（出所）　監基報705：付録・文例4に一部加筆

V　監査上の主要な検討事項

1　監査上の主要な検討事項の意義

　監査報告書の様式としては，文言を標準化して監査人の意見を簡潔明瞭に記載する，いわゆる「**短文式監査報告書**」が，わが国を含めて国際的に採用されてきた。短文式監査報告書は，監査に対して十分な知識を持たない利用者にとっても，財務諸表に対する監査人の意見がわかりやすい様式だからである。しかしながら，他方で，こうした監査報告書様式に対して，監査人による監査意見の形成プロセスに関する情報が十分に提供されず，監査の内容が見えにくいとの指摘がなされてきた。

　そこで，監査意見を簡潔明瞭に記載する短文式報告書の枠組みを維持しながらも，監査プロセスの透明性を向上させることを目的として，監査人が当年度の財務諸表の監査において特に重要であると判断した事項を監査報告書に記載することが，国際的に求められるようになってきた。この「監査において特に重要であると判断した事項」は，英語では"Key Audit Matters"（KAM：「カム」と読む）と呼ばれ，わが国の『監査基準』では「**監査上の主要な検討事項**」として規定されている。

　監査報告書への「監査上の主要な検討事項」の記載は，監査人が実施した監査の透明性を向上させることによって，監査報告書の情報価値を高めることにその意義がある。①財務諸表利用者に対して，監査の品質を評価する新たな検討材料として監査のプロセスに関する情報が提供されることで，監査に対する信頼の向上に資すること，②財務諸表利用者の監査や財務諸表に対する理解が

深まるとともに，経営者との対話が促進されること，および③監査人と監査役，監査役会，監査等委員会または監査委員会（監査役等）との間のコミュニケーションや，監査人と経営者との間の議論をさらに充実させることを通じて，コーポレート・ガバナンスの強化や，監査の過程で識別された様々なリスクに関する認識が共有されることにより，効果的な監査の実施につながることなどの効果が期待されている。

> **マメ知識10-4　KAM の記載をめぐる国際的動向**
>
> 　日本版のKAMである「監査上の主要な検討事項」の監査報告書への記載に関する『監査基準』の規定の適用は，2021年3月期決算に係る財務諸表の監査からである（ただし，早期適用が認められていた）。
> 　一方，イギリスでは，財務報告評議会（FRC）によって監査報告に関する基準が改訂され，2013年12月期決算に係る監査報告書からKAMが記載されている。
> 　2015年にはKAMに関する国際監査基準（ISA）が公表され，2016年以降，オーストラリア，香港，ニュージーランド，中国，シンガポール，南アフリカ，ブラジルなどをはじめとする多くの国々でKAMが記載されるようになった。また，EUでは，2017年12月期決算に係る監査報告書からKAMを記載することとされた。

　なお，「監査上の主要な検討事項」の記載は，財務諸表利用者に対して，監査人が実施した監査の内容に関する情報を提供するものであり，監査報告書における監査意見の位置付けを変更するものではない。このため，「監査上の主要な検討事項」は，監査意見とは明確に区別する形で記載されなければならないのである（2018（平成30）年7月改訂『監査基準』前文）。

2　監査上の主要な検討事項の決定プロセス

　監査人は，監査の過程で監査役等と協議した事項の中から特に注意を払った事項を決定した上で，その中からさらに，当年度の財務諸表の監査において，職業的専門家として特に重要であると判断した事項を監査上の主要な検討事項

として決定しなければならない（報告基準七1）。

（1） 特に注意を払った事項の決定

監査人は，特に注意を払った事項を決定するに際して，①**特別な検討を必要とするリスク**または重要な虚偽表示リスクが高いと評価された領域，②見積りの不確実性が高いと識別された会計上の見積りを含む，経営者の重要な判断を伴う財務諸表の領域に関連する監査人の重要な判断，ならびに③当年度に発生した重要な事象または取引が監査に与える影響を考慮しなければならない（監基報701：第8項）。

監査人は，重要な虚偽表示リスクの程度が高いと評価し，より確かな心証が得られる監査証拠を入手する場合には，監査証拠の量を増やしたり，より適合性が高くより証明力の強い監査証拠を入手したりする必要がある（監基報701：A12項）。監査人は，監査上の主要な検討事項を決定するに当たって，十分かつ適切な監査証拠の入手または財務諸表に対する意見の形成に際して直面した困難な状況を考慮することがある（監基報701：A13項）。中でも監査人が特に注意を払う領域は，財務諸表において，複雑性があり，経営者の重要な判断に関連することが多く，そのため，監査人の高度で複雑な判断を必要とすることが多い（監基報701：A14項）。

監査人は，識別された特別な検討を必要とするリスクについて，監査役等と協議することを求められている。経営者の重要な判断に依存している領域および重要かつ通例でない取引は，特別な検討を必要とするリスクと識別されることが多いため，監査人が特に注意を払った事項と判断されることが多い（監基報701：A20項）。しかしながら，特別な検討を必要とするリスクのすべてが監査上の主要な検討事項となるわけではないという点には注意が必要である（監基報701：A21項）。

会計方針，会計上の見積りおよび財務諸表における表示，ならびに注記事項を含む企業の会計実務の質的側面のうち重要なものは，重要な会計上の見積りおよび関連する注記事項に関係し，監査人が特に注意を払った事項となる可能性が高いし，特別な検討を必要とするリスクとしても識別されることもある（監基報701：A23項）。さらに，財務諸表または監査に重要な影響を与える事象ま

たは取引は，監査人が特に注意を払った領域に該当することがある（監基報701：A25項）。

監査人は，以上のような点を考慮しながら，特に注意を払った事項を決定しなければならないのである。

（2） 監査上の主要な検討事項の決定

監査人は，決定した特に注意を払った事項の中から，当年度の財務諸表監査において，職業的専門家として特に重要であると判断した事項を，監査上の主要な検討事項として決定しなければならない（監基報701：第9項）。その際，監査人は，個々の監査における相対的な重要性を考慮して，監査対象会社に特有の事項を識別し，監査上の主要な検討事項を決定する必要がある（監基報701：A28項）。

監査上の主要な検討事項の決定プロセスは，図10-10のように示すことができる。

〔図表10-10〕監査上の主要な検討事項の決定プロセス

監査の過程で監査役等と協議した事項（重要な事項）	特に注意を払った事項の決定に当たって以下の項目等を考慮 ① 特別な検討を必要とするリスク又は重要な虚偽表示のリスクが高いと評価された領域 ② 見積りの不確実性が高いと識別された会計上の見積りを含む，経営者の重要な判断を伴う財務諸表の領域に関連する監査人の重要な判断 ③ 当年度において発生した重要な事象又は取引が監査に与える影響
監査上特に注意を払った事項	
特に重要な事項	監査上の主要な検討事項 特に重要であるかどうかは，当該監査における相対的な重要性に基づいて決定する。

（出所）　日本公認会計士協会，監査基準報告書700実務ガイダンス第1号「監査報告書に係るQ&A」Q2-2

なお，監査上の主要な検討事項を決定する際には，例えば，図表10-11に示すような事項が考慮される（監基報701：A29項）。

どの事項を監査上の主要な検討事項とするか，また，当該事項をいくつ選定するかの決定は，監査人の職業的専門家としての判断による。監査上の主要な検討事項の監査報告書への記載数は，一般に，企業の規模および複雑性，事業

〔図表10-11〕監査上の主要な検討事項の決定に関連する考慮事項

- 想定される財務諸表の利用者による財務諸表の理解にとっての重要性，特に，当該事項の財務諸表における重要性
- 当該事項に関する会計方針の特性，又は同業他社と比較した場合の経営者による会計方針の選択における複雑性又は主観的な判断の程度
- 当該事項に関連して虚偽表示が識別された場合，不正又は誤謬による虚偽表示の内容及び金額的又は質的な重要性
- 監査手続を実施するために，又は当該手続の結果を評価するために必要な専門的な技能又は知識，監査チーム外の者に対する専門的な見解の問い合わせの内容といった，当該事項のために必要となる監査上の対応状況
- 監査手続の実施，結果の評価及び監査意見の基礎となる監査証拠の入手の難易度
- 当該事項に関連して識別された内部統制の不備の程度
- 当該事項は関連する複数の監査上の考慮事項を含んでいるかどうか

および環境，ならびに監査業務の状況によって影響を受ける可能性がある（監基報701：A30項）。

3　監査上の主要な検討事項の監査報告書への記載

(1)　「監査上の主要な検討事項」区分

　監査人は，監査上の主要な検討事項として決定した事項について，関連する財務諸表における開示がある場合には当該開示への参照を付した上で，その内容，決定理由および監査における監査人の対応を監査報告書に記載しなければならない（報告基準七2）。

　監査上の主要な検討事項は，監査報告書の「監査意見」区分および「監査意見の根拠」区分の後に，「監査上の主要な検討事項」区分を設けて記載される。そして，個々の記載事項には，それぞれに適切な見出しを付して記述することが求められている。また，「監査上の主要な検討事項」区分の冒頭には，①監査上の主要な検討事項は，当年度の監査において，監査人が職業的専門家として特に重要であると判断した事項であること，および②監査上の主要な検討事

項は，財務諸表全体に対する監査の実施過程および監査意見形成において監査人が対応した事項であり，当該事項に対して個別に意見を表明するものではないことが記載されなければならない（監基報701：第10項）。

（2） 監査上の主要な検討事項を記載しない場合

監査人は，原則として，「監査上の主要な検討事項」を必ず監査報告書に記載しなければならないが，例外的に，法令等によって当該事項の公表が禁止されている場合や，監査報告書において公表することによって生じる不利益が公共の利益を上回ると合理的に見込まれるために，監査人が当該事項について報告すべきでないと判断した場合には記載が回避されることになる（監基報701：第13項）。

監査人が除外事項付意見を表明する原因となる事項や継続企業の前提に関する重要な不確実性は，その性質上，必然的に監査上の主要な検討事項に該当するほどの重要性を持つと考えられる。しかしながら，これらの事項については，それぞれ意見の根拠区分および継続企業の前提区分という監査報告書の個別の区分に記載されなければならず，「監査上の主要な検討事項」区分に記載してはならない（監基報701：第14項）。また，除外事項付意見を表明すべき状況において当該意見を表明せず，当該意見の原因となる事項を「監査上の主要な検討事項」区分に記載して報告してはならないとされている（監基報701：第11項）。

（3） 監査上の主要な検討事項の記載内容

監査報告書の「監査上の主要な検討事項」区分には，①関連する財務諸表における注記事項がある場合は当該注記事項への参照，②個々の監査上の主要な検討事項の内容，③財務諸表監査において特に重要であるため当該事項を監査上の主要な検討事項に決定した理由，ならびに④当該事項に対する監査上の対応が記載されなければならない（監基報701：第12項）。

監査上の主要な検討事項は，財務諸表における注記事項を繰り返して記載することを意図したものではないが，注記事項への参照を付すことによって，当該事項に対する経営者の対応に関する財務諸表利用者の理解を助けることにな

る（監基報701：A40項）。

　監査上の主要な検討事項の内容，当該事項が監査において重要であると判断された理由および当該事項に対する監査上の対応は，財務諸表利用者が理解できるように簡潔に記載される必要がある。また，監査上の主要な検討事項の記載は，いわゆる「**二重責任の原則**」の下で行われることから，監査人は，監査対象会社に関する未公表の情報を不適切に提供することのないよう留意する必要がある（監基報701：A34項）。

　監査上の主要な検討事項に対する監査上の対応をどの程度詳しく記載するかは，監査人の職業的専門家としての判断に委ねられるが，①監査上の主要な検討事項に最も適合しているか，または評価した重要な虚偽表示リスクに焦点を当てた監査人の対応または監査アプローチの内容，②実施した手続の簡潔な概要，③監査人による手続の結果に関連する記述，および④当該事項に関する主要な見解のいずれか，またはそれらの組み合わせによって記載されることになる（監基報701：A46項）。

Ⅵ　準拠性に関する意見

　『監査基準』は，「財務諸表が特別の利用目的に適合した会計の基準により作成される場合等には，当該財務諸表が会計の基準に準拠して作成されているかどうかについて，意見として表明することがある。」と規定している（監査の目的2）。この場合の「会計の基準に準拠」しているかどうかに関する意見は，「**準拠性に関する意見**」と呼ばれる。監査人がこの意見を表明する場合には，財務諸表の表示の適正性に関する意見の表明を前提とする報告の基準に準じて，作成された財務諸表が，すべての重要な点において，財務諸表の作成に当たって適用された会計の基準に準拠して作成されているかどうかについての意見を表明しなければならない（報告基準一1）。

　監査人は，財務諸表に適用される財務報告の枠組みが「準拠性の枠組み」であることが，適切に記述されているかどうかを評価する（監基報800：第11項）。また，監査報告書に，①財務諸表の作成目的および想定利用者またはこれらの情報について記載している特別目的の財務諸表の注記への参照，②財務諸表に

対する経営者等の責任区分において，経営者が，適用される財務報告の枠組みが受入可能なものであることを判断する責任を有する旨が記載される（監基報800：第12項）。

図表10-12は，準拠性の枠組みに基づいて作成された財務諸表に対する監査報告書の文例である。表明される意見は無限定意見で，継続企業の前提に不確実性は存在せず，また，「監査上の主要な検討事項」の記載は要求されていない場合の監査報告書である。

〔図表10-12〕準拠性の枠組みに準拠して作成された財務諸表に対する監査報告書

独立監査人の監査報告書

×年×月×日

○○株式会社
　取締役会　御中

　　　　　　　　　　　　　　○○有限責任監査法人
　　　　　　　　　　　　　　　△△事務所
　　　　　　　　　　　　　　　指定社員　　　公認会計士　○○○○
　　　　　　　　　　　　　　　業務執行社員
　　　　　　　　　　　　　　　指定社員　　　公認会計士　○○○○
　　　　　　　　　　　　　　　業務執行社員

監査意見
　当監査法人は，○○株式会社の×年×月×日から×年×月×日までの事業年度の財務諸表，すなわち貸借対照表，損益計算書，株主資本等変動計算書，キャッシュ・フロー計算書及び重要な会計方針を含む財務諸表の注記について監査を行った。
　当監査法人は，上記の財務諸表が，すべての重要な点において，我が国のXX法に準拠して作成されているものと認める。

監査意見の根拠
　当監査法人は，我が国において一般に公正妥当と認められる監査の基準に準拠して監査を行った。監査の基準における当監査法人の責任は，「財務諸表監査における監査人の責任」に記載されている。当監査法人は，我が国における職業倫理に関する規定に従って，会社から独立しており，また，監査人としてのその他の倫理上の責任を果たしている。当監査法人は，意見表明の基礎となる十分かつ適切な監査証拠を入手したと判断している。

その他の記載内容
　その他の記載内容は，○○報告書に含まれる情報のうち，財務諸表及びその監査報告書以外の情報から構成される。その他の記載内容は，この監査報告書の日付より後に当監査法人に提供されることが予定されている。経営者の責任は，その他の記載内容を作成し開示することにある。また，監査役及び監査役会の責任は，その他の記載内容の報告プロセスの整備及び運用における取締役の職務の執行を監視することにある。
　当監査法人の財務諸表に対する監査意見の対象にはその他の記載内容は含まれておらず，当監査法人はその他の記載内容に対して意見を表明するものではない。

財務諸表監査における当監査法人の責任は，その他の記載内容を通読し，通読の過程において，その他の記載内容と財務諸表又は当監査法人が監査の過程で得た知識との間に重要な相違があるかどうか検討すること，また，そのような重要な相違以外にその他の記載内容に重要な誤りの兆候があるかどうか注意を払うことにある。
　当監査法人は，実施した作業に基づき，その他の記載内容に重要な誤りがあると判断した場合には，その事実を報告することが求められている。その他の記載内容に関して，当監査法人が報告すべき事項はない。

財務諸表に対する経営者並びに監査役及び監査役会の責任

　経営者の責任は，我が国のXX法に準拠して財務諸表を作成することにある。これには，不正又は誤謬による重要な虚偽表示のない財務諸表を作成するために経営者が必要と判断した内部統制を整備及び運用することが含まれる。
　財務諸表を作成するに当たり，経営者は，継続企業の前提に基づき財務諸表を作成することが適切であるかどうかを評価し，我が国のXX法に基づいて継続企業に関する事項を開示する必要がある場合には当該事項を開示する責任がある。
　監査役及び監査役会の責任は，財務報告プロセスの整備及び運用における取締役の職務の執行を監視することにある。

財務諸表監査における監査人の責任

　監査人の責任は，監査人が実施した監査に基づいて，全体としての財務諸表に不正又は誤謬による重要な虚偽表示がないかどうかについて合理的な保証を得て，監査報告書において独立の立場から財務諸表に対する意見を表明することにある。虚偽表示は，不正又は誤謬により発生する可能性があり，個別に又は集計すると，財務諸表の利用者の意思決定に影響を与えると合理的に見込まれる場合に，重要性があると判断される。
　監査人は，我が国において一般に公正妥当と認められる監査の基準に従って，監査の過程を通じて，職業的専門家としての判断を行い，職業的懐疑心を保持して以下を実施する。
- 不正又は誤謬による重要な虚偽表示リスクを識別し，評価する。また，重要な虚偽表示リスクに対応した監査手続を立案し，実施する。監査手続の選択及び適用は監査人の判断による。さらに，意見表明の基礎となる十分かつ適切な監査証拠を入手する。
- 財務諸表監査の目的は，内部統制の有効性について意見を表明するためのものではないが，監査人は，リスク評価の実施に際して，状況に応じた適切な監査手続を立案するために，監査に関連する内部統制を検討する。
- 経営者が採用した会計方針及びその適用方法の適切性，並びに経営者によって行われた会計上の見積りの合理性及び関連する注記の妥当性を評価する。
- 経営者が継続企業を前提として財務諸表を作成することが適切であるかどうか，また，入手した監査証拠に基づき，継続企業の前提に重要な疑義を生じさせるような事象又は状況に関して重要な不確実性が認められるかどうか結論付ける。継続企業の前提に関する重要な不確実性が認められる場合は，監査報告書において財務諸表の注記事項に注意を喚起すること，又は重要な不確実性に関する財務諸表の注記事項が適切でない場合は，財務諸表に対して除外事項付意見を表明することが求められている。監査人の結論は，監査報告書日までに入手した監査証拠に基づいているが，将来の事象や状況により，企業は継続企業として存続できなくなる可能性がある。
- 財務諸表の表示及び注記事項が，我が国のXX法に準拠しているかどうかを評価する。
　監査人は，監査役及び監査役会に対して，計画した監査の範囲とその実施時期，監査の実施過程で識別した内部統制の重要な不備を含む監査上の重要な発見事項，及び監査の基準で求められているその他の事項について報告を行う。

> **利害関係**
> 　会社と当監査法人又は業務執行社員との間には,公認会計士法の規定により記載すべき利害関係はない。

(出所)　監基報700：付録・文例3に一部加筆

Ⅶ　個別の財務表または財務諸表項目等に対する監査報告

個別の財務表または財務諸表項目等（以下,「個別財務表等」という）に対する意見形成および監査報告は,財務諸表に対する意見形成および監査報告に準じて行われる（監基報805：第10項）。ただし,監査人が,企業の**完全な一組の財務諸表**（以下,「完全財務諸表」という）に対する監査にあわせて個別財務表等に対する監査報告を行う場合には,それぞれ別の業務として意見を表明することになる（監基報805：第11項）。

　完全財務諸表に対する意見と個別財務表等に対する意見を1つの監査報告書において表明する場合には,それぞれの意見を別個に記載しなければならず,また,個別財務表等が完全財務諸表と区別されていることを確認するまでは,監査人は個別財務表等に対する監査報告書を発行してはならない（監基報805：第12項）。

　完全財務諸表に対する監査意見が除外事項付意見の場合,または監査報告書に「強調事項」区分や「その他の事項」区分が含まれている場合には,監査人は,それらの個別財務表等の監査報告書に対する影響を判断しなければならない（監基報805：第13項）。

　監査人は,完全財務諸表全体に対して否定的意見を表明するか意見不表明とする必要があると判断する場合には,1つの監査報告書に,当該完全財務諸表の一部を構成する個別財務表等に対する無限定意見を含めてはならない（監基報805：第14項）。また,完全財務諸表全体に対して否定的意見を表明するか意見不表明とする場合には,監査報告書が別個に発行される場合であっても,当該完全財務諸表に含まれる個別の財務表に対して無限定意見を表明することはできない（監基報805：第16項）。

　なお,監査人は,完全財務諸表全体に対して否定的意見を表明するか意見不

表明とする必要があると判断するときに、そこに含まれる財務諸表項目等に対しては無限定意見を表明することが適切であると考える場合でも、①法令で禁止されていないこと、②当該意見が表明される監査報告書が否定的意見または意見不表明が含まれる監査報告書とともに発行されないこと、ならびに③財務諸表項目等が企業の完全財務諸表の主要部分を構成しないことの3点がすべて満たされなければ、無限定意見を表明してはならないこととされている（監基報805：第15項）。

Ⅷ 追記情報

報告基準九は、次のように**追記情報**について規定している。

> 監査人は、次に掲げる強調すること又はその他説明することが適当と判断した事項は、監査報告書にそれらを区分した上で、情報として追記するものとする。
> (1) 会計方針の変更
> (2) 重要な偶発事象
> (3) 重要な後発事象

追記情報は、監査人が財務諸表の表示に関して適正であると判断し、なおもその判断に関して説明を付す必要がある事項や、財務諸表の記載について強調する必要がある事項を、意見とは明確に区別して監査報告書に記載するものである。

追記情報を記載する場合には、監査報告書に「**強調事項**」区分および／または「**その他の事項**」区分が設けられなければならない。

1 「強調事項」区分

「強調事項」区分は、財務諸表に適切に表示または開示されている事項について、利用者が財務諸表を理解する基礎として重要であると監査人が判断した場合に、当該事項を強調するために監査報告書に設けられる区分である（監基報706：第6項(1)）。監査人は、「強調事項」区分を設ける際には、記載しようと

する強調事項に関連して，除外事項付意見を表明する必要がないこと，および記載しようとする事項が，「監査上の主要な検討事項」に該当しないことを確認する必要がある（監基報706：第7項）。その上で，「強調事項」区分を設ける場合には，①「強調事項」という用語を含めた適切な見出しを付けて，当該区分を監査報告書の独立した区分として設けること，②財務諸表における記載箇所と関連づけて，強調する事項を明瞭に記載すること，ならびに③強調事項が監査人の意見に影響を及ぼすものではないことを明示することが必要である（監基報706：第8項）。

「強調事項」区分には，例えば「会計方針の変更」として，財務諸表に重要な影響を与える新しい会計基準の早期適用や，「重要な偶発事象または後発事象」として，重要な訴訟や規制上の措置の将来の結果に関する不確実性，企業の財政状態に重大な影響を与えたかまたは今後も引き続き与える大きな災害，あるいは期末日の翌日から監査報告書日までの間に発生した重要な合併などが記載される必要がある（監基報706：A5項）。

「監査上の主要な検討事項」の記載が求められている場合において，監査人が，監査上の主要な検討事項が同時に強調事項にも該当すると判断した場合には，当該事項を「監査上の主要な検討事項」区分において最初に記載したり，財務諸表を理解する基礎として重要であることを示唆する追加的な情報を記載したりすることが考えられる（監基報706：A2項）。また，監査上の主要な検討事項には該当しないが，強調することが必要と判断する事項がある場合には，監査人は，「強調事項」区分を設けて当該事項を記載する（監基報706：A3項）。

「強調事項」区分は，必要に応じて設けられなければならないが，これを多用すると，強調事項の記載が効果を失うおそれがあるという点に注意する必要がある（監基報706：A6項）。強調事項は，除外事項付意見の表明に代わるものではない。また，監査人による情報提供であり，適用される財務報告の枠組みによって経営者に要求される注記事項や継続企業の前提に関する重要な不確実性についての情報開示に代替するものでもないという点に留意する必要がある（監基報706：A7項）。

図表10-13は，「強調事項」区分の記載例である。

〔図表10-13〕「強調事項」区分の記載例

強調事項

　注記Xに記載されているとおり，会社の生産設備において×年×月×日に火災が発生し，その影響額については算定中である。

　当該事項は，当監査法人の意見に影響を及ぼすものではない。

(出所)　監基報706付録3・文例1より一部抜粋。

2　「その他の事項」区分

「その他の事項」区分は，財務諸表に表示または開示されていない事項について，監査，監査人の責任または監査報告書に対する利用者の理解に関連すると監査人が判断した場合に，当該事項を説明するために監査報告書に設けられる区分である（監基報706：第6項(2)）。

「その他の事項」区分を設ける場合には，記載しようとする事項が，法令等によって監査報告書への記載が禁止されていないこと，および監査上の主要な検討事項に該当しないことを確認した上で（監基報706：第9項），独立した区分として「その他の事項」又は他の適切な見出しをつけなければならない（監基報706：第10項）。

図表10-14は，「その他の事項」区分の記載例である。

〔図表10-14〕「その他の事項」区分の記載例

その他の事項

　会社の×年×月×日をもって終了した前事業年度の財務諸表は，前任監査人によって監査されている。前任監査人は，当該財務諸表に対して×年×月×日付けで無限定適正意見を表明している。

(出所)　監基報706付録3・文例1より一部抜粋。

3　特別目的の財務諸表に対する監査の場合の追記情報

監査人は，特別の利用目的に適合した会計の基準により作成されている財務

諸表に対する監査報告書には，会計の基準，財務諸表の作成の目的および想定される主な利用者の範囲を記載するとともに，当該財務諸表は特別の利用目的に適合した会計の基準に準拠して作成されており，他の目的には適合しないことがある旨を記載しなければならない。また，監査報告書が特定の者のみによる利用を想定しており，当該監査報告書に配布または利用の制限を付すことが適切であると考える場合には，その旨を記載しなければならない（報告基準十）。

特別目的の財務諸表に対する監査報告書には，「強調事項」区分を設けて，適切な見出しを付した上で，報告基準に規定されている事項を記載しなければならない（監基報800：第13項）。特別目的の財務諸表は，想定されていない目的に利用されることがある。このため，監査人は，想定されていない利用者の誤解を避けるために，財務諸表が特別目的の財務報告の枠組みに準拠して作成されており，他の目的には適合しないことがある旨を監査報告書に明記し，その利用者の注意を喚起する必要がある（監基報800：A20項）。

IX 過年度の比較情報の監査報告

1 過年度遡及修正

2011（平成23）年4月1日以降に始まる事業年度から，『企業会計基準』第24号「会計方針の開示，会計上の変更及び誤謬の訂正に関する会計基準」（以下，「過年度遡及会計基準」という）が適用されている。これによって，企業は，会計方針や表示方法の変更または過去の誤謬の訂正を行った場合には，変更後の会計方針や表示方法を過去の財務諸表にも適用していたかのように，遡って会計処理や表示の変更を行うことが必要となった。

有価証券報告書に記載される財務諸表においては，これまでも当年度と前年度の数値が併記されていた。しかし，前年度の数値は，原則として，前年度に提出された有価証券報告書に記載されていたものが，そのまま転載されているに過ぎない。仮に，会計方針の変更などがあっても，数値に遡及的な変更が加えられることはなかった。ところが，国際的な会計基準のコンバージェンスの

一環として，また，財務諸表の期間および企業間での比較可能性を向上させ，意思決定有用性を高めるために過年度遡及会計基準が適用されたことにより，前年度の財務諸表数値の遡及修正が必要となったのである。

2　比較情報に対する監査意見

　有価証券報告書には，これまでも当年度と前年度の監査報告書が添付されていた。前年度の監査報告書は，前年度の有価証券報告書に添付されていたものがそのまま転載されているに過ぎない。しかし，過年度遡及会計基準が適用され，会計方針や開示方法の変更によって，前年度の有価証券報告書に記載されていた財務諸表の数値が修正される可能性が生じたため，前年度の監査報告書の転載ができない場合がある。

　適用される財務報告の枠組みに基づいて財務諸表に含まれる過年度の金額および注記事項は**「比較情報」**と呼ばれるが（監基報710：第5項），この比較情報に対する監査意見の表明方式には，**「対応数値」**方式と**「比較財務諸表」**方式の2つがあり，それぞれ次のように定義される（監基報710：第5項）。

対応数値
　比較情報が，当年度の財務諸表に不可分の一部として含まれ，当年度に関する金額及び注記事項（当年度の数値）と関連付けて読まれることのみを意図しており，対応する金額と注記事項をどの程度詳細に表示するかは，主に，当年度の数値との関連性において決定されるものとして監査意見を表明する場合の当該比較数値

比較財務諸表
　当年度の財務諸表との比較のために，当年度の財務諸表と同程度の比較情報が含まれており，比較情報について監査が実施されている場合に，比較情報に対する監査意見が当年度の監査報告書に記載されるときの当該比較情報

　対応数値方式の場合には，財務諸表に対する監査意見は当年度のみを対象として表明される。一方，比較財務諸表方式では，監査意見は財務諸表に表示されたそれぞれの年度を対象として表明されることになる（監基報710：第3項）。

(1) 対応数値方式

わが国では対応数値方式が採用されており，監査意見は対応数値を含む当年度の財務諸表全体に対して表明される。このため，監査人は，原則として，対応数値自体に対しては意見を表明しないことになる。しかし，次のように，監査人が，監査報告書において，比較情報に言及しなければならないケースがいくつかある（監基報710：第10～13項）。

① 前年度に除外事項付意見が表明されその原因が未解消の場合

この場合には，結果的に，財務諸表の比較可能性が確保されていないことになる。このため，監査人は，比較情報を含めた財務諸表全体として無限定意見を表明することができないと判断して，当年度の財務諸表に除外事項付意見を表明しなければならない。この時，監査人は，「除外事項付意見の根拠」区分に，次のいずれかを記載する（監基報710：第10項）。

> i．当該事項が当年度の数値に及ぼす影響又は及ぼす可能性のある影響が重要である場合，除外事項付意見の原因となった事項の説明において，当該数値と対応数値の両方に及ぼす影響
> ii．i．以外の場合には，当年度の数値と対応数値の比較可能性の観点から，未解消事項が及ぼす影響又は及ぼす可能性のある影響を勘案した結果，除外事項付意見が表明されている旨

② 対応数値が適切に修正再表示されていないか注記事項が妥当でない場合

この場合には，当年度の財務諸表には無限定意見を表明できるとしても，比較情報に重要な虚偽表示が発見され，それが適切に修正表示されていないかまたは注記事項が妥当でなければ，結果的に，財務諸表の比較可能性が確保されていないことになる。したがって，監査人は，財務諸表全体として無限定意見を表明することはできないと判断して，当該財務諸表に含まれる対応数値に関する除外事項付意見として，限定意見または否定的意見を表明しなければならない（監基報710：第11項）。

③ 前年度の財務諸表を前任監査人が監査している場合

この場合，監査報告書において前任監査人が対応数値を監査している旨およびその意見を記載することが法令で禁止されておらず，かつ監査人がそれを記載することにしたときは，監査人は，自らの監査報告書に「その他の事項」区分を設けて，次の事項を記載する（監基報710：第12項）。

> ⅰ．前年度の財務諸表が前任監査人によって監査された旨
> ⅱ．前任監査人が表明した監査意見の類型，除外事項付意見が表明されていた場合にはその理由
> ⅲ．前任監査人の監査報告書の日付

④ 前年度の財務諸表が監査されていない場合

この場合には，監査人は，監査報告書に「その他の事項」区分を設けて，対応数値が監査されていない旨を記載しなければならない。ただし，監査人は，これによって，期首残高に当年度の財務諸表に重要な影響を及ぼす虚偽表示が含まれていないことについて，十分かつ適切な監査証拠を入手する責任を免除されるわけではない（監基報710：第13項）。

（2） 比較財務諸表方式

わが国の金融商品取引法に基づく財務諸表では，比較財務諸表方式は採用されていない。しかし，アメリカではこの方式が採用されているため，アメリカ基準で作成された財務諸表の監査を行う場合には，比較財務諸表方式によることになる。また，任意監査でこの方式が採用されることも考えられる。

比較情報が比較財務諸表として表示される場合には，監査人は，表示期間に含まれる，それぞれの年度の財務諸表に対して監査意見を表明しなければならない（監基報710：第14項）。その際，当年度の監査に関連して前年度の財務諸表に対して表明される監査意見が，以前に表明した監査意見と異なる場合には，監査報告書に「その他の事項」区分を設けて，その理由が記載される（監基報710：第15項）。

前年度の財務諸表を前任監査人が監査している場合には、前年度の財務諸表に対する前任監査人の監査報告書が、当年度の財務諸表とともに再発行される場合を除き、監査人は、自らの監査報告書において当年度の財務諸表に意見を表明するとともに、「その他の事項」区分を設けて、次の事項を記載しなければならない（監基報710：第16項）。

> ⅰ．前年度の財務諸表が前任監査人によって監査された旨
> ⅱ．前任監査人が表明した監査意見の類型、除外事項付意見が表明されていた場合にはその理由
> ⅲ．前任監査人の監査報告書の日付

また、前年度の財務諸表が監査されていない場合には、監査人は、監査報告書に「その他の事項」区分を設けて、比較財務諸表が監査されていない旨を記載する（監基報710：第18項）。

Ⅹ　その他の記載内容

監査人は、「その他の記載内容」を通読し、財務諸表および監査人が監査の過程で得た知識とその他の記載内容に重要な相違がないかどうかを検討することを求められている（監基報720：第3項）。ただし、監査人は、その他の記載内容に対して意見の表明を求められているわけではなく、監査報告書におけるその他の記載内容に関わる記載は、監査意見とは明確に区別された監査人からの情報提供である（2020年「監査基準の改訂について」二1(1)）。

なお、その他の記載内容とは、監査した財務諸表を含む開示書類のうち、当該財務諸表と監査報告書とを除いた部分の記載内容をいい、企業の年次報告書に含まれる財務情報および非財務情報を指す（監基報720：第11項(1)）。

1　「その他の記載内容」の入手と通読および検討

監査人は、経営者との協議を通じて年次報告書を構成する文書ならびにその発行方法および発行時期の予定を特定し、当該文書の最終版を、適時に、でき

れば監査報告書日以前に入手できるように経営者と調整する必要がある（監基報720：第12項）。

その上で，監査人は，入手した文書に含まれるその他の記載内容を通読し，財務諸表との間に重要な相違がないかどうか，また，監査人が監査の過程で得た知識との間に重要な相違がないかどうかを検討する必要がある（監基報720：第13項）。

2　重要な相違または誤りがあると思われる場合の対応

通読および検討の結果，その他の記載内容と財務諸表または監査人が監査の過程で得た知識との間に重要な相違があると思われる場合には，その他の記載内容における重要な誤りや財務諸表における重要な虚偽表示がないかどうか，または監査人の企業および企業環境に関する理解更新の必要性がないかどうかを判断するために，監査人は，当該相違事項について経営者と協議する必要がある（監基報720：第15項）。

3　「その他の記載内容」に重要な誤りがあると判断した場合の対応

通読および検討の結果，監査人がその他の記載内容に重要な誤りがあると判断した場合には，経営者に対して当該記載内容の修正を求めることになる。その上で，経営者が修正に同意した時には，修正が行われたことを確認し，経営者が修正に同意しない時には，監査役もしくは監査役会，監査等委員会または監査委員会（監査役等）に当該事項を報告するとともに，修正を要請しなければならない（監基報720：第16項）。

監査報告書日以前に入手したその他の記載内容に重要な誤りがあると判断し，その記載内容が監査役等への報告後にも修正されない場合には，監査人は，監査報告書への影響を検討した上で対応計画について監査役等に報告するか，可能であれば監査契約を解除するなどの措置を講じる必要がある（監基報720：第17項）。

また，監査報告書日以後に入手したその他の記載内容に重要な誤りがあると判断した場合，当該誤りが修正されたときにはこれを確認し，あるいは受領者に修正内容を伝達するために経営者が行う対応を検討する（監基報720：第18項，A47項）。

一方，監査役等への報告後も修正が行われない場合には，未修正の重要な誤りについて監査報告書の利用者の注意が喚起されるように，法律専門家に助言を求めるなどして，法令に基づく適切な措置を講じることになる（監基報720：第18項，A48項）。

4 「その他の記載内容」にかかわる報告

監査人は，監査報告書に「その他の記載内容」区分または適切な見出しを付けた区分を設けて（監基報720：第20項），次の事項を記載しなければならない（監基報720：第21項）。

① その他の記載内容の特定
　(i) 監査報告書日以前に監査人が入手したその他の記載内容
　(ii) 監査報告書日より後に入手する予定のその他の記載内容
② 経営者のその他の記載内容に対する責任及び監査役等のその他の記載内容に対する責任
③ 監査意見の対象にはその他の記載内容は含まれておらず，監査人は意見を表明するものではなく，また，表明する予定もない旨
④ 本報告書で求められる，その他の記載内容の通読，検討及び報告に関する監査人の責任
⑤ 監査報告書日以前に入手したその他の記載内容がある場合には，以下のいずれかの記載
　(i) 監査人が報告すべき事項はない旨
　(ii) 監査人がその他の記載内容に未修正の重要な誤りがあると結論付けた場合，当該未修正の重要な誤りの内容

なお，これらの事項は，監査人が財務諸表に対する意見を表明しない場合には記載しないこととされている（報告基準八2）。

第11章 内部統制の監査

Summary

- 内部統制監査は，主題情報（内部統制報告書）を対象とする保証業務に分類される。すなわち，内部統制監査は，財務諸表監査と同様に，あくまでも情報監査の枠組みで実施される。
- 内部統制監査は，財務諸表監査と同一の監査人により，財務諸表監査と一体となって行われる。また，内部統制監査報告書は，原則として，財務諸表監査における監査報告書に併せて記載される。
- 内部統制監査は，経営者による財務報告に係る内部統制の評価結果を踏まえて行われる。そのため，内部統制監査は，経営者による財務報告に係る内部統制の評価プロセスに対応した形で実施される。
- 監査人は，監査実施の過程で内部統制の開示すべき重要な不備を発見した場合，その内容を経営者に報告して是正を求めるとともに，当該開示すべき重要な不備の内容を経営者に報告した旨を取締役会および監査役等に報告しなければならない。
- 監査人は，経営者の作成した内部統制報告書が，一般に公正妥当と認められる内部統制の評価の基準に準拠し，財務報告に係る内部統制の評価について，すべての重要な点において適正に表示しているかどうかについて，内部統制監査報告書により監査意見を表明する。

2006（平成18）年6月に成立した金融商品取引法は，上場会社等を対象に，財務報告に係る内部統制の経営者による評価と公認会計士または監査法人（以下，「監査人」という）による監査を義務づけた。この制度は2008（平成20）年4月1日以後開始する事業年度から実施されている。現在，この金商法に基づく内部統制報告制度のベースになっているものが，企業会計審議会が2023（令和5）年4月に公表した『財務報告に係る内部統制の評価及び監査の基準並びに財務報告に係る内部統制の評価及び監査に関する実施基準の改訂について（意見書）』（以下，「内部統制意見書」という）である。

　この「内部統制意見書」は，①前文，②「財務報告に係る内部統制の評価及び監査の基準」（「**内部統制基準**」という），③「財務報告に係る内部統制の評価及び監査に関する実施基準」（「**実施基準**」という）から成り立っている。内部統制意見書を理解するに際しては，②と③の関係を理解しておく必要がある。

　内部統制基準は，次のような内容から構成されている。

> Ⅰ．内部統制の基本的枠組み
> Ⅱ．財務報告に係る内部統制の評価及び報告
> Ⅲ．財務報告に係る内部統制の監査

　この金商法による内部統制報告制度は国際的状況（例えば米国企業改革法）および国内的状況（例えば西武鉄道事件など）を契機に，ディスクロージャー制度の信頼性の確保のために導入された。

　この制度は，**内部統制監査**の実施主体である監査人にとって，法律の規制を受ける新たな保証業務が創設されたことを意味する。

　本節では，上記の「内部統制意見書」に依拠して，内部統制報告書（**図表11-1**）を示し，内部統制監査制度について説明する。

Ⅰ　内部統制監査の意義

　内部統制監査は，正式には，「経営者による財務報告に係る内部統制の有効性の評価結果に対する財務諸表監査の監査人による監査」（「内部統制基準」

〔図表11-1〕内部統制報告書

1 【財務報告に係る内部統制の基本的枠組みに関する事項】
　取締役社長○○○○は、当社の財務報告に係る内部統制の整備及び運用に責任を有しており、企業会計審議会の公表した「財務報告に係る内部統制の評価及び監査の基準並びに財務報告に係る内部統制の評価及び監査に関する実施基準の設定について（意見書）」に示されている内部統制の基本的枠組に準拠して財務報告に係る内部統制を整備及び運用している。
　なお、内部統制は、内部統制の各基本的要素が有機的に結びつき、一体となって機能することで、その目的を合理的な範囲で達成しようとするものである。このため、財務報告に係る内部統制により財務報告の虚偽の記載を完全には防止又は発見することができない可能性がある。

2 【評価の範囲、基準日及び評価手続に関する事項】
　財務報告に係る内部統制の評価は、当連結会計年度の末日である令和△△年3月31日を基準日として行われており、評価に当たっては、一般に公正妥当と認められる財務報告に係る内部統制の評価の基準に準拠した。
　本評価においては、連結ベースでの財務報告全体に重要な影響を及ぼす内部統制（全社的な内部統制）の評価を行った上で、その結果を踏まえて、評価対象とする業務プロセスを選定している。当該業務プロセスの評価においては、選定された業務プロセスを分析した上で、財務報告の信頼性に重要な影響を及ぼす統制上の要点を識別し、当該統制上の要点について整備及び運用状況を評価することによって、内部統制の有効性に関する評価を行った。
　財務報告に係る内部統制の評価の範囲は、当社並びに連結子会社及び持分法適用会社について、財務報告の信頼性に及ぼす影響の重要性の観点から必要な範囲を決定した。財務報告の信頼性に及ぼす影響の重要性は、金額的及び質的影響の重要性を考慮して決定しており、当社並びに連結子会社○○社及び持分法適用会社○社を対象として行った全社的な内部統制の評価結果を踏まえ、業務プロセスに係る内部統制の評価範囲を合理的に決定した。なお、連結子会社○○社並びに持分法適用会社○○社については、金額的及び質的重要性の観点から僅少であると判断し、全社的な内部統制の評価範囲に含めていない。
　業務プロセスに係る内部統制の評価範囲については、各事業拠点の前連結会計年度の売上高（連結会社間取引消去後）の金額が高い拠点から合算していき、前連結会計年度の連結売上高の概ね2／3に達している事業拠点を「重要な事業拠点」とした。なお、当連結会計年度の連結売上高に照らしても評価範囲が十分であることを確認している。選定した重要な事業拠点においては、企業の事業目的に大きく関わる勘定科目として売上高、売掛金及び棚卸資産に至る業務プロセスを評価の対象とした。
　さらに、選定した重要な事業拠点にかかわらず、それ以外の事業拠点をも含めた範囲について、重要な虚偽記載の発生可能性が高く、見積りや予測を伴う重要な勘定科目に係る業務プロセスやリスクが大きい取引を行っている事業又は業務に係る業務プロセスを財務報告への影響を勘案して重要性の大きい業務プロセスとして評価対象に追加している。

3 【評価結果に関する事項】
　上記の評価の結果、当連結会計年度末日時点において、当社の財務報告に係る内部統制は有効であると判断した。

4 【付記事項】
　該当事項なし。

5 【特記事項】
　該当事項なし。

Ⅲ・1）という。

　正式名称での経営者とは，監査役設置会社では代表取締役，委員会設置会社では代表執行役，**財務報告**とは財務諸表および財務諸表の信頼性に重要な影響を及ぼす開示事項等に係る外部報告を意味する。さらに，内部統制とは第1章で説明した内部統制を意味する（20頁～参照）。財務報告に係る内部統制が有効であるとは，当該内部統制が適切な内部統制の枠組みに準拠して整備・運用されており，当該内部統制に開示すべき重要な不備がないことを指し，そして内部統制監査の目的は次のように規定されている。

> 　内部統制監査の目的は，経営者の作成した内部統制報告書が，一般に公正妥当と認められる内部統制の評価の基準に準拠して，内部統制の有効性の評価結果を全ての重要な点において適正に表示しているかどうかについて，監査人自らが入手した監査証拠に基づいて判断した結果を意見として表明することにある（「内部統制基準」Ⅲ・1）。

　上記の目的に係る規定を踏まえ，第13章で説明する「保証業務意見書」による保証業務の定義の観点から，内部統制監査を図（**図表11-2**）で示しかつ定義すると次のようになる。

　内部統制監査は，主題である企業の財務報告に係る内部統制の有効性を，当該主題に責任を負う者としての経営者が，一定の規準としての**一般に公正妥当と認められる内部統制の評価の基準**にしたがって評価し，その結果を表明する情報としての**内部統制報告書**を想定利用者たる投資者等に提示することを前提として成立する。業務実施者である監査人が，提示された当該内部統制報告書について，それに対する想定利用者たる投資者等の信頼の程度を高めるために，自らが入手した監査証拠に基づき一般に公正妥当と認められる内部統制の評価の基準に照らして判断した結果を結論として報告する業務である，ということになる。

　内部統制監査は，主題情報を対象とする保証業務に分類される。いわゆる**情報監査**の枠組みのなかで実施されることになる。それゆえに，わが国の内部統制監査は，「経営者が整備・運用している内部統制のシステムそのものを監査人が自らが検証し，その有効性に関する結論を表明する」監査（ダイレクト・

〔図表11-2〕内部統制監査の枠組み

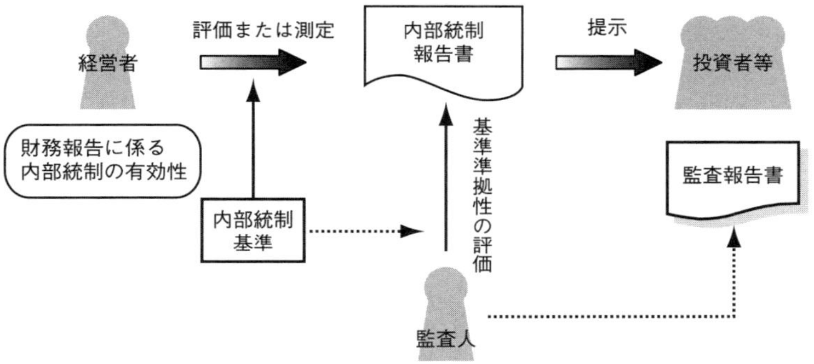

レポーティング）ではないことに注意を要する。

　また，内部統制監査は，正式名称から判断できるように，効果的・効率的な監査を実施するため財務諸表監査と同一の監査人により，財務諸表監査と一体となって行われる。ここで「同一の監査人」とは，監査事務所のみならず，業務執行社員も同一であることを意味する。内部統制監査が財務諸表監査と一体となって行われることで，内部統制監査の過程で得られた監査証拠は，財務諸表監査の内部統制の評価における監査証拠として利用され，また，財務諸表監査の過程で得られた監査証拠も内部統制監査の証拠として利用されることがある。

II　内部統制監査の実施

　内部統制監査は，経営者による財務報告に係る内部統制の評価結果を踏まえて行われる。そのため，内部統制監査は，経営者による財務報告に係る内部統制の評価プロセスに対応させた形で実施されることになる。

　すなわち，**図表11-4**に示されているように，経営者による内部統制の評価が，「評価範囲の決定」→「**全社的な内部統制（企業集団全体に関わり連結ベースでの財務報告全体に重要な影響を及ぼす内部統制）の評価**」→「**業務プロセスに係る内部統制（業務プロセスに組み込まれ一体となって遂行される内部統制）の評価**」というプロセス（図表11-4の中央の流れ）を辿ることに対応して，内部

統制監査は，策定された監査計画に基づいて，「評価範囲の妥当性の検討」→「全社的な内部統制の評価の妥当性の検討」→「業務プロセスに係る内部統制の評価の妥当性の検討」というプロセス（図表11-4の右側の流れ）で実施される。経営者が用いる，こういった財務報告に係る内部統制の有効性評価の手法を，「トップダウン型のリスク・アプローチ」という。

〔図表11-3〕内部統制監査制度

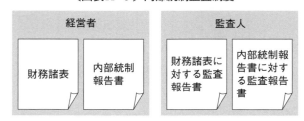

〔図表11-4〕内部統制の構築・評価・監査

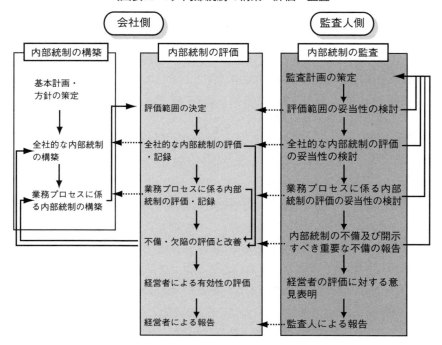

（出所）　企業会計審議会「内部統制部会」第8回〔平成17年5月25日〕資料2を一部修正

1　監査計画の策定

　内部統制監査は，原則として，財務諸表監査と同一の監査人が実施する。そのため，監査人は，内部統制監査を効果的・効率的に実施するために，内部統制監査の計画を財務諸表監査の監査計画に含めて策定することとなる。監査計画の策定に関して，内部統制基準は次のように定めている。

> 　監査人は，企業の置かれた環境や事業の特性等を踏まえて，経営者による内部統制の整備及び運用状況並びに評価の状況を十分に理解し，監査上の重要性を勘案して監査計画を策定しなければならない。
> 　監査人は，監査計画の前提として把握した事象や状況が変化した場合，あるいは監査の実施過程で内部統制の不備（開示すべき重要な不備を含む。）を発見した場合には，内部統制の改善を評価する手続を実施するなど，適時に監査計画を修正しなければならない（「内部統制基準」Ⅲ・3・(1)）。

　内部統制監査は，経営者による財務報告に係る内部統制の評価結果を踏まえて実施される。したがって，監査人には，監査計画の策定に際して，経営者による**内部統制の整備および運用状況**に加えて，経営者による**内部統制の評価の状況**の理解が求められることになる。

　そこで，監査人は，記録の閲覧，経営者および適切な管理者または担当者への質問等により，例えば，次に掲げる事項を含む財務報告に係る内部統制の有効性を評価する経営者の評価手続の内容について，その計画も含めて把握し，理解する。

- 評価の範囲の決定など，重要な手続の内容およびその実施時期
- 内部統制の不備が，開示すべき重要な不備に該当するか判定するための重要性の判断基準等の設定状況
- 既に経営者，監査役等，取締役会に報告された内部統制の不備，開示すべき重要な不備の有無とその内容
- 内部監査等を通じて実施された作業の結果（「実施基準」Ⅲ・3(1)③）

　監査計画を策定する前提となった事象や状況が変化した場合，監査の実施過

程で新たな重要な事実を発見した場合，適宜，監査人は監査計画を修正しなければならない。

2　評価範囲の妥当性の検討

経営者により決定された内部統制の評価の範囲の妥当性を判断する際，監査人が実施する手続としては，以下のものが挙げられる。

> 監査人は，経営者により決定された内部統制の評価の範囲の妥当性を判断するために，経営者が当該範囲を決定した方法及びその根拠の合理性を検討しなければならない。この検討に当たっては，財務諸表監査の実施過程において入手している監査証拠も必要に応じて，活用することが適切である。
>
> 特に，監査人は，経営者がやむを得ない事情により，内部統制の一部について十分な評価を実施できなかったとして，評価手続を実施できなかった範囲を除外した内部統制報告書を作成している場合には，経営者が当該範囲を除外した事情が合理的であるかどうか及び当該範囲を除外することが財務諸表監査に及ぼす影響について，十分に検討しなければならない（「内部統制基準」Ⅲ・3・(2)）。

- 連結ベースの全ての事業拠点を網羅した事業拠点の一覧を入手して，事業拠点の識別の方法および識別された結果が適切であるか確認する。そのため，監査人は，評価対象とする重要な事業拠点を選定する際に経営者が採用した指標の適切性と，実際にその指標に基づき重要な事業拠点が適切に選定されているかを確認する。
- 重要な事業拠点について，一般事業会社の場合，売上，売掛金，棚卸資産など企業の事業目的に大きく関わる重要な勘定科目に至る業務プロセスが，「実施基準」に照らして適切に評価対象とされているか確認する。また，経営者が当該重要な事業拠点が行う事業との関連性が低く，財務報告に対する影響の重要性も僅少であるとして評価対象としなかった業務プロセスがある場合，その適切性を確認する。
- 重要な事業拠点およびそれ以外の事業拠点において，財務報告に重要な影響を及ぼす業務プロセスがある場合，それが「実施基準」に照らして適切に追加的な評価対象とされているかを確認する。また，全社的な内部統制の評価

結果を踏まえて，経営者が業務プロセスに係る評価の範囲，方法等を調整している場合，監査人は，当該調整の妥当性を確認する。
● 経営者は，財務報告に係る内部統制の有効性の評価手続およびその評価結果，並びに発見した不備及びその是正措置に関して，記録し保存しなければならない（「実施基準」Ⅱ・3・(7)・①，②）。そこで，監査人は，この経営者による内部統制の記録の**閲覧**や経営者及び適切な管理者または担当者への**質問等**により，評価範囲の妥当性を検討する。

経営者の決定した評価範囲の妥当性は，内部統制報告制度全体の成否の鍵を握っている。ところが，監査人が，経営者の決定した評価範囲の妥当性を検討した結果，それが適切でないと判断した場合，経営者が新たな評価範囲について，業務プロセスに係る内部統制の有効性を評価し直すことは，時間的な制約等から困難となることが予想される。このため，「実施基準」は次の規定を設け，経営者による評価範囲の決定前後における監査人と経営者による協議の必要性を指摘している。

> 監査人は，経営者による内部統制の評価範囲の決定前後に，当該範囲を決定した方法及びその根拠等について，必要に応じて，財務諸表監査の実施過程において入手している監査証拠も活用しながら，経営者と協議を行っておくことが適切である。一方で，監査人は，独立監査人としての独立性の確保を図ることが求められる。評価範囲の決定は経営者が行うものであり，当該協議は，あくまで監査人による指摘を含む指導的機能の一環であることに留意が必要である。
> 監査人による評価範囲の妥当性の検討の結果，後日，経営者の決定した評価範囲が適切でないと判断されることが考えられ，この場合，経営者は新たな評価範囲について評価し直す必要が生じるが，その手続の実施には，時間的な制約等の困難が伴う場合も想定される。したがって，必要に応じて，以下の経営者との協議を行うことが適切である。
> イ．経営者による評価の計画段階における協議
> 　通常，経営者は，評価計画の作成過程で内部統制の評価範囲を決定する。経営者との協議は，経営者が評価範囲を決定するまでに実施することが適切である。
> ロ．状況の変化等があった場合の協議
> 　経営者との協議は，経営者による評価の計画段階に限定されない。監査人は，

> 経営者による評価の計画段階で把握した事象や状況が変化した場合，あるいは新たな事実を発見した場合には，評価範囲の妥当性を検討し，経営者と協議することが適切である。　　　　　　　　　　　　（「実施基準」Ⅲ・3・(2)・③）

3　全社的な内部統制の評価の妥当性の検討

　経営者による内部統制の評価には，図表11-4から明らかなように，①全社的な内部統制の評価，②業務プロセスに係る内部統制の評価がある。それゆえに，内部統制監査もこの手順にしたがって，実施される。

> 　監査人は，経営者による全社的な内部統制の評価の妥当性について検討する。監査人は，この検討に当たって，取締役会，監査役等，内部監査等，経営レベルにおける内部統制の整備及び運用状況について十分に考慮しなければならない（「内部統制基準」Ⅲ・3・(3)）。

　経営者による全社的な内部統制の評価の妥当性を検討するに当たって，監査人は，経営者が全社的な内部統制を評価するに際して採用した評価項目の適切性を確認するとともに，先述した経営者による内部統制の記録の閲覧や経営者等に対する質問等を通じて，各評価項目についての経営者の評価結果，経営者が当該評価を得るに至った根拠等を確認し，経営者の評価結果の適切性を判断する。

　さらに，監査人は，取締役会ならびに監査役等の経営者に対する監視機能について検討する。有価証券報告書等の財務報告書類については，最終的には経営者が責任を持って作成し公表することになるが，公表に至る過程での取締役会や監査役等の監視機能が適切な情報開示に重要な役割を果たすからである。

　監査人は，全社的な内部統制に不備が認められる場合，それが業務プロセスに係る内部統制に及ぼす影響も含め，財務報告に重要な影響を及ぼす可能性について慎重に検討し，経営者の評価が妥当であるかを確認する。

4　業務プロセスに係る内部統制の評価の妥当性の検討

> 　監査人は，経営者による業務プロセスに係る内部統制の評価の妥当性について検討する。監査人は，この検討に当たって，経営者による全社的な内部統制の評価の状況を勘案し，業務プロセスを十分に理解した上で，経営者が統制上の要点を適切に選定しているかを評価しなければならない。
> 　監査人は，経営者が評価した個々の統制上の要点について，内部統制の基本的要素が適切に機能しているかを判断するため，実在性，網羅性，権利と義務の帰属，評価の妥当性，期間配分の適切性及び表示の妥当性等の監査要点に適合した監査証拠を入手しなければならない。
> 　なお，業務プロセスにおける内部統制の基本的要素が機能しているかどうかを判断するに当たっては，内部統制の整備及び運用状況（ITへの対応を含む。）についても十分に検討しなければならない（「内部統制基準」III・3・(4)）。

　監査人は，経営者による全社的な内部統制の評価の状況を勘案した上で，評価対象となった業務プロセスに係る内部統制の整備および運用状況を理解し，経営者の評価の妥当性について検討する。これは，個々の業務プロセスに係る内部統制の整備および運用状況を検討しなければ，実際に誤りが生じるような不備や開示すべき重要な不備の存在は発見できないためである。

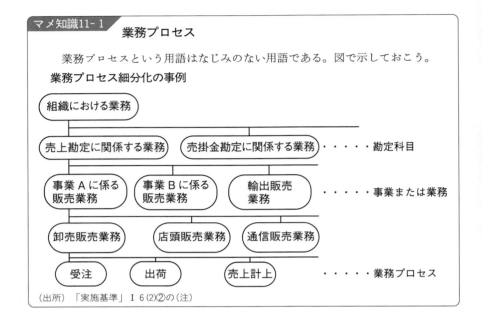

（1） 業務プロセスに係る内部統制の整備状況の検討

監査人は，評価対象となった業務プロセスに係る内部統制の整備状況を理解しなければならない。そのため，監査人は，入手した経営者による内部統制の整備状況に関する記録の閲覧や経営者および適切な管理者または担当者に対する質問等により，以下の事柄について把握ないし確認，あるいは検討する。

① 業務プロセスにおける取引の流れの把握と会計処理過程の理解

監査人は，評価対象となった業務プロセスにおいて，取引がどのように開始，承認，記録，処理および報告されるかを含めて，取引の流れを把握する。また，取引の発生から集計，記帳といった会計処理の過程を理解する。記録の閲覧や質問等では，内部統制の整備状況について理解することが困難である場合には，監査人は，必要に応じ業務プロセスの現場に赴いて確認することにより，当該業務プロセスにおいて実施されている手続の適否等を確認する。

また，内部統制の整備状況に関する理解を確実なものとするために有用な手続として，評価対象となった業務プロセスごとに，代表的な取引を１つあるい

は複数選んで，取引の開始から取引記録が財務諸表に計上されるまでの流れを追跡する，これは**ウォーク・スルー**という手続である。監査人は，内部統制の適切な管理者および担当者が内部統制の整備に関し，必要な権限，能力を有しているかにも留意する。

② **重要な虚偽記載の発生するリスクおよび統制上の要点の識別方法についての把握**
　監査人は，経営者が財務報告の重要な事項に虚偽記載の発生するリスクをどのように識別したか，また当該リスクを低減するために中心的な役割を果たす内部統制（統制上の要点）をどのように識別したのかを把握する。

③ **統制上の要点がリスクを十分に低減できるかどうかの検討**
　監査人は，**統制上の要点**が既定の方針にしたがって運用された場合，財務報告の重要な事項に虚偽記載が発生するリスクを十分に低減できるものとなっているかを検討する。その際，それらが実在性，網羅性，権利と義務の帰属，評価の妥当性，期間配分の適切性および表示の妥当性といった適切な財務情報を作成するための要件を確保する合理的な保証を提供できるものとなっているかにより判断する。この判断をもとに，監査人は，内部統制の整備状況の有効性に関する経営者の評価の妥当性を検証する。

（2）　業務プロセスに係る内部統制の運用状況の検討

　監査人は，評価対象となった業務プロセスについて，内部統制が設計どおりに適切に運用されているかどうかおよび統制を実施する担当者や責任者が当該統制を有効に実施するのに必要な権限と能力等を有しているかどうか把握し，内部統制の運用状況の有効性に関する経営者の評価の妥当性を検討する。

① **運用状況の検討の内容および実施方法**
　監査人は，評価対象となった業務プロセスに係る内部統制の運用状況を理解しなければならない。監査人は，「実施基準」が要求している経営者による内部統制の運用状況に関する記録を入手し，関連文書の閲覧，適切な管理者または担当者に対する質問等により，内部統制の実施状況（自己点検の状況を含む）

を検証する。また，記録の閲覧や質問等では検証が困難な場合には，業務の観察や必要に応じて適切な管理者または担当者に再度手続を実施させることによって検証する。

具体的な手続については，基本的に，監査人が自ら選択したサンプルを用いた試査により適切な証拠を入手する方法で行われる。その際，例えば，反復継続的に発生する定型的な取引については，監査の効率性の観点から，経営者が無作為にサンプルを抽出している場合に，統制上の要点として選定した内部統制ごとに，経営者が抽出したサンプルの妥当性の検討を行った上で，監査人自らが改めて当該サンプルをサンプルの全部または一部として選択することができる。

なお，前年度において，内部統制の評価結果が有効であった業務プロセスに係る内部統制の運用状況の評価に当たっては，当該業務プロセスに係る内部統制の整備状況に重要な変更がないなど新たに確認すべき事項がない場合，経営者が評価において選択したサンプルおよびその評価結果を利用するなど効率的な手続の実施に留意する。

② **運用状況の検討の実施時期**

監査人は，期末日現在において，内部統制が有効に運用されているか判断できるように適切な時期に内部統制の運用状況の検討を行わなければならない。

監査人が運用状況の検討を実施する時期は，検討対象となる内部統制の性質や対象となる内部統制が実行される頻度により異なる。例えば，**決算・財務報告プロセスに係る内部統制**の運用状況の評価については，当該期において適切な決算・財務報告プロセスが確保されるよう，仮に不備があるとすれば早期に是正が図られるべきである。また，財務諸表監査における内部統制評価プロセスと重なり合う部分も多いと考えられることから，期末日までに内部統制に関する重要な変更があった場合には適切な追加手続が実施されることを前提に，前年度の運用状況をベースに，早期に実施されることが効率的・効果的であることに留意する。

経営者は，評価の実施から期末日までの期間に内部統制に重要な変更があった場合，変更に係る内部統制の整備および運用状況の把握および評価に必要な

追加手続を実施することを求められている。そこで，経営者にそのような追加的な手続が求められる場合，監査人は，追加手続の適切性の確認を求められることになる。

③ 運用状況の検討方法の決定に関する留意事項

監査人は，内部統制の運用状況の検討方法を決定するに際して，内部統制の重要性および複雑さならびに内部統制の運用に際しなされる判断の重要性，内部統制の実施者の能力，内部統制の実施頻度および前年度の検討結果やその後の変更の状況等を考慮する。特に，決算・財務報告プロセスに係る内部統制は，財務報告の信頼性に関して重要な業務プロセスであることに加え，その実施頻度が低いため，監査人が検討できる実例の数は少ないものとなる。したがって，決算・財務報告プロセスに係る内部統制は，他の内部統制よりも慎重な運用状況の検討作業を行う必要がある。

(3) 業務プロセスに係る内部統制の不備の検討

経営者だけではなく，監査人も，識別された内部統制の不備が，個々にまたは組み合わせにより開示すべき重要な不備に該当するかどうか判断しなければならない。不備と開示すべき重要な不備とは異なる。

内部統制の不備とは，「内部統制が存在しない，又は規定されている内部統制では内部統制の目的を十分に果たすことができない等の整備上の不備と，整備段階で意図したように内部統制が運用されていない，又は運用上の誤りが多い，あるいは内部統制を実施する者が統制内容や目的を正しく理解していない等の運用の不備からなる」（「実施基準」II・1・②・イ）とされている。

一方，開示すべき重要な不備とは，財務報告に重要な影響を及ぼす可能性が高い財務報告に係る内部統制の不備をいう（「内部統制基準」II・1・(4)）。

監査人は，以下のプロセスにしたがって，識別された内部統制の不備が開示すべき重要な不備に該当するかどうかを判断する。

① 不備が及ぼす影響の範囲についての検討

監査人は，業務プロセスに係る内部統制の不備が発見された場合，不備の重

要性を判断するに当たり，当該業務プロセスに係る内部統制の不備がどの勘定科目にどの範囲で影響を及ぼすかを検討する。例えば，ある事業拠点において，ある商品の販売に係る業務プロセスで問題が起きた場合，その問題の影響が及ぶ売上高は，問題となった業務プロセスが当該商品に係る販売プロセスに固有のものであるか，当該事業拠点におけるその他の商品に係る販売プロセスにも横断的に実施されているものであるかにより異なる。

前者の場合，その問題は当該商品の売上高だけに影響を及ぼすものと考えられる。後者の場合，当該事業拠点全体の売上高に影響を及ぼすものと考えられる。また，他の事業拠点でも，問題となった業務プロセスと同様の業務手順を横断的に用いている場合，問題の影響は当該他の事業拠点全体の売上高にも及ぶと考えられる。

② 影響の発生可能性の検討

監査人は，上記の影響が実際に発生する可能性を検討する。発生確率を決定する方法としては，サンプリングの結果を用いて統計的に導き出すことが考えられる。その他，検出された例外事項の大きさ・頻度やその発生原因，さらには，他の内部統制との代替可能性に留意して，リスクの程度を定性的（例えば，発生の可能性の高・中・低）に把握し，それに応じて予め定めた比率を発生確率として適用することも考えられる。

③ 内部統制の不備の質的・量（金額）的重要性の判断

監査人は，内部統制の不備が及ぼす影響の範囲とその発生可能性についての検討を踏まえて，当該不備が財務報告に及ぼす潜在的な影響額を検討し，その質的・金額的重要性を判断する。金額的重要性の判断に当たっては，経営者による評価の場合と同様に，例えば，「連結税引前利益の概ね5％程度」といった数値基準によって判断する。業務プロセスに係る内部統制の不備が及ぼす影響に質的または金額的な重要性があると認められる場合には，当該不備は開示すべき重要な不備に該当するものと判断される。

5 内部統制の開示すべき重要な不備の報告と是正

内部統制監査の実施過程で，監査人は，内部統制に開示すべき重要な不備や不備を発見することもありうる。これに対しては，以下のように対応することとされている。

> 監査人は，内部統制監査の実施において内部統制の開示すべき重要な不備を発見した場合には，経営者に報告して是正を求めるとともに，当該開示すべき重要な不備の是正状況を適時に検討しなければならない。また，監査人は，当該開示すべき重要な不備の内容及びその是正結果を取締役会及び監査役等に報告しなければならない。
>
> 監査人は，内部統制の不備を発見した場合も，適切な者に報告しなければならない。
>
> 監査人は，内部統制監査の結果について，経営者，取締役会及び監査役等に報告しなければならない（「内部統制基準」Ⅲ・3・(5)）。

以下，この規定を説明する。

(1) 開示すべき重要な不備等の報告

内部統制の整備・運用は是正の繰返しであり，**開示すべき重要な不備**または不備を発見した場合，是正措置を講じなければならない。監査人が監査実施過程で内部統制の開示すべき重要な不備または不備を発見した場合には，監査人は経営者等に報告しなければならない。この時，内部統制の開示すべき重要な不備を発見した場合と不備を発見した場合とでは報告先が異なるので，注意が必要である。

〔図表11-5〕開示すべき重要な不備と不備

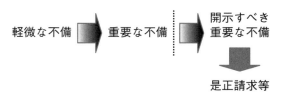

開示すべき重要な不備を発見した場合には、監査人はその内容を経営者に報告して財務報告の信頼性を高めるため是正を求め、また、監査人は当該開示すべき重要な不備の内容を経営者に報告した旨を、取締役会および監査役等に報告しなければならない。

他方、監査人は、開示すべき重要な不備以外の不備を積極的に発見することを要求されてはいない。しかし、財務報告に係る内部統制のその他の不備を発見した場合には、適切な管理責任者に適時に報告しなければならない。

（2） 開示すべき重要な不備の是正状況の検討
① 期中に存在した開示すべき重要な不備の是正状況の確認

監査人が監査の実施過程で内部統制の開示すべき重要な不備を発見した場合、経営者に報告して是正を求めるとともに、当該開示すべき重要な不備の是正状況を適時に確認しなければならない。仮に、経営者または監査人が開示すべき重要な不備を発見した場合でも、前年度以前に発見された開示すべき重要な不備を含め、それが内部統制報告書における評価時点である期末日までに是正されていれば、内部統制は有効であると認めることができるからである。監査人は、開示すべき重要な不備の是正結果を、取締役会および監査役等に報告しなければならない。

また、評価時点である期末日までに開示すべき重要な不備について是正措置が実施された場合、監査人は、実施された是正措置について経営者が行った評価が適切であるかの確認を行う。

② 期末日後の是正措置

経営者は、期末日後内部統制報告書の提出日までに開示すべき重要な不備に対して是正措置を実施した場合、その内容を内部統制報告書に付記事項として記載することができる。このような場合、監査人は、当該付記事項の記載内容の妥当性を検討することを求められる。監査人は、当該付記事項の記載内容が適切と判断した場合、追記情報として内部統制監査報告書に重ねて記載する。一方、記載内容が適切でないと判断した場合は、当該不適切な記載についての除外事項を付した限定付適正意見を表明するか、または内部統制報告書の表示

が不適正である旨の監査意見を表明し，その理由を記載しなければならない。

　内部統制報告書の提出日までに有効な内部統制を整備し，その運用の有効性を確認している場合，経営者は，是正措置を完了した旨を，実施した是正内容とともに記載することとなる。このような記載が行われる場合，記載内容の適正性について確認を実施することが監査人に求められる。

───III　内部統制監査の報告

1　意見の表明と内部統制監査報告書の記載事項

　内部統制監査の最後の段階は，監査意見の表明である。監査人は，経営者の作成した内部統制報告書が，一般に公正妥当と認められる内部統制の評価の基準に準拠し，財務報告に係る内部統制の評価について，すべての重要な点において適正に表示しているかどうかについて，**内部統制監査報告書**により監査意見を表明する。

　監査人が，無限定適正意見を表明する場合には，内部統制監査報告書には次の事項が記載される（「内部統制基準」Ⅲ・4(3)）。

---

① 　監査人の意見
　　イ．内部統制監査の範囲
　　ロ．内部統制報告書における経営者の評価結果
　　ハ．内部統制報告書が一般に公正妥当と認められる内部統制の評価の基準に準拠し，財務報告に係る内部統制の評価結果について，全ての重要な点において適正に表示していると認められること
② 　意見の根拠
　　イ．内部統制監査に当たって，監査人が一般に公正妥当と認められる財務報告に係る内部統制の監査の基準に準拠して監査を実施したこと
　　ロ．内部統制監査の結果として入手した監査証拠が意見表明の基礎を与える十分かつ適切なものであること
③ 　経営者及び監査役等の責任
　　イ．経営者には，財務報告に係る内部統制の整備及び運用並びに内部統制報告書の作成の責任があること

ロ．監査役等には，財務報告に係る内部統制の整備及び運用状況を監視，検証する責任があること
　　ハ．内部統制の固有の限界
④　**監査人の責任**
　　イ．内部統制監査を実施した監査人の責任は，独立の立場から内部統制報告書に対する意見を表明することにあること
　　ロ．財務報告に係る内部統制監査の基準は監査人に内部統制報告書には重要な虚偽表示がないことについて，合理的な保証を得ることを求めていること
　　ハ．内部統制監査は，内部統制報告書における財務報告に係る内部統制の評価結果に関して監査証拠を得るための手続を含むこと
　　ニ．内部統制監査は，経営者が決定した評価範囲，評価手続及び評価結果を含め全体としての内部統制報告書の表示を検討していること
　　ホ．内部統制監査の監査手続の選択及び適用は，監査人の判断によること

　これらの事項に基づいて作成される内部統制監査報告書は，原則として，財務諸表監査における監査報告書に併せて記載される。この一体型の報告書を**統合監査報告書**という（図表11-6）。財務諸表監査と内部統制監査が，同一の監査人によって実施されるためである。

〔図表11-6〕統合監査報告書（雛形）

独立監査人の監査報告書及び内部統制監査報告書

×年×月×日

○○株式会社
　　取締役会　御中

　　　　　　　　　　　　　　　○○監査法人
　　　　　　　　　　　　　　　　○○事務所
　　　　　　　　　　　　　　　指定社員
　　　　　　　　　　　　　　　業務執行社員　公認会計士　○○○○
　　　　　　　　　　　　　　　指定社員
　　　　　　　　　　　　　　　業務執行社員　公認会計士　○○○○

〈財務諸表監査〉
　財務諸表監査の部分は省略

＜内部統制監査＞
監査意見
　当監査法人は，金融商品取引法第193条の2第2項の規定に基づく監査証明を行うた

め，○○株式会社の×年×月×日現在の内部統制報告書について監査を行った。

当監査法人は，○○株式会社が×年×月×日現在の財務報告に係る内部統制は有効であると表示した上記の内部統制報告書が，我が国において一般に公正妥当と認められる財務報告に係る内部統制の評価の基準に準拠して，財務報告に係る内部統制の評価結果について，全ての重要な点において適正に表示しているものと認める。

監査意見の根拠

当監査法人は，我が国において一般に公正妥当と認められる財務報告に係る内部統制の監査の基準に準拠して内部統制監査を行った。財務報告に係る内部統制の監査の基準における当監査法人の責任は，「内部統制監査における監査人の責任」に記載されている。当監査法人は，我が国における職業倫理に関する規定に従って，会社及び連結子会社から独立しており，また，監査人としてのその他の倫理上の責任を果たしている。当監査法人は，意見表明の基礎となる十分かつ適切な監査証拠を入手したと判断している。

内部統制報告書に対する経営者並びに監査役及び監査役会の責任

経営者の責任は，財務報告に係る内部統制を整備及び運用し，我が国において一般に公正妥当と認められる財務報告に係る内部統制の評価の基準に準拠して内部統制報告書を作成し適正に表示することにある。

監査役及び監査役会の責任は，財務報告に係る内部統制の整備及び運用状況を監視，検証することにある。

なお，財務報告に係る内部統制により財務報告の虚偽の記載を完全には防止又は発見することができない可能性がある。

内部統制監査における監査人の責任

監査人の責任は，監査人が実施した内部統制監査に基づいて，内部統制報告書に重要な虚偽表示がないかどうかについて合理的な保証を得て，内部統制監査報告書において独立の立場から内部統制報告書に対する意見を表明することにある。

監査人は，我が国において一般に公正妥当と認められる内部統制の監査の基準に従って，監査の過程を通じて，職業専門家としての判断を行い，職業的懐疑心を保持して以下を実施する。

- 内部統制報告書における財務報告に係る内部統制の評価結果について監査証拠を入手するための監査手続を実施する。内部統制監査の監査手続は，監査人の判断により，財務報告の信頼性に及ぼす影響の重要性に基づいて選択及び適用される。
- 財務報告に係る内部統制の評価範囲，評価手続及び評価結果について経営者が行った記載を含め，全体としての内部統制報告書の表示を検討する。
- 内部統制報告書における財務報告に係る内部統制の評価結果に関する十分かつ適切な監査証拠を入手する。監査人は，内部統制報告書の監査に関する指示，監督及び実施に関して責任がある。監査人は，単独で監査意見に対して責任を負う。

監査人は，監査役及び監査役会に対して，計画した内部統制監査の範囲とその実施時期，内部統制監査の実施結果，識別した内部統制の開示すべき重要な不備，その是正結果，及び内部統制の監査の基準で求められているその他の事項について報告を行う。

監査人は，監査役及び監査役会に対して，独立性についての我が国における職業倫理に関する規定を遵守したこと，並びに監査人の独立性に影響を与えると合理的に考えられる事項，及び阻害要因を除去するための対応策を講じている場合又は軽減するためにセーフガードを講じている場合はその内容について報告を行う。

利害関係

　会社及び連結子会社と当監査法人又は業務執行社員との間には，公認会計士法の規定により記載すべき利害関係はない。

以　上

（出所）　日本公認会計士協会，財務報告内部統制監査基準報告第1号「財務報告に係る内部統制の監査」付録3・文例1，2023年7月。

　統合監査報告書に含まれる内部統制監査に対する監査意見の基本は適正意見監査報告書である。しかしながら，財務諸表監査と同様に，除外事項の有無によりさまざまな変化パターン（**図表11-7**）がある。**除外事項**とは次の事項である。
- 監査範囲の制約に関する除外事項
- 不適正事項としての除外事項

〔図表11-7〕内部統制監査に関する意見の変化パターン

```
                    スタート
                       │
              ┌────────┴────────┐
              │  除外事項はあるか │
              └────────┬────────┘
                Yes    │    No
         ┌─────────────┤             └──────────────┐
         ▼             ▼                            │
  ┌──────────┐   ┌──────────┐                       │
  │監査範囲に│   │内部統制報告書上│                  │
  │関する制約事項│ │の不適正事項   │                  │
  └─────┬────┘   └─────┬────┘                      │
        ▼              ▼                            │
  ┌──────────┐   ┌──────────┐                       │
  │意見を表明│   │意見を否定する│                     │
  │できないほど重要│ │ほど重要    │                   │
  └──┬────┬──┘   └──┬────┬──┘                      │
   Yes   No         Yes    No                        │
    ▼    ▼          ▼      ▼                        ▼
 意見不表明 除外事項を付  不適正意見  除外事項を付  無限定適正
  報告書   した限定付適   報告書    した限定付適   意見報告書
          正意見報告書             正意見報告書
```

2　意見に関する除外

　監査人は，内部統制報告書において，経営者が決定した評価範囲，評価手続，および評価結果に関して不適切なものがあり，その影響が無限定適正意見を表明することができない程度に重要ではあるものの，内部統制報告書を全体として虚偽表示に当たるとするほどではないと判断したときは，除外事項を付した限定付適正意見を表明しなければならない。この場合には，意見の根拠の区分に，次のように記載する。
　①　除外した不適切な事項
　②　財務諸表監査に及ぼす影響
　一方，監査人は，内部統制報告書において，経営者が決定した評価範囲，評価手続，および評価結果に関して不適切なものがあり，その影響が内部統制報告書全体として虚偽の表示に当たるとするほどに重要であると判断した場合には，内部統制報告書が不適正である旨の意見を表明しなければならない。この場合には，意見の根拠の区分に，次のように記載する。
　①　不適正であるとした理由
　②　財務諸表監査に及ぼす影響

3　監査範囲の制約

　監査人は，重要な監査手続を実施できなかったこと等により，無限定適正意見を表明することができない場合において，その影響が内部統制報告書全体に対する意見表明ができないほどではないと判断したときには，除外事項を付した限定付適正意見を表明しなければならない。この場合には，意見の根拠の区分に，次のように記載する。
　①　実施できなかった監査手続
　②　財務諸表監査に及ぼす影響
　監査人は，重要な監査手続を実施できなかったこと等により，内部統制報告書全体に対する意見表明のための基礎を得ることができなかったときは，意見を表明してはならない。この場合には，別に区分を設けて，次のように記載する。

① 内部統制報告書に対する意見を表明しない旨
② その理由

監査人は，やむを得ない事情により十分な評価を実施できなかった範囲を除き，内部統制報告書が一般に公正妥当と認められる内部統制の評価の基準に準拠し，財務報告に係る内部統制の評価について，すべての重要な点において適正に表示していると認められると判断した場合，内部統制監査報告書において無限定適正意見を表明する。この場合，監査人は，経営者がやむを得ない事情によって評価範囲に含めなかった範囲およびその理由を内部統制監査報告書に追記しなければならない（文例は「財務報告に係る内部統制の監査 付録3 文例3」）。もっとも，経営者による安易な評価範囲の限定は認められるわけではなく，監査人は，経営者がやむを得ない事情により内部統制の一部について十分な評価手続を実施できなかったことにつき正当な理由が認められるか否かについて慎重に検討しなければならない。

4 追記情報

> 監査人は，次に掲げる強調すること又はその他説明することが適当と判断した事項は，内部統制報告書にそれらを区分した上で，情報として追記するものとする。
> ① 経営者が，内部統制報告書に財務報告に係る内部統制に開示すべき重要な不備の内容及びそれが是正されない理由を記載している場合は，当該開示すべき重要な不備がある旨及び当該開示すべき重要な不備が財務諸表監査に及ぼす影響
> ② 財務報告に係る内部統制の有効性の評価に重要な影響を及ぼす後発事象
> ③ 期末日後に実施された是正措置等
> ④ 経営者の評価手続の一部が実施できなかったことについて，やむを得ない事情によると認められるとして無限定適正意見を表明する場合において，十分な評価手続を実施できなかった範囲及びその理由（「内部統制基準」Ⅲ・4・(6)）

追記情報は例示列挙である。内部統制の有効性の評価時点は期末時点である。しかし，内部統制監査報告書を公表するまでの間に，次期の内部統制の有効性の評価に与える後発事象が発生することや，開示すべき重要な不備に対して経

営者による是正措置が講じられることがある。これが②と③のケースである。これらは付記事項（内部統制報告書に記載）に対する監査人の対応として，内部統制基準の草案作成時点から盛り込まれていた。後発事象については，監査人は財務・経理担当役員への質問，決算日後開催された株主総会，取締役会，監査役会など重要な会議の議事録で，後発事象の存在を確認することになる。

他方，①と④は審議過程で追加された追記情報である。

①は内部統制報告書に，経営者が財務報告に係る内部統制に開示すべき重要な不備がある旨，および是正されていない理由を記載している場合の監査人の対応を示したものである。監査人の検証の結果，記載が正しければ適正意見が表明される。そして投資者への情報提供の立場から開示すべき重要な不備と是正されない理由，さらにそれが財務諸表監査に及ぼす影響を内部統制監査報告書で監査意見とは区別して，追記情報として記載するものである。

④は期末日直前に企業合併などによりこの範囲については十分な評価手続を実施できないケースである。「やむを得ない」とはこれを指している。この場合には，監査人は十分な評価手続を実施できない範囲を除いて内部統制は有効である，と表示した内部統制報告書に適正意見を表明することはできる。この点を強調あるいは注意を喚起するのが，すでに述べた「3　監査範囲の制約」のケースである。

マメ知識11-2　内部統制報告制度の運用状況

　　日本公認会計士協会（監査・保証実務委員会）は，2018年4月に監査・保証実務委員会研究報告第32号「内部統制報告制度の運用の実効性の確保について」を公表し，制度導入後10年を迎えようとしている内部統制報告制度について，所期の目的を達成するような運用が定着しているかどうかという観点からその運用状況を検討しその結果をまとめ報告した。その主な検討結果として，開示すべき重要な不備の半数程度が，有価証券報告書の訂正に伴って報告されていることが判明した。このことは，過年度における不適切な会計処理が発覚したため，有価証券報告書の訂正報告書を提出することになり，その原因を踏まえると財務報告に関する開示すべき重要な不備があるため，内部統制の評価を改める企業が存在することを示している。この結果は，内

部統制報告書の信頼性を保証するという内部統制監査の所期の目的が十分に達成できていないことを示唆している。

第12章 期中レビューと中間監査

Summary

> 期中レビューは，合理的保証業務である年度監査および中間監査とは異なり，限定的保証業務として位置づけられる。
> 半期報告書に記載される第一種中間財務諸表の期中レビューは，年度監査と同じく適正性を命題とする。しかし，保証水準が異なるため，結果の表明は，「適正ではないと信じさせる事項は認められなかった」という表現になる。
> 『期中レビュー基準』は，年度監査を実施する監査人が行う期中レビュー業務の全てに共通するものとして，監査基準と同様に一般目的または特別目的の期中財務諸表を対象とした，適正性または準拠性に関する結論の表明が可能な内容になっている。
> 特別目的の期中財務諸表に対する期中レビューの場合，監査人は特別の利用目的に適合した会計の基準の受入可能性の検討を要する。
> 適正性に関する結論の場合，監査人は財政状態や経営成績等を利用者が適切に理解するにあたって期中財務諸表が全体として適切に表示されているか否かを一歩離れて行う評価が含まれるが，準拠性に関する結論の場合はその評価が行われないという違いがある。
> 期中レビューでは，重要性，レビューリスク，虚偽表示のリスク，特別に検討を必要とするリスクの評価などからなるリスク・アプローチが採用されている。
> 期中レビュー手続は，質問，分析的手続を原則とするが，適切な追加的手続として閲覧などの手続が必要となる場合がある。
> 期中レビューにおける結論の表明は，無限定の結論，限定事項を付した限定付結論，否定的結論，結論の不表明の4形態がある。
> 期中レビューおよび中間監査の報告書では，年度監査と異なり，監

査上の主要な検討事項の記載は求められない。
➤ 期中レビューには『品質管理基準』が準用されるが，年度監査と同様の合理的保証を得ることを目的としていないため，不正リスク対応基準は適用されない。
➤ 半期報告書に掲載される第二種中間財務諸表の信頼性の保証は，期中レビューではなく，『中間監査基準』に基づく中間監査が実施されており，有用性監査といわれる。

I　基礎的諸概念

1　金融商品取引法等に基づく期中業績の開示制度の概要

　投資者に対する必要かつ有用な適時情報の開示のため，金融商品取引法は四半期財務諸表を掲載した四半期報告書による四半期開示義務を定めていたが，2022（令和4）年12月に公表された金融審議会ディスクロージャーワーキング・グループ報告において四半期開示義務（第1・第3四半期）を廃止して取引所規則に基づく四半期決算短信に一本化し，開示義務が残る第2四半期報告書を半期報告書として提出する方針が示された。金融庁は同報告に沿って金融商品取引法による四半期開示義務の廃止に向けて金融商品取引法の改正案をとりまとめ，2023（令和5）年3月に国会に提出し，同年11月に金融商品取引法等の一部を改正する法律が成立した。**図表12-1**は，同法の施行日である2024（令和6）年4月1日からの金融商品取引法および取引所規則に基づく上場会社等の業績開示の枠組みを示したものである。

　四半期開示義務の廃止に伴い，それまで四半期財務諸表を作成していた上場会社等は，新たに中間会計期間（6か月間）を対象とする中間財務諸表を掲載した半期報告書を提出することになる。この場合の中間財務諸表は，企業会計基準委員会が2024（令和6）年3月に公表した企業会計基準第33号「中間財務諸表に関する会計基準」および同基準の適用指針（以下，「中間会計基準等」という）が適用される。なお，銀行，保険業，信用金庫の特定事業会社および非

〔図表12-1〕金融商品取引法等に基づく上場会社等の業績開示の枠組み（2024年度以降）

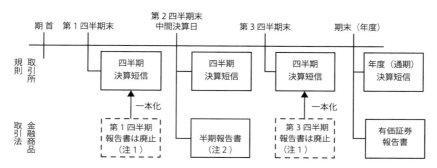

注1　第1四半期・第3四半期報告書は2023年度をもって廃止，2024年度以降は四半期決算短信に一本化。当面は四半期決算短信による開示を取引所規則で一律義務付けとし，今後の適時開示の充実の状況等を見ながら，任意化について継続的に検討。
注2　これまで四半期報告書を提出していた上場会社等は，2024年度から第2四半期報告書に代えて半期報告書を提出。

　上場会社（上場会社と同じ取扱いを選択した場合を除く）は，かねてから企業会計審議会による中間連結財務諸表作成基準および同注解，中間財務諸表作成基準および同注解（以下，「中間作成基準等」という）に基づく中間財務諸表を掲載した半期報告書を提出している。この取扱いは改正後の金融商品取引法でも同じにつき，半期報告書に掲載される財務諸表の種類は，中間会計基準等による中間財務諸表（以下，「第一種中間財務諸表」という）と中間作成基準等による中間財務諸表（以下，「第二種中間財務諸表」という）の2つがある。
　四半期報告書に掲載される四半期財務諸表は，四半期レビューによる監査証明が義務付けられていたが，2023（令和5）年11月の金融商品取引法の改正にともなって取引所規則による四半期決算短信に一本化された後の第1・第3四半期財務情報のレビューは任意となる。ただし，会社不正や内部統制の不備等が判明した場合は，取引所規則により一定期間のレビューが義務付けられる。レビューの有無（レビューがある場合，当該レビューが任意または取引所規則にて義務付けのいずれかを区別）は，投資者への情報提供の観点から四半期決算短信にて開示される。

2　金融商品取引法等に基づく期中業績の信頼性の保証制度の概要

　2023（令和5）年11月改正前の金融商品取引法の四半期開示義務に基づく四半期報告書に掲載される四半期財務諸表の監査証明は，企業会計審議会が2007（平成19）年3月に公表（その後に数次の改訂あり）した「四半期レビュー基準の設定に関する意見書」の『四半期レビュー基準』が適用されていた。同法の改正にともなう四半期開示義務の廃止後の半期報告書に掲載される第一種中間財務諸表は，監査証明の対象となるため，企業会計審議会は2024（令和6）年3月に「四半期レビュー基準の期中レビュー基準への改訂に係る意見書」を公表している。この改訂は，『四半期レビュー基準』を『期中レビュー基準』に名称変更をするとともに，改正後の金融商品取引法による第一種中間財務諸表に対するレビューに加えて，四半期決算短信に一本化後の四半期情報のレビューを含む，年度監査を実施する監査人が行う期中レビューの全てに共通する内容になっている。図表12-2は，2023年11月改正後の金融商品取引法および取引所規則による開示書類に掲載される期中財務情報と信頼性の保証の概要を示したものである。

マメ知識12-1　四半期報告書による四半期開示制度の終焉

　2021（令和3）年10月の第205回国会の岸田内閣総理大臣の所信表明演説では，企業が長期的な視点に立って，株主のみならず，従業員も，取引先も恩恵を受けられる「三方良し」の経営が重要であり，非財務情報開示の充実および四半期開示の見直しが言及された。その後，金融審議会等での検討を経て金融商品取引法は2023年（令和5）年に改正されて四半期報告書が廃止となり，2008（平成20）年度から15年間続いた四半期開示は終了した。一方で15年間の実績から情報開示の後退との意見もあり，第1・第3四半期の開示は一律義務付けで決算短信に一本化することで当面の対応を図っている。

〔図表12-2〕半期報告書および決算短信に掲載される期中財務情報と信頼性の保証の概要

対象となる規制	金融商品取引法			取引所規則
開示書類	半期報告書			第1・第3四半期決算短信 注2
対象会社	上場会社	上場特定事業会社	非上場会社 注1	上場会社
提出期限	中間決算日から45日以内	中間決算日から60日以内	中間決算日から3月以内	（四半期決算日から45日以内を前提に）四半期決算の内容が定まった時
掲載される財務情報	中間会計基準等に基づく第一種中間財務諸表	中間作成基準等に基づく第二種中間財務諸表	中間作成基準等に基づく第二種中間財務諸表	一部省略が認められた四半期財務情報
財務情報の信頼性のの保証方法	期中レビュー基準による期中レビュー	中間監査基準による中間監査	中間監査基準による中間監査	期中レビュー基準による期中レビュー
保証の要否	義務付け	義務付け	義務付け	任意（一定の場合に義務付け）

注1　上場会社と同じ取扱いも選択可能。
注2　第2四半期決算短信に掲載される財務情報は，半期報告書との関係から第1・第3四半期と異なり，中間会計基準等（特定事業会社は中間作成基準等）に基づく中間財務諸表になる。

3　期中レビューの対象となる期中財務諸表の利用目的と結論の性質

　幅広い利用者に共通するニーズを満たすべく一般に公正妥当と認められる企業会計の基準に準拠して作成された期中財務諸表（以下，「一般目的の期中財務諸表」という）について，監査人がレビューを実施した場合の結論の表明には，適正性に関する結論と準拠性に関する結論の2つがある。

適正性に関する結論
　期中財務諸表が，当該期中財務諸表の作成に当たって適用された会計の基準に準拠して，企業の財政状態，経営成績およびキャッシュ・フローの状況を適正に表示していないと信じさせる事項が全ての重要な点において認められなかったかどうか。

準拠性に関する結論
　期中財務諸表が，当該期中財務諸表の作成に当たって適用された会計の基準に準拠して作成されていないと信じさせる事項が全ての重要な点において認められなかったかどうか。

適正性に関する結論および準拠性に関する結論のいずれであっても，保証水準は同じであり，利用者の立場からみても信頼性の程度は同じである。ただし，適正性に関する結論の場合，期中財務諸表の利用者が財政状態や経営成績等を理解するに当たって財務諸表が全体として適切に表示されているか否かについての一歩離れて行う評価が含まれるため，その結果として監査人が追加の開示が必要と判断すればレビューで指摘する。企業は会計基準で追加的な開示要請の規定があるため，当該指摘に応じることになる。これに対して準拠性に関する結論の場合は，財務諸表が全体として適正に表示されているか否かについての一歩離れて行う評価がない点が異なる。図表12-3は，適正性に関する結論と準拠性に関する結論の主な異同点を示したものである。

〔図表12-3〕適正性に関する結論と準拠性に関する結論の主な異同点

	適正性に関する結論	準拠性に関する結論
共通点	・経営者が採用した会計方針が企業会計の基準に準拠し，それが継続的に適用されているどうかの評価 ・会計方針の選択及び適用方法が会計事象や取引の実態を適切に反映するものかどうかの評価 ・期中財務諸表が表示のルールに準拠しているかどうかの評価	
相違点	期中財務諸表が全体として適正に表示されているか否かについての一歩離れて行う評価が必要	同左の評価は行われない。

特定の利用者のニーズを満たすべく特別の利用目的に適合した会計の基準に準拠して作成された期中財務諸表（以下，「特別目的の期中財務諸表」という）についても，適正性に関する結論の表明と準拠性に関する結論の表明があり得る。金融商品取引法による半期報告書に掲載される第一種中間財務諸表は，一般目的の期中財務諸表として適正性に関する結論の表明が行われるが，取引所規則による第1・第3四半期決算短信に掲載される四半期財務情報は，取引所が開示を求める事項以外の省略が認められ，追加的な開示要請の規定も想定されていない。したがって，第1・第3四半期財務情報のレビューは準拠性に関する結論の表明となるが，財務諸表等規則等に基づく開示を行う場合は，適正性に

関する結論の表明も考えられる。**図表12-4**は，上場会社（特定事業会社を除く）の第1・第3四半期を含む期中業績の信頼性の保証の概要を示したものである。

〔図表12-4〕上場会社（除く特定事業会社）における期中業績の信頼性の保証の概要
　　　　　（2024年度以降）

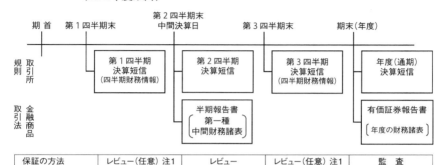

注1　会社不正や内部統制の不備が判明した場合は，取引所規則により一定期間のレビューが義務付けとなる。
注2　財務諸表等規則等に基づく開示を行う場合は，適正性に関する結論も考えられる。

4　『期中レビュー基準』の概要

『期中レビュー基準』は，次のような構成になっている。

第一　期中レビューの目的
第二　実施基準
第三　報告基準

レビューと監査の主な相違点は，次の3つである。

● 監査では，監査人が必要と認めたすべての監査手続が採用される。一方，レビューでは，質問と分析的手続等の監査手続が適用されること。
● 監査の保証水準は，レビューの保証水準より高い。積極的保証を与える監査は，合理的保証（reasonable assurance）を行う。一方，消極的保証を与えるレビューは，限定的保証（limited assurance）を行うこと。

> ● 監査は,「肯定」の積極的意見表明を行う。一方, レビューは,「否定の否定」=「肯定」の消極的意見表明を行う。そのため, 監査では「適正に表示している」という表現方式に対して, レビューは「適正に表示していないと信じさせる事項が認められない」という表現方式になること。

監査人の保証形式について, 年度の財務諸表の監査は積極的形式をとり, 期中財務諸表のレビューは消極的形式にて異なるが, その区別は①証拠入手の実施手続の差異, ②意見表明形式の差異, ③保証水準の差異にある。

II 期中レビューの目的

『期中レビュー基準』は, その目的を次のように規定している。

> 1 期中レビューの目的は, 経営者の作成した中間財務諸表その他の期中財務諸表 (以下「期中財務諸表」という。) について, 一般に公正妥当と認められる企業会計の基準に準拠して, 企業の財政状態, 経営成績及びキャッシュ・フローの状況を適正に表示していないと信じさせる事項が全ての重要な点において認められなかったかどうかに関し, 監査人が自ら入手した証拠に基づいて判断した結果を結論として表明することにある。
> 　期中レビューにおける監査人の結論は, 期中財務諸表に重要な虚偽の表示があるときに不適切な結論を表明するリスクを適度な水準に抑えるために必要な手続を実施して表明されるものであるが, 期中レビューは, 財務諸表には全体として重要な虚偽の表示がないということについて合理的な保証を得るために実施される年度の財務諸表の監査と同様の保証を得ることを目的とするものではない。
> 2 期中財務諸表が特別の利用目的に適合した会計の基準により作成される場合等には, 当該期中財務諸表が会計の基準に準拠して作成されていないと信じさせる事項が全ての重要な点において認められなかったかどうかについて, 結論として表明することがある。　　　　　　　　（第一期中レビューの目的）

『期中レビュー基準』は,『監査基準』の枠組みとの整合性にも十分配意し, かつ, 以前の『四半期レビュー基準』の趣旨を踏まえ, 2023 (令和 5) 年11月

改正後の金融商品取引法における第一種中間財務諸表のレビューのような一般目的の期中財務諸表を対象とした適正性に関する結論の表明を基本とするが，一般目的または特別目的の期中財務諸表を対象とした準拠性に関する結論の表明も想定している。特別目的の期中財務諸表を対象とした準拠性に関する結論の表明の例としては，上場会社等でない生命保険会社が四半期報告モデル（生命保険協会が作成したモデルで，四半期連結財務諸表等規則の注記の一部を省略したもの）に準拠して任意に作成した四半期情報のレビューがある。

期中レビューは，それだけが独立して実施されるのではなく，年度監査との連携をもとで同じ監査人によって実施される。また，同じ監査人により内部統制監査も実施されることから，期中レビューの有効性も確保される。監査人が備えるべき要件および『監査に関する品質管理基準』は，期中レビューにも適用されるため，監査人は年度監査と同様に職業的専門家としての正当な注意を払い，職業的懐疑心を保持しなければならない。

Ⅲ 実施基準の内容

1 レビューリスク

『期中レビュー基準』では，「監査人は，期中レビュー計画の策定に当たり，年度の財務諸表の監査において行われる，内部統制を含む，企業及び企業環境の理解並びにそれに基づく重要な虚偽表示のリスクの評価を考慮」するとしている。それゆえ，監査人は，年度監査で得た情報から内部統制を含む，企業および企業環境がどのような状況にあるかの実質的判断を行い，それらに関係する重要な虚偽表示のリスクの評価を考慮しなければならない。また，「監査人は，期中レビュー計画を，年度の財務諸表の監査の監査計画のなかで策定することができる」としている。それは「可能」というより，「強制」と理解する必要がある。その理由は期中レビュー計画だけが独立して策定されるのではなく，全体と部分の関係のように，年度の監査計画との連携において期中レビュー計画を策定することが重要だからである。

監査人は，年度監査を実施する過程において，①期中レビュー計画の前提と

した重要な虚偽表示のリスクの暫定的評価を変更した場合，②特別な検討を必要とするリスクがあると判断した場合には，その変更等が期中レビュー計画に与える影響を検討し，臨機応変な修正をしなければならない。

期中レビューの実施に当たっては，準拠性に関する結論の表明であっても，適正性に関する結論の表明と同様に，期中レビュー手続を実施し，結論の表明の基礎となる証拠を得る必要があるため，実施基準が当然に適用される。また，特別目的の期中財務諸表は多種多様なことが想定されるため，監査人は特別の利用目的に適合した会計の基準により作成される期中財務諸表の期中レビューに当たっては，当該会計の基準が受入可能かどうかについて検討しなければならない。このほか，特別目的の期中財務諸表のレビューを行うに当たっては，当該期中財務諸表が特別の利用目的に適合した会計の基準に準拠して作成されていることに留意する必要がある。

2 レビューにおける重要性

監査人はリスク・アプローチにより監査を実施するため，監査リスクを考慮する必要がある。このとき，監査上の重要性を考慮することが不可欠である。

財務諸表監査における監査上の重要性と監査リスクとの間には，負の相関関係がある。監査人は，監査計画の策定において，財務諸表全体において重要であると判断した虚偽表示の金額を重要性の基準値として決定するが，監査計画の策定後の監査の進捗によっては改訂される場合がある。重要性の基準値の決定は，通常，金額的影響が考慮される。しかし，虚偽表示の質的影響にも注意を払わなければならず，監査意見形成に係る重要性は，監査計画の策定に際して決定する重要性の基準値と密接な関係にある。

期中レビューも，監査と同様に重要性の判断が必要である。レビューにおける重要性は，レビューリスクと負の相関関係にある。監査人は，重要性の基準値の決定・変更，質的影響，結論形成との関係に注意を払う必要がある。

期中レビューは年度監査を前提に実施するため，年度監査に係る重要性の基準値を期中レビューに適用することが合理的である。期中会計期間の実績値は通年よりも小さいため，期中レビューに係る重要性の基準値は年度監査よりも小さい場合もあるが，少なくとも年度監査に係る重要性の基準値が上限となる。

3 レビュー手続

　期中レビュー手続は，通常，①質問，②分析的手続から構成され，実証手続は求められていない。その他に適切な追加的手続としては，追加的な質問や閲覧などの手続がある。さらに，①継続企業の前提についての検討，②後発事象への対応，③経営者からの書面による確認，④経営者等への伝達と対応，⑤他の監査人を利用する場合の対応等に係る期中レビュー手続の実施が必要となる。

　期中レビュー手続の実施は，①経営者の作成した期中財務諸表について，一般に公正妥当と認められる企業会計の作成基準に準拠していること，②企業の財政状態，経営成績およびキャッシュ・フローの状況を適正に表示していないと信じさせる事項が全ての重要な点において認められなかったかどうかについての監査人の結論の基礎となる証拠を入手するものでなければならない。

(1) 質問および分析的手続の実施

　期中レビュー手続の実施に当たり，監査人は，企業が年度の財務諸表を作成する際の会計帳簿等の会計記録に基づいて期中財務諸表を作成していることを確かめた上で，経営者等に対して，期中財務諸表の重要な項目に関して的確な質問を実施する。分析的手続の実施は，業種の特性等を踏まえることが求められるが，年度監査の分析的手続と特段異なる手法を用いるものではない。

　期中財務諸表が正式の会計記録ではなく，簡便なデータによって作成された場合，期中レビューの対象としては不十分である。そのため，期中財務諸表のレビューでは年度の財務諸表の監査と同じように，網羅性・秩序性・検証性を要件とする会計記録に基づいて作成されていることを確かめる。その上で，監査人は，経営者等に対して質問や分析的手続を実施しなければならない。

　『期中レビュー基準』では，質問を次のように規定している。

>　監査人は，期中財務諸表の重要な項目に関して，それらの項目が一般に公正妥当と認められる企業会計の基準に準拠して作成されているかどうか，会計方針の変更や新たな会計方針の適用があるかどうか，会計方針の適用に当たって経営者が設けた仮定の変更，偶発債務等の重要な会計事象又は状況が発生したかどうか，

> 経営者や従業員等による不正や不正の兆候の有無等について，経営者，財務及び会計に関する事項に責任を有する者その他適切な者に質問を実施しなければならない。
>
> （第二　実施基準5）

　質問は，偶発債務，不良債権，抵当権，係争中の事件などの不確かな点を確かめるために，被監査会社の担当者あるいは責任者に口頭または文書で問い合わせ，それらに関する説明または回答を得ることによって，証拠を入手する手続であり，内部的確認とも呼ばれる。

　また，『期中レビュー基準』は，分析的手続を次のように規定している。

> 　監査人は，期中財務諸表と過去の年度の財務諸表や期中財務諸表の比較，重要な項目の趨勢分析，主要項目間の関連性比較，一般統計データとの比較，予算と実績との比較，非財務データとの関連性分析，部門別・製品別の分析，同業他社の比率や指数との比較等，財務数値の間や財務数値と非財務数値等の間の関係を確かめるために設計された分析的手続を，業種の特性等を踏まえて実施しなければならない。分析的手続を実施した結果，財務変動に係る矛盾又は異常な変動がある場合には追加的な質問を実施し，その原因を確かめなければならない。
>
> （第二　実施基準6）

　分析的手続は，分析対象の構成要素間に合理的関連性があることを前提として利用される。合理的関連性がないと判断されるときは，そこに異常性があると推測され，誤謬や不正が存在するリスクがあると考えられる。なお，期中レビューでは，実証手続は求められていない。したがって，数値間の矛盾や異常な変動の質問に対する回答が合理的かつ整合的と判断した場合は，その回答を裏付けるために証憑突合を行うなどの証拠の入手は求められていない。

（2）　適切な追加的手続の実施

　期中レビューは，質問および分析的手続等を基本とする。監査人が，それらの手続を実施した結果，期中財務諸表について，企業の財政状態，経営成績およびキャッシュ・フローの状況を重要な点において適正に表示していない事項が存在する可能性が高いと認められる場合には，追加的な質問や関係書類の閲

覧等の追加的な手続を実施して当該事項の有無を確かめ，その事項の結論への影響を検討しなければならない。閲覧は，幅広く適用が可能である。その適用には，職業的専門家としての熟練と確かな判断力が要請され，社内の各種の規程，契約書，証憑書類，帳簿，議事録，稟議書，税務申告書等の文書的記録類を調べ，正確性や妥当性，事実との適合性などを個別的に検討・評価する。

（3） 継続企業の前提についての検討

『期中レビュー基準』は，継続企業の前提を次のように規定している。

> 　監査人は，前会計期間の決算日において，継続企業の前提に重要な疑義を生じさせるような事象又は状況が存在し，継続企業の前提に関する重要な不確実性が認められた場合には，当該事象又は状況の変化並びにこれらに係る経営者の評価及び対応策の変更について質問しなければならない。
>
> 　また，監査人は，前会計期間の決算日において，継続企業の前提に関する重要な不確実性が認められなかったものの，期中財務諸表に係る当会計期間において，継続企業の前提に重要な疑義を生じさせるような事象又は状況を認めた場合には，経営者に対し，経営者による評価及び対応策を含め継続企業の前提に関する開示の要否について質問しなければならない。
>
> 　これらの質問の結果，監査人は，継続企業の前提に関する重要な不確実性が認められると判断した場合には，継続企業の前提に関する事項について，期中財務諸表において，一般に公正妥当と認められる企業会計の基準に準拠して，適正に表示されていないと信じさせる事項が認められないかどうかに関し，追加的な質問や関係書類の閲覧等の追加的な手続を実施して，検討しなければならない。

　継続企業の前提に関する期中レビュー手続は，次の場合によって対応が異なる。中間財務諸表のレビューの場合，ここでの前会計期間は，前事業年度のことを指す。

① 「前会計期間の決算日において，継続企業の前提に重要な疑義を生じさせるような事象又は状況が存在し，継続企業の前提に関する重要な不確実性が認められた場合」

　　監査人は質問等の結果，前会計期間の決算日において識別された継続企

の前提に重要な疑義を生じさせるような事象または状況並びにこれらに係る経営者の評価および対応策について
- いずれにおいても大きな変化がない場合は，前会計期間の開示を踏まえた開示が行われているかどうかを検討する。
- いずれかに大きな変化がある場合は，継続企業の前提に基づいて期中財務諸表を作成することが適切かどうかを慎重に検討する。

② 「前会計期間の決算日において，継続企業の前提に重要な疑義を生じさせるような事象または状況が存在したものの，継続企業の前提に関する重要な不確実性が認められなかった場合」

監査人は質問等の結果，前会計期間の決算日において識別された継続企業の前提に重要な疑義を生じさせるような事象または状況並びにこれらに係る経営者の評価および対応策について
- いずれにおいても大きな変化がない場合は，前会計期間と同様に継続企業の前提に関する重要な不確実性が認められないものとして取り扱う。
- いずれかに大きな変化がある場合は，継続企業の前提に関する重要な不確実性について慎重に検討し，特に継続企業の前提に関する注記を行っていない場合は，対応策の内容や実行可能性につき，なお一層の慎重な検討を行う。

③ 「前会計期間の決算日において，継続企業の前提に重要な疑義を生じさせるような事象または状況が存在しなかったものの，当期中会計期間において実施した期中レビュー手続の結果，継続企業の前提に重要な疑義を生じさせるような事象または状況を認めた場合」

監査人は，継続企業の前提に関する重要な不確実性が認められるかどうかの慎重な検討を行う。

監査人は，継続企業の前提に重要な疑義を生じさせるような事象または状況に関し，合理的な期間について経営者が行った評価および対応策を検討する。
ここでの合理的な期間および監査人の対応は，次の通りである。
- 前述の①で大きな変化がない場合，監査人は経営者に当期中会計期間末の翌日から前会計期間における評価の対象となった期間の末日までの評価を

求め，かつ，少なくとも当期中会計期間の事業年度末までの対応策を求める。
- 前述の①で大きな変化がある場合，②で大きな変更の有無にかかわらずこれに該当する場合または③に該当する場合，監査人は経営者に当期中会計期間末の翌日から少なくとも1年間の期間における評価を求め，かつ，少なくとも当期中会計期間の事業年度末までの対応策を求める。

期中レビューは限定された手続につき，積極的に継続企業の前提に関する不確実性が認められるか否かを確かめることまでは求められていない。したがって，通常，継続企業の前提に関する開示の要否や注記の根拠となる証拠資料および対応策の合理性に関する証拠資料の入手などの実証手続は要しない。

なお，継続企業の前提に関する対応手続は，適正性に関する結論と準拠性に関する結論のいずれの場合でも相違はない。

(4) その他の検討事項

期中レビューにおけるその他に検討すべき事項としては，①後発事象への対応，②経営者からの書面による確認，③経営者等への伝達と対応，④他の監査人を利用する場合の対応がある。

① 後発事象への対応

監査人は，期中財務諸表において修正または開示すべき後発事象があるかどうかについて，経営者に質問をしなければならない。修正後発事象は期中財務諸表の修正，開示後発事象は注記を行う必要がある。後発事象に関する質問は，期中財務諸表の作成に当たって準拠された会計基準において後発事象の注記が求められない場合を含めて行う必要がある。

② 経営者からの書面による確認

監査人は，適正な期中財務諸表を作成する責任は経営者にあること，期中財務諸表を作成するための内部統制を整備および運用する責任は経営者にあること，期中財務諸表の作成に関する基本的な事項，経営者が採用した会計方針，経営者が期中レビューの実施に必要な資料を全て提示したことおよび監査人が

必要と判断した事項について，経営者から書面をもって確認しなければならない。

③ 経営者等への伝達と対応

監査人は，期中財務諸表について，企業の財政状態，経営成績およびキャッシュ・フローの状況を重要な点において適正に表示していないと信じさせる事項が認められる場合には，経営者等にその事項を伝達し，適切な対応を求めるとともに，適切な対応がとられない場合には，当該事項の期中レビューの結論への影響を検討しなければならない。経営者と監査人の協調関係は貫かなければならず，監査人は監査役等とのコミュニケーションを適切な手段を用いて適時に行う必要がある。

④ 他の監査人を利用する場合の対応

監査人は，他の監査人によって行われた期中レビュー等の結果を利用する場合には，当該他の監査人が関与した期中財務諸表等の重要性および他の監査人の品質管理の状況等に基づく信頼性の程度を勘案して，他の監査人の実施した期中レビュー等の結果を利用する程度および方法を決定しなければならない。監査人は，期中レビューに係る他の監査人を利用する場合，その作業範囲や時期並びに発見事項について明確なコミュニケーションの実施が求められる。したがって，監査人は，期中レビューで利用する他の監査人の独立性や職業的専門家としての能力などを理解するとともに，実施すべき作業，その作業結果の利用目的並びに報告の様式および内容を適時に伝達する必要がある。

Ⅳ 報告基準の内容

1 期中レビューにおける結論の表明

『期中レビュー基準』は，結論の表明を次のように規定している。

監査人は，適正性に関する結論を表明する場合には，経営者の作成した期中財

務諸表について，一般に公正妥当と認められる企業会計の基準に準拠して，企業の財政状態，経営成績及びキャッシュ・フローの状況を適正に表示していないと信じさせる事項が全ての重要な点において認められなかったかどうかに関する結論を表明しなければならない。なお，特別の利用目的に適合した会計の基準により作成される期中財務諸表については，当該期中財務諸表が当該会計の基準に準拠して，上記と同様に適正に表示していないと信じさせる事項が全ての重要な点において認められなかったかどうかに関する結論を表明しなければならない。

　監査人は，準拠性に関する結論を表明する場合には，作成された期中財務諸表が，当該期中財務諸表の作成に当たって適用された会計の基準に準拠して作成されていないと信じさせる事項が全ての重要な点において認められなかったどうかに関する結論を表明しなければならない。

　監査人は，準拠性に関する結論を表明する場合には，適正性に関する結論の表明を前提とした以下の報告の基準に準じて行うものとする。（第三　報告基準１）

　報告基準は，一般目的の期中財務諸表を対象とした適正性に関する結論の表明を基本としつつ，特別の利用目的に適合した会計基準により作成される期中財務諸表を対象とした適正性に関する結論の表明や準拠性に関する結論の表明にも適用される。準拠性に関する結論を表明するに当たって，監査人は，経営者が採用した会計方針が，会計の基準に準拠して継続的に適用されているかどうか，期中財務諸表が表示のルールに準拠しているかどうかについて形式的に確認するだけではなく，当該会計方針の選択および適用方法が適切であるかどうかについて，会計事象や取引の実態に照らして判断することが必要である。

　期中レビューと年度監査は，いずれも職業的専門家による保証業務であるため，それに見合った品質管理が求められる。『期中レビュー基準』では，監査人による期中レビューの結論の表明に先立って，自己の結論が一般に公正妥当と認められる『期中レビュー基準』に準拠して適切に形成されていることを確かめるため，品質管理の方針および手続に従った適切な結論の表明に関する審査を受けなければならない。

2　期中レビュー報告書の標準的書式と記載事項

　期中レビュー報告書の記載区分は，次の４つである。なお，監査人は強調す

ることまたはその他説明することが適当と判断した事項がある場合，期中レビュー報告書にそれらを区分した上で，情報として追記するものとする。この情報の追記には，特別目的の期中財務諸表の利用者の誤解を招かないようにする情報の追記が含まれる。

- 監査人の結論
- 結論の根拠
- 経営者および監査役等の責任
- 監査人の責任

図表12-5は，金融商品取引法に基づく第一種（連結）中間財務諸表に係る期中レビュー報告書の標準的書式（無限責任監査法人による指定証明，会社の機関設計は監査役および監査役会とする）である。

〔図表12-5〕期中レビュー報告書の標準的書式

独立監査人の中間連結財務諸表に対する期中レビュー報告書

×年×月×日

○○株式会社
　取締役会　御中

　　　　　　　　　　　　○○監査法人
　　　　　　　　　　　　　指　定　社　員　　公認会計士　○○○○
　　　　　　　　　　　　　業務執行社員
　　　　　　　　　　　　　指　定　社　員　　公認会計士　○○○○
　　　　　　　　　　　　　業務執行社員

監査人の結論

　当監査法人は，金融商品取引法第193条の2第1項の規定に基づき，「経理の状況」に掲げられている○○株式会社の×年×月×日から×年×月×日までの連結会計年度の中間連結会計期間（×年×月×日から×年×月×日まで）に係る中間連結財務諸表，すなわち，中間連結貸借対照表，中間連結損益計算書，中間連結包括利益計算書，中間連結キャッシュ・フロー計算書及び注記について期中レビューを行った。

　当監査法人が実施した期中レビューにおいて，上記の中間連結財務諸表が，我が国において一般に公正妥当と認められる企業会計の基準に準拠して，○○株式会社及び連結子会社の×年×月×日現在の財政状態並びに同日をもって終了する中間連結会計期間の経営成績及びキャッシュ・フローを適正に表示していないと信じさせる事項が全ての重要な点において認められなかった。

監査人の結論の根拠

　当監査法人は、我が国において一般に公正妥当と認められる期中レビューの基準に準拠して期中レビューを行った。期中レビューの基準における当監査法人の責任は、「中間連結財務諸表の期中レビューにおける監査人の責任」に記載されている。当監査法人は、我が国における職業倫理に関する規定に従って、会社及び連結子会社から独立しており、また、監査人としてのその他の倫理上の責任を果たしている。当監査法人は、結論の表明の基礎となる証拠を入手したと判断している。

中間連結財務諸表に対する経営者並びに監査役及び監査役会の責任

　経営者の責任は、我が国において一般に公正妥当と認められる企業会計の基準に準拠して中間連結財務諸表を作成し適正に表示することにある。これには、不正又は誤謬による重要な虚偽表示のない中間連結財務諸表を作成し適正に表示するために経営者が必要と判断した内部統制を整備及び運用することが含まれる。

　中間連結財務諸表を作成するに当たり、経営者は、継続企業の前提に基づき中間連結財務諸表を作成することが適切であるかどうかを評価し、我が国において一般に公正妥当と認められる企業会計の基準に基づいて継続企業に関する事項を開示する必要がある場合には当該事項を開示する責任がある。

　監査役及び監査役会の責任は、財務報告プロセスの整備及び運用における取締役の職務の執行を監視することにある。

中間連結財務諸表の期中レビューにおける監査人の責任

　監査人の責任は、監査人が実施した期中レビューに基づいて、期中レビュー報告書において独立の立場から中間連結財務諸表に対する結論を表明することにある。

　監査人は、我が国において一般に公正妥当と認められる期中レビューの基準に従って、期中レビューの過程を通じて、職業的専門家としての判断を行い、職業的懐疑心を保持して以下を実施する。

- 主として経営者、財務及び会計に関する事項に責任を有する者等に対する質問、分析的手続その他の期中レビュー手続を実施する。期中レビュー手続は、我が国において一般に公正妥当と認められる監査の基準に準拠して実施される年度の財務諸表の監査に比べて限定された手続である。
- 継続企業の前提に関する事項について、重要な疑義を生じさせるような事象又は状況に関して重要な不確実性が認められると判断した場合には、入手した証拠に基づき、中間連結財務諸表において、我が国において一般に公正妥当と認められる企業会計の基準に準拠して、適正に表示されていないと信じさせる事項が認められないかどうか結論付ける。また、継続企業の前提に関する重要な不確実性が認められる場合は、期中レビュー報告書において中間連結財務諸表の注記事項に注意を喚起すること、又は重要な不確実性に関する中間連結財務諸表の注記事項が適切でない場合は、中間連結財務諸表に対して限定付結論又は否定的結論を表明することが求められている。監査人の結論は、期中レビュー報告書日までに入手した証拠に基づいているが、将来の事象や状況により、企業は継続企業として存続できなくなる可能性がある。

- 中間連結財務諸表の表示及び注記事項が，我が国において一般に公正妥当と認められる企業会計の基準に準拠していないと信じさせる事項が認められないかどうかとともに，関連する注記事項を含めた中間連結財務諸表の表示，構成及び内容，並びに中間連結財務諸表が基礎となる取引や会計事象を適正に表示していないと信じさせる事項が認められないかどうかを評価する。
- 中間連結財務諸表に対する結論表明の基礎となる，会社及び連結子会社の財務情報に関する証拠を入手する。監査人は，期中レビューに関する指揮，監督及び査閲に関して責任がある。監査人は，単独で監査人の結論に対して責任を負う。

監査人は，監査役及び監査役会に対して，計画した期中レビューの範囲とその実施時期，期中レビュー上の重要な発見事項について報告を行う。

監査人は，監査役及び監査役会に対して，独立性についての我が国における職業倫理に関する規定を遵守したこと，並びに監査人の独立性に影響を与えると合理的に考えられる事項，及び阻害要因を除去するための対応策を講じている場合又は阻害要因を許容可能な水準にまで軽減するためのセーフガードを適用している場合はその内容について報告を行う。

利害関係

会社及び連結子会社と当監査法人又は業務執行社員との間には，公認会計士法の規定により記載すべき利害関係はない。

以　上

(出所)　日本公認会計士協会，期中レビュー基準報告書第1号「独立監査人が実施する中間財務諸表に対するレビュー」付録1・文例1（最終改正：2024年3月）

(1) 監査人の結論区分

監査人の結論区分では，期中レビューの対象とした期中財務諸表の範囲および期中レビューを行った旨を明示の上，監査人の結論を消極的形式にて記載する。監査人の結論は，次の4つの種類に分けられる。

- 無限定の結論
- 除外事項を付した限定付結論
- 否定的結論
- 結論の不表明

図表12-6は，期中レビューでの監査人の結論と年度監査での監査人の意見との対応関係を示したものである。

〔図表12-6〕期中レビューの結論と年度監査の意見との対応関係

期中レビューの結論	年度監査の意見
無限定の結論	無限定適正意見
除外事項を付した限定付結論	除外事項を付した限定付適正意見
否定的結論	不適正意見
結論の不表明	意見の不表明

（2） 結論の根拠区分

監査人の結論の根拠区分では，次のことを記載する（結論の不表明の場合を除く）。

- 一般に公正妥当と認められる期中レビューの基準に準拠して期中レビューを行ったこと
- 期中レビューの結果として入手した証拠が結論の表明の基礎を与えるものであること
- 監査人の責任は，同報告書の監査人の責任区分に記載されていること
- 監査人は我が国における職業倫理に関する規定に従って会社から独立しており，また，監査人としてのその他の倫理上の責任を果たしていること

なお，無限定の結論以外の場合（限定付結論，否定的結論，結論の不表明）は，当該結論に至った根拠について，年度監査での監査意見の根拠と同様の観点から，財務諸表利用者の視点に立ったわかりやすく具体的な説明を記載する。

（3） 経営者および監査役等の責任区分

期中財務諸表に対する経営者および監査役等の責任区分では，次のことを記載する。

- 期中財務諸表の作成責任，期中財務諸表に重要な虚偽の表示がないように内部統制を整備および運用する責任，継続企業の前提に関する評価を行い必要な開示を行う責任は，経営者にあること
- 財務報告プロセスの監視，具体的には財務報告プロセスの整備および運用にお

> ける取締役等の職務の執行を監視する責任は，監査役等にあること

（4） 監査人の責任区分

　期中財務諸表の期中レビューにおける監査人の責任区分では，監査人の責任は，監査人が実施した期中レビューに基づいて，期中レビュー報告書において独立の立場から期中財務諸表に対する結論を表明することにあることを記載する。さらに監査人は，我が国において一般に公正妥当と認められる期中レビューの基準に従って，期中レビューの過程を通じて，職業的専門家としての判断を行い，職業的懐疑心を保持して，次のことを実施する旨を記載する（結論の不表明の場合を除く）。

- 期中レビューは質問，分析的手続その他の期中レビュー手続からなり，年度監査と比べて限定的な手続となること
- 継続企業の前提に関する経営者の評価を検討すること
- 監査役等と適切な連携を図ること
- 表示および注記事項を検討すること
- 構成単位に対する期中レビュー手続を実施する場合の監査人の責任（グループ期中レビューが適用となる場合）

　「継続企業の前提に関する経営者の評価を検討すること」に関する監査人の責任については，具体的に次のことを記載する。

- 継続企業の前提に関する事項について，重要な疑義を生じさせるような事象または状況に関して重要な不確実性が認められると判断した場合，入手した証拠に基づき，期中財務諸表において，一般に公正妥当と認められる企業会計の基準に準拠して，適正に表示されていないと信じさせる事項が認められないかどうか結論付けること
- 継続企業の前提に関する重要な不確実性が認められる場合，期中レビュー報告書において期中財務諸表の注記事項に注意を喚起すること，または重要な不確実性に関する期中財務諸表の注記事項が適切でない場合，期中財務諸表に対して限定付結論または否定的結論を表明すること

- 監査人の結論は，期中レビュー報告書日までに入手した証拠に基づいているが，将来の事象や状況により，企業は継続企業として存続できなくなる可能性があること

「監査役等と適切な連携を図ること」に関する監査人の責任については，具体的に次のことを記載する。

- 監査人は，監査役等に対して，計画した期中レビューの範囲とその実施時期，期中レビュー上の重要な発見事項の報告を行うこと
- 監査人は，監査役等に対して，独立性についての我が国における職業倫理に関する規定を遵守したこと，並びに監査人の独立性に影響を与えると合理的に考えられる事項，および阻害要因を除去または軽減するためにセーフガードを講じている場合はその内容について報告を行うこと（上場企業の期中レビューの場合）

「表示および注記事項を検討すること」に関する監査人の責任については，具体的に次のことを記載する。

- 期中財務諸表の表示および注記事項が，我が国において一般に公正妥当と認められる企業会計の基準に準拠していないと信じさせる事項が認められないかどうかを評価すること
- 関連する注記事項を含めた期中財務諸表の表示，構成および内容，並びに期中財務諸表が基礎となる取引や会計事象を適正に表示していないと信じさせる事項が認められないかどうかを評価すること

「構成単位に対する期中レビュー手続を実施する場合の監査人の責任」については，具体的に次のことを記載する。

- グループ期中財務諸表に対する結論を表明するための，グループ内の構成単位の財務情報に関連する証拠を入手すること
- グループ期中財務諸表の期中レビューの指示，監督および実施をすること
- グループ監査責任者として単独で結論の表明を行うこと

3 期中レビューにおける各結論の要件

　期中財務諸表に対する期中レビューの各結論のフローチャートは，**図表12-7**のとおりである。年度監査と異なり，監査上の主要な検討事項に相当する記載は求められない。準拠性に関する結論を表明する場合は，適正性に関する結論の表明に準じて行うものとする。

〔図表12-7〕期中レビューの各結論のフローチャート

```
                        スタート
                           │
                    ┌──────────────┐
                    │  重要な       │
                    │  除外事項はあるか │
                    └──────────────┘
                     │          │
                  Yes│          │No
           ┌─────────┴──┐       │
      ┌────────┐   ┌────────┐   │
      │期中レビュー範囲│ │期中財務諸表の│  │
      │の制約     │ │不適正事項   │  │
      └────────┘   └────────┘   │
           │          │        │
      ┌────────┐   ┌────────┐   │
      │その影響は期中│ │その影響は期中│  │
      │財務諸表全体に│ │財務諸表全体が│  │
      │対して結論を表│ │虚偽表示にあた│  │
      │明できないほど│ │るほどの「広範│  │
      │の「広範性」が│ │性」があるか  │  │
      │あるか     │ │         │  │
      └────────┘   └────────┘   │
       Yes │ No      Yes │ No     │
        │  │         │  │      │
      ┌──┐┌──┐     ┌──┐┌──┐  ┌──┐
      │結論││除外│     │否定││除外│  │無限│
      │の不││事項││     │的結││事項│  │定の│
      │表明││を付││     │論 ││を付│  │結論│
      │  ││した││     │  ││した│  │  │
      │  ││限定││     │  ││限定│  │  │
      │  ││付結││     │  ││付結│  │  │
      │  ││論 ││     │  ││論 │  │  │
      └──┘└──┘     └──┘└──┘  └──┘
```

(1) 無限定の結論

　監査人は，経営者が作成した期中財務諸表について，一般に公正妥当と認められる企業会計の基準に準拠して，企業の財政状態，経営成績およびキャッシュ・フローの状況を適正に表示していないと信じさせる事項が全ての重要な点において認められなかった場合には，その旨の結論を表明しなければならない。

　この無限定の結論は，年度監査での無限定適正意見に相当する。期中レビュ

ーは限定的保証であることから，期中財務諸表の適正性について，「適正に表示していないと信じさせる事項が全ての重要な点において認められなかった」とする二重否定の消極的形式による結論の表明となる。

(2) 除外事項を付した限定付結論

　監査人は，経営者が作成した期中財務諸表について，一般に公正妥当と認められる企業会計の基準に準拠して，企業の財政状態，経営成績およびキャッシュ・フローの状況を重要な点において適正に表示していないと信じさせる事項が認められた場合や重要な期中レビュー手続を実施できなかった場合，無限定の結論を表明できない。この場合に監査人は，当該影響が期中財務諸表全体に対して否定的結論を表明するほどではない，または結論の表明ができないほどではないと判断したときは，除外事項を付した限定付結論を表明する。これは，年度監査での限定付適正意見に相当する。除外事項とは，無限定の結論以外の結論を表明することになる原因事項であり，次の2つに分けられる。

- 期中財務諸表に適正に表示していないと信じさせる事項が認められる場合（結論に関する除外）
- 重要な期中レビュー手続が実施できなかった場合（期中レビュー範囲の制約）

　次の場合には，重要な期中レビュー手続が実施できなかった場合に準じて，監査人は結論の表明ができるか否かを慎重に判断することになる。

- 他の監査人の利用：監査人は，他の監査人が実施した期中レビュー等の重要な項目の結果について利用できないと判断し，さらに当該事項について重要な期中レビュー等の手続を追加して実施できなかった場合
- 将来の帰結が予測し得ない事象等：監査人は，重要な偶発事象等の将来の帰結が予測できない事象または状況について，期中財務諸表に与える当該事象または状況の影響が複合的かつ多岐にわたると判断した場合

　除外事項によって限定付結論を表明する場合，結論の根拠区分に記載する事項は次のとおりである。なお，記載に際してはこれらを踏まえて除外事項に関

して重要性はあるが広範性はないと判断して，否定的結論または結論の不表明ではなく，限定付結論とした理由を記載する。

> - 結論に関する除外の場合は，修正すべき事項，可能であれば当該事項が期中財務諸表に与える影響およびこれらを踏まえて除外事項を付した限定付結論とした理由
> - 期中レビュー範囲の制約の場合は，実施できなかった期中レビュー手続，当該事実が影響する事項およびこれらを踏まえて除外事項を付した限定付結論とした理由

（3） 否定的結論

監査人は，経営者が作成した期中財務諸表について，一般に公正妥当と認められる企業会計の基準に準拠して，企業の財政状態，経営成績およびキャッシュ・フローの状況を重要な点において適正に表示していないと信じさせる事項が認められる場合，その影響が期中財務諸表全体として虚偽の表示に当たるとするほどに重要性があると判断したときには，否定的結論を表明し，結論の根拠の区分にその理由を記載する。理由には，除外した不適切な事項に加え，影響額の算定が可能であれば当該事項が期中財務諸表に与える影響が含まれる。

否定的結論は，年度監査での不適正意見に相当する。期中財務諸表の不適正に係る除外事項が重要かつ影響が広範であり，除外しても期中財務諸表への誤解が避けられないことを意味する。

（4） 結論の不表明

監査人は，重要な期中レビュー手続を実施できなかったことにより，無限定の結論の表明ができない場合において，その影響が期中財務諸表に対する結論の表明ができないほどに重要であると判断したときは，結論を表明してはならない。この場合には，期中財務諸表に対する結論を表明しない旨を監査人の結論区分に記載し，実施できなかった重要な期中レビュー手続および結論の表明を行えない理由を結論の根拠区分に記載する。

この結論の不表明は，年度監査での意見の不表明に相当し，環境的要因や監査人のレビュー手続の制約等に起因する証拠の欠落が全体的な結論を表明できないほど重要かつ広範であることを意味する。結論の不表明の場合の監査人の責任区分は，結論の表明の基礎となる証拠を入手できなかったこと，監査人は我が国における職業倫理に関する規定に従って会社から独立しており，また監査人としてのその他の倫理上の責任を果たしている旨を記載する。

4　継続企業の前提と結論の表明

継続企業の前提に重要な疑義を生じさせるような事象または状況が存在する場合であって，当該事象または状況を解消し，または改善するための対応をしてもなお継続企業の前提に関する重要な不確実性が認められる場合，中間会計基準等は，継続企業の前提に関する事項（当該事象または状況が存在する旨およびその内容，当該事象または状況を解消し，または改善するための対応策，当該重要な不確実性が認められる旨およびその理由，当該重要な不確実性の影響を期中財務諸表に反映しているか否かの別）の注記を規定している。したがって，監査人は継続企業の前提に関する重要な不確実性が認められる場合の期中財務諸表の記載に関して結論の表明が求められる。くわえて，経営者は継続企業の前提に重要な疑義を生じさせるような事象等が存在する場合，当該疑義が存在する旨およびその内容並びに対応策を半期報告書の「事業等のリスク」に記載を要するため，監査人は経営者による開示について検討する。

①　継続企業の前提に関する事項が期中財務諸表に適切に記載されていると判断した場合

無限定の結論を表明し，期中レビュー報告書に独立した区分を設けて当該継続企業の前提に関する事項を追記する。

②　継続企業の前提に関する事項が期中財務諸表に適切に記載されていないと判断した場合

当該不適切な記載についての除外事項を付した限定付結論または否定的結論を表明し，その理由を結論の根拠区分に記載する。

なお，継続企業の前提について，監査基準および中間監査基準では意見の不表明の規定がある。一方，『期中レビュー基準』では結論の不表明の規定が置かれていない。理論的には経営者が評価および対応策を示さない時には，監査人は重要な期中レビュー手続を実施できなかったとして結論の表明ができない場合があり得る。しかし，期中レビューは限定された手続に基づく消極的形式による結論の表明であること，開示の要否等や経営者の対応策の合理性に関する証拠資料を入手する必要がないこと等を踏まえ，結論の不表明のケースは非常に限定的であることが理由と思われる。

継続企業の前提に関する期中レビュー手続と結論の表明の関係のフローチャートは，**図表12-8**のとおりである。なお，経営者は継続企業を前提として期中財務諸表を作成しているが，監査人は継続企業を前提に作成することが適切ではないと判断した場合，否定的結論を表明し，結論の根拠区分に適切ではないと判断した理由を記載する。

〔図表12-8〕継続企業の前提に関する期中レビュー手続と結論の表明のフローチャート

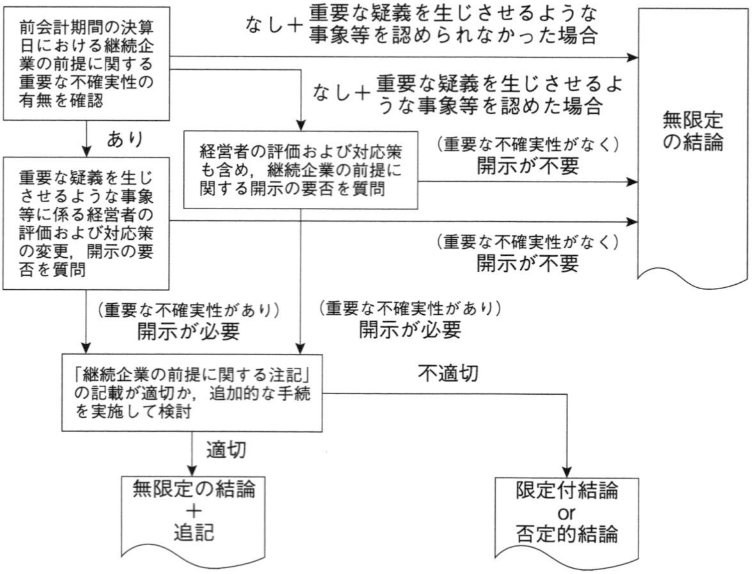

5 期中レビューに係る追記情報

監査人は強調すること，またはその他説明することが適当と判断した事項は，期中レビュー報告書にそれらを区分した上で情報として追記する。いわゆる追記情報である。それは，期中財務諸表に対して結論を表明する同一の監査人の判断で行われるが，追記情報の提供は，あくまでも保証業務としての結論の表明の枠外である。継続企業の前提に関する事項であれば，期中財務諸表に重要な不確実性に関する適切な注記がなされており，監査人が無限定の結論を表明した場合，注記事項の注意喚起のために「継続企業の前提に関する重要な不確実性」との見出しを付けた区分を設け，継続企業の前提に関する重要な疑義が認められる旨および当該事項は監査人の結論に影響を及ぼすものではない旨を記載する。

『期中レビュー基準』では，継続企業の前提に関する事項のほかに期中財務諸表の記載を前提に当該事項を強調する強調事項および投資家等に対して説明することが適当と判断したその他の事項として，次の項目を追記情報として示している。

(1) 会計方針の変更

不当な会計方針の変更は，期中財務諸表の不適正事項として除外事項に該当するため，監査人による結論の表明に影響を及ぼすことになる。対象になる会計方針の変更は，除外事項に該当しない正当な理由によるものである。正当な理由による会計方針の変更は期中財務諸表に記載されることから，期中財務諸表の理解に際して重要な事柄として，監査人が強調すべきと判断した場合に強調事項の追記情報となる。

(2) 重要な偶発事象

偶発事象とは，決算日に存在する利益または損失が発生する可能性を有する未確定の事象である。実際には将来の損失ないし債務が発生する可能性を示す偶発債務として，引当金の計上要件を満たすことから適正に会計処理されたもの以外のうち，注記にて内容等の開示を要するものが該当する。このように期

中財務諸表に記載されている偶発債務について，監査人が強調すべきと判断した場合に強調事項の追記情報となる。

（3） 重要な後発事象

後発事象とは，決算日の翌日から期中レビュー報告書日までの間に発生し，当該事業年度の期中財務諸表には影響を及ぼさないが，翌事業年度以降の財政状態および経営成績に影響を及ぼす事象が該当する。すなわち，修正後発事象ではなく，開示後発事象であり，経営者が作成する期中財務諸表の注記にて開示される重要性のある後発事象について，監査人が強調すべきと判断した場合に強調事項の追記情報となる。

（4） 監査人が結論を表明した期中財務諸表を含む開示書類における当該期中財務諸表の表示とその他の記載事項との重要な相違

期中財務諸表と共に開示される情報において，期中財務諸表の表示やその根拠となる数値等と重要な相違があるときは，監査人が適正と判断した期中財務諸表に誤りがあるとの誤解を招きかねない。その他の記載内容に重要な相違があり，修正が必要でも経営者は修正に同意しないことも想定される。一般的にこの事実は期中財務諸表に記載されないため，監査人はその旨を投資者等に説明することが適当と判断した場合，その他の事項の追記情報として記載する。

これらの4項目は，記載が義務付けられている継続企業の前提に関する重要な不確実性に係る追記情報とは異なり，監査人による重要性の判断が適用されることから，任意的記載事項となる。なお，特別目的の期中財務諸表に対する期中レビューについては，利用者の誤解を招かないようにするため，監査人は期中レビュー報告書に次の情報を追記する。

- 会計の基準
- 期中財務諸表の作成の目的
- 想定される主な利用者の範囲
- 期中財務諸表は特別の利用目的に適合した会計の基準に準拠して作成されてお

> り，他の目的には適合しないことがある旨

期中レビュー報告書が特定の者のみによる利用を想定しており，当該期中レビュー報告書に配布または利用の制限を付すことが適切であると考える場合には，その旨を記載しなければならない。

V 中間監査

特定事業会社および非上場会社（上場会社と同じ取扱いを選択しない場合）の半期報告書には第二種中間財務諸表が掲載され，『中間監査基準』による中間監査の対象となる。この取り扱いは，上場会社に四半期開示義務を課していた2023（令和5）年11月改正前の金融商品取引法および同義務を廃止した改正後も，基本的に同じである。

1 中間財務諸表の性質

通常の事業年度を1年とした場合，その期中の一定期間（例えば6か月を半期とする中間会計期間）を対象とする財務諸表の作成方法の考え方には，実績主義（discrete view）と予測主義（integral view）の2つがある。

実績主義は，期間独立思考により，期中の一定期間を一つの独立した会計期間であるとみなして年度の決算時と同様の処理方法を適用し，上半期（6か月の場合，以下同じ）の取引実績を表示することを目的とする。

予測主義は，損益予測思考により，期中の一定期間をその事業年度の構成部分とみなして，上半期の業績はその事業年度全体の損益予測に役立つように有用な会計情報を作成し，表示することを目的とする。

企業会計審議会が1977（昭和52）年に公表した（旧）中間財務諸表作成基準は予測主義を採用し，たとえば季節変動等にて上半期と下半期で発生額がアンバランスな営業費用は，下半期に繰延処理や上半期に繰上計上等の中間特有の会計処理が認められていた。しかし，開示情報が単体から連結に移行したことを契機に企業会計審議会が1998（平成10）年に公表した中間作成基準等は年度の決算と同様の処理方法を基本とする実績主義を採用し，現在に至っている。

なお，企業会計基準委員会が2007（平成19）年3月に公表した企業会計基準第12号「四半期財務諸表に関する会計基準」も，実績主義を採用している。

2　中間監査の内容

特定事業会社および非上場会社（上場会社と同じ取扱いを選択しない場合）が提出する半期報告書に掲載される第二種中間財務諸表の信頼性の保証の付与の方式は，レビューではなく，中間監査が適用される。なお，監査人による年度監査は適正性監査に対して，中間監査は有用性監査といわれる。年度監査は財務諸表が一般に公正妥当と認められる企業会計の基準に準拠して適正に表示されているか否かを判断するのに対し，中間監査は第二種中間財務諸表が中間作成基準等に準拠して有用な情報を表示しているか否かを判断するからである。有用性監査の信頼性の付与はレビューよりはレベルが高いが，年度監査と同程度の信頼性を保証するものではなく，第二種中間財務諸表に係る投資者の判断を損なわない程度の信頼性を保証する監査として位置付けられる。したがって，年度監査と比して監査手続の一部を省略できる。

マメ知識12-2　中間会計基準等と中間作成基準等の異同点

中間会計基準等と中間作成基準等は，いずれも実績主義であることは同じである。両基準とも年度決算と異なり，実地棚卸の省略，連結会社相互間の債権債務の相殺消去や未実現損益の消去等について簡便的な会計処理が認められている。なお，中間会計基準等が適用となる第一種中間財務諸表が掲載される半期報告書は，中間作成基準が適用となる第二種中間財務書評が掲載される半期報告書よりも提出期限が早い。そのため，中間会計基準等は，中間作成基準等と比べて，より簡便的な会計処理や取扱いを認めている。

図表12-9は，金融商品取引法に基づく年度監査，中間監査および期中レビューについて，保証業務の観点から比較したものである。

中間財務諸表の監査基準は，半年決算から1年決算への移行による半期報告書制度の導入に伴い，企業会計審議会が1977（昭和52）年に公表した中間財務諸表監査基準が最初である。その後，開示情報が単体から連結主体に移行した

ことを契機として，1998（平成10）年に「中間監査基準の設定に関する意見書」が企業会計審議会から公表され，抜本的に改められた『中間監査基準』が設けられた経緯にある。監査基準は基本的に中間監査にも準用される関係から，監査基準の改訂に呼応して『中間監査基準』も改訂されている。そのためにリスク・アプローチの徹底，継続企業の前提への対処，中間監査報告書の充実等の基本方針は，年度監査および中間監査とも同じである。したがって，『中間監査基準』は，主に中間監査において特有の取扱いが必要な事項を示している。

〔図表12-9〕 金融商品取引法に基づく年度監査，中間監査，期中レビューの比較

	年度監査	中間監査	期中レビュー
意見・結論の目的	適正性	有用性	適正性
保証業務の種類	合理的保証業務	合理的保証業務	限定的保証業務
保証業務リスク(注)	低	中	高
保証水準(注)	高	中	低
結論の報告形式	積極的形式	積極的形式	消極的形式

(注) 年度監査を基準とした場合の相対的な水準

3 『中間監査基準』

『中間監査基準』は，目的基準，実施基準，報告基準の3個の基準から構成される。一般基準は「監査基準」の一般基準に準拠するため，『中間監査基準』には規定がない。

（1） 中間監査の目的基準

『中間監査基準』は，「第一 中間監査の目的」において，次のように中間監査の目的を明確にした。

> 中間監査の目的は，経営者の作成した中間財務諸表が，一般に公正妥当と認められる中間財務諸表の作成基準に準拠して，企業の中間会計期間に係る財政状態，経営成績及びキャッシュ・フローの状況に関する有用な情報を表示しているかど

> うかについて，監査人が自ら入手した監査証拠に基づいて判断した結果を意見として表明することにある。
>
> 中間財務諸表が有用な情報を表示している旨の監査人の意見は，中間財務諸表には，全体として投資者の判断を損なうような重要な虚偽の表示がないということについて，合理的な保証を得たとの監査人の判断を含んでいる。

これは目的基準として，次の3点を指摘している。

① 第二種中間財務諸表の作成責任が経営者にあり，監査人はそれに対する監査意見を表明することに責任がある（二重責任の原則）。

② 中間監査は，第二種中間財務諸表が有用な情報を表示しているかについての意見を表明することを明らかにしている。

③ 中間監査の意見表明は，第二種中間財務諸表には全体として重要な虚偽の記載がないということについて合理的な保証を得たという監査人の判断を含んでいること，また合理的な保証とは，中間監査の基準に基づき中間監査を実施して得た心証を意味している。

（2） 中間監査の実施基準

中間監査の実施基準は，11個の規定から構成される。1～7までは，中間監査におけるリスク・アプローチを説明している。中間監査に係る監査リスクは，監査人が第二種中間財務諸表の有用な情報の表示に関して投資者の判断を損なうような重要な虚偽表示を見過ごし，誤った監査意見を表明する可能性をいう。

監査人は，この中間監査リスクを合理的に低い水準に抑えるために，固有リスクと統制リスクを結合した**重要な虚偽表示のリスク**を識別し評価して発見リスクの水準を決定し，必要な監査手続を実施することになる。

この場合，監査人は中間監査リスクの水準を年度監査の監査リスクの水準より高く設定することができる。そのため，監査人が設定する発見リスクの水準は，年度監査の発見リスクの水準より高くすることが容認されている。監査人は，年度監査に係る監査手続の一部を省略する場合であっても，①分析的手続，②質問，③閲覧の監査手続は必ず実施しなければならない。しかし，発見リスクの水準を高くすることができないと判断したときは，分析的手続などの監査

手続に加え，実証手続を実施することが必要である。監査人は，虚偽の表示が生じる可能性と当該虚偽の表示が生じた場合の金額的および質的影響の双方を考慮して，固有リスクが最も高い領域に存在すると評価した場合，そのリスクを特別な検討を要するリスクとして取り扱わなければならない。

8，9では，継続企業の監査が規定されている。前事業年度の決算日において，継続企業の前提に重要な疑義を生じさせるような事象または状況が存在し，継続企業の前提に関する重要な不確実性が認められた場合，監査人は当中間会計期間において，当該事象または状況の変化，これらに関する経営者の評価および対応策の変更について，検討しなければならない。

また，継続企業の前提に重要な疑義を生じさせるような事象または状況が当中間会計期間において，新たに存在すると判断した場合，当該事象または状況に関して，合理的な期間についての経営者の評価および対応策を検討した上，重要な不確実性が認められるか否かを検討しなければならない。その場合，評価は，少なくとも当事業年度の下半期から翌事業年度の上半期までの1年，対応策は，少なくとも当該中間会計期間の属する当事業年度末までの期間について検討する必要がある。

10では「経営者からの書面による確認」が中間監査において求められ，11では「他の監査人の利用」の場合，必要な指示を行う必要性が規定されている。これらの点は中間監査を実施する監査人が，自己の意見を形成するに足る基礎を得るために必要であることを意味している。

(3) 中間監査の報告基準

中間監査の報告基準は，9個の規定から構成される。報告基準は，第二種中間財務諸表が有用な情報を表示しているか否かについての監査意見表明の判断を明らかにするとともに，中間監査報告書の記載区分と記載要件を明確にしている。

『中間監査基準』の「第三　報告基準」の1では，中間監査による監査人の意見表明の内容，同2では，中間監査報告書の絶対的な記載事項として，①監査人の意見，②意見の根拠，③経営者及び監査役等の責任，④監査人の責任が規定されている。任意の記載事項の追記情報は，重要な後発事象などの監査人

が説明または強調することを適当と判断した事項であり，中間監査報告書に情報として追記する場合は，別に区分を設けて意見の表明とは明確に区別する。

中間監査に係る監査意見は，第二種中間財務諸表が当該中間会計期間に係る企業の財政状態，経営成績およびキャッシュ・フローの状況に関する有用な情報を表示しているか否かの意見を表明するものである。

しかし，意見に関する除外および監査範囲の制約に係る除外事項が存在するとき，中間監査報告書の作成に際して，監査人は，①第二種中間財務諸表の有用な情報表示に対する除外事項の存在の有無，②除外事項が存在するときの中間監査の成立の有無，③除外事項の第二種中間財務諸表に与える影響の重要性と中間財務諸表全体に及ぶのかという広範性の2つの要素から第二種中間財務諸表の利用の可能性の有無を検討する必要がある。この結果，除外事項を付した限定付意見，意見不表明という事態も予想される。

中間監査報告書の記載区分の順序や意見の根拠の記載等は年度監査報告書と同じであるが，監査上の主要な検討事項の記載は求められない点が異なる。

(4) 中間監査における継続企業の前提

継続企業を前提に第二種中間財務諸表を作成することが適切であるが，継続企業の前提に関する重要な不確実性が認められる場合，監査人は継続企業の前提に関する事項が適切に記載されていると判断し，有用な情報が表示されている旨の意見を表明するとき，中間監査報告書に別に区分を設けて，当該継続企業の前提に関する事項を追記する。

継続企業を前提に第二種中間財務諸表を作成することが適切であるが，継続企業の前提に関する重要な不確実性が認められる場合，継続企業の前提に関する事項について，監査人が財務諸表に適切に記載されていないと判断したとき，不適切な記載の除外事項の程度により，限定付意見や不適正意見を表明する。

一方，経営者が疑義を解消させる評価および対応策を提示しないとき，監査人は不確実性が認められるか否かを確かめる監査証拠を入手できないことがある。そのため，監査人は範囲に制約がある場合に準じて，除外事項を付した限定付意見を表明するか，意見を表明しない。

継続企業を前提にした第二種中間財務諸表の作成が適切でないとき，監査人

は有用な情報を表示していない旨の意見を表明し，理由を記載しなければならない。

継続企業の前提に関する中間監査手続と意見の表明の関係のフローチャートは，**図表12-10**のとおりである。なお，経営者は継続企業の前提に重要な疑義を生じさせるような事象等が存在する場合は，所定の事項を半期報告書の「事業等のリスク」に記載を要するため，監査人は経営者による開示について検討する。

〔図表12-10〕継続企業の前提に関する中間監査手続と意見の表明のフローチャート

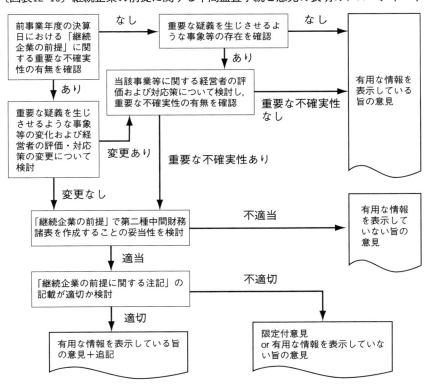

（5） 中間監査における追記情報

「第三 報告基準」の2および9は，追記情報は中間監査の意見表明とは明確に区別しなければならないとしている。

> 2 監査人は，中間監査報告書において，監査人の意見，意見の根拠，経営者及び監査役等（監査役，監査役会，監査等委員会又は監査委員会をいう。以下同じ。）の責任，監査人の責任を明瞭かつ簡潔にそれぞれ区分した上で，記載しなければならない。ただし，継続企業の前提に関する事項又は監査人が中間財務諸表の記載について強調する必要がある事項及び説明を付す必要がある事項を中間監査報告書において情報として追記する場合には，別に区分を設けて，意見の表明とは明確に区別しなければならない。

> 9 監査人は，次に掲げる強調すること又はその他説明することが適当と判断した事項は，中間監査報告書にそれらを区分した上で，情報として追記するものとする。
> (1) 会計方針の変更
> (2) 重要な偶発事象
> (3) 重要な後発事象
> (4) 監査人が意見を表明した中間財務諸表を含む開示書類における当該中間財務諸表の表示とその他の記載内容との重要な相違

中間監査報告書における追記情報の記載は，強調事項とその他の事項の区分や内容も含めて，年度監査に係る監査基準に準じた取扱いとなる。

4 中間監査報告書の標準的書式

上場会社の中間監査報告書の標準的書式（無限責任監査法人による指定証明の場合，会社の機関設計は監査役及び監査役会とする）は，**図表12-11**のとおりである。

〔図表12-11〕中間監査報告書の標準的書式

独立監査人の中間監査報告書

×年×月×日

○○株式会社
　取締役会　御中

　　　　　　　　　　　　○○監査法人
　　　　　　　　　　　　　指定社員　　公認会計士　○○○○
　　　　　　　　　　　　　業務執行社員
　　　　　　　　　　　　　指定社員　　公認会計士　○○○○
　　　　　　　　　　　　　業務執行社員

中間監査意見

　当監査法人は，金融商品取引法第193条の2第1項の規定に基づく監査証明を行うため，「経理の状況」に掲げられている○○株式会社の×年×月×日から×年×月×日までの連結会計年度の中間連結会計期間（×年×月×日から×年×月×日まで）に係る中間連結財務諸表，すなわち，中間連結貸借対照表，中間連結損益計算書，中間連結包括利益計算書，中間連結株主資本等変動計算書，中間連結キャッシュ・フロー計算書，中間連結財務諸表作成のための基本となる重要な事項及びその他の注記について中間監査を行った。

　当監査法人は，上記の中間連結財務諸表が，我が国において一般に公正妥当と認められる中間連結財務諸表の作成基準に準拠して，○○株式会社及び連結子会社の×年×月×日現在の財政状態並びに同日をもって終了する中間連結会計期間（×年×月×日から×年×月×日まで）の経営成績及びキャッシュ・フローの状況に関する有用な情報を表示しているものと認める。

中間監査意見の根拠

　当監査法人は，我が国において一般に公正妥当と認められる中間監査の基準に準拠して中間監査を行った。中間監査の基準における当監査法人の責任は，「中間連結財務諸表監査における監査人の責任」に記載されている。当監査法人は，我が国における職業倫理に関する規定に従って，会社及び連結子会社から独立しており，また，監査人としてのその他の倫理上の責任を果たしている。当監査法人は，中間監査の意見表明の基礎となる十分かつ適切な監査証拠を入手したと判断している。

中間連結財務諸表に対する経営者並びに監査役及び監査役会の責任

　経営者の責任は，我が国において一般に公正妥当と認められる中間連結財務諸表の作成基準に準拠して中間連結財務諸表を作成し有用な情報を表示することにある。これには，不正又は誤謬による重要な虚偽表示のない中間連結財務諸表を作成し有用な情報を表示するために経営者が必要と判断した内部統制を整備及び運用することが含まれる。

　中間連結財務諸表を作成するに当たり，経営者は，継続企業の前提に基づき中間連結財務諸表を作成することが適切であるかどうかを評価し，我が国において一般に公正妥

当と認められる中間連結財務諸表の作成基準に基づいて継続企業に関する事項を開示する必要がある場合には当該事項を開示する責任がある。

　監査役及び監査役会の責任は，財務報告プロセスの整備及び運用における取締役の職務の執行を監視することにある。

中間連結財務諸表監査における監査人の責任
　監査人の責任は，監査人が実施した中間監査に基づいて，全体として中間連結財務諸表の有用な情報の表示に関して投資者の判断を損なうような重要な虚偽表示がないかどうかの合理的な保証を得て，中間監査報告書において独立の立場から中間連結財務諸表に対する意見を表明することにある。虚偽表示は，不正又は誤謬により発生する可能性があり，個別に又は集計すると，中間連結財務諸表の利用者の意思決定に影響を与えると合理的に見込まれる場合に，重要性があると判断される。

　監査人は，我が国において一般に公正妥当と認められる中間監査の基準に従って，中間監査の過程を通じて，職業的専門家としての判断を行い，職業的懐疑心を保持して以下を実施する。

- 不正又は誤謬による中間連結財務諸表の重要な虚偽表示リスクを識別し，評価する。また，重要な虚偽表示リスクに対応する中間監査手続を立案し，実施する。中間監査手続の選択及び適用は監査人の判断による。さらに，中間監査の意見表明の基礎となる十分かつ適切な監査証拠を入手する。なお，中間監査手続は，年度監査と比べて監査手続の一部が省略され，監査人の判断により，不正又は誤謬による中間連結財務諸表の重要な虚偽表示リスクの評価に基づいて，分析的手続等を中心とした監査手続に必要に応じて追加の監査手続が選択及び適用される。
- 中間連結財務諸表監査の目的は，内部統制の有用性について意見表明するためのものではないが，監査人は，リスク評価の実施に際して，状況に応じた適切な中間監査手続を立案するために，中間連結財務諸表の作成と有用な情報の表示に関連する内部統制を検討する。
- 経営者が採用した会計方針及びその適用方法並びに経営者によって行われた会計上の見積りの合理性及び関連する注記事項の妥当性を評価する。
- 経営者が継続企業を前提として中間連結財務諸表を作成することが適切であるかどうか，また，入手した監査証拠に基づき，継続企業の前提に重要な疑義を生じさせるような事象又は状況に関して重要な不確実性が認められるかどうか結論付ける。継続企業の前提に関する重要な不確実性が認められる場合は，中間監査報告書において中間連結財務諸表の注記事項に注意を喚起すること，又は重要な不確実性に関する中間連結財務諸表の注記事項が適切でない場合は，中間連結財務諸表に対して除外事項付意見を表明することが求められている。監査人の結論は，中間監査報告書日までに入手した監査証拠に基づいているが，将来の事象や状況により，企業は継続企業として存続できなくなる可能性がある。
- 中間連結財務諸表の表示及び注記事項が，我が国において一般に公正妥当と認められる中間連結財務諸表の作成基準に準拠しているかどうかとともに，関連する注記事項を含めた中間連結財務諸表の表示，構成及び内容，並びに中間連結財務諸表が基礎と

なる取引や会計事象に関して有用な情報を表示しているかどうかを評価する。
- 中間連結財務諸表に対する意見表明の基礎となる，会社及び連結子会社の財務情報に関する十分かつ適切な監査証拠を入手するために，中間連結財務諸表の中間監査を計画し実施する。監査人は，中間連結財務諸表の中間監査に関する指揮，監督及び査閲に関して責任がある。監査人は，単独で中間監査意見に対して責任を負う。

　監査人は，監査役及び監査役会に対して，計画した中間監査の範囲とその実施時期，中間監査の実施過程で識別した内部統制の重要な不備を含む中間監査上の重要な発見事項，及び中間監査の基準で求められているその他の事項について報告を行う。

　監査人は，監査役及び監査役会に対して，独立性についての我が国における職業倫理に関する規定を遵守したこと，並びに監査人の独立性に影響を与えると合理的に考えられる事項，及び阻害要因を除去するための対応策を講じている場合又は阻害要因を許容可能な水準にまで軽減するためのセーフガードを適用している場合はその内容について報告を行う。

利害関係
　会社及び連結子会社と当監査法人又は業務執行社員との間には，公認会計士法の規定により記載すべき利害関係はない。

以　上

（出所）　日本公認会計士協会，監査基準報告書700実務指針第1号「監査報告書の文例」文例7（最終改正：2024年2月）

第13章 公認会計士業務の拡大と保証業務

Summary

- 保証業務と非保証業務とを明確に区別するため，また，保証業務における保証水準の差異を明確にするために，保証業務に関する概念的枠組みが必要とされる。
- 保証業務は，保証の対象によって主題情報を対象とする保証業務と主題それ自体を対象とする直接報告業務に，また保証業務リスクの程度によって合理的保証業務と限定的保証業務に分類される。
- 保証業務リスクは，主題情報を対象とする保証業務および直接報告業務の双方に関連する概念であり，業務実施者が保証報告書において不適切な結論を報告する可能性と捉えるべきである。
- 合理的保証業務では，業務実施者が，当該業務が成立する状況のもとで，積極的形式による結論の報告の基礎として合理的な低い水準に保証業務リスクを抑える。限定的保証業務では，合理的保証業務の場合よりは高い水準であるが，消極的形式による結論の報告を行う基礎としては受け入れることのできる程度に保証業務リスクの水準を抑える。
- 保証業務は，(1)業務実施者，主題に責任を負う者および想定利用者の三当事者の存在，(2)適切な主題，(3)適合する規準，(4)十分かつ適切な証拠，および(5)合理的保証業務または限定的保証業務について適切な書式の保証報告書，により構成される。
- 保証報告書には，業務実施者が適用した一定の規準や実施した手続に関する事項などを含めて，業務を実施して得た保証に関する結論が記載される。業務実施者の責任の範囲ないし程度を明示するために，保証報告書には合理的保証業務であるのかまたは限定的保証業務であるのか区別が明確に理解されるように記載する。
- 非保証業務には，「合意された手続」，「財務諸表等の調製」，「コンサルティング業務」および「税務申告書の作成及び納税者の代理」等がある。

I　保証業務の概念的枠組みの必要性

近年，公認会計士または監査法人（以下，「公認会計士等」という）が実施する検証業務ないし検証サービスの範囲が広がりをみせている。
- 金融商品取引業者における顧客資産の分別管理の法令遵守に関する検証業務
- 内部統制の有効性検証業務
- ITシステムに係るTrustサービス業務
- 環境マネジメント認証業務

このように，公認会計士等が実施する検証業務の対象は，これまでの財務情報の枠を超えて，企業の法令遵守の状況や，システムの信頼性等に広がりつつある。公認会計士等が実施するこのような検証業務は，財務諸表監査も含めて，第三者による検証を通して業務対象に一定の保証を付与することから，**保証業務**と総称される。公認会計士の業務を保証業務と非保証業務に分け，保証業務の拡大と非保証業務の関係を示したものが**図表13-1**である。

しかし，保証業務の範囲の拡大は，公認会計士等に新たな収入源をもたらす

〔図表13-1〕拡大する公認会計士の業務

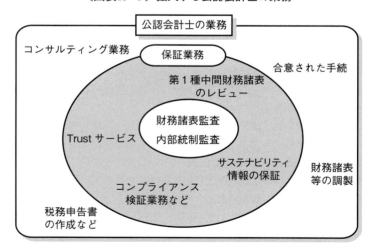

一方で，いくつかの問題を招来する可能性がある。すなわち，保証業務の範囲が拡大するにしたがい，保証業務と非保証業務との間の境界が曖昧になり，特に業界外部の人々にとって両者の区別が困難なものとなってくる。その結果，公認会計士等の実施する業務のほとんどすべてが保証業務とみなされ，公認会計士等が本来負う必要のない責任を追及される危険性が生じる。

また，保証業務だけに限ってみても，第１種中間財務諸表のレビューのように，すべての保証業務が財務諸表監査と同水準の保証をもたらすわけではない。ところが，公認会計士等が実施する保証業務の保証水準はすべて財務諸表監査と同等であると誤解される危険性があり，その危険性は，保証業務の範囲の拡大につれて増大していく。

企業会計審議会は，以上のような問題意識を踏まえたうえで，2004（平成16）年11月に，８カ月の審議の末，IFACのIAASBで承認された意見書の内容を盛り込んだ「財務情報等に係る保証業務の概念的枠組みに関する意見書」（以下，「**保証業務意見書**」という）を公表した。フレームワーク・アプローチという考え方である。

保証業務意見書は，保証業務の概念的な枠組みを提示することで，将来ニーズが生じる可能性のある保証業務に対する，一貫した基準作りのための原理的な枠組みを示している。つまり，保証業務に関する新たな基準等は，保証業務意見書が提示する概念的枠組みを基礎として設定されることとなる。例えば，すでに公表された内部統制の評価および監査の基準や期中レビュー基準は保証業務意見書を土台にして作成・公表された。本章では，この保証業務意見書が提示している保証業務の概念的な枠組みについて説明する。

●——II 保証業務意見書による概念的枠組み

1 保証業務の定義と財務諸表監査

保証業務意見書は，保証業務を次のように定義している。

> **保証業務**とは，主題に責任を負う者が一定の規準によって当該主題を評価又は測定した結果を表明する情報について，又は，当該主題それ自体について，それ

らに対する想定利用者の信頼の程度を高めるために，業務実施者が自ら入手した証拠に基づき規準に照らして判断した結果を結論として報告する業務をいう（「保証業務意見書」二・1）。

この内容を図解すると**図表13-2**のようになる。

〔図表13-2〕保証業務の枠組み

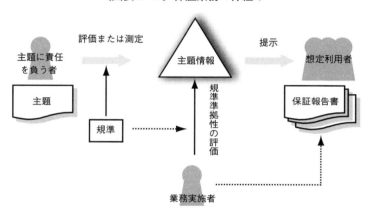

主題についてはいろいろ考えられるが（図表11-2，図表12-1も参照），保証業務のルーツである財務諸表監査にこの定義をあてはめると，**図表13-3**のようになる。

〔図表13-3〕財務諸表監査の枠組み

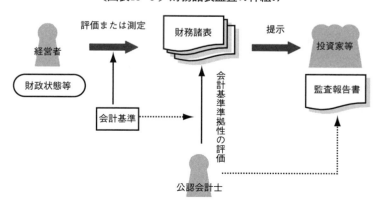

保証業務としての財務諸表監査は，適正性に関する意見が表明される場合，次のように定義することができる。

主題に責任を負う者としての経営者が，主題である企業の財政状態，経営成績およびキャッシュ・フローの状況を，一定の規準としての一般に公正妥当と認められる企業会計の基準によって測定し，その結果を表明する情報として，財務諸表（主題情報）を想定利用者たる投資者等に提示する。そのうえで，業務実施者たる公認会計士等が，想定利用者たる投資者等の財務諸表に対する信頼の程度を高めるために，提示された財務諸表の適正性について，自ら入手した監査証拠に基づき一般に公正妥当と認められる企業会計の基準に照らして判断した結果を結論として報告する業務である。

2　保証業務の分類

(1)　対象による分類

保証業務は，通常，一定の規準によって主題を評価または測定した結果を表明する情報（「主題情報」）を主題に責任を負う者が自己の責任において想定利用者に提示することを前提として行われる。

しかし，保証業務には，このような主題情報を対象とする保証業務のほかに，主題に責任を負う者が自己の責任において主題情報を想定利用者に提示することなく，業務実施者が直接，主題それ自体について一定の規準に照らして評価または測定した結果を結論として表明するタイプのものも存在している。これは一般に**直接報告業務**（direct reporting）とよばれている。例えば，監査人がシステムの信頼性を保証するサービスであるTrustサービスでは，公認会計士は一定の規準にしたがってシステムの信頼性に関連するコントロールの有効性を評価する。

しかし，経営者ないし事業者自身はシステムの信頼性について自ら主張するわけではない。直接報告業務の場合においても，業務実施者は，主題それ自体に対する責任を負うものではなく，主題それ自体の信頼の程度を高めることに責任を負う（「保証業務意見書」二・2・(1)）ことに留意しなければならない。つまり，保証業務の対象は，分類すると次のようになる。

● 主題それ自体

●主題情報

(2) リスクの程度による分類

　保証業務は，保証業務リスクの程度により①**合理的保証業務**，②**限定的保証業務**に分類される。ここで，**保証業務リスク**とは，「主題情報に重要な虚偽の表示がある場合に業務実施者が不適切な結論を報告する可能性」(「保証業務意見書」七・5・(1)) と定義される。

　この定義を字句どおりに解釈すれば，保証業務リスク（固有リスク，統制リスク，発見リスクから構成される）は，主題に責任を負う者による主題情報の提示を前提にしており，その意味で，主題情報を対象とする保証業務にのみ適用される概念とも受け取れる。

　しかし，主題情報が提示されない直接報告業務の場合であっても，業務実施者が主題それ自体について誤った結論を報告する可能性がもちろん存在する。したがって，保証業務リスクは，主題情報を対象とする保証業務および直接報告業務の双方に関連するものである。そして保証業務リスクは主題に責任を負う者による主題情報の提示の有無にかかわらず，業務実施者が不適切な結論を報告する可能性であると解釈される。

　合理的保証業務では，業務実施者が，当該業務が成立する状況のもとで，積極的形式による結論の報告の基礎として合理的な低い水準に保証業務リスクを抑える。一方，限定的保証業務では，合理的保証業務の場合よりは高い水準であるが，消極的形式による結論の報告を行う基礎としては受け入れることのできる程度に保証業務リスクの水準を抑える（「保証業務意見書」二・2・(2)）。つまり，保証業務においては，業務実施者による結論の報告の形式が積極的形式か消極的形式かによって，業務実施者に求められる保証業務リスクの水準が決まることになる。

　合理的保証業務の典型が，**財務諸表監査**である。財務諸表監査において，監査人は，保証業務リスクたる監査リスクを合理的に低い水準に抑え，主題情報として提示された財務諸表が，一般に公正妥当と認められる企業会計の基準に準拠して企業の財政状態，経営成績およびキャッシュ・フローの状況を全ての重要な点において適正に表示しているかどうかについて，積極的形式によっ

て結論を報告する。

　他方，限定的保証業務の典型が，**レビュー業務**である。例えば，財務情報のレビュー業務においては，主題に責任を負う者としての経営者が当該財務情報を一定の作成基準にしたがって作成しているかどうかについて，業務実施者が自ら入手した証拠に基づき判断した結果を，財務情報が当該作成基準にしたがって<u>作成されていないと認められる事項が発見されなかった</u>との消極的形式によって結論を報告する（「保証業務意見書」二・2・(3)・③，下線引用者）。このように，限定的保証業務では，業務実施者は，「否定の否定」の形をとった消極的形式で結論を報告するのである。図表13-4は，保証業務の対象と業務結果に関する結論の表明形式との関係を示したものである。

〔図表13-4〕保証業務の分類

```
┌──────────────────┐      ┌──────────────────┐
│ 主題情報を対象とする │╲  ╱│   合理的保証業務    │
│     保証業務       │ ╲╱ │ （積極的形式による結論の報告）│
└──────────────────┘ ╱╲ └──────────────────┘
┌──────────────────┐╱  ╲┌──────────────────┐
│   直接報告業務     │    │   限定的保証業務    │
│  （主題情報非提示）   │    │ （消極的形式による結論の報告）│
└──────────────────┘    └──────────────────┘
```

III　保証業務の要素

　保証業務は如何なる要素から構成されるのであろうか。保証業務意見書は，保証業務を5つの構成要素からなる業務であると定め，各要素に関して保証業務が成立するための要件を説明している。

（1）業務実施者，主題に責任を負う者及び想定利用者の三当事者の存在
（2）適切な主題
（3）適合する規準
（4）十分かつ適切な証拠
（5）合理的保証業務又は限定的保証業務について適切な書式の保証報告書

　以下，各々について説明する。

1　保証業務に関わる三当事者（「保証業務意見書」四）

　保証業務は、①業務実施者、②主題に責任を負う者、③想定利用者からなる3人の当事者が関わることにより成立する（**図表13-2参照**）。

　業務実施者とは、文字通り、保証業務を実施する者をいう。保証業務の目的は主題または主題情報に対する信頼性の付与にあるため、業務実施者には、独立の立場から公正不偏の態度を保持することが最も重視される。そのため、業務実施者自らが主題に責任を負う者および想定利用者となることはできない。業務実施者は、職業専門家としての職業倫理の遵守など保証業務の前提となる要件を満足させることが要求されると同時に、他の職業的専門家の業務の利用を含め、自らが実施すべき手続、実施の時期および範囲決定について責任を負う。

　主題に責任を負う者が、①主題情報を自己の責任において想定利用者に提示する場合、②主題情報を提示しない場合がある。前者の場合、保証業務は主題情報を対象とする保証業務となり、後者の場合、保証業務は直接報告業務の範ちゅうに入ることとなる。主題に責任を負う者は、必ずしも業務実施者と契約する当事者である必要はない。

　想定利用者は、業務実施者が作成した保証報告書を利用する者である。保証報告書の名宛人以外であっても、当該保証報告書を入手可能な者は、想定利用者に含まれる。例えば、財務諸表監査の場合、想定利用者としては、保証報告書たる監査報告書の名宛人である経営者ないし取締役会だけではなく、監査報告書を入手可能な投資者も含まれる。想定利用者または利用目的を特定する場合には、その利用者または利用目的を制限する旨を保証報告書に記載する。

　また、主題に責任を負う者は、想定利用者の1人となることはできるが、唯一の利用者となることはできない。財務諸表監査を例にとると、主題に責任を負う経営者は、想定利用者の1人ではあるが、唯一の利用者ではない。

マメ知識13-1　**保証業務研究**

　保証業務は、アメリカ公認会計士協会の保証業務特別委員会（Elliott委員

会）が理論研究に着手したことが始まりであった。当時，アメリカの会計士業界は監査業務の頭打ち（減少）に悩まされていた。その後，研究はカナダ勅許会計士協会，国際会計士連盟で行われた。このような影響を受けて従来の監査論のテキストでは使われていない用語が使用されている。英文を翻訳した用語〔保証：assuarance，主題に責任を負う者：responsible party，主題：subject matter，業務実施者：practitioner，規準：criteria，想定利用者：intended users〕が利用されているため少し難解かもしれない。わが国では，企業会計審議会が意見書を公表する前に日本公認会計士協会の委員会などでも検討が行われた。

2 適切な主題（「保証業務意見書」五）

　保証業務における適切な主題は，識別可能であり，一定の規準に基づいて首尾一貫した評価または測定を行うことができ，かつ，業務実施者が主題情報に対する保証を得るために十分かつ適切な証拠を収集することができるものをいう。主題には，①定量的か定性的か，②客観的か主観的か，③確定的か予測的か，④一定時点に関するものか一定期間にわたるものか，といった異なる性格がある。例えば，第11章で説明された内部統制監査における主題としての「財務報告に係る内部統制の有効性」は，定性的・主観的・確定的で，評価時点が期末日という一定時点に関するものであるといえる。

　このような主題の性格は，業務実施者が主題情報に係る保証を得る際の正確性および入手可能な証拠の説得力に影響する。例えば，主題が一定時点に関するものである場合と一定期間に関するものである場合を比較すると，業務実施者が主題情報に係る保証を得る際に入手可能な証拠の説得力は，相対的にみて前者の方が大きい。したがって，業務実施者が主題情報に係る保証を得る際の正確性もそれだけ高いと，想定される。

3 適合する規準（「保証業務意見書」六）

　保証業務における適合する規準とは，主題に責任を負う者が主題情報を作成する場合および業務実施者が結論を報告する場合に主題を評価または測定するための一定の規準をいい，以下に挙げる要件を備えている必要がある。

> ①　目的適合性
>   想定利用者による意思決定に役立つ結論を導くのに資する規準であること
> ②　完全性
>   各業務環境の下で得られる結論に影響を与える要因のうち関連する要因のいずれもが省略されていない規準であること。なお，目的適合的であるならば，表示及び開示の規準が含まれる。
> ③　信頼性
>   同一の環境で同一の資格を有する業務実施者が利用するとき，主題の評価または測定を合理的にかつ首尾一貫して行うことができる信頼性のある規準であること
> ④　中立性
>   偏向のない結論を導くのに資する中立的な規準であること
> ⑤　理解可能性
>   明瞭かつ総合的な結論を導くことに資するもので，著しく異なる解釈をもたらすことなく，保証業務を構成する三当事者にとって理解可能な規準であること

ただし，業務実施者が，一定の規準として，自らの期待，判断および個人的な経験を用いることは適切ではない。なぜなら，業務実施者による期待，判断および個人的な経験が，上記の要件を常に必ず満足させるとは考えられないからである。保証業務は，本来，公益的性格を持つ業務であり，業務実施者の社会に対する責任もそれだけ重い。そこで，確立された規準とは，財務諸表監査における一般に公正妥当と認められる企業会計の基準のように，幅広い関係者による公正かつ透明性のある適切な手続を通じて権威あるまたは認められた機関によって公表されたものである，ということになる。

さらに，主題がどのように評価または測定されているのかを理解するためには，想定利用者にも規準が利用可能であることが求められる。例えば，想定利用者にとって利用可能な規準とは次のような規準である。

- ●公表されている規準
- ●主題情報において明示されている規準
- ●保証報告書において明示されている規準
- ●広く一般に理解を得られている規準は，想定利用者にとって利用可能な規

準となる。

規準が特定の想定利用者にのみ利用可能である場合，または，特定の目的のみに適合するものである場合には，当該規準に基いた結論を報告する保証報告書の利用は，当該特定の利用者または特定の利用目的に制限される。

4　十分かつ適切な証拠（「保証業務意見書」七）

業務実施者は，主題情報に対する信頼性の確保のために，主題情報に重要な虚偽の表示が含まれていないかどうかについて，職業的専門家としての懐疑心をもって保証業務を計画し，実施し，十分かつ適切な証拠を入手する。保証業務意見書は，直接報告業務の場合を規定していないが，直接報告業務の場合は，主題に一定の規準に準拠していない重要な事項が含まれていないかどうかについて証拠を入手することになると想定される。「職業的専門家としての懐疑心」とは，業務実施者が証拠として入手した情報の妥当性について探究心をもって批判的に評価することを意味する（「保証業務意見書」七・2）。

また，業務実施者は，証拠の入手に際して，証拠の量的な十分性および目的適合性や信頼性などの質的な適切性を勘案して，必要とされる証拠を入手することが求められる。単に，証拠の入手量を増やすことにより質的な適切性を補うことはできない。また，効率的に証拠を入手することが求められるが，費用上の観点から，十分かつ適切な証拠の収集を省略することはできない。

さらに，財務諸表監査の場合と同様に，業務実施者が，証拠を収集する手続の種類，実施の時期および範囲を決定するとき，ならびに，主題情報に虚偽の表示があるかどうか判断する場合，重要性が考慮される。その際，業務実施者には，想定利用者の意思決定に影響する要因を理解して判断し，相対的な重要度，主題の評価または測定に対する種々の要因の影響の程度，および想定利用者の利害等といった，量的ならびに質的要因の観点から検討を行うことが求められる。

すでに説明したが，業務実施者に要求される保証業務リスクの水準にしたがって，保証業務は，①合理的保証業務，②限定的保証業務に分類できる。

すなわち，合理的保証業務においては，積極的形式で業務実施者の結論を報告する基礎として，合理的保証が得られる業務環境にある限り，業務実施者は，

合理的な低い水準となるまで保証業務リスクを抑える。限定的保証業務においては，保証業務リスクの水準を，合理的保証業務における水準よりも高く設定することができる。しかし，限定的保証業務においても，証拠を収集する手続，実施の時期および範囲を組み合わせることによって，業務実施者は，消極的形式で報告を行う基礎としては十分に有意な保証水準を得ることにより，想定利用者にとっての信頼性を確保することが必要である。

5 保証報告書（「保証業務意見書」八）

業務実施者は，適用した一定の規準や実施した手続に関する事項などを含めて，業務を実施して得た保証に関する結論を保証報告書により報告する。保証報告書には，当該保証業務が合理的保証業務であるのかまたは限定的保証業務であるのかの区別が明確に理解されるように記載する。保証報告書に合理的保証業務か限定的保証業務かのいずれかであるかを明示することは，業務実施者の責任の範囲ないし程度の明確化のために極めて重要である。

〔図表13-5〕保証報告書の記載事項

	実施した手続に関する事項	結論の報告形式
合理的保証業務	保証業務リスクを合理的保証業務に求められる水準に抑えるための手続を実施した旨	主題または主題情報について，すべての重要な点において，一定の規準に照らして適正性や有効性等が認められるかどうか（積極的形式による結論の報告）。
限定的保証業務	保証業務リスクを限定的保証業務に求められる水準に抑えるための手続を実施した旨	主題または主題情報について，すべての重要な点において，一定の規準に照らして適正性や有効性等がないと考えられる事項が発見されなかったかどうか（消極的形式による結論の報告）。

合理的保証業務の保証報告書においては，業務実施者は，保証業務の対象となる主題または主題情報について，保証業務リスクを合理的保証業務に求めら

れる水準に抑えるための手続を実施したことを記載した上で，積極的形式によって結論を報告する。その場合，すべての重要な点において，一定の規準に照らして適正性や有効性等が認められるかどうかを報告する。

一方，限定的保証業務の報告書においては，業務実施者は，保証業務の対象となる主題または主題情報について，保証業務リスクを限定的保証業務に求められる水準に抑えるための手続を実施したことを記載した上で，消極的形式によって結論を報告する。その場合，すべての重要な点において，一定の規準に照らして適正性や有効性等がないと考えられる事項が発見されなかったかどうかを報告する。

IV 非保証業務

保証業務と非保証業務（保証業務の定義に合致しない業務）とを明確に識別することは，次の点からきわめて重要である。
- 保証業務に対する社会からの信認を確保するため
- 業務実施者の責任の範囲を明確化するため

保証業務意見書は，保証業務の定義に鑑みて，非保証業務として以下の4つの業務（図表13-1も参照）を例示している。

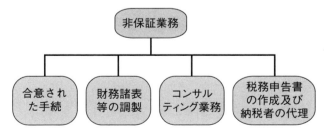

〔図表13-6〕非保証業務の分類

以下，上の4つの業務が保証業務でないことを説明する（図表13-1参照）。
- 「合意された手続」

これは，英文では agreed-upon procedure という。業務実施者が，主題に責任を負う者または特定の利用者との間で合意された手続に基づき発見した事項

のみを報告する。実施される手続が主題に責任を負う者または限られた利用者との間の合意によって特定されるため，①業務実施者が自らの判断により証拠を入手しないこと，②手続の結果のみが報告され結論が報告されないことから，「合意された手続」は保証業務の定義を満たさない（「保証業務意見書」二・4・(1)・①）。

● **業務実施者が財務情報の作成および作成への関与を行う「財務諸表等の調製」**

これは，業務実施者が財務情報の作成および作成への関与を通じて，主題および主題情報に対して責任の一部を担うことになるため，保証業務の定義を満たさない（「保証業務意見書」二・4・(1)・②）。保証業務の場合，業務実施者は，あくまで主題（直接報告業務の場合）もしくは主題情報（主題情報を対象とする保証業務の場合）の信頼の程度を高めることに責任を負うのであり，主題および主題情報に対して責任を負うのではない。

● **業務実施者が主題に責任を負う者の経営または税務上の判断に関わる助言や調査等を行う業務であり，いわゆるコンサルティング業務**

これは，主題に責任を負う者のみの利用または利益のために行う業務であり，保証業務の定義を満たさない（「保証業務意見書」二・4・(1)・③）。すなわち，保証業務において，主題に責任を負う者は，想定利用者の1人となることはできるが，唯一の利用者となることはできない（「保証業務意見書」四・4）。

● **業務実施者が税務申告書の作成および納税者の代理を行う業務**

これは，税務申告書の作成および納税者の代理を目的とする業務であり，保証業務の定義を満たさない（「保証業務意見書」二・4・(1)・④）。つまり，当該業務の目的は，主題もしくは主題情報の信頼の程度を高めるという保証業務の目的と合致しない。

保証業務の定義に合致しない業務に係る報告は，保証業務に係る報告と明確に識別される必要がある。このため，保証業務の定義に合致しない業務に関する報告書においては，想定利用者に保証業務の報告書との誤解を与えるおそれがある用語や表現を用いることは適当ではない（「保証業務意見書」二・4・(2)）。

マメ知識13-2　企業による非財務情報の提供とその保証

　近年，企業は，投資者等のステークホルダーの求めに応じて，ESG（環境・社会・ガバナンス）報告書やサステナビリティ報告書等を通して，非財務情報を積極的に発信している。この非財務情報について，その信頼性を高めるために第三者からの保証を求める企業が増加している。非財務情報の信頼性を保証する担い手として想定されているのが，財務諸表監査で培われた保証技術を有する公認会計士である。もっとも，非財務情報の保証に関しては，財務諸表監査における一般に公正妥当と認められる監査の基準のように，広く社会の合意を得た保証基準が存在するとは必ずしもいえない。非財務情報の保証にあたっては，保証業務が成立するための要件が満たされているかどうか，あるいは合理的保証業務であるか限定的保証業務であるかを判断することが肝要となる。

■ 索　引 ■

【欧文】

CAAT ……………………………369
COSO ……………………………21
COSO 報告書 ……………………21
CPD 制度 …………………………38
EDINET …………………………77
IT …………………………………363
IT から自動生成される情報を利用
　　して実施される手作業による
　　内部統制 ……………………368

【あ】

アサーション ……………………261
アサーション・レベル …………249
アドプション ………………………8

【い】

意見に関する除外 ………………434, 485
意見表明の基礎……………………32
意見不表明 ………………127, 434, 441
一時会計監査人 …………………113
著しい利害関係……………………43
一般基準 …………………………143, 164
一般目的の期中財務諸表 ………493
一般目的の財務諸表 ……………152
違法行為 …………………………207

【う】

ウォーク・スルー ………………475
運用評価手続 ………236, 249, 308, 320

【え】

エクイティ・ファイナンス ………7
閲覧 ………………………240, 272, 273

【か】

外観的独立性……………………41, 167
回帰分析 …………………………377
会計監査……………………………99
会計監査人 ………………………111, 112
会計参与 …………………………102
会計上の見積り …………………448
会計上の見積りの監査 …………448
会計制度監査 ……………………138
会計方針の変更 …………………116, 517
外見的独立性………………………41
開示すべき重要な不備 …………477, 479
確認 ………………………………272, 276
過失相殺 …………………………132
過失による虚偽証明………………53
課徴金納付命令……………………53
過年度情報の利用 ………………255
株式譲渡制限会社…………………95
株式譲渡非制限会社………………95
監査委員会 ………………………104
監査意見 …………………………417
監査概要書…………………………89
監査技術 …………………………273
監査基準…………………………66, 136, 160
監査計画 …………………………278, 283
監査サンプリングによる試査 …294
監査サンプリングによる試査と
　　特定項目抽出による試査 ………307

監査証拠……………………29,258,264
監査上の重要性…………11,226,228,286
監査上の主要な検討事項 ………34,155,
　　421,428,443-449
監査証明業務 ……………………37,40
監査証明府令 ……………………424
監査責任者 ………………………283
監査チーム内の討議 ……………244
監査調書 ………………283,363,388
観察 …………………………272,274
監査手続…………………29,272,273,283
監査等委員会設置会社……………19
監査人の見積額または許容範囲 ……359
監査の基準 ………………………160
監査の基本的な方針 ……………280
監査の失敗 ………………………19,30
監査の目的………………15,143,160
監査範囲の制約 …………………434,485
監査ファイル ……………………388,391
監査報告書…………15,81,116,119,122,
　　125,149,416,424,425
監査法人制度 ……………………37,49
監査役会 …………………………102
監査役会設置会社…………………19
監査要点………………………17,257,260
監査リスク …………19,30,213,216,225
監視活動……………………………25
間接金融……………………………6

【き】

機会 ………………………………187
期間帰属 …………………………262
期間配分の適切性 ………………261
企業改革法…………………………72
期待ギャップ ……………………163
期中で入手した監査証拠 ………257
期中レビュー………………………73

期末日後の是正措置 ……………480
行政処分……………………………81
強調事項 …………………………453
業務監査……………………………99
業務処理統制 ……………………367
業務独占資格………………………78
業務への適用 ……………………245
挙証責任の転換 …………………132
許容逸脱率 ……………………309,324
許容可能な差異 …………………381
許容虚偽表示額 …………………309
金額的影響 ………………………230
金融商品市場………………………3
金融商品取引所……………………4

【く】

偶発事象 ………………………116,517
グループ監査 ……………………328
グループ監査責任者 ……………330
グループ監査チーム ……………330
グループ経営者 …………………339
グループ財務諸表 ………………331
グループ・ガバナンスに責任を
　　有する者 …………………………339

【け】

経営者確認書 …………272,362,383
経営者確認制度 …………………71
経営者の偏向 …………………352,361
経営者の偏向が存在する兆候 ………360
計画活動 …………………………279
軽過失免責 ………………………132
経験豊富な監査人 ………………390
計算関係書類 ……………………114
計算書類 …………………………114
計算書類等 ………………………114
刑事責任……………………………79

索　引　**549**

継続開示……………………………14
継続開示制度 ……………………61, 71
継続企業の前提 ………17, 144, 147, 400,
　　423, 424, 501, 510, 524
継続的専門能力開発制度…………38, 166
結論の不表明 ……………………508
限定意見 …………………434, 435
限定付結論 ………………………508
限定付適正意見 ……………127, 434, 435
限定的保証業務 …………………536
権利と義務 ………………………262
権利と義務の帰属 ……………260, 264

【こ】

故意による虚偽証明………………53
構成単位 …………………331, 336
構成単位の監査人 ………………331
公正不偏の態度 …………………166
公認会計士・監査審査会 ………37, 50
公認会計士試験……………………48
公認会計士法………………………36
後発事象 …………116, 338, 503, 518
項目 ………………………290, 304
合理性テスト ……………………377
合理的な保証 ……………213, 417
合理的保証業務 …………………536
コーポレート・ガバナンス………20
国際会計基準審議会 ………………8
国際財務報告基準 ………………8
コミュニケーション………336, 339, 369,
　　375, 504
固有リスク ………………217, 225
固有リスク要因 …………………355
コンバージェンス …………………8
コンピュータ利用監査技法 …………369

【さ】

再計算 ……………………272, 277
再実施 ……………………272, 278
財務諸表監査 ……………9, 535, 536
財務諸表項目 ……………………235
財務諸表全体レベル ……………236, 248
サンプリングリスク ……………305
サンプルの抽出法 ………………295

【し】

事業上のリスク …………145, 233, 235
事業報告 …………………………116
自己監査……………………………16
自己責任の原則……………………9, 78
試査………………………11, 294, 301
資産の保全…………………………23
資産の流用 ………………………171
姿勢・正当化 ……………………187
執行役 ……………………………104
実査 ………………………272, 273, 275
実在性 ……………………260, 262, 264
実質的独立性……………………41, 167
実証手続 …………………236, 250, 308
実証手続のみでは十分かつ適切な監査
　　証拠を入手できないリスク ……256
実績主義 …………………………519
質的影響 …………………………230
質問 ………………………240, 275, 499
質問や分析的手続 ………………299
指定社員……………………………49
指定証明……………………………49
指定有限責任社員…………………49
自動化された業務処理統制 ………367
指名委員会 ………………………104
指名委員会等設置会社……………19
社外監査役 ………………………103

十分かつ適切な監査証拠 ……………265
十分性 ……………………………265
重要性 …………………………334, 498
重要性の基準値 …………………229, 286
重要な仮定 ………………………357
重要な虚偽表示 ……………………9
重要な虚偽表示リスク ………32, 146, 186, 218, 225, 355, 522
重要な不備 ………………………375
主観性 ……………………………355
守秘義務 …………………………176
準拠性に関する意見 ………153, 416, 449
準拠性に関する結論 …………493, 497
準拠性の枠組み …………………419, 426
消極的形式 …………………496, 508
常勤監査役 ………………………103
証券取引法 …………………………6
証拠資料 …………………………258
詳細テスト ……………………250, 323
詳細な監査計画 …………………281
承認特則規定 ……………………126
情報提供機能 ………………………35
情報と伝達 …………………………24
情報の非対称性 ……………………9, 60
除外事項 …………………433, 484, 508
除外事項付意見 ………………433, 434
職業的懐疑心 …………………150, 169
信頼性 …………………………266, 268

【す】

推定逸脱率 ………………………309
推定虚偽表示額 …………309, 323, 325
推定値の精度 ……………………381
趨勢分析 …………………………377

【せ】

正確性 ……………………………261

正規の財務諸表監査 ……………138
精査 ………………………………293
精神的独立性 ………………………41
正当な注意と職業的懐疑心 …………168
積極的形式 ………………………496
前進法 ……………………………263
全般的な対応 ……………………285
専門家の業務の利用 ……………441

【そ】

双方向のコミュニケーション ……375
遡及法 ……………………………263
その他の事項 ……………………453
その他の記載内容 ………………460
その他の固有リスク要因 …………355
損害賠償責任 ……………………132

【た】

第一種中間財務諸表 ……………491
対応策の検討 ……………………404
大会社 …………………………95, 102
大会社以外の会社 …………………95
第二種中間財務諸表 ……………491
代表訴訟 …………………………133
ダイレクト・レポーティング ……18, 466
立会 ………………………………272
妥当性監査 ………………………101
単独監査の禁止 ……………………47
短文式監査報告書 ………………34, 443

【ち】

注意喚起情報 ………………………36
中間会計基準等 …………………490
中間監査 …………………………519
中間監査の目的 …………………521
中間作成基準等 …………………491
懲戒処分 ……………………………52

索引 **551**

直接報告業務 …………………………535

【つ】

追記情報………35, 116, 453, 486, 517, 526

【て】

ディスクロージャー ……………………4
ディスクロージャー制度………………61
データ ………………………………358
適合性 ………………………………266
適正性に関する意見 ………152, 416, 417
適正性に関する結論 …………………493
適正性命題 …………………………257
適正表示の枠組み ………………419, 426
適切性 ………………………………266
適法性監査 …………………………101
テスト・カウント ……………………275
手続実施上の重要性 …………………231

【と】

動機・プレッシャー …………………187
統計的サンプリング …………………295
統合監査報告書 ……………………482
統制活動 ………………………………24
統制環境 ………………………………23
統制リスク ……………………217, 225
特定項目抽出による試査 ……………297
特定項目抽出リスク …………………306
特定社員 ………………………………49
独任制 ………………………………101
特別な検討を必要とするリスク……252, 355
特別目的の期中財務諸表 ………494, 497
特別目的の財務諸表 …………………152
独立性 ………………………………373

【な】

内部監査機能 ………………………345
内部監査人 …………………………345
内部統制 …………………………11, 20
内部統制監査 ……………………17, 76, 466
内部統制監査報告書……………………77, 481
内部統制の基本的要素 ………………23
内部統制の整備状況 ……………234, 245
内部統制のデザイン …………………245
内部統制の不備 ……………………477
内部統制の目的………………………22
内部統制報告書 ……………………466
内部統制報告制度……………………76

【に】

二重責任の原則………15, 18, 31, 78, 406, 423, 522
二重目的テスト ……………………251
日本監査役協会 ……………………101
日本公認会計士協会 ………………37, 52

【の】

ノンサンプリングリスク ……………306

【は】

排他的独占業務………………………40
発見リスク……………………19, 218, 225
発行開示………………………………14
発行開示制度…………………………61
発行市場………………………………3
発生 …………………………………261
半期報告書 …………………………520

【ひ】

比較情報 ……………………………457
非監査証明業務 ……………………37, 40

否定的意見 ……………334,435,436,440
否定的結論 ………………………508
非統計的サンプリング ……………295
非保証業務 ………………………543
評価と期間配分 …………………262
評価の妥当性 …………………261,264
表示及び注記 …………………261,262
表示の妥当性 ……………………261
比率分析 …………………………377
品質管理 ……………………150,174

【ふ】

複雑性 ……………………………355
不正な財務報告 …………………171
不正リスク ……………………149,192
不正リスク要因 …………………187
不適正意見……………31,127,434,435
分析的実証手続 ………………250,379
分析的手続 ………240,272,278,376,499
分類の妥当性 …………………261,262

【へ】

米国企業改革法 …………………464

【ほ】

報酬委員会 ………………………104
母集団の階層化 …………………312
保証機能 ……………………………35
保証業務 …………………………532
保証業務リスク …………………536
補助者 ……………………………283

【み】

見積手法 …………………………357
見積りの許容範囲 ………………359
見積りの不確実性 ……………350,355
民事責任 ……………………………80

【む】

無限責任監査法人 …………………49
無限定意見 ………………………433
無限定適正意見…………30,127,422,426
無限定の結論 ……………………508

【も】

網羅性 …………………260,261,262

【ゆ】

有価証券通知書……………………68
有価証券届出書 ………………13,67
有価証券報告書 ………………14,72
有限責任監査法人 ……………37,49
有限責任の原則 ……………………2

【よ】

予想逸脱率 ……………………309,314
予想虚偽表示額 ………………309,315
予測主義 …………………………519

【り】

リスク・アプローチ…11,12,30,144,212
リスク対応手続 ………………236,336
リスク評価…………………………23
リスク評価手続 …………………233
倫理規則……………………………54

【れ】

例外的事象 ……………………309,320
レビュー業務 ……………………537
レビューリスク …………………497
連結プロセス ……………………337

【ろ】

ローテーション制度 ……………37,46

編著者紹介

蟹江　章（かにえ　あきら）　執筆担当；第1・10章
青山学院大学大学院会計プロフェッション研究科教授　北海道大学名誉教授
博士（経営学，北海道大学）
大阪大学大学院経済学研究科博士後期課程修了。公認会計士試験委員。主要著書は『現代監査の理論』（森山書店），『監査論を学ぶ（第3版）』（税務経理協会）など。

井上善弘（いのうえ　よしひろ）　執筆担当；第5・9・11・13章
香川大学経済学部教授　博士（経営学，西南学院大学）
神戸大学大学院経営学研究科博士課程前期課程修了。公認会計士試験委員。主要著書は『内部統制監査の論理と課題』（創成社），『監査の原理と原則』（翻訳書，創成社），『監査報告書の新展開』（編著，同文舘出版），『財務諸表監査の基礎理論』（翻訳書，中央経済社）など。

栗濱竜一郎（くりはま　りゅういちろう）　執筆担当；第2章
愛知大学経営学部教授　博士（経営学，北海道大学）
北海道大学大学院経済学研究科博士後期課程修了。主要著書は『社会的存在としての財務諸表監査』（中央経済社），『監査証明業務に関わる金融庁の行政処分事例の分析と考察：2002年－2022年，監査の失敗研究』（愛知大学経営総合科学研究所叢書59）など。

スタンダードテキスト
監 査 論（第7版）

2008年6月30日	第1版第1刷発行
2009年2月25日	第1版第3刷発行
2009年11月20日	第2版第1刷発行
2011年10月15日	第2版第7刷発行
2013年5月1日	第3版第1刷発行
2016年1月15日	第3版第10刷発行
2016年10月1日	第4版第1刷発行
2018年12月10日	第4版第7刷発行
2020年5月10日	第5版第1刷発行
2021年7月30日	第5版第4刷発行
2022年7月10日	第6版第1刷発行
2023年6月20日	第6版第2刷発行
2024年9月20日	第7版第1刷発行

編著者 　蟹　江　　　章
　　　　　井　上　善　弘
　　　　　栗　濱　竜一郎
発行者 　山　本　　　継
発行所 　㈱中央経済社
発売元 　㈱中央経済グループ
　　　　　パブリッシング

〒101-0051　東京都千代田区神田神保町1-35
電話 03（3293）3371（編集代表）
　　 03（3293）3381（営業代表）
https://www.chuokeizai.co.jp
印刷／㈱堀内印刷所
製本／誠　製　本　㈱

© 2024
Printed in Japan

※頁の「欠落」や「順序違い」などがありましたらお取り替えいたしますので発売元までご送付
　ください。（送料小社負担）

ISBN978-4-502-51031-1　C3034

JCOPY〈出版者著作権管理機構委託出版物〉本書を無断で複写複製（コピー）することは，
著作権法上の例外を除き，禁じられています。本書をコピーされる場合は事前に出版者著作権
管理機構（JCOPY）の許諾をうけてください。
JCOPY〈https://www.jcopy.or.jp　eメール：info@jcopy.or.jp〉

---■おすすめします■---

学生・ビジネスマンに好評
■最新の会計諸法規を収録■

新版 会計法規集

中央経済社編

会計学の学習・受験や経理実務に役立つことを目的に，最新の会計諸法規と企業会計基準委員会等が公表した会計基準を完全収録した法規集です。

《主要内容》

会計諸基準編＝企業会計原則／外貨建取引等会計処理基準／連結CF計算書等作成基準／研究開発費等会計基準／税効果会計基準／減損会計基準／自己株式会計基準／EPS会計基準／役員賞与会計基準／純資産会計基準／株主資本等変動計算書会計基準／事業分離等会計基準／ストック・オプション会計基準／棚卸資産会計基準／金融商品会計基準／関連当事者会計基準／四半期会計基準／リース会計基準／持分法会計基準／セグメント開示会計基準／資産除去債務会計基準／賃貸等不動産会計基準／企業結合会計基準／連結財務諸表会計基準／研究開発費等会計基準の一部改正／会計方針開示、変更・誤謬の訂正会計基準／包括利益会計基準／退職給付会計基準／税効果会計基準の一部改正／収益認識基準／時価算定基準／見積開示会計基準／原価計算基準／監査基準／連続意見書 他

会社法編＝会社法・施行令・施行規則／会社計算規則

金商法編＝金融商品取引法・施行令／企業内容等開示府令／財務諸表等規則・ガイドライン／連結財務諸表規則・ガイドライン／四半期財務諸表等規則・ガイドライン／四半期連結財務諸表規則・ガイドライン 他

関連法規編＝税理士法／討議資料・財務会計の概念フレームワーク 他

■中央経済社■